本教材获华南理工大学“双一流”建设项目本科精品教材专项、
华南理工大学公共管理学院出版基金资助

公共政策学

主编　韩莹莹
副主编　张佳慧

華南理工大學出版社
SOUTH CHINA UNIVERSITY OF TECHNOLOGY PRESS
·广州·

图书在版编目（CIP）数据

公共政策学 / 韩莹莹主编. —广州：华南理工大学出版社，2022.7
ISBN 978-7-5623-7050-5

Ⅰ. ①公… Ⅱ. ①韩… Ⅲ. ①公共政策-教材 Ⅳ. ①D0

中国版本图书馆 CIP 数据核字（2022）第 079048 号

GongGong ZhengCe Xue
公共政策学
韩莹莹 主编

出 版 人：柯 宁
出版发行：华南理工大学出版社
（广州五山华南理工大学 17 号楼，邮编 510640）
http://hg.cb.scut.edu.cn E-mail：scutc13@scut.edu.cn
营销部电话：020-87113487 87111048（传真）
策划编辑：王 磊
责任编辑：付爱萍
责任校对：洪 静
印 刷 者：广州市人杰彩印厂
开 本：787mm×960mm 1/16 印张：18.75 字数：378 千
版 次：2022 年 7 月第 1 版
印 次：2022 年 7 月第 1 次印刷
定 价：68.00 元

前言

政策科学是个舶来品，中国改革开放以后，公共政策学被当作一门科学学科加以研究并得到迅速发展，取得了丰硕的研究成果，为公共政策实践提供了有力的理论指导和决策参考。当前中国正处于迈向新经济社会形态的新社会转型阶段，公共政策实践中遇到了一些中国特有的新情况、新问题，需要在借鉴国内外公共政策理论研究成果的基础上，发展本土系统化的公共政策理论。

正是基于上述想法，在保持公共政策学学科内容体系相对完整的前提下，本教材重点突出了三个方面的内容：

一是基础理论和理论前沿的研究。本教材用了较大的篇幅，对公共政策学的一些基础理论和理论前沿问题进行了梳理和分析，包括公共政策学的历史演变、政策执行的理论发展、公共政策理论模型、公共政策评估理论、公共政策本土化的理论模型等，以期进一步促进公共政策学研究内容的深化。

二是公共政策实践中热点、难点问题的研究。本教材对我国政府管理实践中的一些热点、难点问题进行了深入探讨，如政策问题的确定、政策执行、政策评估等，以期通过这些问题的研究，进一步增强公共政策研究的活力。

三是注重案例运用，理论联系实际。本教材每一章都精选了典型案例和延伸阅读材料，以期让读者在阅读案例、拓展知识面的同时，能够运用所学理论知识分析具体问题，避免枯燥的理论学习，提高学习兴趣和理论联系实际的能力。

本教材由韩莹莹任主编，负责拟定编写大纲、组织协调并承担相关章节的编写工作，最后统稿、定稿。张佳慧任副主编，参与拟定编写大纲、协助统稿并分别承担相关章节的编写工作。各章分工如下：第一章（韩莹莹 梁慧敏）；第二章（张佳慧 梁慧敏）；第三章（张佳慧 韩莹莹）、第四章（阿库金支 张佳慧）、第五章（周挺之 张佳慧）、第六章（梁慧敏 韩莹莹）；第七章（朱酥利 梁慧敏）；第八章（梁慧敏 周挺之）。

本教材主要使用对象是高等院校公共政策专业、行政管理专业、公共管理专业及相关专业的本科生和研究生。在编写过程中，我们参阅了许多学者的研究成果和优秀文献，在此表示由衷的感谢和敬意。由于编者水平有限，书中不妥之处在所难免，希望读者批评指正。

编者

2022 年 1 月

目录

《 第1章　公共政策概述

公共政策是与公共权力、公共权威相联系的社会历史现象，是人类社会发展到一定阶段的产物。公共政策学作为一门新兴的应用型交叉学科，自第二次世界大战后诞生以来，在世界各国和各领域蓬勃发展，成为社会科学领域内理论发展迅猛、社会应用广泛、社会效用明显的学科之一。

1.1　公共政策的含义

1.1.1　什么是公共政策

公共政策学在诞生前，人类早已开展了公共政策活动，并且公共政策活动一直是人类社会存续发展的必要所在。现代社会中，公共政策更是一个常见的概念，如医疗政策、住房政策、税收政策、环境政策、能源政策等，它们都在不同层面对人们的社会生活有着这样那样的重要影响。那么，什么是公共政策呢?

中外学者从不同的研究视角出发对公共政策的内涵进行界定，至今仍难以形成一个统一的概念。按照公共政策不同的研究视角进行分类，西方学者中比较有代表性的定义可以概括为以下四种。

1. 以"管理职能"为中心内容的界定

伍德罗·威尔逊（Woodrow Wilson）认为，公共政策是由政治家，即具有立法权者制定的，而由行政人员执行的法律和法规。这一界定延续了以伍德罗·威尔逊与约翰逊·古德诺（Johnson Goodnow）为代表的行政学者将政治与行政相区分的观点，体现政治/行政二分原则的思想，把政策制定主体与政策执行主体区分开来，通过公共政策的执行来实现政府的管理职能。这个定义从政策制定与执行的角度对公共政策进行划分，具有一定的合理性，但对于公共政策定义的限制过大，具有一定的局限性。如公共政策不只局限于法律和法规，还应包括政府的大型计划、首脑的指示、报告等；制定政策者不只局限于政治家，还包括人民代表、专家学者、行政人员等；政策执行者也不只是行政人员，还包括政治家、司法部门等。

盖伊·彼得斯（Guy Peters）认为，公共政策作为政府活动的总和，无论行为是直接的还是通过代理的，其行为会对公民的生活产生影响。① 这一界定强调公共政策是政府进行具体管理活动的总和，是为了解决一定的社会问题而实施的一系列规范、控制手段。

戴维·伊斯顿（David Easton）提出，公共政策是对全社会的价值做权威性分配，他解释说："一项政策的实质在于通过那项政策不让一部分人享有某些东西而允许另一部分人占有它们。换句话说，……一项政策包含着一系列分配价值的决定和行动。"② 这个定义侧重于对政府基本职能的解释，即对利益进行社会性分配，公共政策就是政府实现这一职能的主要形式。它暗含一个假设：政府采取的一切行动或不采取行动都是在进行某种价值分配，这是以对西方国家政府的行为考察为依据的，但即使在西方国家，政府行为也不只限于分配这些价值。同时，这个定义侧重于公共政策的分配功能，对于公共政策所具有的其他功能有所忽略。

总之，这类界定强调了公共政策是政府为解决社会发展中的重大问题而实施的管理手段，是政府从公共利益出发进行的具体管理，这一管理活动是以政府为主的由各种利益个体与群体参与的管理活动，同时也是政府实现社会价值分配的主要形式。

2. 以"政策过程"为中心内容的界定

哈罗德·D. 拉斯韦尔（Harold D. Lasswell）和亚伯拉罕·卡普兰（Abraham Kaplan）认为，公共政策是规范价值和时间的程序，是一种含有目标、价值和策略的大型计划，政策过程包括对各种共识、需求和期望的规划、宣传与执行。③ 这一界定强调，公共政策是政府有明确目标的活动，这一活动是包括规划、执行等环节在内的具有连续性的政策过程，强调公共政策的目标取向与功能，但行动计划和方案难以涵盖所有的公共政策，且忽略了公共政策一些本质的特征，如公共政策的权威性、公共性等。

威廉·詹金斯（William Jenkins）认为，公共政策是由政治行动主体或行动团体主体在特定的情境中制定的一组相关联的决策，包括目标选择、实现目标的

---

① B. Guy Peters. American Public Policy：Promise and Performance. Cq Press，2018.

② David Easton. The Political System：An Inquiry into the state of Political Science. Ethics，1955，65（3）.

③ Harold D. Lasswell，Abraham. Kaplan. Power and Society：A Framework for Political Inquiry. Routledge. 2014.

手段，这些政策原则上是行动力所能及的。①

詹姆森·安德森（James Anderson）将公共政策描述为“一个有目的的活动过程，而这些活动是由一个或一组行动者，为解决某一问题或有关事物而采取的”，并进一步指出公共政策是建立在法律的基础之上，具有相当的权威性。②由此强调了政策自身以及政策与制定主体之间的关联性。

理查德·罗斯（Richard Rose）指出，公共政策是由“或多或少有联系的一系列活动所组成的一个较长的过程”③，而不能只看作某个孤立的决定，因而是一个活动过程。

这类界定强调公共政策的全过程研究视角，这种全过程视角把公共政策视为政府有明确目标的活动，这一活动具有连续性，包括决策、执行等环节，是政府需要动用大量资源，通过相关的规定、措施来执行决策的活动过程。但是，这类以政策过程为中心内容的界定过于笼统，很难与政治学、行政管理研究相区分。

3. 以“行为选择”为中心内容的界定

基于政府的行为特征，托马斯·戴伊（Thomas Dye）在《理解公共政策》一书中指出，“公共政策是政府选择所为和选择所不为的所有内容”，他解释说，这个定义“既包括了政府的行为，也包括了政府的无行为。政府无行为正如其行为，可能同样对社会产生重大的影响”④。可见，这一界定突出了政策的行为特征。

斯图亚特·S. 内格尔（Stuarts S. Nagel）指出，公共政策是政府为解决各种各样社会问题所作出的决定。⑤ 叶海卡·德罗尔（Yehezkel Dror）则认为，公共政策就是在指导社会行动的主要方案之间进行选择的结果⑥。

雨果·赫克罗（Hugh Heelo）认为，公共政策与其说是具体的决定或行动，不如说是一个作为或不作为（必须被察觉或确定）的过程。弗雷德·福洛霍克（Fred Frohock）认为公共政策在一般意义上是调和冲突或合作的行为模式。

此类界定强调了政府的行为选择，重点关注政府做什么、为什么这么做、会有什么不同的后果。从一定程度上来说，这一界定扩大了公共政策的外延，在现

---

① William Leuan Jenkins. Policy Analysis: A Political and Organizational Perspective. Wiley-Blackwell, 1978.

② James Anderson. Public Policymaking. Cengage Learning, 2014.

③ Richard Rose. Policy Making in Britain: A Reader in Government. London: Macmillan, New York: Free Press, 1969.

④ Thomas R. Dye. Understanding Public Policy. Pearson, 2013.

⑤ 斯图亚特·内格尔：《政策研究百科全书》，北京科学技术文献出版社，1990 年，第 7 页。

⑥ Yehezkel Dror. Public Policymaking: Reexamined. Routledge, 2017.

实社会中，政府的行为选择往往是一种惯常性的或非正式的行为，最终并不会成为一项政策。

4. 以“政治系统”为中心内容的界定

罗伯特·艾斯顿（Robert Eyestone）在《公共政策的思路：对政策领导的研究》中指出，“公共政策就是政府机构与周围环境之间的关系”①，强调公共政策的政治系统功能。

查尔斯·L. 柯克兰（Charles L. Cochran）和埃洛伊丝·F. 马龙（Eloise F. Malone）在《公共政策：展望与选择》中指出，公共政策概念源于政治学②。从广义上讲，公共政策的研究可以追溯到人类文明的起源。

概而言之，西方学者对于公共政策定义的表述，综合起来看基本涵盖了公共政策的主要含义及其主要特征，包括政策制定主体为政府等具有社会公共权力的组织，公共政策具有明确的目的、目标或方向，公共政策的功能包括管制、调控和分配，公共政策的特征包括过程性、权威性等。

20 世纪 80 年代初，公共政策学引入后，中国学者们也开始了对政策科学的研究，进入 21 世纪以后，中国经济社会建设的推进和政策实践的需求进一步推动了政策科学的快速发展，研究成果不断丰富，国内研究中比较有代表性的定义有：

伍启元认为，“公共政策是政府所采取的对公私行动的指引，是规范民众行动的指南”③。张金马指出，“公共政策是党和政府采取的用以规范、引导有关机构团体和个人行动的行为准则和行动指南”④。陈振明认为，“公共政策是国家机关、政党以及其他政治团体在特定时期中，以实现或服务于一定社会政治、经济、文化目标所采取的一种行为或规定的行为或准则，它是一系列谋略、法令、措施、办法和条例的总称”⑤。陈庆云认为，“公共政策是政府依据特定时期的目标，在对社会公共利益进行选择、综合、分配和落实的过程中所制定的行为准则”⑥。对社会公共利益的权威性分配包括利益选择、利益综合和利益落实等环节。宁骚认为，“公共政策是公共权力机关经由政治过程所选择和制定的解决公

---

① Robert Eyestone. The Threads of Public Policy: A Study in Policy Leadership. Ardent Media, 1971, pp. 197.

② Charles L. Cochran, Eloise F. Malone. Public Policy: Perspectives and Choices, 5th ed. Lynne Rienner Publishers Inc., 2014, pp. 3.

③ 伍启元：《公共政策》（上册），台湾商务印书馆，1985 年，第 4 页。

④ 张金马：《公共政策分析：概念、过程、方法》，人民出版社，2004 年，第 42 页。

⑤ 陈振明：《政策科学》，中国人民大学出版社，1998 年，第 59 页。

⑥ 陈庆云：《公共政策分析》，北京大学出版社，2011 年，第 11 页。

共问题、达成公共目标、以实现公共利益的方案”①。朱春奎认为，“公共政策是公共权力机关为了解决公共问题、达成公共目标、实现公共利益，经过政治过程选择和制定的行为准则或价值规范”②。杨宏山把公共政策界定为“经由一定的政治过程制定的集体行动规则”③。

可见，我国学者关于公共政策的界定主要突出了行为准则，强调党和国家的主体地位，突出公共政策独特的公共性特点。

综上，中外学者们分别从不同视角、基于不同国情强调了公共政策的某些环节，各有侧重，也有共识。如都强调公共政策是与以政府为主的公共部门的活动联系在一起的，都认为公共政策是必须付诸实施的，是有目的的方案、计划、措施，是为解决社会发展问题的活动，是一套行动准则。基于此，我们将公共政策界定为公共政策是公共权力机关为实现或服务于一定政治、经济、文化目标，经由一定的政治过程制定的集体行动规制，合法运用政策工具解决社会公共问题、达成公共目标、实现公共利益的活动过程。这一定义包括以下要素：

（1）公共政策的主体是公共权力机关。公共政策是公共权力机关的基本的活动方式或活动过程，是公共权力机关的权力意志的表现。

（2）公共政策的目的是制定解决公共问题、达成公共目标、以实现公共利益的方案。公共问题、公共目标和公共利益构成公共政策的三大要素。

（3）公共政策是一种权威性的价值分配方案。它通过公共政策手段对社会利益进行权威性分配，规范和引导公私部门、公民个人的社会行为，有效地分配自然的和社会的各种资源。

（4）方案既包括作为，也包括不作为。

1.1.2　公共政策的类型

公共政策具有时间、空间两个维度，且公共政策所解决的公共问题涉及社会的方方面面，所以公共政策按不同的分类标准以及研究视角可以分成不同类型。通过不同的研究角度划分公共政策的类型，有利于公共政策的深入研究，也有利于丰富公共政策学的学科建制。

1. 按公共政策的空间层级来划分

一个国家在制定公共政策时，依照其政治级别的不同，公共政策可分为国家（中央）政策、地方政策以及基层政策。在现实具体实践中，这三类政策显示出

---

① 宁骚：《公共政策学》，高等教育出版社，2018 年，第 6 页。

② 朱春奎：《公共政策学》，清华大学出版社，2016 年，第 2 页。

③ 杨宏山：《公共政策学》，中国人民大学出版社，2020 年，第 3 页。

不同特色以适应政策执行的要求并保证政策实施的效果。

国家（中央）政策一般指的是国家最高政治级别的政策制定机关所制定的具有宏观全局性、根本决定性的政策方针。它决定着国家以及社会发展的基本方向，给国家以及社会建设夯实基础，为全国各地的具体政策提供方向指导以及目标要求。如《中华人民共和国国民经济和社会发展第十四个五年规划和2035年远景目标纲要》《国家综合立体交通网规划纲要》《中国共产党中央委员会工作条例》等，国家通过国家政策对国家与社会各个方面提纲挈领，把握国家社会发展的方向以及进展。

地方政策一般指的是国家政治级别中处于承上启下的政策制定机关所制定的公共政策。它一般包括国家政策经过因地制宜的细化具体程序所产生的政策方案，以及针对各地方特有的社会生活问题所制定的公共政策，不仅将宏观的发展方向落实为地方任务，并且在地方特色的基础上为基层机关制定具体政策提供指导性方向与建议。如《广东省培育半导体及集成电路战略性新兴产业集群行动计划（2021—2025年）》《山东省生产安全事故应急办法》《湖南创新型省份建设若干财政政策措施》等，各省市通过地方政策进一步细化国家社会发展方向的具体任务，承上启下地推动公共政策的“一脉相承”。

基层政策一般指的是政治级别较低的政策制定机关所制定的具有可操作性的具体政策方案。它是国家政策与地方政策的具体实施手段，是落实国家政策方针以及地方指导意见的实施方案。基层政策针对的是对具体社会生活问题所提出的解决方案，虽然不能直观地看到国家政策方针与地方指导意见在其中的体现，但是基层政策如跬步与小流，不断积累才能至千里与成江海。如《广州市政策性入户管理办法》《广州市荔湾区科技创新载体认定和扶持办法（试行）》《广州市天河区产业发展专项资金管理办法》等，各市、区（县）通过具体基层政策应对实际生活中复杂多变的社会问题与情况，通过不断应对与解决社会生活中的矛盾问题，推动社会有效地朝着既定方向发展。

2. 按公共政策的时间调度来划分

公共政策按其时间调度可分为长期政策、中期政策、短期政策，这一分类标准在经济政策中多有应用，一般而言，超过十年实施期限的称为长期政策，十年以下两年以上实施期限的称为中期政策，两年以下实施期限的称为短期政策。不同实施期限的公共政策有着不同的优势，国家在面对复杂的社会生活现状时应灵活选择政策实施期限，以更好地推动国家与社会的稳定发展。

长期政策的优势在于政策具有稳定性、整体性以及框架性，但也因此不能灵活应对突发的复杂社会问题，也不能具体指导社会问题的解决。这类政策一般适用于国家长远的规划发展以及制度方针的制定，如《国家中长期科学与技术发展规划纲要（2006—2020 年）》《国家积极应对人口老龄化中长期规划》以及《中华人民共和国国民经济和社会发展第十四个五年规划和 2035 年远景目标纲要》等文件中关于长期规划目标的政策说明以及制度制定。

短期政策的优势在于具有灵活变动性以及具体性，能灵活应对某一具体领域的社会问题，但不能兼顾社会生活各方各面的问题。这类政策一般适用于经济领域，国家利用短期的经济政策与货币政策以平衡与调整经济发展。

中期政策兼顾长期政策稳定性与短期政策变动性两方的部分优势，在现实生活中多有运用。我国的国民经济和社会发展五年规划即是一种中期政策，不仅能使国家稳定地变动发展，还能聚焦于五年中突出的社会生活问题。

3. 按公共政策的制定主体来划分

公共政策按其制定主体可分为立法决策、行政决策以及司法决策。

立法决策是指立法机关制定的用于管理社会公共事务的法律规范，一般多为法律法规等表现形式，如《民法通则》等法律汇编成《民法典》的政策。

行政决策在本书中是从狭义角度进行解释，它指的是行政机关制定的用于管理社会公共事务的行为准则，一般多为行政命令与行政规定，如《广州市政策性入户管理办法》《广州市天河区产业发展专项资金管理办法》等。

司法决策指的是司法机关制定的用于规范司法活动的决策规定，一般多为司法机关所发布的司法解释，如《最高人民法院关于审理民间借贷案件适用法律若干问题的规定》。

4. 按公共政策所涉及的领域来划分

按我国“五位一体”总布局的划分方式，公共政策按其所涉及的领域可分为政治政策、经济政策、社会政策、文化政策以及生态环境政策。

政治政策是指国家或政党在政治领域所制定的用于管理政治生活、调节政治关系的规范与准则，具体可分为政党政策、民族政策、外交政策、军事政策等。

经济政策是指国家在经济领域中制定的用于管理经济活动、调解经济关系的规范与准则，具体可分为财政政策、农业政策、工业政策、商业政策、税收政策等。

社会政策是指国家调整人民社会生活、解决社会民生问题的规范与准则，具体可分为人口政策、治安政策、社会保障政策等。

文化政策是指国家为促进与调节科学技术与文化教育事业的发展而制定的规范与准则，具体可分为科技政策、教育政策、卫生政策等。

生态环境政策是指国家为保护环境、促进绿色环保而制定的规范与准则，具体可分为垃圾回收政策、植树造林政策、绿色能源政策等。

5. 按公共政策发挥的功能和作用来划分

公共政策按发挥的功能和作用，可以分为分配型政策、再分配型政策、监管型政策、自我监管型政策。西奥多·洛维（Theodore Lowi）把公共政策分为分配型、再分配型、监管型①，这一分类是公共政策研究最有用的概念工具之一，此后，罗伯特·萨利斯博瑞（Robert Salisbury）在此基础上，又增加了自我监管型政策②。

分配型（distributive）政策是指政府将权利、利益、服务、义务分配给特定群体的政策。这一群体可能是多数人，也可能是少数人，它一般只产生受益者，而没有明确的利益受损者，不具有利益和义务上的排他性。如福利政策、教育政策等。

再分配型（redistributive）政策是指在社会各阶层或团体中进行有意识的利益转移性分配的政策类型，如财富、收入、财产和权力等。这种利益转移可能是社会资源从富人流向穷人，如累进所得税政策，也可能相反；这种利益转移可能源于社会团体间的博弈，也可能源于执政者主导。其目的不是改变财富或权力运用方式，而是重新分配财富或权力。

监管型（regulatory）政策是政府对个人、群体的某些活动的方式、程度等内容进行限制和约束的规范。这类政策涉及政治、经济、社会、文化以及生态环境等多个领域。从功能角度看，监管型政策可以分为经济性监管和社会性监管。如对企业的准入、退出、价格等的限制和约束就属于经济性监管，对排污、交通安全、犯罪监管等的限制和约束就属于社会性监管。

自我监管型（self - regulatory）政策是政府机关对某一群体的活动仅予以原则性的规范，而由该群体自行决定活动进行的方式的政策。自我监管型政策是一种非零和博弈的政策类型，因为政策的执行通常不至于牺牲其他群体的利益为代价。如职业执照的发放，一般是由政府制定相关的法律法规和标准，将实施权授予相关行业委员会，由职业团队主动提出申请。

1.1.3 公共政策的本质

公共政策虽然按不同标准分有许多的类别，但是它的本质不会随着标准的不同而不同，公共政策的阶级本质是阶级意志与利益的集中体现和表达；它的社会本质是社会资源与社会利益的分配工具；它的认识论本质是理论和实践的中间环节。

---

① Theodore Lowi. American Business, Public Policy, Case Studies, and Political Theory, World Politics, 1964（16）, pp. 677 - 715.

② Robert Salisbury. Political Science and Public Policy. Chicago: Markham Publishing Co. , 1968, pp. 151 - 175.

1. **公共政策是阶级意志与利益的集中体现和表达**

公共政策的本质首先表现为它的阶级本质，在阶级社会中，不同阶级、阶层的政党以及其他政治组织通过公共政策来解决错综复杂且千变万化的社会问题，并通过对公共政策的制定和执行来维护本阶级的政治、经济利益，这使得公共政策在一定程度上体现了阶级的意志及利益。

任何国家及其统治阶级在制定政策时，首先会考虑如何维护与巩固自身的统治地位与利益，阶级利益的实现是制定与执行公共政策的根本出发点和落脚点，公共政策是国家及其统治阶级进行巩固统治、政治管理的工具。

2. **公共政策是社会资源与社会利益的分配工具**

公共政策对于社会资源以及社会利益的分配是具有决定性的，它的社会本质即为政策主体分配社会资源与社会利益的工具。公共政策对社会资源的分配是对社会中的人力、物力以及财力资源的调配与组合，对社会利益的分配则是对生产资料、生活资料、财富、荣誉等在不同社会群体中的分配。在现实中，政府往往会选择那些与其价值取向相一致的社会群体作为利益分配的重点对象。

3. **公共政策是理论与实践的中间环节**

从认识论的角度看，公共政策的本质被界定为理论与实践的中间环节，理论指导实践是通过公共政策来实现的，同时实践也是通过公共政策而上升并完善理论的，所以公共政策是连接理论与实践的中介与桥梁。

公共政策与理论的关系是：理论是公共政策制定的依据，公共政策是理论的具体化。理论指导着公共政策的制定与执行，不同的理论依据会影响公共政策的内容差别，而理论的正确与否以及其适应现实与否，也会决定着公共政策效果的好坏。

公共政策与实践的关系是：实践是检验与完善公共政策的必要过程，公共政策是实践的出发点以及科学总结。实践必须从公共政策本身出发，而公共政策及其背后的理论需经由实践的检验，只有通过实践的检验才能认清公共政策的客观事实依据，检验公共政策的正确性，实现公共政策目标以及公共政策功能。

1.2　公共政策的特征和功能

1.2.1　公共政策的特征

公共政策作为公共权力机关经由准则过程制定的行为准则和价值规范，其主体包括立法部门、司法部门、行政部门和法律赋予公共权力的组织，公共政策目标是解决公共问题、达成公共目标，以实现公共利益。因此，公共政策具有政治性、合法性、权威性、稳定性、公共性、价值选择性等特征。

1. **政治性**

公共政策是公共权力机关经由准则过程制定的为解决公共问题、达成公共目标、以实现公共利益的方案，公共权力一般包括由立法、行政、司法等国家和社会公共机构行使的权力，因此，政府作为掌握社会公共权力的组织机构，它制定、执行公共政策的权力是由政治系统合法授予的，公共政策作为政治系统运行的重要环节，必然要服从和服务于政治系统的意志、利益、任务和目标。从一定意义上说，公共政策是政治动机的组织产物，因此公共政策具有鲜明的政治性特征。

2. **合法性**

公共政策的合法性根源政策主体及其政策程序的合法性，即公共政策的制定者必须是获得民众认同的并取得了合法地位的社会公共组织，且公共政策在制定时需遵循合法程序。政策的决策主体所享有的权力是宪法和法律规定的，是由国家权力机关或上级国家行政机关授予的。只有具有合法性的政策主体才能颁布具有合法性的政策。公共政策程序的合法性要求公共政策行为必须按照法定的程序和步骤来进行。如果没有程序的规范与制约，政策的制定就有可能成为少数决策主体的个人的盲目行为，进而影响政策内容的合法性。公共政策的合法性还体现在其内容合法性上，政策内容需以公共利益为其价值取向。只有符合公共利益的政策，才能具有实质的合法性。

3. **权威性**

公共政策的权威性以其合法性为基础，公共政策的合法化过程就赋予了公共政策极强的权威性，构成了一定的强制性。公共政策具有平衡公共利益的功能，公众利益的差异性与多层次性就决定了公共政策并不一定符合所有人的利益，可能在满足一部分人利益的同时，满足不了或损害另外一部分人的利益；即使满足了绝大部分人的利益，还有可能损害一小部分人的利益。对于非自愿受到利益损害的群体与个人而言，公共政策的实施需具有强制性，若公共政策缺乏强制性执行措施，政策可能就会失去其权威性，从这个层面来说，公共政策的强制性程度决定着公共政策的权威性程度。

4. **稳定性**

追求稳定是任何一个政治系统的基本目标之一，公共政策作为公共部门履行公共管理职能的重要途径，必须保持一定的稳定性。朝令夕改、变化无常的政策自古难得民心。公共政策稳定性要求政策的正确性、连续性以及严肃性，否则就会丧失公共政策的权威性，影响公共政策的执行，甚至影响社会秩序的稳定。当然，强调公共政策的稳定性并不否定公共政策的变动性，当旧有的差距和不平衡通过公共政策的执行得到调整后，又会出现新的矛盾与冲突，又需要有新的公共政策，特别是当环境发生改变时，公共政策应该随之而有所调整，做到“世异则事异，事异则备变”。但对于一些关系全局和影响深远的政策，保持相对稳定是必要的。

5. **公共性**

公共政策是政府等公共部门解决公共问题、协调公共利益、维护社会公正的措施和手段。从公共政策的功能看，它解决的是社会公共问题；从政策主体看，公共政策决策主体是政府等公共部门；从价值与利益角度看，公共政策遵循并坚持的是公共价值，其协调的是公共利益，所以公共政策具有鲜明的公共性。

6. **价值选择性（偏好性）**

公共政策在制定之初即为公共价值的一种选择，社会公共权力组织在制定与推行公共政策的过程中不免会遇到许多的社会博弈，而这些都会使公共政策的选择具备一定的偏好性。大部分公共政策都会偏好于讨好强势社会群体，反映一定政策重点的预设，从这一层面而言，这就是公共政策的价值选择性或偏好性的体现。

1.2.2　公共政策的功能

简单地说，公共政策功能就是公共政策所能发挥的功效和作用，公共政策功能通过公共政策的地位、结构、作用表现出来，它总是在与某种社会目标的联系中得到判定。一般而言，公共政策具有导向、管制、调控以及分配四种功能。

1. **导向功能**

公共政策作为规范公众行为的社会准则和价值规范，其具有指导和引导公众行为的导向作用，这也就要求公共政策必须具备明确的目标和方向，通过将社会生活中复杂多面的、互相冲突的问题引导成明晰单面的、交互统一的现象，促进社会生活有序展开。公共政策的导向功能主要通过两种途径实现：一是行为引导，通过明确的目标体系设置，规范人们的行为方式；二是观念引导，通过树立正确的价值规范系统，引导人们的观念向美向善。在实现途径中，导向功能有两种作用形式：一是直接引导，即公共政策对其直接调节对象产生作用；二是间接引导，即公共政策对其非直接调节对象产生作用。通过两种途径与两种作用形式的相互搭配，公共政策最终的导向结果既有正向也有负向，正向导向是指政策作用方向与政策调节对象的发展方向是一致的，负向导向是指政策作用方向与政策调节对象的发展方向是相反的。

2. **管制功能**

为了避免影响社会发展负面因素的出现，公共政策应该发挥对目标群体的管制和约束功能，管理和制约公众行为，这种功能往往通过公共政策的条文规定加以表现，一般采用积极性管制与消极性管制两种途径达到目的。积极性管制是指公共政策以正激励原则为指导，对某行为予以物质或精神方面的奖励，刺激这种行为重复出现，从而达到减少其反向行为的目的。消极性管制是指公共政策以负激励为指导，对某种行为予以惩罚，抑制这种行为重复出现，从而达到有效管制的目的。通过积极管制与消极管制两种途径相配合，公共政策能够规范人们的行为以及社会发展的方向。

3. **调控功能**

公共政策的调控功能是指运用公共政策手段调节与控制社会生活中的利益冲突和利益矛盾。在调节社会的各种利益关系时，公共政策的调控领域可划分为直接与间接两种类型，直接调控是指公共政策能够直接作用控制的领域，而间接调控则是公共政策非直接作用控制的相关领域。由于社会利益冲突不可避免且呈现一定阶段性特征，公共政策还可通过平衡调控与非平衡调控两种方式，平衡调控强调的是平衡各方利益，非平衡调控则强调突出重点利益，在不同的情况下选择不同的方式对利益矛盾进行调控，以达到使社会平稳发展的目的。

4. **分配功能**

公共政策的分配功能是指运用公共政策手段调整与分配社会公共资源以及社会公共利益，这是公共政策要求正确有效分配资源利益这一目的的体现。公共政策在实现分配功能时需体现三个原则：一是为追求效率而鼓励扩大差别的原则，如改革开放初期“让部分人先富起来”这一政策即集中国家力量推动部分城市提高生产效率而扩大地区差别；二是为消灭差别而牺牲效率的原则，如脱贫攻坚政策即集中力量支持贫困地区脱贫攻坚，缩小地区差距；三是效率与公平相统一的原则。

1.3 公共政策学的缘起与发展

1.3.1 公共政策学的缘起

公共政策学，又称政策科学，于 20 世纪 40 年代末 50 年代初诞生于美国，是一个具有综合性与应用性的跨学科研究领域。在公共政策学作为一门独立学科形成之前，已有不少学者开展了关于政策的研究，如亚当·斯密于政府与市场的关系理论中提出的政策理念以及经济政策，克劳塞维茨提出的系统战略决策思想，凯恩斯提出的国家干预经济的政策理念以及经济政策等。这些学者在经济学、政治学、军事学和社会学等领域所做的理论研究以及方法论探究，充实了公共政策学的基础。

二战后，各类交叉学科、横断学科等新兴学科不断涌现，信息论、控制论以及系统论的产生及其在多类学科中的广泛应用，为公共政策学奠定了方法论基础，而计量经济学、行为科学、决策科学等学科的形成与发展为公共政策学的产生提供了知识基础，特别是行为主义政治学的兴起，强调对政府行为的研究，直接催化了公共政策学的诞生。

公共政策学的诞生既以各类学科成果为基础，也离不开时代背景的催化。二战后，西方世界百废待兴，各国面临着复杂多样的社会问题，如经济危机、环境污染、核威胁、种族歧视、贫富差距等，迫切需要寻求解决公共问题的有效途径。经济领域的凯恩斯主义开始延伸至其他领域，西方各国政府持续扩大政府干预范围，不断使用公共政策应对社会问题并调整社会利益分配，解决层出不穷的社会问题成为美国政府与全社会共同关注的研究课题。

1.3.2　公共政策学的发展

公共政策学是二战后诞生的新兴学科，发展速度迅猛，理论领域与应用领域的研究成果丰富。

1. 西方公共政策学的发展

公共政策学首先在西方国家确立与发展，自 20 世纪 50 年代诞生以来，它的发展过程经历了初创—发展—反思—拓展四个阶段。

（1）公共政策学基础理论确立阶段。

在公共政策学诞生之前，两次政策争论与一次讨论会为公共政策学这一独立学科的形成开了引子、做了铺垫，一是指有关罗斯福新政的政策争论与由奥本海默引发的原子能政策争论，二是指关于国际关系论的革命性、发展性学术讨论会。首先，在有关罗斯福新政的政策争论中，美国经济学家阿尔文·汉森和英国经济学家约翰·凯恩斯针对罗斯福因经济危机而采用的政府消极干预政策进行批判，他们对此提出相应的积极干预经济的政策，这场政策争论是围绕消极经济政策与积极经济政策展开的，但当时人们并未重视，直到二战后才对这场政策争论进行反思。其次，是由奥本海默引发的原子能政策争论，奥本海默是犹太裔物理学家，也是美国原子弹研究的一号功臣，但由于他反对开发氢弹并主张和平利用原子能，就被当做“赤色分子”批判并被解除公职，这一事件引起了对原子能政策的争论，部分人认为原子能政策应服务于国防军事以保障国家安全，而另一部分人则主张原子能应优先用于和平，防止发生核军备竞赛，为人类造福。在两次争论后，1951 年关于国际关系论的革命性、发展性学术讨论会在斯坦福大学召开，这次会议集结了人类学、社会学、经济学、心理学等学科的泰斗，会议结束后学者们纷纷撰写文章，勒纳和拉斯韦尔将这些文章集结成书《政策科学：范围和方法的最新发展》，该书的发布是政策科学诞生的标志。1956 年，拉斯韦尔提出了一个重要观点，把政策过程划分为七个阶段，即完整的政策过程可以分为情报、推进、规定、调用、应用、终止与评估。

在这个时期，由于受行为主义思潮的影响较大，此时的政策研究强调行为的量化处理，学者们认为公共政策学的发展在于方法论的建立与完善，忽视了政策问题的研究，使得政策科学的研究领域较为狭窄，也未能建立起学科框架。

（2）公共政策学的高速发展。

二十世纪六七十年代，公共政策学开始对行为主义研究进行反思与超越，学者们开始从政策系统的角度研究分析公共政策，并试图建立一个科学的政策系统。此时政策分析的方法论日益丰富并多样化，越来越多的学者投入公共政策学的研究，并日益重视政治科学的价值取向。对比上一个时期，这一时期的代表学者叶海卡·德洛尔把研究方向转为政策内容、政策评价、政策执行与结果以及政策周期，他所发表的《重新审查公共政策的制定过程》《政策科学探索：概念与适用》《政策科学构想》“三部曲”构成公共政策学的第二个里程碑。德洛尔批判了上一时期的行为主义方法论，并总结出共 12 项基本内容的政策科学范式，但是他所建立的总体政策是一种元政策，过于理论化与抽象化。除了德洛尔外，这一时期还有查尔斯·林德布罗姆与托马斯·戴伊两位学者为公共政策学作出了突出的贡献。林德布罗姆首先提出了政策分析的概念，并提出了渐进主义理论和互动的政策制定理论；而戴伊提出了分析公共政策的八种政治决策模型。

20 世纪 60 年代后，政策研究开始表现出两种倾向，在 60 年代末和 70 年代初表现为“趋前倾向”，70 年代后期为“趋后倾向”。趋前倾向是在政策研究中强调政策咨询对于政策制定的意义，趋后倾向是注重研究公共政策的执行、评估、终结以及政策周期。这催生了大量的职业化的政策研究人员、政策研究机构和组织，并创办了许多研究政策的杂志。

（3）公共政策学的反思阶段。

20 世纪 80 年代后，公共政策学开始进入自我批判的时期，此时的研究方向有两个趋向：一是深入政策效率的研究，二是开始对公共政策进行多元化的研究。在此基础上，三个方面的研究开始起步：一是政策价值观与政治伦理之间的研究，二是政策效率和比较公共政策方面的研究，三是政策信息多元化方面的研究。这一时期更多进行的是比较研究，代表学者有阿尔蒙德以及阿斯弗特。

这一时期，公共政策学开始建立起具有范畴、理论、结论和方法的独立学科体系，且在现实中发挥的影响作用愈发扩大，理论与实践的结合与转化更为紧密。

（4）公共政策学的拓展阶段。

进入 20 世纪 90 年代，公共政策学开始拓展新的研究方向。此时公共政策学研究有两个较大的变化：一是深化原来的主题，继续深化对公共政策的伦理和价值的研究，以及公共政策与公共管理之间的关系研究；二是拓展新的研究方向，如对公共政策的应用研究以及政策调查的兴起。而这些都离不开当时的国际环境与背景，在冷战结束后，东西方的对立消除，民主、自由、平等的价值观在全球范围内推广，价值与伦理在政策制定中的考虑比重随之增加，而且随着全球化趋势增强，公共政策学者们对公共政策的研究转向新兴的社会问题，这也使得以后实证主义为主体的主观研究方法越发受到青睐，而以往根据政策制定者偏好排列方案顺序的方法在复杂现实中暴露出诸多弊端。学者们认为，通过政策调查的具有合法性地位的政策是公众接受政策的前提条件。

至此，公共政策学在三个方面有了长足的发展，一是课题选择取向朝着伦理取向、管理取向与政府改革取向发展；二是方法论的非科学趋向，强调权变观点与多元思考；三是公共政策学的建制化。

2. 中国公共政策学的发展

公共政策学虽然诞生于美国，但我国自古以来都在使用“政策”这一概念，我国古代不但有丰富的政策实践和政策思想，例如惠民、养民、富民的政策传统，重农抑商的政策主张，无为而治的政策思想等，而且也有丰富的政策研究，如西汉贾谊的《论积贮疏》是典型的政策研究报告，明代冯梦龙所著《智囊补》中记录了 1000 多个政策案例，此外，我国古代也有谋略思想的研究，如《战国策》《孙子兵法》《资治通鉴》等。

（1）公共政策学的引进与初创。

中国的公共政策学研究始于 20 世纪 80 年代初，受改革开放和理论“补课”要求的影响，为应对纷繁复杂的社会问题而不断发展、成熟。我国学术界的部分专家学者和一些从事政策研究的工作人员开始介绍并引入西方政策科学的研究成果，随着成果的引进，政策科学不仅得到学术界的重视，而且引起了高层决策者的关注。1982 年，国家科委技术局出版了《科学技术政策研究》论文集，专家学者们对科技政策的政策理论发表有益见解，标志着我国政策科学的开端。这一时期，孟繁森在《理论探讨》发表文章，提出“需要建立一门研究党和国家生命的科学——政策学”；李铁映在《哲学研究》发表《决策研究》论文，呼吁开设决策理论的课程。1986 年，时任国务院副总理万里在全国软科学工作座谈会上做出《决策民主化科学化是政治体制改革的一个重要课题》的报告，明确提出中国需成立“政策研究”这一重大课题，这是我国政策科学建构与发展的一个标志性事件，此后政策科学的研究与教学步入正轨并逐渐体制化，至 20 世纪 80 年代中期，中国公共政策学科在借鉴西方研究的基础上应运而生。20 世纪 90 年代以来，一些高校陆续开设了公共政策课程，并创办了专门的政策研究机构。公共政策学的教材也被陆续翻译出版，研究论文与著作不断涌现。1992 年第一届中国行政管理学会政策科学研究分会成立大会在山东召开，标志着我国开始有了全国性的专门从事政策科学研究的学术团体，之后全国性或地区性的公共政策科学研究会也陆续建立，行政性、学术性与民间性政策研究组织也不断发展。

（2）公共政策学的拓展与成熟。

21 世纪以来，经过学者们的努力，公共政策学与其他学科的界限越来越明晰，学科体系以及理论框架已经基本确立，公众也愈加关注并积极参与公共政策实践。在新时代全面深化改革和现代化建设实践中，党和国家的机构改革、国家治理现代化、依法治国与依法行政、公共服务体系和制度建设、创新性国家建设，以及政治、经济、社会、文化和生态等各个领域的改革与发展战略，对于推进中国政策科学的学科建构、理论创新与知识应用，其意义不言而喻。党的十八大以来，以习近平同志为核心的党中央提出一系列关于公共政策的新思想、新理念、新观点和新论断，包括政策制定的指导思想、原则和方法，政策执行、评估和督查以及政策检验的人民满意标准等。党和政府还进行了卓有成效的政策实践创新，创造了大量新鲜经验，如突出问题导向、顶层设计、找到最大公约数（决策共识）、先调研后决策、马上就办（政策转化为行动）、打通政策执行的“最后一公里”、政策督察、第三方评估、中国特色新型智库建设等等，形成了中国特色的政策思想体系与鲜明的政策实践风格。这为中国特色政策科学的建构与发展提供了丰富的思想资源与经验材料。

根据科学社会学的研究，只要满足研究对象或领域的相对独立性、公认的研究范式和成熟的学科建制这三个条件，就可以说一个学科及其分支或主题领域已经成熟独立。我国公共政策学的发展主要体现以下几个方面：一是理论框架基本确立；二是学科建制日益成熟。在学术团体方面，早在 20 世纪 90 年代初就相继成立了两个全国性的研究组织，一个是 1992 年成立的全国政策科学研究会，另一个是 1994 年成立的挂靠国务院发展研究中心的中国政策科学学会，有些省市也相应成立了政策科学研究会；三是职业化态势逐渐形成。作为 20 世纪后半期兴起的知识工业的一个重要的组成部分，政策分析日益成为一个热门的职业，而政府、智库（思想库）、咨询公司、大学及科研院所是政策分析者云集的几种主要的机构。2013 年 4 月习近平总书记对建设中国特色新型智库作出重要批示，一大批中央和地方及依托大学和科研机构的智库建立起来。2016 年，中共中央办公厅印发了《关于加强中国特色新型智库建设的意见》，随后 25 家机构入选首批国家高端智库建设试点单位名单。

1.4　政策主体、政策客体与政策环境

1.4.1　公共政策主体

公共政策主体是指直接或间接参与公共政策制定过程的个人、团体或组织。美国学者詹姆斯·E. 安德森在《公共决策》一书中，以是否拥有公共权力制定政策为标准，将公共政策主体划分为官方的政策制定主体和非官方的政策制定主体。官方的政策制定主体是拥有公共权力制定政策的主体，包括立法者、政府首脑、行政人员以及司法人员；而非官方的政策制定主体则是不能行使公共权力制定政策的个人、团体或组织，包括政党、利益集团、公民个人、大众传媒以及智库。[①] 琼斯和马瑟斯在《政策形成》一文中，根据政府提案的来源，将公共政策主体划分为两大类：政府内部和政府外部，政府内部的政策主体包括行政长官、官僚、咨询者、研究机构、议员，后者包括利益团体和协会、委托人团体、公民团体、政治党派和传播媒介。[②] 罗杰·希尔斯曼（Roger Hilsman）在《美国是如何治理的》一书中，称最接近政府决策的人为直接的政策制定者，包括政府官员，即总统、国会、司法、政府机构、国家安全机构（国务院的外交机构、中央情报局和军方）和从政治上任命的官员（内阁成员、总统顾问以及其他总统任命的人员）。在最直接的决策者和选民之间，还有参与制定政策的第二圈人物，他们是利益集团和院外集团，在这批人当中，有代表经济利益的人物、少数民族工作者、净化用水和空气之类的公共事务工作者，以及致力于自由主义与保守主义等理想的人物。此外第二圈人物中还有两股力量试图对政府施加直接影响，其一是州和地方政府，其二是政党。[③] 托马斯·R. 戴伊（Thomas R. Dye）在《理解公共政策》一书中指出，政策制定主体包括不同的政治参与者和政治机构：政

---

① 詹姆斯·E. 安德森：《公共决策》，华夏出版社，1990 年，第 44－48 页。

② Charles O. Jones，D. Matthes. Policy formation. In Encyclopedia of Policy Studies，edited by Stuart S. Nagel. Marcel Dekker，NewYork，1983，pp. 117－142.

③ 罗杰·希尔斯曼：《美国是如何治理的》，商务印书馆，1986 年，第 70、290 页。

客利益集团、国会游说者和立法者、执行者和行政官员、报告者和评论者、智能团、律师和法官。[①] 虽然世界各国的政策环境复杂，学者们进行分类的视角也不尽相同，但政策主体的构成因素并无大的差异，以是否拥有合法的权力来做出强制力的政策决定来判断，我们一般可以把政策主体分为官方的政策制定者和非官方的参与者。

1. 官方制定主体

（1）立法机关。

立法机关是最为重要的政策主体，它的政治职责即制定、修改和废除法律与政策。在资本主义国家，议会是其最高立法机关，而我国最高立法机关是全国人民代表大会及其常务委员会。立法机关所拥有的立法权，有利于公共政策获取其自身的合法性、强制性与权威性，保证公共政策的执行效率。

（2）行政机关。

从世界范围看，现今世界各国的行政权呈强化趋势，行政机关的立法提案权不断扩张，不论是行政决策机关还是行政执行机关，它们在政策制定与政策执行中发挥着越来越不可替代的功能作用。在资本主义国家，不同政体的最高行政机关的组成有所不同，而在我国，最高国家行政机关是国务院，也称中央人民政府。

（3）司法机关。

本书的司法机关是取狭义的解释，指的是拥有司法审查权与司法解释权的法院。司法审查权是指法院拥有审查立法机关和行政机关活动是否违宪的权力；司法解释权指的是法院能够解释立法机关所制定法律的权力。法院通过有效利用这两种权力，能够完善公共政策内容以及提升公共政策的执行效果。

2. 非官方参与者

（1）利益集团。

利益集团是拥有某种共同目的，基于某种共同利益组成的组织团体。它的目的是表达团体统一的利益诉求，要求组织成员统一目标，并团结一致，实现集团目标。利益集团对公共政策的影响，一般取决于集团的规模、集团的资源条件、集团的凝聚力、领导层的工作能力、集团的社会地位以及政治地位、竞争性组织存在情况以及官方政策制定者对其的态度等。利益集团影响政策制定与执行的方式有以下几种：政治捐款、舆论宣传、游行示威以及院外活动等。在中国，利益集团的力量虽较小，但是也在政策各个过程中产生许多影响，他们影响着政策信息的交互沟通并在部分场景中影响公共政策的秩序。

---

① 托马斯·R. 戴伊：《理解公共政策》，中国人民大学出版社，2011年，第27页。

（2）政党。

政党是由阶级领导的并代表本阶级利益的社会政治组织，它是利益集团的一种特殊类型。政党有着特有的政治目标与意识形态，在国家与社会议题中有独有的政治主张，通过积极介入公共政策制定等政治活动，积极宣传并维护自身党派利益。不同于一般的利益集团，政党着重于政治领域，且其关注的政策制定范围比一般利益集团大，通过关注并参与各领域公共政策的制定增加本党派的政治影响力，并进一步统一本党派的利益要求，凝聚本党派的政治意识。

（3）公民。

随着现代民主政治的发展，公民的政治参与越发得到重视与加强。公共政策的整个运行过程都有公民参与的身影，通过扩大公民参与政策制定过程的渠道，不但可以增加公民对公共政策的理解度以及配合政策执行的自觉性，还能提升公共政策的执行效果。公民可以通过①直接投票，②推选代表间接投票，③请愿游行，④运用自身专业知识提供指导，⑤利用媒体发动社会舆论，⑥加入政党、利益集团以及智库等组织团体这六种方式参与政策制定过程。

（4）大众传媒。

大众传媒是现代社会最常用、最方便、最直接的信息沟通方式，对政策制定过程有着非常重要的影响，是政策主体的一个重要的组成部分，被称为“第四种权力”。随着信息社会的到来，新媒体与自媒体的诞生在提升保真度的基础上进一步加快了信息传播速度并扩大了信息传播范围。大众传媒具有覆盖率高、信息量大、影响面广等特点，其主要作用是制造舆论、传播信息、沟通思想等。“在政治游戏中，媒体既是表演者又是仲裁人。他们不仅报道人们如何为争取社会权力而斗争，而且报道那些争取社会权利者。”“美国传媒业的权力是原始的。他们为公众的讨论设定议程，并且这一广泛的权力不受任何法律的制约。它决定人们将要谈论和思考的话题——这种权威在其他国家为暴君、传教士、政党和官僚所保留。”[①] 大众传媒在政策制定过程中发挥着独特的影响，如为决策者发现问题并设定政策议程，影响甚至引导公众的态度和价值观，伯纳德·柯恩（Bernard Cohen）于1963年所著的《报业与外交政策》一书中指出，报纸不能成功地告诉读者想什么（What to think），但能很成功地影响读者想些什么问题（What to think about）。公众通过大众传媒表达自己的政治诉求、利益诉求、思想意愿，改变着投票者和决策者的行为。

（5）思想库。

思想库又称智库或智囊团，它是专门从事开发性研究的咨询研究机构，它将

---

① 托马斯·R. 戴伊：《理解公共政策》，中国人民大学出版社，2011年，第34页。

企业和金融机构的领导层、大众媒体、政府官员和知识分子聚集在一起，运用他们的智慧和才能，为社会经济等领域的发展提供方案。它分为官方的、半官方的、民间的等几种类型。官方的思想库隶属于政府及其职能部门，如中国发展研究院（中国）、政治与国际研究所（伊朗）、国会研究服务部（美国）等；半官方的思想库往往是由政府支持的公共研究机构，如战略与国际研究所（马来西亚）、韩国开发院（韩国）、伍德罗国际学者中心（美国）等；民间的思想库是不具有政府背景的私营研究机构，如巴基斯坦国际事务研究所（巴基斯坦）、国际经济研究所（美国）等。思想库为公共政策的制定提供专业知识等信息支撑以及技术指导，全球范围内排名靠前的思想库有布鲁金斯学会、英国皇家国际事务研究所、卡内基国际和平基金会、斯德哥尔摩国际和平研究所、中国社会科学院等。思想库通过其过硬的专业知识以及研究实力，在各个专业领域的公共政策制定中提供最前沿的专业指导。

1.4.2 公共政策客体

公共政策客体是指公共政策的作用对象及其影响范围，即公共政策所要解决的社会问题以及政策的目标群体。在繁冗复杂的现代社会中，公共政策是政府解决公共问题的有效手段之一，公共问题的解决在于协调各方利益，使各方对社会的期望得到平衡，所以公共政策客体包括表象的公共问题和内在的目标群体。

1. 所针对的公共问题

公共问题是涉及公众利益的社会问题，公共政策虽然是政府等公共部门解决公共问题的手段，但并非所有的公共问题都是公共政策客体，只有通过审核被列入政策议程的公共问题才能成为公共政策客体。公共问题进入政策议程需满足下列四个条件之一：一是满足政策制定者的偏好；二是发生突发性的重大社会事件；三是公民抗议示威活动；四是大众媒体的大量宣传。随着全球化浪潮滚滚而来，国家间的活动逐渐增加，部分公共政策也朝着全球性课题与跨国性课题演进。

2. 目标群体

公共政策客体的第二个层面是公共政策执行所要直接作用的对象，公共政策通过直接或间接作用至不同的社会群体，规范和制约社会成员，这些社会成员与群体统称为公共政策目标群体。政策目标能否落实，执行效果能否实现，都与目标群体的态度有着直接的联系。一般来说，目标群体的态度有两种形式：一是支持政策，即政策认同；二是反对政策，即政策抗拒。当政策有利于目标群体的利益就更易获得目标群体的支持，若一项政策被目标群体视为对其利益的侵害或剥夺，就易受到目标群体的反对。一般来说，政策认同的原因主要有政治社会化的影响、对成本收益的权衡、避免受到惩罚等，政策抗拒的原因主要有缺乏对政府官员的信任、政策本身的缺陷、合法性危机等。

1.4.3　公共政策环境

公共政策环境是指作用和影响公共政策的外部条件的总和，它涉及从人到物、从自然到社会、从历史到文化等诸多因素。公共政策与政策环境相互联系、相互依存、相互作用、相互影响，政策环境决定和制约着政策，而政策又会反作用于政策环境，它们是辩证统一的关系。

公共政策是在一定的政策环境下随着社会发展的需要而产生的，它对政策环境有一定的能动作用，它必须适应于政策环境，才能促进政策环境的良好发展，若它与政策环境相互对立，则公共政策必然会走向失败且政策环境也受到损伤。而政策环境的变化必然导致公共政策的发展变化，这种变化不以人的主观意志为转移，是客观规律所引致的。所以在研究公共政策时，必须考虑其所在的政策环境。

1. **政治—制度环境**

公共政策的政治—制度环境是指影响一个国家或地区公共政策的政治制度、政治体制和政治文化的总和，包括政治体制、阶级状况、政党制度、政治文化、军事国防状态等。政治—制度环境是公共政策赖以产生和发展的先决条件，它决定并制约着公共政策的内容与功能，两者关系中政治—制度环境占决定性的主导地位。首先，政治—制度环境的需要才会催生公共政策，即社会问题必须经过法定程序才能进入政策议程；其次，政治—制度环境决定并制约着政策主体的构成与行为，从而影响并制约着公共政策性质与功能；最后，公共政策需适应政治—制度环境，并随其的变化发展而变化发展。

2. **经济—社会环境**

公共政策的经济—社会环境是指影响公共政策的经济要素的总和，包括社会生产力性质与结构、生产资料所有制形式、相关的经济制度等。经济—社会环境是公共政策制定的首要条件和根本条件，任何性质的国家或地区在制定公共政策时都要受到经济—社会环境影响。首先，经济—社会环境是人类社会生活的最基本环境，是公共政策运行的基础；其次，经济—社会环境是公共政策制定的主要依据，在分配公共利益时需要参照它进行；最后，公共政策可以反作用于经济—社会环境，它可以促进或阻碍生产力和科学技术的发展，需要在正确认识经济—社会环境的条件下，制定相应的公共政策。

3. **历史—文化环境**

公共政策的历史—文化环境是指影响公共政策的文化要素的总和，包括哲学、宗教、文学艺术、风俗习惯等。公共政策深深植根于历史—文化环境，受此环境影响，不同历史、不同文化的国家或地区虽拥有相似的政治—制度环境以及经济—社会环境，但不一定会制定出一模一样的公共政策。历史—文化环境包括了人们世代固定下来的风俗习惯以及道德标准，它虽不能直接影响公共政策，但是它直接影响了公共政策的制定主体，继而使公共政策间接受其影响。与此同时，公共政策也在潜移默化地影响着历史—文化环境，公共政策对于文化的塑造从历史长河的角度上观察即是公共政策对历史—文化环境的反作用。

4. **国际环境**

公共政策不仅受到国内环境因素的影响，也会受到国际环境因素的牵制和约束。公共政策的国际环境是指一个国家和世界各国、各地区之间的政治、经济、文化、地理等方面的关系。随着全球化程度的日益深化，必然在各国国内的形势上有所反映，进而构成对公共政策的影响。正如莱斯利·辛克莱所言："全球化理念的核心特征在于，当下诸多理论问题已不可能在民族国家的层面，即以单一国家和与其相关的国际关系为平台展开有效的研究，因此，这些问题必须放在全球化的视野里予以考量。"① 受全球化的影响，很多公共问题不再局限于某个国家范围内，而是需要各国政府联手来共同应对，如全球变暖等环境问题、打击国际犯罪团伙、救济国际难民等。

1.4.4 政策工具

政策工具是"政府在实施政策时实际使用的手段或设备"②，可以用来达成预期的政策目标。莱斯特·M. 萨拉蒙（Lester M. Salamon）和迈克尔·S. 伦德（Michael S. Lund）把政策工具定义为"政府达成政策目标的一种方法"③。安妮·L. 施耐德（Anne L. Schneider）和海伦·M. 英格拉姆（Helen M. Ingram）将政策工具定义为"政策设计中的元素，可导致目标群体做一些他们原本不会做的事情，或意图改变行为以解决公共问题或实现政策目标"④。例如，在制定解决

---

① 莱斯利·辛克莱：《相互竞争中的多种全球化概念》，参见梁展选编：《全球化话语》，三联书店，2002，第 29 – 30 页。

② Michael Howlett, M. Ramesh, Anthony Perl. Studying Public Policy: Principles and Processes. Oxford University Press, 2020, pp. 143.

③ Lester M. Salamon, Michael S. Lund. The Tools Approach: Basic Analytics. In Beyond Privatization: The Tools of Government Action, edited by Lester M. Salamon and Michael S. Lund. The Urban Institute Press, 1989, pp. 29.

④ Anne L. Schneider, Helen M. Ingram. Policy Design for Democracy. University Press of Kansas, 1997, pp. 93.

交通拥堵的政策时，政策制定者必须同时考虑是否修建更多道路、推广公共交通、限制私人汽车使用，或使用这些工具的某种组合。

理论上，政策制定者可以创造出很多种政策工具以及组合。所以，政策研究人员设法将相似类型的工具分门别类。政策工具有多种分类方式。

克里斯托弗·胡德（Christopher Hood）于 1986 年提出了“NATO 模型”①，他指出所有政策工具都使用四类治理资源之一，因此可以根据其使用的主要资源进行分类。这四类资源为：政府掌握的信息（节点，nodality）、法律权力（权威，authority）、钱财（财富，treasure）、可以使用的正式组织（组织，organization）。政府可以利用这些资源来操纵政策主体以及应对政策问题，例如，通过提供或撤回信息、增加或削减拨款、使用强制性权力迫使其他主体开展特定活动，或者通过使用政府人员和专业知识自行开展活动。

萨拉蒙和隆德认为可以基于以下四个维度②对政策工具进行分类。

①政府参与的活动的性质。这个维度分为四大类：直接付款、提供商品和服务（包括信息）、法律保护（例如垄断或担保）、限制或处罚（例如监管或刑法）。

②提供服务的系统的结构。提供服务的系统分为“直接”和“间接”。直接服务意思是中央政府是提供服务的唯一参与者。间接服务指通过中介机构（如另一级政府）或私营部门（如企业或非营利机构）提供服务。

③中心化程度。它与第二个维度相关，但不完全相同。一般来说，提供的服务越直接，程序的管理就越集中，但也有特殊情况。比如，中央政府提供直接的服务，但是由地方的下属单位执行，这些单位能够更好地对当地条件作出有效反应，有自己的管理和计划自由度。

④政策工具的“自动化程度”，即使用政策工具时是否需要复杂的行政活动。比如，税收激励利用税收对生产、消费、投资等经济活动和行为产生激励或抑制作用，是自动生效的工具，相比之下，社会保障福利金更为复杂，因为决定申请人的资格一般需要逐案审理与决策，所以需要大量的行政管理工作。

迈克尔·豪利特（Michael Howlett）和 M. 拉米什（M. Ramesh）根据政府对公共物品和服务的介入程度，将政策工具分为自愿性工具、强制性工具和混合型

① Christopher Hood. The Tools of Government. Chatham House, 1986, pp. 124 – 1255.

② Lester M. Salamon, Michael S. Lund. The Tools Approach: Basic Analytics. In Beyond Privatization: The Tools of Government Action, edited by Lester M. Salamon and Michael S. Lund. The Urban Institute Press, 1989, pp. 23 – 50.

工具。[①] 自愿性工具指基于受众的自愿达成目标的工具，政府几乎不实施干预。强制性工具是直接强制作用于目标受众的工具，在应用政策工具时几乎没有自由裁量的余地。混合型工具则同时具有自愿性工具和强制性工具的特征。政策工具越具有强制性，政策受众就越有可能遵守政策，但政府也越有可能需要投入大量资源，来确保目标群体遵守政策所需的强制力。非强制性的政策工具诸如激励、教育、劝勉，是基于对人们行为方式的假设，包括个人对自由的期望、主动性和理性的程度。非强制性的政策工具更容易管理，但成功的可能性取决于对政策受众行为假设的准确性。

复习思考题

1. 简述公共政策学的发展历程。
2. 简述公共政策的定义、特征与功能。
3. 简述公共政策的本质。
4. 结合相关案例，论述公共政策的主体和客体。
5. 结合实际，谈谈公共政策环境对公共政策的影响。
6. 结合实际，谈谈如何运用政策工具应对公共问题。

典型案例

联防联控，抗击疫情

2021年5月21日，广州市荔湾区新型冠状病毒肺炎疫情防控指挥部发布《广州市荔湾区发现1例新冠肺炎核酸疑似阳性人员》的通报，这是在广东省无新增本土确诊病例时隔276天后，再次出现的本土病例。根据流调信息，确诊患者发病前14天一直在广州生活，日常的主要活动轨迹都在她家附近，且近期无国内中高风险地区和境外旅居史。根据广州市荔湾区新型冠状病毒肺炎疫情防控指挥部消息，结合病例临床表现、流行病学调查、实验室检测和基因测序结果，经专家组综合评估，初步判断其病毒属于在印度出现的新冠病毒变异株，不排除是意外暴露造成的偶发感染。

自疫情发生以来，广东省委高度重视，广州市政府迅速反应，以大概率思维应对小概率事件，在荔湾区内开展大规模核酸筛查，坚决防止疫情扩散蔓延。5

① Michael Howlett. Beyond Good and Evil in Policy Implementation: Instrument Mixes, Implementation Styles, and Second Generation Theories of Policy Instrument Choice. Policy and Society, 2004, 23 (2), pp. 1 – 17. https://doi.org/10.1016/s1449 – 4035(04)70030 – 2.

月 26 日，荔湾区新型冠状病毒肺炎疫情防控指挥部发布《广州市荔湾区关于开展全区全员核酸检测工作的通告》，要求于两日内对全区户籍人口、暂住人口开展全员核酸检测。全区各街道严格实行疫情防控管理措施，以社区（居委）为单位设立核酸检测点，做到应检尽检、不漏一户、不落一人。

为坚决有效阻断疫情传播，广州市疫情防控指挥部决定在荔湾区继续组织核酸筛查的基础上，进一步扩大全员核酸检测的范围。根据《广州市新型冠状病毒肺炎疫情防控指挥部关于新冠肺炎疫情分级分类防控工作的通告（第 13 号）》的要求，5 月 30 日凌晨广州市海珠区、越秀区发布通告，要求全区户籍人口、常住人员等分街道分社区就地开展全员核酸检测工作。继荔湾区、海珠区、越秀区后，广州市番禺区、白云区、黄埔区、天河区于6 月4 日分别发布了全员核酸检测的通告。6 月 5 日广州花都区、南沙区、从化区、增城区也相继开展全区全员核酸检测工作。① 截至6 月8 日，全市 11 个区陆续铺开全员核酸筛查，全市第一轮大范围全员核酸检测累计采样 2798. 55 万例。为加大核酸检测筛查力度，尽快切断传染链条，广州市于6 月 9 日至 11 日开展第二轮核酸检测，检测范围涵盖四种类型，分别是密接者和次密接者、高风险区域、中风险区域和涉疫低风险区域，共涉及 5 个区 60 个街镇，采样 546. 19 万人。6 月 12 日至6 月 13 日开展第三轮核酸检测，检测范围主要包括高、中风险地区和病例所在地区，涉及 5 个区 13 个镇街，截至6 月 12 日 21 时累计采样 38. 16 万例。5 月 21 日至6 月 12 日 21 时，全市累计核酸检测达 3602. 3 万例，发现阳性感染者 43 例，主要集中在重点区域、重点人群。5 月 21 日至6 月 18 日 24 时，本轮疫情全市累计报告 153 例境内感染者；其中确诊病例 146 例，无症状感染者 7 例。[数据来自广州市人民政府新闻办公室在广州市新闻中心举办广州市疫情防控新闻发布会（2021 年总第 80 场）]

在这场与病毒的赛跑中，政府部门、医护人员、社区志愿者、社会企业等都被紧急动员起来，广州市民也积极配合核酸检测的工作。广州市政府联合多个部门召开疫情防控新闻发布会，第一时间向社会公民公布每轮次大规模核酸检测的结果，同时利用大数据进行流行病学调查，及时追踪密切接触者及相关人员，并通过穗康小程序中的粤康码提醒非绿码人员及时接受核酸检测，借助互联网平台，进行线上疫情信息采集，实时获取疫情动态。在各个采样点，身穿防护服的医务人员汗流浃背，不断重复着信息录入、贴管、采样的工作，脸上被护目镜勒出一道道深痕，双手因反复消毒而发白，医务人员尽职尽责，只为守护市民安

① 中国新闻网：广州市 3 轮核酸检测累计检测 3602. 3 万例：http://www. chinanews. com/gn/2021/06 – 13/9498947. shtml.

康。广州志愿者纷纷上阵，通宵达旦、昼夜交替分散在各个检测点，维护现场秩序、耐心指导市民扫码登记信息，与一线医务人员、社会工作者、社区工作人员并肩作战，为疫情防控构筑起一道坚实屏障。广大市民积极响应，遵从通告，在开展全员核酸筛查中，千万花城儿女冒风雨、顶烈日，守纪律、齐参与，为摸清底数，阻断疫情传播奠定坚实基础。在广州市政府、广州市卫健委、广州市疾病预防控制中心的有序组织下，各区、街道、社区的积极配合下，广州志愿者的耐心引导下，千万市民凝心聚力、守望相助，广州市大规模核酸检测工作得以顺利进行，疫情防控态势向着预期目标不断推进。

6月26日广州市卫健委发布消息，根据广东省新冠肺炎防控指挥办《关于印发广东省应对新型冠状病毒肺炎疫情分区分级防控工作指引的通知》，经广州市新冠肺炎防控指挥部同意，自2021年6月26日起，荔湾区白鹤洞街、白云区永平街道集贤路集安街3号、集贤路109号由中风险地区调整为低风险地区，至此广州市中、高风险地区全部清零。6月28日上午，广州市疫情防控新闻发布会（2021年总第99场）上广州市卫健委副主任陈斌表示，6月19日至27日24时，广州市已连续9天无新增境内感染病例报告。在多方主体的共同努力下，广州本轮疫情得到了有效控制。

[思考]

1. 试列举案例中所涉及的政策主体与政策客体。
2. 简要分析该案例体现了公共政策哪些方面的作用。
3. 试论述广州如何运用政策工具有效应对疫情防控。

延伸阅读

政策科学的“二次革命”

政策科学的“初次革命”发端于二战后的美国：冷战形势的需要以及战争中系统分析、运筹学的大显身手催生了一批智库机构，也促进了政策科学的发展。科学家与工程技术人员的捷足先登，确立了逻辑实证主义方法在该领域的正统地位。在此期间，专家备受推崇。政策分析者普遍强调研究的客观性，承认“价值—事实”二分法，有意剥离主观因素和复杂的社会情境，专注于对经验现象与客观规律的把握，努力以严密的科学分析来追求政策方案的有效，政策分析遂成为一项科学家的事业。

实证主义盛极一时的格局在20世纪70年代末被打破。伴随着对传统政策分析剥离社会情境、忽视价值问题、导致“专家暴政”等弊端的批判，一些学者开始反思政策科学的发展方向。公共政策被重新置于政治互动与社会生活的大背景下探讨。解释取向的方法与民主参与的问题成为新的研究热点。在此期间，Fischer、Hajer、Gott－Weis 等人提出了一系列以“后实证主义”“后经验主义”为标签的理论。他们认为，政策分析是一项沟通的事业，意义、话语、修辞在其中发挥着关键作用；政策分析方法应当以民主协商为核心，重视具体情境，注重事实分析与价值分析的有机结合。上述观点引发了政策学界的方法论之争，可以视作该领域的“二次革命”。

作为一种研究潮流，后实证主义政策分析实际尚无一套公认的定义或理论框架。相关著述涉及社会科学方法论、对技术理性的反思、公共参与、社会治理、民主政治等多个主题。按 DeLeon 和 Vogenbeck 的观点，后实证主义运动反映了政策科学走到十字路口的一种自我调整，主要包括三部分内容：批判传统的实证主义方法论；提出以公共参与为特征的政策方法；承认社会政治过程的高度复杂性，要求用多种分析视角研究政策问题。

1. 方法论的批判与重建

这部分研究以相对形而上的探讨为主，意在为政策分析建立新的哲学基础。根据传统的实证主义观点，现实客观存在且由因果规律所决定；这些规律不随社会历史情境的不同而改变；规律本身只能通过以客观中立为前提的经验主义研究方法发现；而社会科学研究的目的就是发现并应用这些规律；于是，对自然科学研究方法的推崇与效仿成为了实证主义政策分析的重要特征。

后实证主义者认为，上述理论错误理解了社会的本质。首先，所谓的“客观中立”是可疑的，因为任何对于现实的描述都建立在各种价值预设的基础上。政策分析中的“事实”并非纯粹独立于研究者的客体，而是一种社会建构。因此，政策分析绝不能抛开对人主观世界的体察。其次，实证主义对数理方法的滥用使原本丰富而独特的问题情境被过度简化，价值、情感、文化等不可量化因素的重要性被严重低估。最后，量子物理学、混沌论等新发现也极大地冲击了实证主义的哲学基础。这些研究充分揭示出自然界固有的复杂性和不确定性。诸如“波粒二象性”“测不准”等问题暗示，即便自然科学研究也不可能完全排除主观因素的干扰。研究者所站的位置会影响到最终的结论。

基于此，后实证主义者提出了政策分析的新思路：将事实分析与价值分析有机结合，组织公共参与，开展政策协商。以实践理性替代实证主义所强调的科学理性，不单纯依靠逻辑实证主义的理论推导，而是通过在理性指导下的对话和辩论得出结论。政策分析需要着眼于每个问题情境的特殊性，深入考察利益相关者的动机和观点，将问题放在现实情境中去分析和判断。

2. 参与式的政策协商

在后实证主义者看来，传统政策分析的专家治国论会带来“民主赤字”的问题：社会精英通过知识性、技术性极强的话语控制民主决策的过程，政治议题被转化为技术性的事务。多数时候，公众只能将事关自身利益的政策问题交给专家去决断，而专家则往往醉心于做“科学”的分析，缺乏对公众实际利益诉求的关切。此外，Hajer 认为提供表达不同价值观与认同感的机会是公共政策的重要使命。评价公共政策，除了合法性与解决问题的有效性之外，还要考察它是否促进了政治对话、尊重了社会的多元性。因此，传统政策分析不仅与民主存在价值上的背离，也不能满足公众对于公共政策的期望。

作为回应，后实证主义者反对强权与精英独占公共舞台，倡导一种参与式的政策分析与制定过程，主张依靠公民间的、尤其是利益相关者间的对话来寻找问题的解决方案。对此，Dunn 提出了一个“审判”的隐喻：政策协商如同法律诉讼，最终的结论就像法庭判决。冲突中的利益相关方需要通过援引与问题情境契合的判例、法律来支持自己的立场。整个辩论是一个调动各种证据和理由的互动过程。在交叉提问、相互质询中，人们不断接近真相，而经受住各种话难考验的观点被视为是最可靠的。

可见，这是一种以公民为主体、在问题情境下、强调辩论与协商的开放性探索。公民是其中的主角，他们基于自身的利益、价值与文化认同展开协商。专家不再作为权威，也不必标榜“客观中立”，而是充当各方的咨询顾问。政策分析者则要完成一种角色转变：从主导分析工作，替公众说话，到协调公共参与，帮助公众表达，支持协商过程。这意味着后实证主义政策分析者需要具备与传统政策分析者不同的素质与技能。

3. 方法工具的多样化

实证主义政策分析是单向度的，一般通过“成本—收益分析”、数学规划、建模仿真等定量手段寻找最优解，并在技术层面衡量方案是否经济、有效，对于评价政策的社会合理性问题却通常无能为力。而后实证主义政策分析倡导多维度多视角的研究途径，尤其重视具体问题中的历史、文化与价值因素。20 世纪后半段人文社会科学领域出现的“修辞学转向”（rhetorical turn）、“语言学转向”（linguisticturn）、“解释性转向”（interpretative turn）等理论新进展正好为后实证主义政策分析的发展借来东风。上述思潮共同指向了人类复杂的意义世界以及意义世界对现实生活的深刻影响，启示公共政策研究者开发和使用理解意义世界和符号世界的方法工具。

为此，后实证主义者从英国的日常语言分析、法兰克福学派的批判理论、法国的后结构主义思潮等领域汲取了大量的灵感和思路。在 Yanow、Wagenaar 等学者的努力下，阐释性方法（又称质性研究方法）像雨后春笋一般快速发展起来。这类方法将各种政策现象当作文本或文化现象一类的对象进行探寻与批判性的解读，以求充分揭示现象背后隐含的意义世界与文化结构，理清千头万绪的故事情节与价值之争。典型的如框架分析（frame analysis）、话语分析（discourse analysis）、修辞分析（rhetoric analysis）、叙事分析（narrative analysis）、拟剧法分析（dramaturgical analysis）、民族志研究方法（ethnographic approach）、女性主义方法（feminist approach）等等。

（何鉴孜、李亚：《政策科学的“二次革命”——后实证主义政策分析的兴起与发展》，载《中国行政管理》2014 年第 2 期。有删节）

《 第2章　政策模型

政策模型于20世纪50年代出现在西方国家并发展至今，是比较新兴的内容，很多政策模型都是从其他学科发展而来。我国的政策研究起步更晚，现在的主流观点和模型大多来自西方国家。

这一章简要介绍几种主要的政策模型，它们或曾经引起过很大的反响；或是新兴的理论；或注重政治分析，关注决策过程中重要的参与者或机构，比如制度主义模型、精英主义模型、团体模型；或注重理性分析，关注决策者的行为，比如理性主义模型、渐进主义模型、垃圾桶模型，它们对理解公共政策过程都提供了有益的洞见。这些模型不是互相排斥的，它们彼此有相似之处；同时，每个模型有不同的侧重点，因此有各自的优点和局限性。某个或某些特定的模型可能更适用于简化、理解某一特定问题，而大多数政策实践都可以用多种模型解读。

2.1　理论模型的含义和作用

2.1.1　理论模型的含义

模型是学术研究中的一个常用的概念。它是研究原型的中介，是一种重要的方法，一般而言会刻意简化现象或现象的特定方面。模型是以认识主体为目的，根据相似性原则构造出来的一种理念系统，是对现实世界某个主体的抽象概括和简化表达。模型分为具体模型和理论模型。具体模型是指与原型在形态上几何相似的模型，如示意沙盘、模型飞机、交通地图等，突出表现模型的相似性特征。理论模型是指用语言、符号、图表、数字等抽象形式反映原型内在联系和特征的模型。

公共政策模型即政策分析的理论模型，是描述、解释或预测政策活动过程和现象的系统。公共政策分析的理论模型具有抽象性、真实性、简单性、模拟性的特征。米尔顿·弗里德曼（Milton Friedmann）指出，一个理论去解释一个已知现象领域所需的最初知识越少，这个理论就越简单，如果某一理论预测的结果越精确、能够预测的范围越广，并且能为未来的研究提出一些建议，那么该理论就越有成就[①]。

理论模型一般由一组概念构成，可以被定义为旨在构建我们观察、理解和解释世界的一组分析原则或陈述，该理论模型是由变量、理论适用的域、变量与特定预测之间的一组关系组成，是导致特定事件的明确解释。“良好的理论模型”提供了对如何以及为什么的特定关系的解释。

2.1.2　理论模型的作用

1. 排列并简化现实

理论模型必须体现对现实生活进行序化和简化的能力，由各种描述类别组成的结构、概述、大纲、系统或计划，例如概念、结构或变量，以及它们之间的关系，这些被认为是现象的原因，也就是描述各种结构之间的变化机制和相互关系。

2. 提出一定的解释

分析者通过观察有规律性的自然或社会现象，提炼出变量，使用科学方法构建变量之间的关系，形成理论模型。理论模型可以被描述为具有更狭义解释范围的理论，理论模型既是描述性的，又是解释性的，解释性模型比描述性模型更具有研究和运用价值。

3. 预测未来的趋势

理论模型有助于我们预测未来趋势。如果分析者通过研究某一现象，发现了某种规律，那就可以将这个规律运用于未来的类似情形的分析。当未来的某个情形满足了模型的假设时，我们就能够根据自变量的改变预测因变量的改变。

不过由于人的能动性，社会科学的理论模型的预测能力弱于自然科学的理论模型的预测能力。例如，在学习了平抛运动公式之后，我们可以准确预测一段时间后平抛物体的位置，但社会科学理论模型的预测很难做到完全准确。

社会科学的理论模型往往是在特定地区和时期的背景下提炼出的，具有时空局限性，比如只适用于特定历史时期的特定政治系统，所以将一种理论模型应用于其他时期和地区需要十分谨慎。当然，也存在不受时间和空间参数限制的一般性理论。

---

① Milton Friedmann. The Methodology of Positive Economics. Essays in Positive Economics, University of Chicago Press, Chicago, Illinois, 1953, pp. 10.

4. 指导调查与研究

理论模型对现实的序化和简化、解释以及预测的能力有助于研究者理解现实现象背后的逻辑和规律。在研究中，可以把理论模型作为理解、分析和设计调查研究方法的概念和逻辑基础，提出实验想法，推动研究工作的发展。在实践过程中，理论又得到进一步的检验和拓展。

在许多情况下，理论模型本身就挑战和扩展了现有的知识。通过研究现有的理论模型，或通过发现理论内蕴的悖论，或通过敏感性分析检验新的假设，研究者可修补、完善、拓展现有理论，甚至提出新的理论。

2.2 经典政策理论模型

2.2.1 过程模型

政治过程和政治行为是政治学研究的焦点。第二次世界大战以来，行为主义政治学就一直在研究选民、利益集团、立法者、总统、官僚、法官和其他政治主体的行为活动，以探索活动或过程的模式。

哈罗德·拉斯韦尔（Harold Lasswell）于1956年提出了过程模型①，描述了政府决策的生命过程，即七个功能性阶段：情报（intelligence）、推进（promotion）、规定（prescription）、调用（invocation）、应用（application）、终止（termination）、评估（appraisal）。如表2－1所示。

表2－1 决策过程的功能性阶段

情报	收集和分析与政策事务有关的信息、制定替代方案、进行其他技术性规划并引起政治主体注意
推进	努力维护和推进首选的政策或结果
规定	建立规则和规范（包括法律、法规、分配性规则以及非正式的规则等）
调用	确定适用于特定案例的政策

① Harold D. Lasswell. The Decision Process: Seven Categories of Functional Analysis. Bureau of Governmental Research, College of Business and Public Administration, University of Maryland, 1956.

续上表

应用	根据具体情况，明确执行适用的政策
终止	终止政策、项目、计划等，或对政策、项目、计划等作出重大修改
评估	根据适当的标准，评估政策结果

（来源：拉斯韦尔，1956）

过程模型是最早出现的两个公共政策分析模型之一，另外一个是戴维·伊斯顿（David Easton）于 1957 年提出的系统模型。因此，过程模型可以说是公共政策分析的先驱性理论框架之一，是公共政策研究中的一个重要的参照。其历经几十年的变迁，经由不同学者的解读与发展，仍然在公共政策分析领域保留着有效性和普遍性。

现行的主流的过程模型与最初的过程模型相比，核心内容没有太大变化，即把政策过程看成一系列的政治活动，包括问题确认、议程设置、政策制定、政策执行、政策评估、政策终止。这一系列活动构成了政策的生命过程。

问题确认：某个问题触及了公共利益，引起了个人或团体对现行政策的不满。个人或团体（例如大众传媒、利益集团或政党）确定并阐明问题。

议程设置：特定社会问题进入公众和决策者的议事日程的过程。在议程设置过程中，多个社会问题相互竞争注意力与资源，以成为社会或政府的优先事项。

政策制定：政策制定是指政府制定具体政策方案的过程。社会问题进入议程之后，政策制定者需要制定政策方案来解决这些问题。专家、智囊团、媒体、利益集团、人大代表、政府官员等提出政策建议。政策制定过程中，个人或团体会根据自己的利益和期望，通过各种渠道施加影响力，获取政治支持，使政策朝着有利于自己的方向发展。

政策执行：又称政策实施，即政策执行主体将已合法化的公共政策付诸实践。政策执行十分关键，即使一项政策是明智的，但如果执行不力，也会失败。

政策评估：根据适当的标准，政府机构、非政府部门的顾问、媒体和公众评估政策是否达成预期政策目标。

政策更改或终止：决策者根据政策评估结果作出决定，选择继续实施、更改或终止政策。作出何种选择取决于决策者的目标、价值观以及优先事项。

过程模型把复杂抽象的政策过程分成若干阶段，提供了简洁直观的分析框架，对我们理解政策制定过程中的各种活动很有帮助。同时，若干阶段意味着政策过程是一个涉及多种政治环境、跨越多个政府部门的过程。

像许多其他公共政策模型一样，过程模型只呈现了复杂的公共政策过程的一部分。具体来说，过程模型有以下局限：

（1）过程模型呈现了线性的政策过程。但在现实中，政策过程不一定是连续的，不是完成了某个阶段之后才进行下一个阶段——多个阶段经常同时进行，某一阶段可能多次进行，有的阶段可能完全不会进行。比如，政策评估活动就常常跟其他阶段同时进行。

（2）过程模型的各阶段界限分明。但在现实中，每个阶段的界限比较模糊，我们可能无法严格地区分各个阶段。

（3）过程模型没有指明是什么因素推动了政策过程，以及怎样促使政策向下一个阶段发展。也就是说，没有阐明各阶段内部和各阶段之间的因果关系，缺乏预测能力。

尽管过程模型具有上述局限，但对于政策分析的目的而言，把政策制定过程分解为几个组成部分，有利于帮助我们更好地理解政策是如何制定的。

2.2.2　系统模型

戴维·伊斯顿基于自然科学的系统理论，于 1957 年提出了用于解释社会政治和公共政策的一般系统理论（General Systems Theory），试图用统一的模型归纳所有民族国家的政治现象。[①] 系统模型认为公共政策是政治系统对外界环境施加的力量所作出的回应。图 2－1 所示为系统模型示意图。

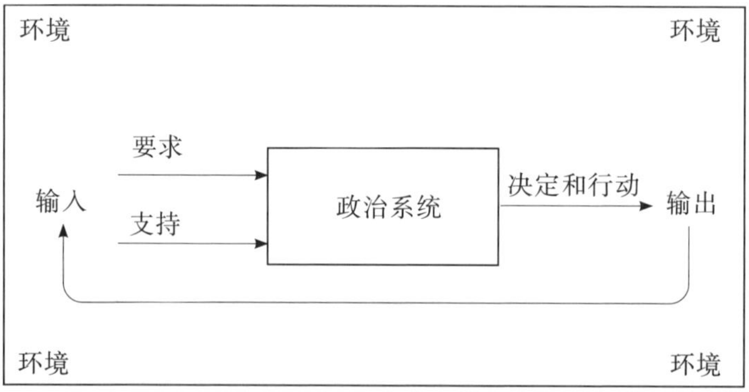

图 2－1　系统模型示意图

（来源：伊斯顿，1965）

伊斯顿认为，政治系统是一系列相互作用的结构和行为模式，可以对社会价值作出权威性的分配。政治系统的主体包括立法机构、行政机构、司法机构、利益集团、政党和公民等。政治系统是有边界的，但也是开放的、不断变化的。就

---

① David Easton. An Approach to the Analysis of Political Systems. World Politics, 1957, 9 (3), pp. 383－400. https://doi.org/10.2307/2008920.

像细胞，是单独的个体，但有细胞膜、细胞壁作为物理边界，并不断与外界进行物质与能量交换。

政治系统的运行离不开外界环境，外界环境又无时无刻不在与政治系统相互作用。伊斯顿把政治系统的外界环境分为社会内部系统和社会外部系统。社会内部系统和政治系统属于同一社会和物质环境，但处于政治系统的边界之外，包括生态系统（自然、资源、气候、动植物等）、生物系统（人的身体和生理状态，侧重生理因素）、人格系统（人的动机、个性、情绪等，侧重心理因素）和社会系统（文化系统、社会结构、经济系统、人口系统和其他子系统）。社会外部系统是指政治系统所处的社会之外的系统，包括国际政治系统、国际生态系统、国际社会系统，它对政治系统的持续或变化具有重要影响。

环境对政治系统输入两种力量："要求"和"支持"。"要求"意思是个人或团体根据实际的或感知到的环境条件提出诉求，以使政治系统当局——政府——采取行动。"支持"意思是公民能够依法履行公民义务，反对其他人提出的不合理诉求，赞成政治系统的决策，维护政治系统的结构基础。

政治系统为了维持自己的生存发展，需要对外界环境的输入作出反应。系统内的主体之间进行大量沟通，然后向环境输出"决定"和"行动"。比如，政府认为个人或团体提出的要求是合理的，于是制定并执行具体的公共政策，对社会价值进行权威分配，来满足他们的要求；或者政府认为要求是不合理的，于是驳回或者无视他们的要求。不管是什么类型的反应，都可以称为"输出"。

系统输出又引起环境的变化，环境因此产生新的"要求"和"支持"。丁是，系统输出反过来成为系统输入（即反馈），形成一个动态的循环过程，源源不断地输出公共政策。

伊斯顿把输入过程中的政治参与称为"输入性参与"，输出过程中的政治参与称为"输出性参与"。输入性参与与输出性参与失衡会造成政治系统功能失调。输入性参与过大，输出性参与过小时，个人或团体在短时间内输入了大量要求，超过了政治系统所能承受的限度，导致政治系统无法输出足够的公共政策来解决这些要求，只能在超载的情况下运行，甚至可能崩溃。输入性参与过小，输出性参与过大时，政治系统输出大量政策，个人或团体只能被动接受政治系统的决策，却无法输入自己的诉求。

系统模型把政治系统作为一个有机的整体来看待，就好像它是一种有生命的物体。政治系统具有自我调节机制，在环境因素或其他系统输入的要求下，政治系统可以改变自己的结构或进程，甚至可以调整自己的功能，以适应环境或其他系统力量的要求，持久生存下去。政治系统是不断回应、内化、发展、创新的，它的目的是生存和延续——延续其制定和执行约束性决定的能力，以继续为系统成员进行价值分配，即持久性（persistence）。

系统模型问世后，得到了政治学界和决策学界的广泛赞誉，伊斯顿也因此成为了 20 世纪下半叶最负盛名和被引用最多的政治学家之一。

从辩证的角度看，系统模型的某一特性可能既是其优点，又是其缺点。

系统模型的优点包括：

（1）具有高度抽象的概念结构，系统模型基于政治系统的行为，而不是基于特定的制度。

（2）具有广泛适用性，有助于了解政治行为和制度的广泛含义以及关联性。

（3）极大地促进了比较政治的发展。比较政治以系统为研究单位，对国家或其他政治系统的整体或部分做比较研究，分析这些系统之间的异同。

（4）强调了政治系统的动态特性，跟传统的强调稳定性的模型有所不同。

系统模型的缺点包括：

（1）主要强调共性，忽视个性。不过，这是由系统模型建立的初衷所决定的。系统模型旨在用统一的模型归纳所有民族国家的政治现象，那么它必然要高度概括政治现象的共同点。

（2）注重政治系统的整体行为，忽略其内在本质，对于了解政策过程帮助较小。政治系统是一个“黑匣子”，我们只观测系统的行为——即系统把输入转换成输出的现象，我们并不知道政治系统内具体产生了什么反应。系统运作的法则是什么？公共政策是如何产生的？

（3）没有建立个人和结构或集体之间的联系。没有关注政治系统中的人的态度、动机和产生动机的原因等，缺失个人对系统运行的影响的分析。

2.2.3 完全理性决策模型

完全理性主义模型中，理性的政策是收益最大程度超过成本的政策，也就是说，公共政策是净收益最大化的方案。政策的收益和成本不单指金钱收益和成本。而是包括政策给整个社会带来的所有政治、经济、社会及其他方面的收益和成本。

决策者筛选政策方案有两个最主要的指导准则：

（1）政策方案的收益必须大于其成本。

（2）从所有政策方案中，选择净收益最大的方案。

如果备选政策方案的收益小于成本，或净收益较少，那它就是非理性的政策，决策者不应该采用。完全理性模型基于新古典经济学中“经济人”假设，认为决策者拥有无限的认知能力，掌握着全部的信息，是完全理性的，在做决策时只考虑净收益的最大化，不会受到其他因素的影响。

要做出理性的决策，决策者必须：

（1）能够明确定义政策问题。

（2）获得所有政策方案。

（3）准确预测每一项政策方案所产生的后果，包括所有收益和成本。

（4）计算每一项政策备选方案的收益与成本之差。

（5）选择差值最大的政策方案。

上述步骤意味着决策者有足够的时间、能力、资源。此外，决策者还需要准确了解整个社会的价值偏好及其相对权重，以便量化政策方案的收益和成本。价值偏好指个人的偏重喜好，即个人对每个政策方案的作用和意义的总体评价，是一个主观的概念，所以因人而异。决策者需要把社会整体的价值偏好考虑在内，不能只考虑一部分人的价值偏好，忽略另一部分人的价值偏好。

完全理性制度主义模型展示了完全理性状况下的决策过程，具有理论指导意义，但其应用在现实生活中有很大局限性。

完全理性主义模型的主要局限有：

（1）完全理性模型要求政策问题是定义明确的、具体的，而不是模糊的。现实中，由于问题本身的复杂性和利益相关者对问题定义的影响，政策问题的定义常常是模糊的。

（2）决策者的认知能力有限，无法完全了解所有信息。这是人脑的生理局限决定的，即使有详尽的信息摆在面前，大脑也无法处理过量的信息。

（3）决策者缺乏完善的信息。首先，决策者只有有限的时间、金钱、数据、科技、人力等，往往只能列出几种政策方案，无法穷举所有可能的政策方案。其次，决策者无法准确预测所有政策方案可能产生的后果。比如，决策者如何完美衡量社会整体的价值偏好以及政策方案产生的相应成本与收益？

（4）决策者不是完全理性的。完全理性模型假设决策者是一个理性的机器，只有单一的目标——选择净收益最大的政策方案，不受任何其他因素的影响。但是现实中，决策者也有自己的价值偏好，无法做到完全客观。

19 世纪 60 年代以来，完全理性模型受到了不同决策模型的挑战，下面我们挑选其中几种进行简单介绍。

2.2.4　有限理性模型

针对完全理性模型的局限，美国的经济学家、政治学家和认知心理学家赫伯特·西蒙（Herbert Simon）于 1957 年提出了“有限理性”的概念，指出人的理性是有限度的①，公共政策则是达到满意原则的解决方案。西蒙的研究以其跨学

① Herbert A. Simon. Models of Man：Social and Rational：Mathematical Essays on Rational Human Behavior in A Social Setting. Wiley & Son，1957.

科的性质而著称，他于1975年获得计算机科学图灵奖，1978年获得诺贝尔经济学奖。西蒙认为，现实生活中，决策者的理性是界乎完全理性与非理性之间的有限理性，他们不是“经济人”，而是“行政人”。行政人的价值取向和目标往往是多元的，受到多方面因素的制约，经常处于变动状态且表现出冲突特征。行政人的知识和能力水平是很有限的，他们的决策行为往往会受其心理因素的制约，他们不可能也不奢望发现最优解，而只是找到满意解就知足了。

有限理性是一个行为学的概念，在社会科学、行为经济学、心理学、认知科学、人工智能等很多学科都有广泛应用。有限理性模型认为，由于思维认知的局限性、信息不完善以及时间限制，在面对选择时，决策者不会对所有可能的政策方案进行完整的成本收益分析，而是会参考过去的经验，简化复杂的情况，套用以前使用过的解决方案。耶鲁大学社会学名誉教授查尔斯·佩罗（Charles Perrow）这样描述有限理性：“决策者沿着熟悉的道路进行有限的探索，选择第一个出现的令人满意的方案。”①

决策者根据预先设定好的最低可接受标准，寻找足够好的政策方案，适可而止。他们遵循“满意”原则，而非“最优”原则。也就是说，次优解虽然不是最理想的，但只要达到令人满意的标准就足够了。

西蒙认为，决策不仅仅是一个选择活动，而是一个包括三个阶段的过程：

（1）在情报活动阶段，人的决策行为往往受到知觉选择性的支配，不同经验和背景的决策者，对决策环境的认识会有不同的解释。

（2）在设计活动阶段，人们并不试图找出所有可行性方案，而是通过力所能及的问题求解活动，寻找能够满意的决策方案。

（3）在抉择活动阶段，决策者在遇到满意方案时便会终止其搜索行为。

完全理性模型是抽象的、理想的，有限理性模型更加贴近现实，更具行为指导意义。图2－2所示为有限理性决策过程。

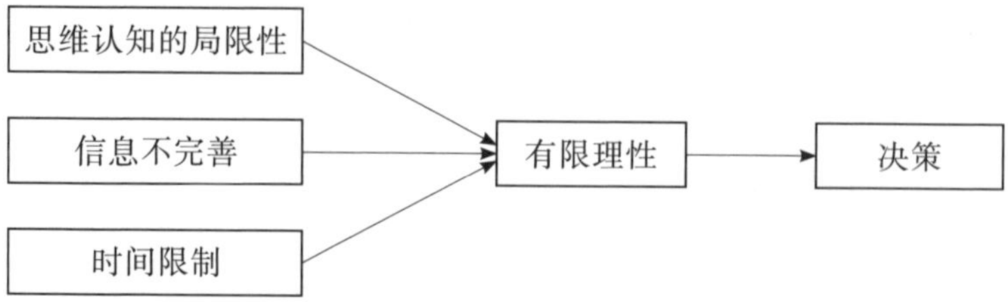

图2－2　有限理性决策过程

① Charles Perrow. Complex Organizations. Scott Foresman, 1972, pp. 149.

2.2.5　渐进主义模型

查尔斯·E. 林德布洛姆（Charles E. Lindblom）在 1953 年出版的《政治、经济与福利》一书中首次提出了渐进主义的概念，之后又在 1959 年发表的《渐进调试的科学》一文中提出了诸如“在做决策的时候，决策者是完全理性人吗?”“信息易得且完全吗?”“时间和成本是否有限制?”等问题，并提出了广泛应用渐进主义的建议，指出新的公共政策是对以往政策的渐进修改。

完全理性模型认为，决策者在制定实施任何新政策之前，都要从头开始，寻找所有可能的政策方案，了解社会整体的价值偏好，评估所有政策方案的成本和收益，然后选出社会收益与社会成本之差最大的政策方案。渐进主义模型认为，严格执行这些步骤冗余、耗时且昂贵，得不偿失，在现实中不可行。

渐进主义模型认为，新的政策是对以往政策的补充和修正。新的政策以旧的政策为基准，作出渐进的改变，大的政策变化是由小的政策变化逐渐积累形成的。制定新的政策方案，不是完全推翻过去的政策方案、再次进行完整的完全理性的决策过程、重新制定总体计划战略。

渐进不一定指微小的政策改动，它也可能指大的变动。渐进主义的重点是看变化是激进的还是非激进的，如果政策变化跟普遍的社会发展趋势吻合，就是渐进的；如果政策变化是通过革命等激进的方式迅速改变或取代现有的社会或政治体系而达成的，则是激进的。

从经济角度看，直接对现有政策进行改动，有利于节省时间和成本，效率更高。而且，渐进决策试错成本较小，如果政策有问题，可以较快纠错，避免过大的政策变化带来更大的风险和损失。

从政治角度看，保守的变化，有利于减少决策者之间的争斗与摩擦。在西方国家，尤其是实行多党制的美国，立法者代表各自辖区的选民的利益，制定政策时，属于不同党派的立法者需要谈判与妥协，对政策方案提出渐进的修改，直到达成共识，在国会投票中通过折衷方案。决策者之间剧烈的政治斗争往往导致无法通过任何政策方案。

从社会角度看，保证政策的连续性，可以避免给公众生活造成巨大冲击，可以维护政治系统的稳定，还可以避免造成政府财政困难。

有很多成语或短语适用于描述渐进主义：按部就班；循序渐进；积小成大；不积跬步，无以至千里；等等。

渐进主义的一个案例是美国黑人的平权之路。1865 年美国内战结束，正式废除了对黑人的奴役。但黑人的平权政策并不是一步到位的，而是循序渐进的。1865 年至今，黑人在 100 多年的漫长时间里，一直为公民权利和种族平等而斗争。1868 年，美国宪法第 14 条修正案保障黑人在法律上受到平等对待的权利；1875 年，第 15 条修正案授予黑人选举权。1963 年 8 月 28 日，民权运动领导人马丁·路德·金（Martin Luther King，Jr.）发表了著名演讲《我有一个梦想》；1964 年 7 月 2 日，林登·约翰逊（Lyndon Johnson）总统签署了《1964 年民权法案》，禁止基于种族、肤色、宗教、性别或国籍的歧视。《1968 年公平住房法》确保任何种族都享有平等的住房机会。同样，美国女性投票权、女性同酬、同性恋婚姻合法化，都是经过了漫长的人权和民权斗争，通过渐进的政策慢慢推动的。

图 2－3 所示为公共政策的渐进改变示意图。

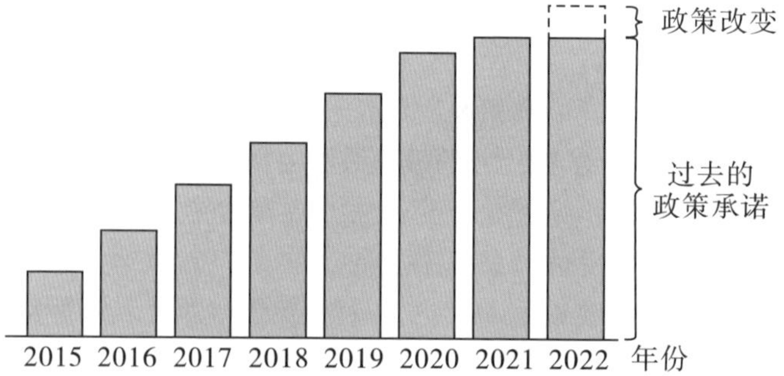

图 2－3　公共政策的渐进改变

（来源：戴伊，2013）

渐进主义模型的主要局限有：

（1）过度关注局部，忽略全局；比较短视，缺乏远见。缺乏系统的理论指导，主要依靠摸索和试验。如果说完全理性是了解了整个城市才会过眼前的十字路口，那么渐进主义则可能导致在同一个十字路口穿来穿去。渐进主义模型下，为了解决眼前迫切需要解决的问题，政策方案可能只是临时的，是政治上的权宜之计，而不是制定长期策略来实现总体目标，治标不治本。虽然短期内，渐进主义节省了时间和资源，但长期来看，要达成某个长期的政策目标，渐进主义也许更加低效，浪费时间和资源，甚至因为不注重长期的政策效果和影响，导致一些意想不到的不利的社会变化。

（2）制定政策方案时，分析不够全面，可能错过有重要价值的政策方案。

（3）渐进主义是非常保守的方式，依靠相对稳定的政策格局，当社会发生急剧变化时就不适用了。尤其是当对问题研究有了长期经验，获得了足够的知识基础，达成了对价值的共识，从而导致合理化突破时，非渐进的政策偏离可能更持久有效。比如，1959 年，中华人民共和国废除了西藏的农奴制，在西藏建立人民民主政权，激进的政策改革导致了巨大的颠覆性变化。1949 年至 2015 年，西藏的文盲率从 99% 下降到 0.52%。

2.2.6　垃圾桶模型

1972 年，同在美国斯坦福大学的博士后研究员迈克尔·科恩（Michael Cohen）、教授詹姆斯·马奇（James March）和访问学者约翰·奥尔森（Johan Olsen）合作撰写出版了论文《组织选择的垃圾桶模型》，在文中提出了开创性的垃圾桶模型，描述了有组织的无序组织（organized anarchy）的混乱的决策过程。如图 2－4 所示。这类组织表面有组织架构，实际运作却是无序的。

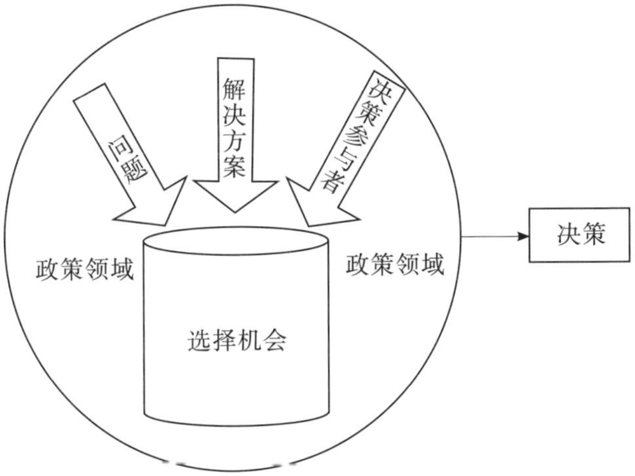

图 2－4　垃圾桶模型的决策过程

有组织的无序组织的特点是：

（1）偏好难以确定（problematic preferences）和目标模糊（unclear goals）：组织经常面临复杂的问题，决策参与者对问题的本质的理解不同甚至相互冲突，对何为优先事项也有不同的看法。组织面临的不是明确的偏好，而是各种不一致且难以确定的偏好。很多情况下，组织在运行的过程中逐渐发现偏好，而不是基于明确的偏好来行动。组织由很多松散的想法构成，缺乏连贯的结构，缺乏一致的、共同的目标。

（2）不明技术（unclear technology）：组织成员一般只了解自己分管的业务，不了解组织源流，不清楚如何达成组织目标，也不明白手段和组织目标之间的因果关系。组织的运行基础是尝试与错误。决策参与者在决策过程中逐渐了解自己在做什么，在实践中学习，从过去发生的事件中汲取经验教训。

（3）决策参与者的流动性（fluid participation）：决策参与者有流动性，他们在某一问题领域投入的时间和精力有限，参与程度经常变化，导致组织的边界模糊并一直变化。

垃圾桶模型描述的决策过程是“组织化的无序”状态，属于组织行为学和选择理论的范畴，不是专门针对公共政策领域的。但政府有时也满足有组织的无序组织的特点，所以也包含在垃圾桶模型的适用对象里。垃圾桶模型主张回归“现实主义”或“行为主义”，认为为了理解公共政策必须研究政治过程——即个人和团体利用可利用的资源以解决自己的问题并满足自己的偏好的行为。

此模型认为，决策主体内部是无序的，公共政策是四个独立的组织源流（organizational stream）混合的产物。四个组织源流即：问题（problem），解决方案（solution），决策参与者（participant），决策机会（choice opportunity）。在关于某一个问题的决策机会到来之时，政策之窗会提供一个“垃圾桶”。只有决策机会出现时，其他三个组织源流才能汇聚。来自组织内部所有信息都被倾倒进“垃圾桶”，从而让问题、参与者和解决方案等因素有机会碰撞在一起，通过在“垃圾桶”中配对，从而产生决策。也就是说，组织决策是各种因素混合交叉的结果。“垃圾桶”所包含的事物中，只有很少一部分能成为最终决策的内容。

这四个组织源流中，问题寻找决策机会，决策机会等待问题出现，解决方案寻找相应的问题，决策参与者持续参与。问题、解决方案、决策参与者常常面临着多个决策机会，它（他）们从一个决策机会转移到另一个决策机会。决策机会在政策领域停留的时间有限，如果没有及时做出决策，决策机会可能会永远消失。

“解决方案寻找相应的问题”，对于为什么解决方案能在问题产生之前出现，有几种解释。首先，智囊团或学者可能已经就某一假设的问题提出了政策建议，但直到遇到适用的情况时，政策建议才会引起决策者的注意；其次，选民可能偏爱某种类型的政策工具；再者，政治家试图证明自己在认真工作，于是热衷于提出能见度高的政策方案，重点不在于解决特定的复杂问题。总之，在政策领域，决策过程由解决方案激活的情况十分常见。

2.2.7 多源流模型

1984 年，美国政治学家约翰·金登（John Kingdon）在其著作《议程、备选方案与公共政策》中首次提出了多源流理论，认为政策的形成是问题源流（problem stream）、政策源流（policy stream）、政治源流（politics stream）在政策之窗（policy window）汇聚的结果。如图 2－5 所示。

多源流模型主要描述政策过程中的问题识别和议程设置，阐述了某个问题进入政策议程的原因和过程。它借鉴了垃圾桶模型，“决策机会”变成了“政策之窗”，问题源流、解决方案源流、决策参与者源流变成了问题源流、政策源流、

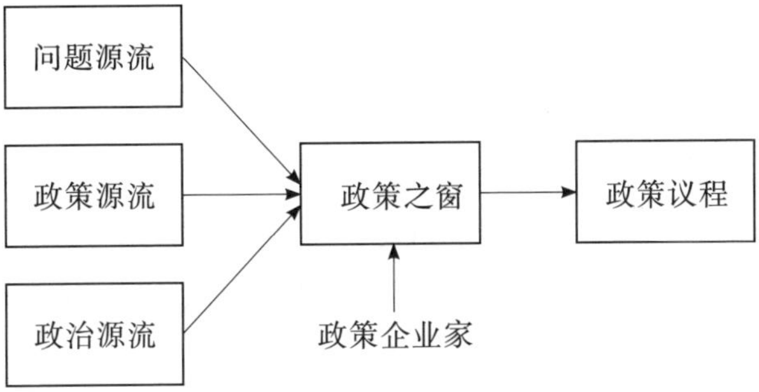

图2-5　多源流模型的决策过程

（来源：金登，1984）

政治源流。

此模型指出，问题识别和议程设置不是完全理性的，这两个阶段的特点是：

（1）问题模糊。不同的个人或团体可能会从完全不同的角度看待同一个问题，因此会分别构建不同的问题陈述。例如，缺少洁净的饮用水资源可以定义为环保问题，也可以定义为基本人权问题。

（2）争夺注意力。不是所有的问题陈述都能进入议程，各个问题互相竞争，争夺决策者的注意力。

（3）不完善的信息收集过程。收集新信息的成本很高，决策者只好从有限的来源收集信息，信息容易受到操纵。因此，决策者收集到的信息往往不详尽、不客观。

（4）有限的时间。决策者只有有限的时间设置议程，来不及详尽了解问题和所有可能的政策方案及其后果，甚至在没有弄清楚自己的偏好之前就要做出选择。

1. 问题源流

问题源流指问题获得关注的过程。问题源流的参与者可以提供对同一问题的不同角度的解释，有选择地使用信息，利用人们的偏好、信仰、情感等构建有说服力的问题陈述，以吸引人们关注社会问题的某个方面。

问题源流中存在大量有待政府解决的问题，但只有极少数能够得到决策者的关注。对于哪些问题值得关注，并没有客观的衡量标准。问题引起关注的方式包括：

（1）指标的变化。指标本身衡量或描述了社会的某种状态。单一的指标是静态的，只有两个或以上的指标才能说明某种变化，并且引发对产生这种变化的原因的思考。比如，失业率4%说明不了什么，但是如果突然上升为10%，那说明有某种问题导致了这种变化。

（2）聚焦事件。聚焦事件是突发的、相对罕见的事件，具有极大的冲击力，吸引公众的广泛关注。比如“9·11”事件。

（3）对有关政策项目的反馈。正常的反馈程序可以帮助识别问题。反馈是比指标的变化更具建设性的因素。反馈的渠道包括：政府对项目的系统监测和定期评估研究、投诉和个案、管理者对项目的日常管理。反馈渠道中的哪些信息可以反映出某种问题呢？第一，项目的实施不符合立法或更高的行政意图；第二，项目未能达到既定目标；第三，项目的成本过高。

2. **政策源流**

政策源流代表的是问题的解决方案。和问题源流类似，政策源流中存在大量政策方案，但只有极少一部分被采纳。

首先我们需要介绍一个重要的概念——政策社区（policy community，又称政策共同体）。政策社区没有严格的定义，金登本人对政策社区的定义更大程度上是描述性的。他认为，“政策社区由特定政策领域的专家组成”①。他们“了解彼此的想法、提议和研究，并且经常私下里非常了解对方本人”②。这些专家熟悉特定政策领域的问题，擅长分析，致力于发展和推动某些政策方案，他们与其他人交流探讨自己的想法，“一起吃午餐、派发论文、发表文章、举行听证会、发表证词，起草并推动立法提案”。

金登认为，专家的建议、概念、主张、方案等漂浮在政策社区中，就像生命诞生之前分子漂浮在“原始汤”中一样。政策社区中的想法碰撞结合，正如原始汤中的分子碰撞结合。某位专家通过发表演讲、提出倡议、起草法案等活动提出新的政策方案，其他专家根据一定标准提出相应的意见和建议。这一过程类似自然选择，有些方案满足了标准，因此繁荣发展，有些则因不符合标准，被政策社区否决并慢慢消失。幸存的政策方案在政策社区中经过长期的酝酿和打磨，逐渐发展演变，直到被政府或政策社区所熟悉和接受。这个过程可以持续数年甚至更久。金登把这个过程称为漫长的“软化”过程。

第二个重要的概念是“政策企业家（policy entrepreneurs）”。与垃圾桶模型类似，多源流模型认为三条源流是独立的，可以任何顺序产生，不是线性的。三条源流需要在政策之窗打开的时候汇聚——人们高度关注的问题，存在可行的解决方案，决策者有意愿解决问题，这样才能引起根本性的政策变化。不过，三条源流的汇聚需要政策发起者的推动。

政策企业家是政策过程中的个人或者团体，他们可能是政府官员、利益集团

①② John W. Kingdon. Agendas, Alternatives, and Public Policies. Little, Brown, 1984, pp. 123.

代表、学者，或只是普通公民。他们具有知识、能力、毅力，他们就某些问题提出具体的政策建议和方案，建立自己的政策联盟和开展相应的政策活动，并愿意投入人力物力财力等资源以及他们的社会和政治资本，以将自身的政策偏好和理念纳入政府方案中，推动政策创新。

政策企业家把政策方案和问题联系起来，提供必要的推动力来操纵和整合三条源流。他们能否成功取决于三个关键因素：资源（例如时间和金钱）、接近关键决策者的机会、采用的策略（例如游说、谈判交涉、构建信息传播）。

政策方案能否存续，需要参考三个重要标准：

（1）价值可接受性。政策方案所传达的价值与潜在的影响（平等、公正、效率等）是否被公众、政策社区以及决策者所接受？

（2）技术可行性。在现存条件的限制下，政策方案是否容易实施？如一个依照现行法律实施的政策方案，和一个需要重大立法改革才能实施的政策方案，前者有更大可能存续。

（3）预算可接受性。政策方案的预期成本是否可接受？是否要精简政策方案？其他条件相同的情况下，需要更少资源的方案更具吸引力，因为政府的预算是有限的。

3．政治源流

政治源流指问题进入政策议程过程中的政治活动。政治源流依赖于议程的制度和文化背景，在不同国家以不同的方式运作。

政治源流在现实中受到三个关键因素的影响：

（1）国民情绪。金登认为，国民情绪不单指公众对于某个政策问题的一般价值取向，更多的是指精英和其他政治家所感知到的舆论氛围。

（2）政党意识形态。政党意识形态是指有关机构内部的政党的总体取向，通过限制或促进选择权来引导机构中政党的行为。

（3）利益平衡。利益平衡是指对相关政策问题感兴趣的主体（比如工会、国会政党、协会等利益集团）的利益的平衡。

4．政策之窗

政策之窗又名机会之窗（window of opportunity），指问题源流、政策源流、政治源流交汇的短暂时刻，具有偶然性的特征。政策之窗打开前，往往已经有很多经验丰富的政策企业家在政府内外等待，一旦有问题浮现，他们便抓住机会，向决策者展示相应的解决方案（通常已经在政治社区中被广为接受），把自己心仪的方案推上决策者的议程。这个描述仍然比较模糊，我们怎么知道政策之窗已经打开？这一问题并没有严格的标准答案。通常，某个问题被关注、解决方案被接受、政治源流发生改变（比如总统大选）等因素能够打断正常的政治进程，从而打开政策之窗。

所以，多源流模型所描述的过程为：问题源流、政策源流或政治源流内发生变化→政策之窗打开→政策企业家利用机会→三条源流汇聚→政策改变。

虽然多源流模型最初是为了了解和分析美国的议程设置而创建的，但它所强调的问题确定和议程设置阶段的模糊性和偶然性的特点具有广泛的适用性。

2.2.8 公共选择模型

公共选择学派的里程碑之作是经济学家詹姆斯·布坎南（James Buchanan）和戈登·图洛克（Gordon Tullock）于1962年合著的《同意的计算——立宪民主的逻辑基础》（*The Calculus of Consent*：*Logical Foundations of Constitutional Democracy*）。公共选择是研究民主条件下人们进行集体决策以满足一般人的偏好的科学。公共选择模型把经济学的分析方法应用到政治领域的决策过程，属于政治经济学的范畴，提供了关于民主决策的重要见解，指出公共政策是具有利己动机的个人所作出的集体决策。

为什么要把经济学的分析方法应用到政治领域的决策过程呢？因为经济学家研究市场中人的行为。人的行为涉及选择，人们在做选择时，会对不同的选项进行比较，计算每个选项的成本和收益，即使不是经济问题，不涉及到钱，每个决策也会涉及“自己需要付出多少，会得到多少”的计算，显示出理性的、利己的动机。因此，公共选择模型是运用经济学的行为假设研究政治行为，研究具有利己动机的个体（包括选民、官僚①、政客等）以及他们的互动，分析预测他们的行为模式。

布坎南认为，公共选择模型有三个核心要素：

1. 个人是决策的单位——个人主义方法论

公共选择研究的是集体决策，集体决策是个人决策的集合。只有个人才具有偏好，以及思考和分析的能力，因此，分析的基本单位是个人，而不是整个集体。公共选择过程可以大致概括为：个人偏好—个人根据自己的偏好计算分析成本收益—个人决策—通过民主决策的政治过程达成集体决策—决定公共物品的需求和供给。

2. “经济人”假设

传统上，经济学家研究经济市场的行为，并假设人们的行为动机是自身利益（self interest）最大化，这是经济人假设。政治学家研究政治系统的行为，并假设人们的行为动机是公共利益最大化，这是政治人假设。但公共选择模型认为，

① 官僚：执行政策的官员，职位经由任命产生，不经由民主选举。

在经济市场和政治系统中做出决策的是同一个人，没有理由假设个人在经济市场和政治系统中具有不同的动机。并且，现实世界是个价值多元的世界，不存在单一的“公共利益”。每个人有不同的价值偏好和利益，利益冲突非常普遍。诺贝尔奖获得者肯尼斯·阿罗（Kenneth Arrow）在 1951 年出版的《社会选择和个人价值观》一书中，试图探究偏好不同的人是否可以通过投票，做出让每个人都满意的集体决策。结论是绝大多数情况下是不可能的，他的论点因此被称为“不可能定理（The Impossibility Theorem）”。所以，“公共利益最大化”这个假设在现实中几乎无法成立。因此，公共选择模型把经济学中的“经济人假设”运用到政治领域，认为政治系统中主体的决策动机也是利己（self-interested）。

布坎南把公共选择称为“不浪漫的政治”。此模型不再假设政治系统中的个人无私地追求公共利益最大化，而是认为他们和其他人一样，具有利己的动机。选民和利益集团支持能给自己带来好处的候选人和政策方案；官僚们努力保住职位和发展事业；政客寻求选举或连任，获得地位和权力。政治决策不是客观地追求公共利益，而是涉及个人和团体的利益斗争。利己并不等于自私。政客、官僚可能非常关心自己的选民和辖区，而不仅仅想谋取私利。也就是说，他们的自身利益可能是私人利益，也可能是社会利益。但无论如何，公共选择模型都假设他们被这种自身利益所驱使。正如经济学家所说，他们是理性的最大化者（rational maximizer）。

在民主制度中，政府是一个复杂的机器，面临着选举的制约。政党或候选人希望得到选民的支持与关注，想要连任。因此，他们常常无法选择最好的理想化政策方案，而是会考虑现实的条件，包括选民的喜好以及政策方案能否在立法系统中通过。公共选择研究的问题是“现实的民主政治条件中，更有可能诞生什么样的政策？跟市场条件下诞生的政策有何不同？”，而不是“什么是最好的理想化政策？”

美国著名政治学家和经济学家安东尼·唐斯（Anthony Downs）指出，在民主国家，选民的政策立场呈单峰分布，从非常自由到非常保守。拥有极端政策立场的是少数，大多数选民都持有比较温和的政治观点。公共选择理论有助于解释为什么政党和候选人在竞选活动中采取中间派立场——他们通过选择不太偏激的政策立场以及支持模棱两可的政策方案，赢得更多选民的支持。

3. 在政治系统中使用经济学中市场的概念——交易政治学

公共选择模型认为政治领域和经济市场一样都存在交易的行为，因此提出了政治市场的概念。经济市场提供私人物品，政治市场提供公共物品。经济市场的主体是消费者（需求者）和卖家（供给者），人们通过经济选票（货币）来做出经济决策，选择能给自己带来最大效用的私人物品。政治市场的主体是选民、利益集团（需求者）和政客、官僚（供给者），人们通过政治选票来做出政治决策，选择能给自己带来最大利益的候选人以及政策方案。

布坎南认为，正如人们在市场上聚集并进行交易一样，他们也会为了共同的利益而在政治市场中聚集，并通过彼此之间的协议，做出集体决策，提高自己的福利。政府本身源于个人之间的社会契约，人们同意遵守法律并支持政府，以换取政府对自己权利的保护。

在代议民主制[①]（例子：加拿大、美国、英国）中，公民选举出立法机构的代表，代表他们的权益。利益集中的小团体可能比利益更分散的大团体（公众、纳税人等）对决策的影响更大。这是因为利益集团获得的好处是集中的，所以他们具有强烈的动机游说政府。他们花费大量资金，施加政治压力或提供政治支持，使政府采取对他们有利的政策，从中获得巨大利益。操纵公共政策获利的行为被称为“寻租（rent seeking）”。各利益集团还可以运用“滚木立法（logrolling）”的策略，“滚木”这一叫法来源于美国西部开发，盖房子时大家会相互滚木帮忙。因此，滚木立法的意思就是互投赞成票，立法机构中的代表达成选票交易——投票支持别人想要的东西，以换取别人投票支持自己想要的东西——通过对彼此都有利的政策方案。这进一步增强了利益集团的影响力。

利益集团的做法往往损害大众或普通纳税人的利益，但大众经常对政治状况一无所知。因为不管大众是否花费时间和精力去了解候选人和政策方案的信息，其个人的投票几乎都无法左右最终结果。也就是说，对个人而言，收集有关信息的成本大大高于投票的收益。所以大众宁愿处于对决策无知的状态，唐斯称之为“理性的无知”[②]。这种无知在经济市场中很少见。在经济市场中，个人在做出经济决策之前，会对商品信息进行充分了解，因为个人需要承担决策的全部成本和收益。政治投票中，个人付出的成本与获得的收益之间则缺乏这种直接的因果关系。

综上所述，在代议民主制的决策过程中，利益集团所占的权重往往更大，导致“少数人的暴政”，使政府制定和采纳不合理的公共政策。政府干预导致经济上的低效资源滥用与浪费，大众对公共物品的需求得不到满足，这种现象称为政府失灵。凯恩斯主义认为，政府干预能够有效纠正市场失灵。但公共选择理论认为，因为存在政府失灵，政府不一定比市场做得更好，有时政府不干预反而

---

① 代议民主制（representative democracy），又称间接民主制（indirect democracy），与直接民主制相对，指由公民选出立法机关的成员（议员），并由其代表公民在议会中行使权力（代议）、制定法律和管理公共事务的一类民主制度。

② Anthony Downs. An Economic Theory of Political Action in a Democracy. Journal of Political Economy, 1957, 65 (2), pp. 135 - 150. https://doi.org/10.1086/257897.

更好。

在直接民主制[①]（例子：瑞士、古希腊城邦雅典）中，所有公民直接参与每一项政策决策，每个人都对政策方案投票，且每个人对于决策的影响权重是相同的。如果通过某一政策方案的规则是简单多数票，那么少数服从多数；如果规则是一致同意票，那么任何反对者都可以否决该政策提案；如果规则是三分之二多数票，那么支持者或反对者其中一方需要修改政策提案内容，以便与另一方达成协议，争取到足够的选票，最终达到三分之二的票数，才能通过或否决提案。每个政治系统即使最后通过了政策提案，也不意味着实现了客观的公共利益。每种规则都反映了人们的偏好的多样性，以及解决利益冲突的不同的达成协议的方式。

以上可知，公共选择模型认为，人们常常被迫接受集体决策的后果，要么少数剥削多数，要么多数剥削少数。部分不愿意支付成本的人被迫支付，但是得不到足够的收益。公共选择理论家虽然批判了民主系统的弊端，但他们相信民主系统，只是认为政治决策需要受到宪法规则的约束。布坎南从公共选择理论出发创立了宪法经济学，发展了经济和政治决策理论的契约论和宪法基础，并获得了 1986 年度诺贝尔经济学奖。

2.2.9 博弈模型

博弈模型认为，公共政策是将博弈结果从次优转为更优的方法，或是竞争状态下的理性选择。博弈本意是下棋，引申义是竞争状态下的两个或多个理性的人参与决策，从各自可选择的策略进行选择并加以实施，并取得相应回报的过程。“竞争（competing）状态”可以理解为参与者之间具有利害关系，对于任意一个参与者来说，不存在独立于其他参与者的最佳结果，每个参与者的回报都取决于其他参与者的策略选择。博弈分为非零和博弈与零和博弈。非零和博弈指在不同策略组合下，各参与者的收益之和是不确定的。零和博弈指所有参与者的收益之和为零或一个常数，即某一参与者有所得，其他参与者必有失，博弈的参与者不存在合作的可能，属于非合作博弈。

博弈论很大程度上归功于匈牙利裔数学家约翰·冯·诺依曼（John von Neumann）和德裔美国经济学家奥斯卡·莫根施特恩（Oskar Morgenstern）在 1940 年代的研究，后来约翰·纳什（John Nash）又对博弈论进行了重要拓展。现在，博弈论在数学、经济学、金融学、管理学、心理学、生物学、计算机科学、政治

---

① 直接民主制（direct democracy），又称全民民主（pure democracy），每一个公民直接参与所有政策的制定，全体投票。与代议民主制的国家相比，直接民主制国家的公民拥有更多的权力。

学等学科都有广泛应用。

博弈模型构想了参与者处于竞争状态下的社会情境，解释了理性的参与者在竞争状态下怎样决策。博弈的三要素是：参与者（agents）、策略（strategies）、回报（payoffs，也称支付、收益等）。参与者可以是个人或团体，策略是参与者的行动方案集合，回报是参与者从特定博弈结果中获得的回报。

做决策时，参与者不仅要依照自己的价值偏好和能力，还要推测其他参与者的计划，并调整自己的策略，作出战略性的计划。正如棋手在下棋时，除了考虑自己的形势，还要预测对手的下一步棋。如果博弈中参与者之间的信息不对称，那么参与者还可以放出假消息威慑和迷惑其他参与者，使其错误估计自己的形势，正所谓兵不厌诈。《孙子兵法·谋攻篇》中写道："知彼知己，百战不殆；不知彼而知己，一胜一负；不知彼，不知己，每战必殆。"

连接"博弈模型"和"公共政策"的概念是"社会困境"。社会困境即纳什均衡的结果低于帕累托最优的状况。纳什均衡（Nash Equilibrium）指在其他参与者的策略保持不变的情况下，任何参与者都不能通过偏离现有策略而达到更好的回报的一种均衡状态。帕累托最优（Pareto Optimality），又称帕累托效率（Pareto Efficiency）是指资源配置的一种状态，在此状态下，无法在不伤害任何人利益的情况下，改善至少一个人的状况，即非损人不能利人。

当社会成员在创造和使用公共物品方面存在潜在冲突时，就会出现社会困境。公共物品是所有人共享的物品或服务，集体中的每个人都可以使用，无论他们是否为创造公共物品做出了贡献。

社会困境一般可以分成两大类：

（1）公地困境（commons dilemma）：人们过度使用现有公共物品的困境。1968 年，美国生态学家加勒特·哈丁（Garrett Hardin）在《科学》杂志上发表了一篇题为《公地的悲剧》（*The Tragedy of the Commons*）的文章，提出了公地困境的概念。公地属于公共物品，每个人都想过度使用公地，放牧自己的牛羊，不久公地由于过度放牧而退化，所有人都不能放牧了。如果每个人都最大化自己的利益，从长远角度看，每个人的利益都会受损。对集体而言，集体中的个人应该明智地使用公共物品，促进可持续发展。

（2）捐助困境（contributions dilemma）：个人不愿为集体利益做出某种具有短期成本的行为，并且希望坐享他人的劳动成果，即搭便车。比如，当地公共广播电台需要捐款时，人们倾向于不捐款；如果已经有足够多的人捐款，那么其他人会更觉得自己没有捐款的必要，从而搭便车，不用付出也能享受电台的节目。如果大多数人没有捐款，电台的节目质量可能会降低，甚至完全停播，那集体中每个人的利益都受损。

公地困境是个人最大化地使用公共物品的收益，捐助困境是个人最小化自己对公共物品的贡献。以上两种困境都是个人理性的动机导致个人短期得益，集体长期受损。社会困境是博弈中参与者自身利益与集体利益发生冲突导致的。

公共政策可能改善社会困境，也可能导致社会困境。

例如，个人选择使用私家车而不是公共交通，过度使用公路和洁净空气等公共物品，造成交通堵塞和空气污染，损害集体的利益，形成社会困境，但私家车限号、提供公共交通补贴等政策能够改善这种困境。在这个例子中，博弈的参与者是政策受众，公共政策是将博弈平衡从次优结果转变为对整个集体更有利的结果的方法。

理论学家通过一些模拟实验帮助我们理解个人之间的博弈是怎么运作的，其中最经典的当属囚徒困境（prisoner's dilemma）。囚徒困境模拟了一种社会困境，其中某个（或某些）参与者与其他参与者处于竞争状态。它假设参与者是理性的，在决策过程中，会寻求自己的回报的最大化。囚徒困境的支付矩阵（payoff matrix，也称收益矩阵）的设定通常遵循社会困境的设定：如果所有参与者都基于个人利益行动，最后的结果会导致所有人的状况变得更糟。

一个例子是两个共谋犯罪的人（A 和 B）被分别审讯，不能互相沟通，他们可以选择坦白罪行或不坦白。如果两个人选择合作，选择保护对方，即都不坦白，则由于证据不足，每个人都被判处 2 年监禁；若一人坦白，而另一人沉默，则坦白罪行者坐牢 1 年，沉默者因故意隐瞒犯罪行为坐牢 10 年；若两人互相揭发，则因证据确凿，两人都被判处 8 年监禁。两名囚犯都清楚以上量刑标准，他们需要猜测对方的策略，然后选择对自己最有利的策略。

图 2－6 展示了上述囚徒困境的支付矩阵。矩阵左侧显示了行参与者 A 的策略（坦白或不坦白），矩阵上方显示了列参与者 B 的策略，表格单元格显示了对应 A 和 B 的策略的结果，括号中第一个数字代表 A 的回报，第二个数字代表 B 的回报。

对于 A 来说，如果 B 选择坦白，那么 A 的最佳策略是坦白，因为 8 年监禁好于 10 年监禁；如果 B 选择不坦白，A 的最佳策略还是坦白，因为 1 年监禁好于 2 年监禁。对于一个参与者来说，不管其他参与者作何选择，某个策略都是最佳选择，则称其为占优策略（dominant strategy）。因此，坦白是 A 的占优策略。同理，坦白也是 B 的占优策略。最后的结果是 A 和 B 都坦白，达到纳什均衡，两人都获刑 8 年。两个人有没有可能达到更好的结果呢？当然有。如果两人合作，即都不坦白，那么他们都将获刑 2 年，好于都获刑 8 年。但两人是理性的，在竞争状态下，无法选择合作，所以他们选择的策略反而使两人处于更不利的境地。

		参与者B	
		坦白	不坦白
参与者A	坦白	（-8，-8）	（-1，-10）
	不坦白	（-10，-1）	（-2，-2）

图 2-6　囚徒困境的支付矩阵（数字代表监禁时长）

个人最佳策略的组合的结果不是集体最佳结果。参与者们本来可以更好地合作，达到更好的集体结果，但个人之间的利益冲突，使他们不愿合作，这就是囚徒困境。囚徒困境说明即使是非零和博弈，合作也是困难的。

博弈模型经常被应用在国际冲突中。2018 年 3 月起，特朗普总统为了减少美国对中国的贸易逆差，对从中国进口的一系列产品加征关税，同时设置其他贸易壁垒。中国商务部作出反击，对从美国进口的特定产品加征关税。这对两个国家的利益以及整体的利益有什么影响呢？历史上，贸易保护主义对世界贸易量产生了显著的负面影响，因为自由贸易①可以达成更有效的资源配置，扩大整体经济规模。正因为如此，世界贸易组织（World Trade Organization，简称 WTO）通过确保贸易尽可能自由顺畅、井然有序地进行，促使成员国处于贸易关系中的帕累托最优，而不是在竞争状态下通过理性的利己政策把贸易伙伴都推向更不利的境地。

图 2-7 展示了中美贸易战中的社会困境。可以看出，最优结果是两国之间自由贸易，但如果美国选择加征关税，中国的理性策略是对美国也加征关税，这样两国就达成了次优结果，纳什均衡低于帕累托最优，陷入社会困境。

图 2-7 中的二阶支付矩阵是为了便于理解而简化的情况。现实中，策略更加复杂，例如对什么物品加关税、加多少等，两国对于对方的策略和回报数值缺乏详尽的了解，所以只能推测出对方的一些策略选项以及相应概率。而且，两国不是同时作出决定的，有先后顺序，动态博弈更贴近现实。

根据参与者的确定、策略的选项、各方对信息的掌握程度、回报的数值等，

---

① 自由贸易协定是两个或多个国家之间的一项协议，旨在减少它们之间的进出口壁垒。在自由贸易政策下，商品和服务可以进行跨国买卖，几乎没有或完全没有政府关税、配额、补贴或禁止交易的禁令。

		中国：关税	中国：自由贸易
美国	关税	（2，2）	（5，0）
美国	自由贸易	（0，5）	（5，5）

图 2－7　中美贸易的支付矩阵

（来源：McGwire，2017）

政策世界里存在着大量复杂的博弈案例。

2.2.10　制度主义模型

制度主义在英文中为 institutionalism，“institution”一词有机构、制度的意思。“机构”指组织实体，比如立法机构、行政机构、法院等；“制度”则更加抽象，泛指一系列用来规范政治主体之间互动的结构，是一种大家都遵守的共识，由正式的法律、非正式的规则、思想文化等构成。制度主义模型认为，公共政策是制度的产物。

制度主义模型下有两大类——古典制度主义模型和新制度主义模型，其中新制度主义模型下面还有不同的流派。

1. 古典制度主义模型

20 世纪 60 年代，古典制度主义在学界十分流行。古典制度主义模型主要关注正式的政府机构及其制度，把政府机构作为政策分析的单位，主要研究政府部门的职责、正式的法律法规等。

公共政策与政府机构紧密相关，政策过程的每个步骤都需要依靠不同的政府机构进行。一项政策只有被政府机构采纳并执行才能称之为公共政策，因此公共政策是政府机构及其制度的产物。

政府机构能够规定公民服从公共政策的法定义务，能够制定适用于整个社会的政策，并且垄断了合法使用强制性手段的权力，因此，政府机构赋予了公共政策合法性、普适性、强制性的特征。

2. 新制度主义模型

制度一直是政治学的主要研究内容，但是，20 世纪 60 年代末，行为主义成为政治学的焦点，制度的概念遭到质疑。古典制度主义受到了冲击，逐渐淡出主流政治学视野。20世纪七八十年代，西方社会科学领域的一些学者重新发展了制度分析在解释现实问题中的地位和作用，从而形成了新制度主义分析范式。新制度主义拓展了古典制度主义，把“制度”的范围从正式的政府机构和法律法规扩大到了非正式的结构和规则，比如政策主体之间的关系网络、政治主体的惯常行为模式、社会习俗、思想文化、价值观等。

现在常用的制度定义之一来自新制度经济学的主要代表人物道格拉斯·诺斯（Douglass North），他认为，“制度是构建了政治、经济和社会互动的人为设计的约束”①。塞缪尔·P. 亨廷顿（Samuel P. Huntington）认为，制度是稳定的、被所在社群所重视的、反复出现的行为模式②。世界著名制度经济学家杰弗里·M. 霍奇森（Geoffrey M. Hodgson）认为，“制度是构建社会互动的综合规则系统”③。制度缺乏统一的定义，但我们可以将其理解为影响政治行为及政治结果的规则、规律、实践、结构和背景，而不是某个实物。

制度代表的规则可以是正式的，包含在宪法、法律、法规中，包括：

（1）政治体系的构成性质：比如单一制、联邦制、邦联制；总统制、议会制、半总统制；议会④一院制，议会两院制等。

（2）政治体系的运作程序：比如选举制度、政党制度、官僚机构的作用等。

（3）政治体系的监管框架：比如管理经济组织、利益集团和公共组织运作的规则、管理公共服务供应的规则等。

规则也可以是非正式的，包括自然形成的习惯、规范、实践等。组织之内的规则常常是看不见的、不成文的、无法为组织之外的人所理解，但它约定俗成，受到组织之内的个人或团体的广泛认同，并创造了背景和“游戏规则”，能够影响各种政治主体的行为和选择，从而影响政策结果。

旧制度主义属于静态的制度分析，主要描述制度的属性，侧重从国家的正式制度、书面规则、行政结构的角度来探讨制度对公共政策的影响，较少关注制度中的政策主体的行为和政策结果，忽略了个人活动与制度的相互作用和相互影响。

新制度主义属于动态的制度分析，它抛弃了对制度的狭隘关注，开始重视制度环境对个体行为的影响，主要研究正式和非正式的结构和规则如何塑造政治主

---

① Douglass C. North. Institutions. Journal of Economic Perspectives, 1991, 5 (1), pp. 97－112.

② Samuel P. Huntington. Political Order in Changing Societies. Yale University Press, 1996.

③ Geoffrey M. Hodgson. On Defining Institutions: Rules versus Equilibria. Journal of Institutional Economics, 2015, 11 (3), pp. 497－505. doi: 10.1017/S1744137415000028.

④ 议会，也称作国会、议院，某些国家的最高权力机关或最高立法机构。

体的偏好、行为和权力配置，把制度当成一个变量，探讨不同的制度安排对于公共政策的影响有何不同。

新制度主义有不同的流派，下面我们介绍三种主要的流派：规范制度主义、历史制度主义、理性选择制度主义。

（1）规范制度主义。规范制度主义认为，组织内的价值、规范、符号定义了制度。制度中的价值观被传递给个人，个人遵循所学到的价值，做出相应的行为。个人行为的动机来自对某些行为是否符合自己角色规范的判断，不管这个行为是否会损害自身利益。规范制度主义突出价值在政策过程中的重要性。

（2）历史制度主义。历史制度主义强调制度的惯性。某种制度一旦建立，并吸引了专门的资源投入，那么转换制度成本就会很高。除非有关键的历史事件和决策改变制度，否则制度往往会保持长期稳定。历史制度主义倾向于认为制度是个人行为的塑造者，个人嵌入了许多社会、经济和政治关系中，这些关系是超出他们的控制甚至认知的。

（3）理性选择制度主义。理性选择制度主义假设政策主体主要基于自利的动机做出决策，他们在特定的制度背景下，采取不同的策略，以达到自身利益最大化。他们的偏好由制度所塑造，制度环境可以激励或抑制某些行为，从而影响个人作出的选择，因此，制度环境通常会导致规律的行为模式。个人为了最大化自身的利益，可以促使制度的改变，也就是说，制度不仅是政治主体的行为的重要原因，还是其行为的结果。

基于以上对制度主义的历史发展及不同流派的解释，我们可以发现制度主义模型存在以下几个问题：

（1）“制度”一词本身具有模糊性、广泛性、复杂性。制度的定义比较模糊，包含的内容很广，涉及的活动很多，因此“制度”在不同的文章或书籍中可能指不同的东西。

（2）新制度主义并不是一个有着连贯理论的单纯学派，而是一系列方法的宽泛合集。制度主义有许多不同的理论方法，包括规范制度主义、历史制度主义、理性选择制度主义、社会学制度主义、建构制度主义、话语制度主义、女权制度主义等。

（3）制度主义面临着一个常见的“制度—自主性”的争论：政策主体的行为在多大程度上具有自主性？多大程度上受到制度的更广泛的结构性的影响？比如，理性选择制度主义认为制度背景塑造了政策主体的偏好，但个人的偏好往往受到生活中多种因素的影响，所以理性选择制度主义过分强调了制度的影响。

（4）制度主义更加关注制度的规律性和稳定性，这导致其不能很好地解释变化。

2.2.11 精英主义模型

精英主义于20世纪50年代引起政治学、社会学、历史学界的广泛关注，20世纪70年代达到顶峰。精英主义模型认为，少数精英掌控着政策制定，公共政策是精英的偏好。政策是统治精英为了维护自己的阶级利益、巩固自己的权力而制定的。政策反映的更多的是统治精英的价值观和偏好，而非普通大众的诉求。当精英和大众的偏好发生冲突时，精英的偏好占上风。普通民众是麻木且消息不灵通的，他们被动地接受政策，不会通过要求或行动来影响或决定政策。政策制定是由上到下，而不是由下到上。

托马斯·戴伊和哈蒙·齐格勒（Harmon Zeigler）对精英主义模型进行了总结①：

（1）社会分为有权力的少数和无权力的多数。少数人有为社会分配价值的权力，群体大众不决定公共政策。

（2）少数统治者是非典型的大众。精英不成比例地来自社会的上层社会经济阶层。

（3）非精英向精英的转化必须缓慢且持续，从而保持稳定，避免革命。非精英只有接受了精英的基本共识，才能进入统治圈层。

（4）对于社会制度的基本价值和对制度的保存维护，精英们达成了共识。

（5）公共政策不反映大众的需求，而是反映精英的普遍价值观。公共政策的变化是渐进的，不是革命性的。

（6）活跃的精英很少受到麻木的大众的直接影响。精英对大众的影响大于大众对精英的影响。

除了相似的世界观和信仰，精英的力量还来源于对政治和商业中高层职位的控制。戴伊的研究发现，美国54%的企业高层领导和42%的政府领导曾就读于12所私立名校，包括耶鲁、哈佛、普林斯顿和斯坦福②。2018年的美国国会中，每十三名议员中就有一名来自美国收入前1%的群体③。美国建国以来的45名总统中，有15名是常青藤大学毕业，这一比例远高于美国人口的平均水平。在美国最近六位总统中，乔·拜登从雪城大学获得法律职业博士学位，唐纳德·特朗

---

① Thomas R. Dye and L Harmon Zeigler. The Irony of Democracy: An Uncommon Introduction to American Politics. Books/Cole Publishing Company, 1990.

② Thomas R. Dye. Who's Running America?. Paradigm Publishers, 2014, pp. 180.

③ Matthew Desmond. Americans Want to Believe Jobs Are the Solution to Poverty. They're Not. The New York Times, 11 Sept. 2018. https://www.nytimes.com/2018/09/11/magazine/americans-jobs-poverty-homeless.html.

普从宾州大学沃顿商学院获得经济学本科学位，贝拉克·奥巴马从哈佛大学获得法律职业博士学位，乔治·沃克·布什从哈佛大学获得工商管理硕士学位，比尔·克林顿从耶鲁大学获得法律职业博士学位，乔治·赫伯特·沃克·布什从耶鲁大学获得经济学本科学位。

2.2.12 团体模型

团体模型认为，团体之间的互动是政治的核心，政治是团体之间为影响公共政策而进行的斗争，公共政策是团体斗争中的平衡，如图 2－8 所示。具有共同利益的个人正式或非正式地联合起来，向政府提出他们的要求。社会中的各个团体相互竞争，试图在政策制定层面影响公共政策，以使自己受益。个人的利益和需求只有通过团体提出，才能在政治中发挥重要作用。团体是连结个人和政府的桥梁。政治学家大卫·杜鲁门（David Truman）认为，利益集团是“一个具有共同态度的集团，对社会中的其他群体提出某些要求”。这样的团体“如果通过或针对任何政府机构提出要求，则成为政治团体。”①

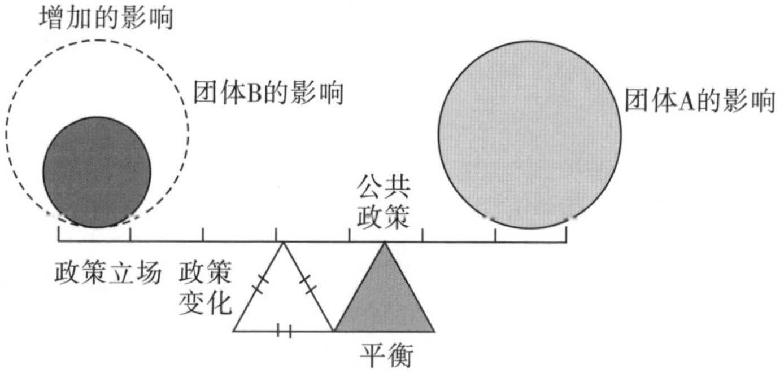

图 2－8　团体模型的公共政策形成过程

（来源：戴伊，2013）

政治系统的任务是通过以下方式管理团体冲突：①在团体斗争中建立游戏规则；②安排妥协和平衡利益；③以公共政策的形式制定妥协；④执行这些妥协。

公共政策是团体斗争中达到的平衡。这种平衡是由各种利益集团的相对影响力决定的。团体的影响力取决于其成员数量、财富、组织实力、领导力、接近决策者的机会以及内部凝聚力。任何一个利益集团的相对影响力的变化都可能导致公共政策的变化，政策将朝着影响力增加的团体的偏好倾斜。

团体模型的主要观点包括：

① David B. Truman. The Governmental Process. Knopf, 1951, pp. 37.

（1）若干利益集团的力量平衡地维系在一起，构成了政治系统。社会中有一个庞大的、潜在的团体，他们支持宪法制度和普遍的游戏规则。这个团体可能并不明显，但面对攻击政治系统的团体时，它可以被激活，对有威胁性的团体进行压倒性的谴责，防止现有平衡被破坏。

（2）团体成员重叠。个人可以是多个团体的成员。交叉重叠的团体成员身份有助于预防团体远离主流价值观，有利于维持平衡。团体的立场必须不那么激进，以防激怒了同时也属于其他团体的成员。

（3）团体竞争产生的制衡有助于维持系统的平衡。每个团体的力量都受到与之竞争的团体的力量的制约。

2.3 中国政策过程的理论模型

20世纪50年代以来，公共政策学取得了长足进展。西方政策理论模型大多建立在西方政治系统之上，其政策环境与中国具有巨大差异。因此，理解中国的公共政策过程，既要掌握经典的公共政策理论模型，也要学习基于中国经验的公共政策理论模型。

2.3.1 官僚组织决策模型

20世纪80年代后期，美国学者如李侃如（Kenneth Lieberthal）、戴维·M.兰普顿（David M. Lampton）、密歇·奥克森伯格（Michel Oksenberg）等开始关注中国的政策制定，继而产出了一些研究官僚部门及其行为模式的研究成果。官僚组织决策模型认为，高层精英没有充足的时间、精力、兴趣和知识来管理具体的政策，所以他们与官僚部门密切合作，共同决定政策的制定和采纳。行政部门的官僚负责进行多数政策方案的可行性研究、协调共识、资源分配、解释政策内容等任务。

官僚组织决策模型分析了官僚机构的自主性，解释了中国政策过程中的讨价还价、各自为政、竞争性说服等现象。各个部门都有自己的使命、资源和偏好，因而权力分布比较分散，决策过程充斥着讨价还价，决策进展缓慢，出台的政策相对模糊。相对模糊的政策使得政策执行主体具有更大的自由裁量权，也导致政策执行过程出现混乱、拖拉和渐进的特点。

以长江三峡水利枢纽工程为例①。三峡跨越湖北和四川边境，是一个战略要塞。理论上，三峡大坝可以遏制源自四川的洪水；三峡大坝水库可以驱动涡轮机，提供能量；提高峡谷中的水位可以改善航行，增加驶往重庆的船舶规模。

三峡工程的设计、批准和实施涉及大量关于技术、财务和政治细节的讨价还价。例如，大坝应该有多高？居民搬迁、工厂被淹、工人失业、粮食生产和税收减少等问题如何处理？成本是多少？谁将承担这些成本？上游渔业以及大坝上下方的河口和港湾会受到什么影响？大坝的使用寿命是多少？跨大坝的航运将受到什么影响？哪些地区将获得三峡工程产生的电力？电力如何运输？成本是多少？大坝的安全性如何？这些问题都没有明显的答案，而且各种答案都有相应的民众和官僚支持，这种利益和偏好的复杂性导致了旷日持久的磋商。官僚机构几乎总是会夸大竞争单位提案的成本，贬低其收益，夸大自己的执行成本，夸大他人获得的收益，少报自己的资源，夸大他人的资源，利用片面数据，支持自己的论述。因此，三峡工程的推动者面临着一个困境：如果要建立一个足够大的倡导联盟来赢得对大坝的支持，那么大坝必须够大，为广大的群体提供利益；但这会推高成本和风险，引发强烈的反对。

经过近三年的讨价还价，三峡工程还未有定论。1983 年 5 月，国家计划经济委员会主持召开长江三峡水利枢纽可行性报告审查会议，对三峡工程可行性研究进行评估。1984 年 4 月，国务院原则批准由长江流域规划办公室组织编制的《三峡水利枢纽可行性研究报告》，该研究假设三峡工程采用蓄水位为 150 米的低坝方案。水位相对较低将减少负面结果（成本高、居民被迫搬迁和土地被淹没），但也会减少收益（防洪、发电和航运）。1984 年底，重庆市对低坝方案提出异议，认为重庆以下较长一段川江航道得不到改善，万吨级船队仍然不能直抵重庆。1986 年 6 月，中央和国务院决定进一步扩大论证，责成水利部重新提出三峡工程可行性报告，之后，国务院召集 412 位专业人士，分成十四个专家组，对三峡工程进行了长达两年八个月的论证。1989 年，长江流域规划办公室重新编制了《长江三峡水利枢纽可行性研究报告》，认为建比不建好，早建比晚建有利。报告推荐的建设方案是：“一级开发，一次建成，分期蓄水，连续移民”，三峡工程的实施方案确定坝高为 185 米，蓄水位为 175 米。1992 年 3 月，李鹏等国务院领导将工程议案提交给第七届全国人民代表大会第五次会议审议。1992 年 4 月 3 日，该议案获得通过，标志着三峡工程正式进入建设期。

---

① Kenneth G. Lieberthal and David M. Lampton, editors. Bureaucracy, Politics, and Decision Making in Post - Mao China. University of California Press, 1992.

2.3.2 政策规划模型

德国政治学家、汉学家韩博天（Sebastian Heilmann）和美国政策研究者奥利弗·梅尔顿（Oliver Melton）对中国的中长期规划过程进行了研究，认为规划是中国政策过程的核心机制，由此提出了政策规划模型。这一模型认为，中国的规划体系与其他东亚发展型国家的政策过程和西方主流的理论框架都有本质区别。中国的规划包括评估和调整机制，不仅仅是某个政策方案或某个政策过程阶段，而是一个“中央和地方多层次、多主体之间通过各种互动模式，不断协商、起草、试验、评估调整政策的循环过程”①。规划能够建立政策发展的优先顺序，同时也能为保持控制力提供保障。它依靠相应的行政层级体系，规划目标与干部绩效考核相结合。中国政府通过规划，输出大量政策方案和政策建议，指导经济社会发展。中长期规划是中国治国理政的主要手段之一，它包括总体规划、专项规划和区域性规划。

《科学发现报》于2005年7月12日刊登了中国探月分三步走的计划：“2004年2月，国防科学工业委员会领导对外宣称：中国月球探测计划已经进入实施阶段，将分‘绕’‘落’“回”三步。绕：3年内，一颗属于中国的卫星将开始绕月飞行；卫星命名为‘嫦娥一号’；落：6年内，中国的月球车将在月面上软着陆，展开巡视探测；回：2020年之前，中国研制的机器人将把月壤样品采回地球。”同一版面也刊登了其他国家的月球探测计划：“日本：将于2025年在月球建立基地，让机器人做月球的拓荒者；印度：计划在2008年发射第一艘无人登月飞船‘月球飞船－I号’；俄罗斯：新式登月飞船将在今年夏天首次试飞；美国：再度登月的时间定在2015年，最迟不超过2020年，并且要在月球建设‘多国太空站’。”2020年，只有中国实现了当初设立的目标，强大的规划能力和战略执行能力无疑在其中发挥了重要作用。

2.3.3 政策试验模型

德国学者韩博天研究了改革开放以来中国经济腾飞的案例，总结了中国的公共政策实践，基于中国特色社会主义，提出并发展了政策试验模型。此模型认为，中国政府在政策过程中经常用“试点”的方法，支持地方政府根据当地实际情况，开展政策试验，实践各种可能行之有效的解决问题的方法。成功的地方经验将被应用到更高层级的政策制定中，在更广泛的范围推行。韩博天认为，大

① 韩博天、奥利弗·梅尔顿：《规划：中国政策过程的核心机制》，载《开放时代》2013年第6期。

规模的分级制政策试验（experimentation under hierarchy）和有远见的反复试验（foresighted tinkering）是中国政策过程的特色，激励着政府提高政策创新能力和适应能力。①

韩博天的“分级制试验”框架、杨宏山的“双轨制政策试验”、王绍光的“学习—适应”框架以及周望的“吸纳—辐射”都从央地关系视角来理解公共政策。

那么，什么是政策试验呢？

一般认为，狭义的“政策试验”指的是“政策测试”，它是指党政机关为验证政策方案的正确性、可行性，并取得实施这些方案的具体化细则，而在一定范围内进行的一种局部性决策活动。广义的“政策试验”则包括“政策生成”和“政策测试”。“政策生成”的主要目的在于寻求全新的政策方案，进行制度创新，它一般是指中央为寻求新的制度或政策工具而进行的试验，以及地方自行发起的政策试点活动及相应实践等。

西方的法治国家强调遵循“依法执政”的原则，先有法律，再进行实施。国家治理仍然是以立法为中心，而不是通过试验的途径来完善新政策。美国这样一个相对松散的联邦制国家，也是在颁布法律法规的基础上开展政策创新，很少有不经过立法就开展的政策试验。西方国家的政策试验通常是在正式法规内加入试验性或限制有效期的附加条款，在小范围内探索性地尝试试点项目，联邦体制中个别成员国开拓性地尝试立法，或是把自治权很高的州和地方的经验推广到联邦政策系统，或某个地方行政部门被赋予国家法律的豁免权（这种方式非常罕见）。大规模政策试验面临着合法性的挑战，启动这种议程存在着极大的政治风险。

而中国是以试验为基础的政策制定过程，首先是开展政策试验和创新，之后才起草正式的法律条文或规章。这样看来，在立法之前先对新政策进行不加约束的试验，成为中国治理的一大特色，在中国政策制定中起到决定性作用。政策试验在学习和模仿中实现政策扩散，这反映了一种不同于技术理性的经验理性，形成了一种新的政策模式。过去三十多年里，面对大规模经济转型带来的巨大挑战，中国显示出了极高的制度创新能力，同时避免了转型过程中的体制瓦解。制度创新能力不仅推动渐进的制度变迁，而且可能带来全新的制度转型。诺斯认为，中国的制度结构拥有一种非同寻常的适应能力，这对中国的经济转型起到巨大的推动作用，尽管这个结构存在不确定性，但它却允许用不同的方式进行试

① 韩博天：《通过试验制定政策：中国独具特色的经验》，载《当代中国史研究》2010 年第 3 期。

验，来克服经济发展障碍，并在应对新挑战的同时抓住开放带来的机会。中国政策试验的独特性在于中国共产党的领导、组织结构以及统一的政策指令（发展就是硬道理）、特殊的主体构成（决策者不用面对周期性选举或民主竞争，一致同意实现经济现代化）和特殊主体的期待。

政策试验的主要观点包括：

（1）政策试验是由地方政府来开展的。无论从整体上将中国改革归为自上而下的设计还是自下而上的推动，就具体的政策试验的承担主体来看，无一例外都是地方政府。地方政府尤其是基层政府在与社会的互动中形成经验，然后推广或者上升到一个更高层面的政策。自下而上的主动性激励行政、经济和立法制度的创新试验，并把切实可行的地方经验注入国家政策中去。

（2）政策试验是在央地关系的制度框架中发生，是在多元主体的互动和博弈中出现，因此，政策试验不是纯粹的理性知识和技术运用的产物。

（3）政策试验大多数是在改革目标不甚明确的情况下，通过试验来摸索着前进。

（4）中国的政策试验主要通过三种形式进行：试验性法规（为政策试行而制定的暂行法规）、“试点”（特定政策领域内的示范和试点项目）、“试验区”（被赋予充分自主权的地方行政区）。

（5）大规模的试验有效地刺激了政策学习，提高了国家政策创新能力，取得了较为显著的成效。

政策试验当然也有一定的局限性，主要表现在提供社会产品和公共产品方面，比如农村地区加入基本的医疗保障和对土地使用权有效保护，以及环境保护方面。提供这些公共产品要求把公众的利益表达和优先执行国家政策相结合，而这往往与大多数地方精英追逐短期利益的出发点背道而驰，所以经济领域内所形成的试验模式很难适用于提供社会公共产品。

2.3.4 共识决策模型

薛澜、陈玲等分析了中国公共政策制定过程政策共同体、思想库和利益相关者的行为和作用，提出了共识决策模型。[①] 共识决策模型的研究对象是政策过程，是指在一定的政策舞台（政策提出、酝酿、构思和决策的组织与机构）上，政策参与者达成共识的方式。共识决策模型属于理性分析的范畴，包含有限理性决策和渐进决策的内容，比如，提出的政策方案是有限的，备选方案的选择也以

---

① 陈玲、赵静、薛澜：《择优还是折中？转型期中国政策过程的一个解释框架和共识决策模型》，载《管理世界》2010 年第 8 期。

折中、协商和渐进为基本特征。

共识决策模型认为，中国的政治制度环境是形成共识决策的重要因素。杨宏山认为："一方面，民主集中制原则上强调民主和集中的辩证统一关系，在实践中体现为充分尊重集体讨论的首长决策机制；另一方面，党政合一的政府体制也强化了'共识'目标，中国执政党采取委员会制的集体领导制度，从中央到地方，党的各级委员会实行集体领导和个人分工负责相结合的制度，各级党委负责重大政策制定，自然地，政策决策就会以凝聚共识为目标。"①

共识决策有圈阅、会议、听证、动员等多种方式。上下级政府部门之间也会建立多层次的论证和反馈机制，展开充分的讨论。在讨论中，政策制定主体之间就争议进行协商，能够折中则相互让步达成妥协，不能折中则对语言的表述方式进行模糊处理，从而达成各方都能接受的表述。

共识决策的过程包括认清与面对疑问，提出新选择，合并不同选择，及保证每个人都明白各建议与论点。共识决策过程的三种关键因素：所要求的同意、一致程度；讨论的时间分配，包括急切事项与重要事项之间的分配；行动、监察与后继行动。

共识决策模型可以细分为以下四种类型②：

（1）最大共识水平决策模型。其指标是由个体观点与群体观点的相似度、距离测度等指标计算得出的。它运用目标规划理论，来最小化个体观点与群体观点的不相似度，并提出在"多数人原则"及"少数人原则"之间平衡的共识框架。

（2）基于"调节人（moderator）"的共识决策模型。此类模型将共识水平视为决策质量的指标，当群体观点的共识水平小于设定阈值时，"调节人"将会向共识水平较低的个体提供观点修改意见，并重新计算共识水平，当共识水平超出阈值则停止迭代。

（3）最小共识成本决策模型。此类模型与最大共识水平模型较为相似，但优化目标并非共识水平最高，而是共识成本最低。共识成本是指改变个体观点为群体观点所耗费的调解成本，其取值通常为个体观点与群体观点偏差的线性或二次函数。

（4）层次分析共识框架。层次分析法是将问题层次化，划分出多个层次，一般划分出最高层、中间层和最低层三类，然后找出各层之间的权重信息，最后利用这些权重信息做出决策。群体层次分析共识框架是在上述基础上，将专家组

---

① 杨宏山：《公共政策学》，中国人民大学出版社，2020 年，第 60 页。

② 张曙阳、李磊：《一种处理群体决策中个体偏好信息的新方法——部分共识模型》，载《运筹与管理》2020 年第 11 期。

中各个专家做出的决策结果和各个专家的权重进行多轮调整，达到可接受的共识程度，得到最终的群体决策结果。

如果用数学公式来表示共识决策模型，可以表述为：

$$C = f(G,P,R,N,e)$$

其中 C 为共识的程度，G 为官僚组织的目标差异性，P 为意见群众与政策方案的多元化，R 为政策本身的风险程度，N 为协商的次数，e 为决策的制度环境约束变量。

共识决策的优点主要包括：①保证所有问题和思想都得到公开辩论；②每个团队队员都有机会发表自己的见解；③会经过深思熟虑产生高质量的决议；④能提高成员实施决策的积极性，体现平等。

共识决策模型也存在局限性：

（1）对于意见分歧，共识决策缺少清晰的审议程序和裁决机制，高层政治权威总是扮演着最终裁决者的角色。

（2）共识决策要求大量有效的沟通、耐心的聆听、充分的理解，并要确保所有成员都有机会发表意见。达成一致需要很长时间，甚至具有很大的挑战性。现实中，很难保障各方有平等的意见表达渠道，因此，共识主要表现为有限参与者之间的共识。

（3）可能导致相对少数人阻止大多数人渴望的行动，也可能导致很多存在两极化的决策不可能达成共识，相持不下，陷入僵局。所以，政策制定过程容易陷入停滞或跳跃。

因此，在共识决策的过程中，应合理规避因利益相关而持有极端观点的个体，同时也避免绝大多数个体向少部分个体妥协造成的群体总效益下降。而权力的分散化配置有利于减少决策偏好的分歧，促使决策的多元主体达成较高满意度的共识方案。通过增加公民否决权等形式逐步向公民特别是弱势群体让渡一部分决策权力，减少政府与公民之间的政策偏好分歧，提升政策方案的认同度和执行力。对于政策参与者而言，需要保持持续的外部压力，不断完善并提供成熟可操作的政策方案，促进与决策者间的共识形成，从而推动决策者下定决心调动资源解决实质性问题，才能真正实现政策供给从无到有再到完善的渐变。

2.3.5 “群众路线”模型

1942 年 5 月，毛泽东发表名为《在延安文艺座谈会上的讲话》的重要文章，并提出了“要和群众打成一片”这一重要思想观点。1943 年，毛泽东在《关于领导方法的若干问题》中指出：“在我党的一切实际工作中，凡属正确的领导，必须是从群众中来，到群众中去。这就是说，将群众意见（分散的无系统的意见）集中起来（经过研究、化为集中的系统的意见），又到群众中去做宣传解释，化为群众的意见，使群众坚持下去，见之于行动，并在群众行动中集中起来，再到群众中坚持下去。如此无限循环，一次比一次地更正确、更生动、更丰富，这就是马克思主义的认识论。”①

一些学者通过研究中国执政党在政策制定中的“群众路线”，分析了政府与群众的互动机制，提出了“群众路线”模型。群众路线的基本内涵就是“一切为了群众，一切依靠群众，从群众中来，到群众中去，把党的正确主张变为群众的自觉行动”②。“一切为了群众”是群众路线的价值目标，“一切依靠群众”是其基本原则。中国共产党代表最广大人民根本利益，中华人民共和国成立以来，群众路线成为党的基本路线之一。

践行党的群众路线，就是要坚持人民群众创造历史的基本观点，坚持党的根基在人民、党的力量在人民，坚持以人民为中心，坚持密切联系群众，保持党同人民群众的血肉联系。群众路线是我们党始终坚持的根本工作方法。党的领导工作的正确方法，就是将群众意见集中起来形成正确的决策，又到群众中宣传解释，将决策化为群众的行动，并在群众实践中检验这些决策是否正确。

群众路线在政策过程中的功能定位：

1. 价值定位

（1）群众路线始终是党和人民群众联系的桥梁和纽带，也是了解群众利益需求、制定公共政策、维护群众切身利益的价值所在。群众路线伴随着公共政策的整个生命历程。公共政策的辐射半径是群众路线的覆盖范围，明晰群众路线在公共政策中的价值主导地位，才能实现与公共政策的互动，发挥公共政策在国家治理中的有效功能。

（2）作为价值观的群众路线，是公共政策体系的核心和灵魂。毛泽东同志说：“我们的责任，是向人民负责。每句话，每个行动，每项政策，都要适合人民的利益，如果有了错误，定要改正，这就叫向人民负责。同志们，人民要解放，就把权力委托给能够代表他们的、能够忠实为他们办事的人，这就是我们共产党人。”

（3）公共政策的价值在于要反映和维护人民群众利益，要把人民群众的利益包容和吸纳到公共政策的整体框架中来，切实维护全体人民利益。公共政策的实现、落实、发展离不开党的群众路线的价值引领和价值规范，政策过程应着力

① 毛泽东：《关于领导方法的若干问题》（1943 年 6 月 1 日），载《毛泽东选集》第三卷，人民出版社，1991 年，第 899 页。

② 《中国共产党章程》，人民出版社，1992 年。

于解决人民群众最关心、最直接、最现实的问题，回应人民群众的关切和诉求。

2. **方法定位**

（1）群众路线是公共政策的基本工作方法，群众路线是党的根本政治路线和组织路线，它也可以理解成一种决策模式，在政策的信息收集、制定、执行、评估和反馈各个环节上，都能发挥其作用。

（2）群众路线的方法论核心要旨是“一切为了群众，一切依靠群众，从群众中来，到群众中去”，这与西方决策机制的一个根本差别在于，在群众路线的决策模式里，清晰的决策阶段并不存在，整个决策过程由领导与群众的不断互动组成周而复始的形态，“群众”始终存在于决策系统的每一个环节中，而且是一个无穷的不断丰富的过程。习近平同志说：“要弄清楚整体政策安排与某一具体政策的关系、系统政策链条与某一政策环节的关系、政策顶层设计与政策分层对接的关系、政策统一性与政策差异性的关系、长期性政策与阶段性政策的关系，既不能以局部代替整体、又不能以整体代替局部，既不能以灵活性损害原则性、又不能以原则性束缚灵活性。”不难看出，政策形成和政策过程以及对于整个政策体系的生命力、合法性都来自于党的群众路线。

3. **属性定位**

群众路线是公共政策的合法性来源。美国政治社会学家西摩·马丁·利普塞特（Seymour Martin Lipset）提出：“合法性是指政治系统使人们产生和坚持现成政治制度是社会最适宜制度之信仰的能力。”① 公众产生认同感的最有效、最重要的方式就是直接参与公共决策过程。这是由于公共权力来自于公民的授予与委托，政策主体在运用公共权力解决公共问题时是以公共利益为取向。因此，只有得到公众的认可、支持与拥护的公共政策才是具有实质合法性的政策。强大的民意支持对于实现公共政策目标有着积极的促进作用，群众既是被管理者也是管理者。只有公共政策的合法性得到维护，政府和群众的关系才会和谐，国家的长治久安才会实现，群众路线和公共政策互动的过程就是公共政策合法性释放和聚集的过程。

群众路线在政策过程中的功能要求：

1. **政策输入体现群众路线的要求**

伊斯顿在《政治生活的系统分析》中提出，可以将公共政策制定过程看作由政策输入、政策转换及政策输出三个环节构成的闭环系统；其中，公共政策输入是利益集团、政党或个人向公共政策制定系统提出政治要求和支持的政策过

---

① 西摩·马丁·利普塞特：《政治人——政治的社会基础》，上海人民出版社，1997 年，第 55 页。

程。当代中国公共政策输入的过程呈现出“内部输入“的显著特征，表现出组织整合性和高度的一体性。这说明，公共政策的形成是党政系统利用自身优势进行政策输入，通过深入基层实际等方式了解群众的公共政策需求，奠定群众的利益表达、利益维护的基础。政策的实质是把党的正确主张转变为群众的自觉行动，整个政策过程为了实现政策目标，即一切为了群众。为了保证政策与群众的持续互动，需要坚持从群众中来、到群众中去，公共政策在其各个阶段和各个环节都体现着党的群众路线的要求。

2. 政策表达体现人民群众的利益需求

切实维护好广大人民群众的根本利益，以公共政策为重要形态，群众路线是沟通党和群众的桥梁，是公共政策发展的根本选择。实现“一切为了群众”的政策价值，推动公共政策发展，使人民群众真正理解、拥护公共政策，群众路线是必然的选择。毛泽东同志认为，“正确的领导意见只能从群众中集中起来又到群众中坚持下去”①。这句话形象地阐释了群众路线在公共政策中的功能实现路径，即公共政策要从群众中来，到群众中去。群众路线可以扩大群众的政策参与程度，使群众了解公共政策，从而保证公共政策的合法性来源。公共政策表达人民群众利益在政策形成、政策执行、政策绩效中得以呈现。

在中国，公共政策制定过程中，群众自下而上地表达，这主要是公共政策输入“从群众中来”的范式。而党政系统自上而下进行政策问题认定，由党政系统直接进行的政策输入，直接进入政策转化，这主要是公共政策输入“到群众中去”的范式。政策主体与人民群众及利益相关者之间的双向甚至多向互动关系，应在动态、平等的过程中寻找到公共政策形成、执行的平衡点和共同点。在公共政策执行过程中，下级向上级反映政策执行中出现的问题，遵循“从群众中来”，上级对下级遵循“到群众中去”，可以保证公共政策到群众中不偏离方向。这样反复互动不断进行校正，提高政策执行的科学性和有效性。在公共政策评估过程中，人民群众的满意度是政策优劣和政策实效的检验标准，因为政策绩效是通过维护最广大人民群众的利益来实现。而群众路线在政策过程中的制度化安排是规范政策行为的条件，“把权力关进制度的笼子里”，是降低权力滥用带来的危害的重要保证。

宁骚提出了“上来下去”的概念，就是从政策过程的视角理解党的群众路线，认为中国政策过程在认识上经历了从“形而下”到“形而上”再到“形而下”的过程，政策执行是“从群众中来，到群众中去”的过程，是一个“试验—

---

① 毛泽东：《关于领导方法的若干问题》（1943 年 6 月 1 日），载《毛泽东选集》第三卷，人民出版社，1991 年，第 899 页。

推广”的过程，是一个“执行—总结”的过程。① 王绍光认为，与公共参与模式不同，中国政策过程是一种逆向参与模式，即决策者主动走出去了解民意，而不是坐等群众前来参与。②

2.3.6 “学习—适应”分析模型

王绍光从政策议程的视角提出了“学习—适应”分析模型，以此来解释改革开放以来中国取得辉煌成果的内在原因。他提出，改革开放以来的“中国模式”可以用学习和适应能力来解释。③ 适应能力是指面对不同的条件或情况时，“一个制度在发现和纠正现有缺陷、接受新信息、学习新知识、尝试新方法、应对新挑战、改进制度运作的能力”④。国家在运行中时刻面临各种复杂局面。包括充满不确定性的国内和国际环境、价值和利益冲突等，因此适应能力对于一个国家尤为重要。适应能力的基础是学习能力。学习能力指“有意利用某时、某地有关政策或制度的经验教训来调整此时、此地的政策或制度”。

通过梳理中国农村医疗融资体制在1948—2008年间的演化过程，王绍光从学习推动者与学习源两个向度出发，归纳出了中国在该领域的四类政策学习模式，如表2-2所示。

表2-2　四种学习模式

学习的推动者	学习源	
	实践	实验
决策者	1	2
政策倡导者	3	4

（来源：王绍光，2008）

学习的推动者可以分为两大类：决策者和政策倡导者。

---

① 宁骚：《中国公共政策为什么成功？基于中国经验的政策过程模型构建与阐释》，载《新视野》2012年第1期。

② 王绍光：《不应淡忘的公共决策参与模式：群众路线》，载《民主与科学》2010年第1期。

③ 王绍光：《学习机制与适应能力：中国农村合作医疗体制变迁的启示》，载《中国社会科学》2008年第6期。

④ Carl Folke, et al. Synthesis: Building Resilience and Adaptive Capacity in Social-Ecological Systems. Navigating Social-Ecological Systems, 2001, pp. 352 - 387. https://doi.org/10.1017/cbo9780511541957.020.

决策者会试图探究当前问题的性质与严重程度，寻找可能的解决问题的方案，这就需要学习。决策者学习的渠道包括自己过往的经验教训和别人的经验教训。

政策倡导者指通过各种活动，包括游说、诉讼、宣传以及与利益相关者建立关系等，支持某个或某类政策的人。他们可能是政策专家、公务员、媒体工作者、社会上的利益相关群体等。在某个政策领域内持有相似信念或对问题看法相近的人可能组成“倡导者联盟”。他们通过各种方式学习，为自己的政策主张寻求论据支撑；同时，他们也会抓住机会不断向决策者推介自己的学习成果，以期影响政策变化。

学习源也可以分为两大类，一是各时期、各地方的实践，二是系统性试验。前者包括本国的政策与制度遗产、本国各地区的实践和外国的经验教训。后者是指在小范围进行的、为了发现解决问题的有效工具而进行的干预性试验。

决策者和政策倡导者利用各种形式的实践和试验进行多方位的学习，进而调整政策目标和政策工具，以适应不断变化的社会环境。

王绍光认为：“改革开放以来，中国在转型过程中跨过了无数道被外人认为不可逾越的制度和政策障碍。领导干部退休制度改革、工资改革、物价改革、国企改革、金融体制改革、财政体制改革、军队与公检法经商问题、‘三农’问题及住房体制改革、教育体制改革、医疗体制改革都曾被人看做一道道‘险关’，稍微处理不慎，就可能造成全局性的灾难”。但强大的学习和适应能力，使得中国在扫除长期困扰社会经济发展的障碍时过关斩将，交出了一份份出色的答卷。

“学习—适应”分析模型为划分世界上的政治体制提供了新的标准，即按照学习和适应能力来划分。这一模型认为，与是否实行竞争性选举相比，学习和适应能力的强弱对国家治理能力的影响更为显著，它决定了一个国家能否从实践和试验中吸取经验教训，并在面对不利境地时逆势而起。按照这一标准，中国的体制属于高适应性体制，而一些实行竞争性选举的国家体制却属于低适应性体制。

2.3.7　“路径—激励”分析模型

20 世纪 70 年代至 80 年代，政策执行研究在美国行政学界兴起，学者们发展出了“自上而下”和“自下而上”两种研究途径①。“自上而下”途径从政策决策出发，研究行政系统在多大程度上执行了某项政策及其关键影响因素。“自下而上”途径从基层执行者的环境、动机和策略出发，着重探讨提升政策执行者责

---

① Paul A. Sabatier. Top-down and Bottom-up Approaches to Implementation Research: A Critical Analysis and Suggested Synthesis. Journal of Public Policy, 1986, 6 (1), pp. 21 – 48. https://doi.org/10.1017/s0143814x00003846.

任的原则和途径。不过，由于制度的差异，基于联邦制的政策执行理论模型无法很好地解释中国等单一制国家的政策执行。

在联邦制国家，联邦政府与州政府的职责有明确的界限，两者分别对不同事项具有管辖权。联邦政府与州政府是独立的，联邦政府一般会通过转移支付、项目支出、府际协议等形式促使州和地方采取行动。例如，在美国，五十个州是美国联邦体制中的主权实体，各州主权受联邦法律保护，拥有自己的宪法、法律、民选官员和政府机构。各州主权的一部分根据宪法或相关法律让渡给联邦政府。州政府不是联邦政府的下属，没有服从联邦政府的责任。但是，当联邦宪法或联邦法律与州宪法或州法律相抵触时，州宪法和州法律必须服从联邦宪法和联邦法律。

在单一制国家，宪法仅对中央与地方的关系做出原则性规定，两者的职责划分经常变化，地方政府拥有较为宽泛的自由裁量权。上下级政府之间存在行政隶属关系，中央政府的政策目标和政策指令通过“自上而下”的渠道传达给地方政府，对地方政府产生约束作用。上级决策者要求地方政府遵循并贯彻上级指令，做到“令行禁止”。在中国，中央政府统一制定各个领域的方针政策，并把除国防、外交之外的几乎所有事物都委托给地方政府实施。

杨宏山基于中国政府运行的制度环境，分析了单一制与联邦制的环境差异性，解释了地方政府执行中央政策的行动策略和逻辑，根据政策路径的明晰度和自上而下的激励强度两个自变量，构建了政策执行的“路径—激励”分析模型，区分了政策执行的四种模式：行政性执行、变通性执行、试验性执行、象征性执行[①]。

政策路径是指一项政策的政策目标、政策工具和评价标准，它们构成了实现决策者期望的指导路线。一项政策的政策路径可能明确，可能模糊。当对政策问题及解决方法存在共识时，决策者一般会明确界定政策路径。当政策环境不稳定、政策执行存在风险时，作为增进共识的一种策略，决策者可能对政策路径进行模糊化处理，从而给予了执行主体更大的自主行动空间。

激励机制是指中央政府激励地方政府执行政策的方式，通过把地方政府和相关官员的预期收益与政策执行结果钩挂来实现。激励机制包括正向激励和负向激励。正向激励包括财政收入、增加就业、政治晋升等，负向激励包括官员诫勉、部门问责、行政处分、追究刑事责任等。

1. 行政性执行

当政策路径明晰度高，中央政府对地方政府的激励力度也较强时，地方政府

---

① 杨宏山：《政策执行的路径——激励分析框架：以住房保障政策为例》，载《政治学研究》2014 年第 1 期。

就会采取行政性执行策略，依托专门机构，全面落实公共政策。

2. **变通性执行**

当政治路径明晰度高、激励强度低时，地方政府则会采取变通性执行策略。这种情况往往是因为地方政府的资源和技术所限，政策执行的难度较大，执行的预期收益也不高，因此地方政府自行调整了政策目标或政策工具。

3. **试验性执行**

当政策路径不明晰、激励强度高时，地方政府就会采取试验性执行策略。这种情况下，政策文件只做出原则性规定，提出基本的价值导向，并未规定具体的政策路径。为了探寻和检验有效的政策路径，中央政府鼓励有条件的地方政府开展试验。地方政府在因地制宜细化执行方案时，具有较大程度的自由裁量权。

4. **象征性执行**

当政策路径不明晰、激励强度低时，地方政府则会采取象征性执行策略。地方政府缺乏明确的政策路径作为执行指南，也没有动力把政策付诸实践，导致其活动流于表面，如召开座谈会、组织政策学习、宣传政策精神、转发文件等，但并没有实质行动。

“路径—激励”分析模型解释了中国地方政府的政策执行模式的多样化，也为预测政策效果提供了分析视角。不过，这一模型也有局限性，因为政策执行效果除了受到政策路径和激励机制的影响，还受到其他因素诸如地方政府的内在动机和学习能力等因素的影响。

政策理论源于实践又指导实践，构建本土化的公共政策理论，需要立足于中国政策运作的真实过程，识别关键变量，完善理论框架，在实证研究中检验和发展理论，增强理论模型的描述能力、解释能力和预测能力，构建中国特色的政策理论和实践体系，提高政府的科学决策能力和治理能力。

复习思考题

1. 什么是政策理论模型？
2. 试从现实中选取 1 ～ 2 个案例，并选用政策理论模型加以分析说明。
3. 阐释“路径—激励”分析模型的主要观点，并评述其价值。
4. 阐释“制度主义”分析模型的主要观点，并评述其价值。
5. 阐释“公共选择”分析模型的主要观点，并评述其价值。
6. 阐释“政治系统理论”分析模型的主要观点，并评述其价值。

典型案例

以“枫桥经验”为代表的人民调解制度演变历程

人民调解，是指在人民调解委员会的主持下，依照法律、政策及社会主义道德规范，以平等协商的方式促使当事人双方达成可接受的协议结果，消除纷争的一种非诉讼纠纷解决方式。作为我国人民独创的化解基层矛盾纠纷的调解制度，人民调解在维护社会和谐稳定方面始终发挥着第一道防线的作用，被国际社会誉为化解矛盾的“东方经验”。

长期以来，人民调解在基层社会治理中发挥着不可替代的作用。早在革命根据地时期，人民调解便已初见雏形。20 世纪 60 年代，诸暨枫桥“矛盾不上交”的有益尝试为中华人民共和国成立后人民调解制度的发展写下了重要一笔。在此之后，以“枫桥经验”为代表的人民调解制度经历萌芽、停滞、起步、发展与成熟等多个时期，在新时代成为了社会治理体系与治理能力现代化的生动实践。

中国共产党也始终高度关注人民调解工作的开展。习近平总书记曾指出，各级党委和政府要充分认识“枫桥经验”的重大意义，把“枫桥经验”坚持好，发展好。2020 年，党的十九届四中全会进一步要求完善人民调解、行政调解、司法调解联动工作体系，完善社会矛盾纠纷多元预防调处化解综合机制，以人民调解助推基层治理能力的现代化。

1. 1949—1960 年代初期 萌芽阶段

早在中华人民共和国成立之前，人民调解组织在我国就已经初见雏形。在 1942 年的减租减息运动中，山西省平顺县张井村先行先试，成立了人民调解委员会，为当时乡村社会解决矛盾纠纷提供了宝贵实践。

1949 年后，为更好地稳定社会政治秩序，促使人民尽快投入到生产建设的队伍当中，国家开始关注基层矛盾纠纷的解决方法，张井村的成功经验也得到了中央的高度重视。很快，司法部派专人到张井村调研学习，为制定相关条例寻求借鉴。

1954 年，中央人民政府制定并颁布了《人民调解委员会暂行组织通则》，该通则明确了调解制度的宗旨与原则，第一次在全国范围内统一调解规范，这标志着人民调解作为一种法律制度在我国正式确立。

1954 年 3 月 23 日，《光明日报》发表了题为“正确地开展人民调解工作”的短评，强调人民调解工作的重要意义。到 1954 年 12 月，不到 10 个月的时间内，全国已经有调解委员会 15.51 万多个。人民调解委员会不仅在数量上有了大增长，质量也有显著提高。各地基层人民政府和基层人民法院贯彻《通则》的规定，加强了对调解工作的重视，通过经常召开调解工作会议、协助调解组织建立、健全各种规章制度、成立调节干部训练班等形式使得调解工作在全国范围内取得了重大进展。

1963 年 2 月，在中央的倡导下，中共浙江省委率先选择诸暨、萧山等县作为试点。诸暨枫桥干部经集体讨论，决定采取发动群众、依靠群众的方式对“四类分子”进行改造，取得了良好效果。直到同年 10 月，公安部领导到浙江视察，发现了枫桥镇没有捕人的经验，就立即向正在杭州视察的毛泽东主席作了汇报。毛主席肯定地说，“这叫矛盾不上交，就地解决”，并指示要好好进行总结。根据毛主席的指示，公安部调查组赶赴枫桥，在调查核实后，主持起草了《诸暨市枫桥镇社会主义教育运动中开展对敌斗争的经验》，即“枫桥经验”。其主要精神是少捕人，矛盾不上交，依靠群众，以说理斗争的形式把绝大多数“四类分子”就地改造成新人。11 月 20 日，毛泽东根据枫桥人民创造的这一经验材料，在公安部递呈的全国人大二届四次会议书面发言稿上作出肯定性批示：“要各地仿效，经过试点，推广去做。”

1964 年 1 月，中共中央发出了《关于依靠群众力量，加强人民民主专政，把绝大多数“四类分子”改造成新人的指示》，此后全国各地掀起了学习推广“枫桥经验”的热潮，“枫桥经验”成为人民调解的一面重要旗帜。

2. 1960 年代中期—1970 年代中期 停滞阶段

1964 年 12 月至 1965 年 1 月第三届全国人民代表大会第一次会议出台了《农村社会主义教育运动目前出现的一些问题》，对社教运动与“枫桥经验”的关注度也逐步回落。

3. 1978 年—2002 年 起步阶段

1978 年中国正式进入改革开放时期。此时人民调解制度已经基本获得认可。随着家庭联产承包责任制的推行，作为商品经济主体的农民都倾向于追逐自身利润的最大化。有学者撰文指出，“在农村普遍实行生产责任制以后，大多数农民的经济收入都有提高，生活得到显著改善，而调解人员的误工补贴却无法解决，致使他们的经济收益和家庭生活受影响，难免挫伤了他们的工作积极性”。在这个时期，乡村人民调解的经费问题成为阻碍人民调解制度发展的重要因素。

1984 年 9 月司法部发布的《关于加强人民调解工作积极推进社会治安综合治理的意见》中就强调在新时期要注意落实调解员的补贴。1985 年 9 月司法部发布的第 384 号文件要求将调解委员会的相关经费列入司法业务开支范围，编制预算报同级财政部门审批，但在财政经费紧张的情况下，该文件的执行效果并不理想。1986 年 10 月司法部发布的《关于结合农村整党进一步整顿农村人民调解组织的意见》中坦承人民调解工作面临的困难包括“不少地方调解工作报酬一直不落实，难以调动调解人员的工作积极性等”，要求加以解决。

针对此，1989 年国务院颁布的《人民调解委员会组织条例》对 1954 年制定的《人民调解委员会暂行组织通则》的一个重大改进就是增加了关于调解员补贴的规定，其第 14 条规定，“对人民调解委员会委员，根据情况可以给予适当补贴”。但同时规定“人民调解委员会的工作经费和调解委员的补贴经费，由村民委员会或居民委员会解决”。但除了少数集体经济发展得比较好，或者说乡镇企业比较发达的一些地方外，对中国绝大多数负债累累的村集体来说，让其解决调解经费只能是一厢情愿。

除了负担经费，村官调解也成为了解决调解经费的尝试之举。

早在 1980 年代中期有学者在对河北省雄县四个乡、六个村的人民调解进行考察后发现，“农村实行生产承包责任制以后，考虑到群众的经济负担，村干部都实行了精兵简政。目前，一个村受经济补贴的干部一般在五至七人。朱各庄、杨西楼、米北口、十里铺，这四个乡的四十五个村的调委会主任，都是由村党支部副书记兼任。调委会成员三至五人，多数是由其他干部兼任”，将村干部兼任调解员看作是一项值得推广的新事物加以宣传。

而这种村干部兼任人民调解员的做法被 1987 年的《村民委员会组织法（试行)》所肯定，该法第 14 条规定，村民委员会成员应承担人民调解工作。“村官的调解”实际是《村民委员会组织法》关于乡村人民调解的基本制度安排。

20 世纪 90 年代以后，由于市场经济的发展和社会转型的加剧，“社会结构、组织形式和人际关系的变化，社区自治不成熟等，使得原有的基层地域、单位的调解开始失效。社会转型期的利益多元、冲突激烈，法律、政策及其他规范处在高度不明确、不稳定的状态，客观上增加了调解的难度；一些传统的调解方式失去了原有的效果”。“国家缺少对纠纷解决机制的整体发展战略的合理布局，过分强调和倚重司法诉讼，使得各类调解的作用被忽视。人民调解发展再次陷入困境。针对此，许多学者纷纷展开研究，为人民调解寻求新出路。以范愉教授为代表的中国学者开始倡导我国借鉴西方非诉讼纠纷解决机制（ARD）模式和多元化纠纷解决机制。

在这一时期，人民调解制度在十年停滞后又重新得以起步。呈现出随着社会环境的发展而不断调整的特征，但仍出现了与市场经济发展不匹配的现象。

4．2003—2012 年 探索阶段

迈入 21 世纪，中国仍旧面临着市场经济腾飞过程中社会转型出现的阵痛问题，如何回应社会发展需要，更好解决社会矛盾纠纷，成为这一阶段人民调解制度发展亟待解决的问题。

2003 年，时任浙江省委书记习近平同志指示，要充分珍惜、大力推广、不断创新“枫桥经验”。诸暨市枫桥镇率先在全国创立乡镇综治工作中心，通过把信访办、司法所、调解委、综治办、警务室、流动人口管理办等多个部门集合在一起办公的形式以整合资源和协调指挥。接着全省逐步推广乡镇街道综治工作中心，综治中心成为浙江创新发展“枫桥经验”的重要载体。

同年，江苏省南通市在学习“枫桥经验”的基础上率先建立了以“党委政府统一领导、政法综治牵头协调、调处中心具体运作、司法部门业务指导、职能部门共同参与、社会各方整体联动”为主要特色的“大调解”人民调解制度体系，此时属于该体系的基础建设阶段，表现为“大调解”实现了区域内社会资源的有效整合，综合运用经济、行政、法律、教育等多种手段化解各类人民矛盾纠纷。

而后，一些地方依托“大调解”综合平台，在相关区域与行业，不断探索建立专门调解组织、专业调处机制以及专职调解队伍，逐渐实现专业化的转变。

如2009年，浙江省推出“网格化管理、组团式服务”，在创新形式与管理分类上进一步完善了人民调解制度。2010年，中央综治委正式确立浙江省宁波市、诸暨市为“全国社会管理创新综合试点单位”，于是以“枫桥经验”为代表的“大调解”制度得到进一步丰富和推广。2012年，“大调解”制度进入了进一步优化自我调解体系，提升调解功能，增强调解实效的阶段。浙江省的“社会治安综合治理委员会”被统一更名为“社会管理综合治理委员会”，具有“枫桥经验”特色的乡镇街道综治工作中心随即也更名为社会服务管理中心，实行“一条龙”受理、“一站式”服务、“一揽子”解决矛盾纠纷，从而确保了各类矛盾纠纷早发现、早调处，扩大了人民调解制度解决问题的范围。

在这一时期，对于人民调解制度的探索主要体现在“大调解”的建立和创新完善与发展，通过形成专门组织、组建综合平台等方式不断增强调解实效，促进社会和谐与发展。

5. 2013—2021年 成熟阶段

在这一时期，习近平总书记多次强调发展“枫桥经验”与人民调解制度，鼓励各地积极探索创新人民调解方式，推动基层社会矛盾纠纷的化解。

党的十八大以来，以习近平同志为核心的党中央作出决策部署，要求完善人民调解、行政调解、司法调解联动工作体系，加强行业性、专业性人民调解组织建设，发展人民调解员队伍等工作。

2013年10月，习近平总书记就坚持和发展“枫桥经验”作出重要指示并强调：各级党委和政府要充分认识“枫桥经验”的重大意义，发扬优良作风，适应时代要求，创新群众工作方法，善于运用法治思维和法治方式解决涉及群众切身利益的矛盾和问题，把“枫桥经验”坚持好、发展好，把党的群众路线坚持

好、贯彻好。`

在此期间，各地也积极响应中央号召，为探索人民调解制度创新发展不断实践。如上海市一直致力于探索人民调解专业化，2015 年 12 月，浦东新区区政府第 75 次常务会议审议通过了浦东新区司法局《关于建立浦东新区专业人民调解中心的实施意见》，建立了全国首家专业调解工作平台，以推进专业性、行业性调解组织建设，助推人民调解转型升级。

2018 年 2 月，最高人民法院开发的人民法院调解平台正式上线，当事人可以在人民法院调解平台上提出调解申请，法院可以将案件推送给适合调解案件的当事人，引导当事人选择调解方式解决矛盾纠纷。法院的审判调解资源和全社会的纠纷化解资源在该平台得到了集中，共同将矛盾调解工作做好；打通线上线下多种渠道，灵活开展调解活动；可以实现在线制作调解协议和在线司法确认，提高调解效率；对调解不成功的案件，法官引导当事人在线申请立案。

2018 年 3 月，中央全面深化改革委员会第一次会议审议通过了《关于加强人民调解员队伍建设的意见》，并由中央政法委、最高人民法院、司法部、民政部、财政部、人力资源和社会保障部联合印发，这充分体现了中央对人民调解工作的高度重视和对人民调解员队伍的关心爱护。

2019 年以来，“枫桥经验”首次以中共中央全会审议通过的形式写入十九届四中全会《中共中央关于坚持和完善中国特色社会主义制度、推进国家治理体系和治理能力现代化若干重大问题的决定》，代表着“枫桥经验”已经成为坚持和完善中国特色社会主义制度，推进国家治理体系和治理能力现代化的有机组成部分。

在这一时期，湖南省潜江市在“枫桥经验”基础上率先探索出了“1 + N”调解模式，对人民调解制度有了新的创新与丰富。该模式通过购买服务的方式，培育多元主体参与到基层社会治理。为人民调解、化解社会矛盾纠纷延伸更多、更便捷的新功能，努力打造“枫桥经验”潜江升级版，实现在社会治理中共建共治共享的新格局。

在各地“1 + N”调解模式中，1 指的是人民调解，N 在现阶段根据各地实践有不同内涵，但具体指向四块内容。

一是人民调解 + 党建。专职人民调解员是从各地老干部、老教师、老党员、老军人、老模范等“五老”人员和村贤乡贤、致富带头人中选聘出来的。在村或社区内，具有党员身份的调解员一般都是“教导员”和“协调员”。他们每周定期组织人民调解员进行政治、法律法规的学习，带头参与到矛盾纠纷排查调解，成为各地预防和化解矛盾纠纷的“领头羊”。

二是人民调解 + 信访。是指将信访部门清理出来的有关矛盾纠纷的疑难案件按属地责任进行分解，指派给村（社区）人民调解组织包案化解，助力信访积案清仓见底。

三是人民调解＋普法。坚持把普法宣传和人民调解相结合，通过成立“金牌调解室”“首席调解员工作室”，主动为群众提供经济生活、民事纠纷、上访投诉、村规民约等方面的法律咨询，将调解过程转化为群众学法过程，引导基层组织和群众事前讲法、事中明法、事后析法，增强法律意识和法治观念，继而从源头上预防和减少社会矛盾纠纷的发生。

四是人民调解＋改革。是指在城市改革发展的过程中，人民调解组织主动参与当地项目建设、征地拆迁、土地流转、污染防治，深入企业开展矛盾纠纷大排查、大调解活动。

浙江省安吉县社会矛盾纠纷调处化解中心的成立也是对人民调解制度的重要创新实践。该中心通过多个部门集中办公、集约管理、集成服务，使基层社会问题矛盾纠纷的化解只进一扇门、最多跑一地。

通过实行1＋6＋10＋N模式，设立1个导引区、6个功能区（信访调处区、劳动仲裁监察区、司法调解区、纪检投诉区、诉讼服务区、联合接访区）、10个开放式接访窗口、N个功能室，一站式管理、一条龙处理。截至2019年底，该中心已经累计接待群众超过6500人，矛盾纠纷化解率达到91.3%。受到了中央的高度关注，习近平总书记后来专门来到该中心考察并发表讲话。

2020年11月，习近平总书记在中央全面依法治国工作会议上强调，要完善预防性法律制度，坚持和发展新时代“枫桥经验”，促进社会和谐稳定。

在这一时期，对于人民调解制度的创新发展，也体现在对于多元化纠纷化解机制的深入探索。2013年以来，众多的专家学者踊跃投入对多元化纠纷解决机制的研究，为我国纠纷机制的发展总结了许多宝贵经验。2017年，《关于完善矛盾纠纷多元化解机制的意见》出台，强调要发挥人民调解在法治政府、矛盾纠纷多元化解机制、乡村治理、公共法律服务体系建设中的重要作用。

2019年，我国最高人民法院出台了《关于建设一站式多元解纷机制　一站式诉讼服务中心的意见》，为各地的一站式多元化纠纷解决机制和一站式诉讼服务中心建设提供了指导。

同年重庆市委、市政府和各区县党委政府对多元化纠纷解决机制改革高度重视，重庆市法院将非诉讼纠纷解决机制建设作为工作的重中之重，与市政法委、司法厅联合印发了《关于推进人民调解与人民法院司法调解衔接工作的指导意见》，按照意见要求全面设立“驻院调解工作室”，在诉讼服务中心为调解员、律师、公证员参与纠纷调解提供阵地与平台。

在这一时期，“枫桥经验”与人民调解制度得以在全国范围内宣传推广，在各地结合地区发展创新实践，为新时代中国社会治理体系与治理能力现代化提供了宝贵的制度经验。

回顾以“枫桥经验”为代表的人民调解制度，可以看到，作为一项独创的中国制度，人民调解制度具有极高的适应性、兼容性和自主性，在制度发展的过程中，其始终基于时代环境不断创新继承，为中国社会和谐稳定发展贡献独特的制度力量。

[思考]

试用政策理论模型对此案例进行分析。

延伸阅读

从“政策试验”看中国的制度优势

为什么政策试验能够在当代中国的改革中大放异彩？答案就是中国现行的政治制度为政策试验搭建了必不可缺的制度平台。那么，这个制度平台的构成是怎样的呢？

第一，在中国特色社会主义政治制度这一制度体系中，中国共产党起着总揽全局、协调各方的领导核心作用，马克思主义是党的行动指南，辩证唯物主义对公共决策有方法论的作用，而这一方法论则是政策试验的哲学依据。

第二，政策试验须在一定的政策理念、战略构想或政策方案的引导下才能进行，盲目的、随意而为的试验对于公共决策来说是没有意义的。在中国特色社会主义政治制度体系中，中国共产党的领导核心作用的一个基本体现，就是对改革开放各个阶段、各个领域的重大改革举措进行战略指导，提出具有统领性、统摄性的大概念、大理论。有这些政策理念或战略构想的指引，各项具体政策试点的试验就有了方向，就可以解放思想，在理论联系实际的基础上大胆探索。

第三，以试验—推广为基础的政策过程的展开，推手和掌控者是公共权力。在当代中国，实行民主集中制的组织制度和实行群众路线的领导制度，则是保障公共权力在公共决策中有效运作的制度性因素。没有这样的组织制度和领导制度给予支撑，政策试验就失去了存在的基础。

第四，中国特色社会主义政治制度体系为“不争论，大胆地试”留下了制度空间。在领导和群众都存在广泛争议的情况下，要形成整体性政策并付诸试验是难获共识的，强行决策势必导致社会分裂。中国政治制度的优势在于具有制度弹性，这种弹性的一个重要表现就是容纳多样性，鼓励试验、探索和创新。如果政策理念或战略构想已经达成共识，在各项重点改革举措的决策上，就可以“不争论，大胆地试，大胆地闯”，“允许看，但要坚决地试”。经过试验，从各个试点的实践中总结和提炼对整体性政策有用的成分。这样从“点”到“面”，用事实说话，就能够在各项重大改革举措的决策上消除分歧，达成共识。

第五，中国特色社会主义政治制度体系有一个突出的特点，就是改革开放以来，领导体制是稳定的，政策是连续的。这样，就为政策试验提供了前提条件。倘若不具备这一条件，试点取得的经验就难以转化成政策，难以完成从“点”到“面”的推广。原因很简单，在一些政治领导人的政策理念引导下进行的政策试验，会随着发生政治变动和政策断裂，失去彰显其意义和作用的可能性。

（宁骚：《从“政策试验”看中国的制度优势》，载《光明日报》，2014 年 1 月 6 日）

《 第3章　政策问题

只有明确定义和阐述问题，才能开始探求问题的解决方案。要制定公共政策，必须首先确定政策问题，了解问题产生的原因，把握政策问题构建的基本方法。构建政策问题是政策分析的第一步，它影响着政策过程后续阶段的内容。对于一些起初看起来无法解决的问题，通过恰当的问题构建，可能会挖掘出先前未曾发现的解决方案。

不是所有的问题都是政策问题，为了理解政策问题是什么，我们简单介绍问题、社会问题（公共问题）以及政策问题的概念和区别。

3.1　政策问题的含义

3.1.1　问题、社会问题与政策问题

问题通常发生在现实状况和人们的需求或期望产生偏差的情况下。当人们产生了不满，想要处理和克服不受欢迎或有害的事情，也就产生了解决问题的诉求。

美国学者和国际关系教授威廉·邓恩（William N. Dunn）认为，解决问题的过程很少直接从明确定义的问题开始，而是通常以弥漫的忧虑和压力迹象开始。这些弥漫的忧虑和早期的压力迹象不是问题，而是问题情境（problem situation），问题隐含在问题情境之中①。问题情境就像疾病的征兆和症状，问题才是真正的疾病。

只有当人们认为应该对特定情境做些什么时，情境才能被定义为问题。美国政治学家亚伦·卫达夫斯基（Aaron Wildavsky）说过："只有在能够采取某种措

① Rein Martin，Sheldon H. White. Policy Research：Belief and Doubt. Policy Analysis，1977，3（2），pp. 262.

施的情况下，困境才转化为问题。”① 比如，澳大利亚鼠患肆虐不是问题，而是一种问题情境，只有人们打算采取行动解决鼠患的时候，情境才转变为问题。

问题分为私人问题与社会问题。私人问题指个人经历的问题，通常需要个人自行解决，不会上升到公共的高度。社会学对私人问题的定义是“在个人性格及其与他人的直接关系范围内经历的问题”。美国社会学家查尔斯·赖特·米尔斯（Charles Wright Mills）认为，我们在个人生活中扮演着演员的角色，对我们的朋友、家人、团体、工作、学校和我们控制范围内的其他问题做出选择，在个人层面，我们对事情的结果有一定程度的影响。②

社会问题指那些超出个人控制范围和个人生活范围的问题。这些与社会的组织和过程有关，问题产生的原因在于社会而不是个人。任何社会在发展过程中都会产生问题，当问题发展到一定规模，影响到相当大一部分人的正常生活，引发社会的普遍关注，进而导致人们认为社会规范出现问题并需要采取行动解决的时候，问题就不再是私人问题，而是社会问题了。问题可以通过各种方式获得关注并成为社会问题，包括通过媒体、倡导组织、政客、普通公民等。

私人问题和社会问题有着紧密的联系。比如，个人的失业、贫困是私人问题。但大规模的失业和贫困就是社会问题了。

社会问题太多，政府不可能全部处理，只有引起广泛争议的社会问题才有可能引起政府注意，进入政策议程。而且，不是所有进入政策议程的社会问题都会成为政策问题，只有那些政府制定相应的政策予以解决的问题才是政策问题。邓恩认为政策问题是“可通过公共行动实现的未实现价值或改进机会”③。

政策问题的基本内涵，主要表现为以下五点：

（1）客观的问题情境：问题来源于客观存在的问题情境，问题情境即一系列复杂的现象和弥漫的氛围，能使人感知到有某种问题。

（2）对问题情境的主观察觉：客观的问题情境被社会上大多数人察觉感知。

（3）客观现实与主观感受的冲突：社会现实与大多数人的价值观、期望、利益等产生了严重冲突，使人们觉得需求没有被满足，因此需要有所行动，改变这种状况。

（4）团体或组织的诉求：社会问题的提出靠的往往不是单个人的努力，而是靠团体或组织的行动引起政府有关部门的注意，迫使其作出回应。

---

① Aaron B. Wildavsky. Speaking Truth to Power: The Art and Craft of Policy Analysis. Little, Brown & Company, 1979, pp. 42.

② Mills, C. Wright. The Sociological Imagination. Oxford University Press, 1959.

③ William N. Dunn. Public Policy Analysis: An Introduction. 4th ed. Pearson College Div, 2009, pp. 3.

（5）政府的必要行动：政府有关部门认为团体或组织的诉求在自己的权限范围内，并对其作出回应，采取相应的政策解决问题。

因此，公众必须首先察觉社会问题情境，然后团体或组织向政府机构提出社会问题，引起政府的注意，社会问题进入政策议程。之后，政策分析人员利用问题构建的方法，确认问题的内容、性质、规模等。问题构建之后，如果政策分析人员和决策者认为政府需要制定政策予以解决上述社会问题，社会问题才成为政策问题。也就是说，社会问题只有在属于政府的权限范围、进入政策议程、政府准备出台政策解决的情况下，才成为政策问题。

只有对问题有一个共同的理解，才能知道如何解决它。但不管是团体或组织把社会问题从问题情境中提取出来，还是政策分析人员构建问题，都极具挑战性。定义和构建问题涉及到多个政治主体，不同的主体有各自的利益和偏好，对问题的原因、性质和程度的判断具有主观性，很难就问题的定义达成共识。正如罗伯特·艾斯通（Robert Eyestone）所解释的那样："没有官方机构来批准社会问题的单一定义。"① 因此，定义问题的难度往往来自于问题的社会和政治复杂性，而不是技术复杂性。比如，美国加州流浪汉泛滥是问题情境，但问题定义有多种，包括房价过高、失业、贫困、精神疾病、药物滥用等。

3.1.2 明确定义问题的重要性

二十世纪初，福特公司工厂中的巨型发电机出现了问题，但是工厂的电气工程师却束手无策。于是，福特公司请来了著名的数学家和电气工程师查尔斯·斯坦门茨（Charles Steinmetz）。斯坦门茨拒绝了所有协助，只要了一个笔记本、一支笔和一张行军床。他听了两天一夜发电机的声音，并不停在笔记本上演算。第二天晚上，他要来了一架梯子，爬上了发电机，并在其侧面做了一个标记。他告诉福特的工程师，只需要把标记处的一块板取下，并更换磁场线圈的 16 个绕组。工程师照做后，发电机果真恢复了运转。斯坦门茨要价一万美金。公司 CEO 亨利·福特（Henry Ford）认为要价太高，要求斯坦门茨告诉他钱都花在了哪里。斯坦门茨回复：用笔做标记——1 美金；知道在哪里做标记——9999 美金。福特心服口服，爽快地支付了账单。

美国作家和励志演说家齐格·金克拉（Zig Ziglar）说过："解决问题的第一步是认识到问题的存在。"美国通用汽车公司管理顾问查尔斯·吉德林（Charles Jidelim）提出了著名的吉德林法则："发现问题通常比解决问题更重要，如果可以将问题清楚地写下来，则问题已经解决了一半。"这句话的意思是，明确定义

① Robert Eyestone. From Issues to Public Policy. John Wiley and Sons, 1978, pp. 78.

问题需要认清问题的本质，认清问题的本质也就找到了解决问题的方向。这个准则同样适用于公共政策过程。认识到政策问题的本质，政府才能选择正确的政策工具，制定有效的政策方案。如果政策工具和政策问题没有恰当的联系，精心设计的政策工具可能就达不到预期的解决问题的效果。

3.1.3 社会问题产生的原因

对于社会问题产生的原因，美国组织理论家伊恩·米特罗夫（Ian Mitroff）与拉尔夫·吉尔曼（Ralph Kilmann）在《社会科学的方法论途径》① 一书中提到了三种观念：

（1）自然观认为，社会问题的产生是历史发展的自然产物。

（2）道德观认为，社会问题的产生是由于某些人道德的沦丧，例如认为贫困问题是因为资本家未尽到回馈社会的责任。

（3）环境观认为，社会问题的产生是因为受害者本身的行动不当或决策不当导致的。

卡尔·马克思（Karl Marx）和弗里德里希·恩格斯（Friedrich Engels）认为，社会问题源于阶级斗争。一些群体榨取另外一些群体的价值，前者在社会生产结构中受益更多，于是利用权力维持这种不平等的关系，从而导致各种社会问题。

3.2 政策问题的基本特征和分类

3.2.1 政策问题的基本特征

（1）相依性（interdependency）。某个政策问题往往不是独立存在的，而是更广泛更深层次的问题体系的一部分。定义、研究、解决政策问题需要将其放在广泛的问题系统背景下。一个领域的政策问题经常影响其他领域的政策问题，比如有关生育的政策问题会影响到劳动、社会保障等方面。理解或解决政策问题几乎不可能通过还原主义的途径（即通过把复杂的事物分割成部分的方法来理解事物），更好的方法是通过整体主义的途径（即主张一个系统中的各部分组成了不

① Ian Mitroff, Ralph Kilmann. Methodological Approaches to Social Science. Jossey Bass, 1978.

可分割的有机整体，不能割裂来理解）。有时同时解决十个环环相扣的问题比单独解决一个问题更容易。产生问题的系统如此复杂，试图解决单一问题反而可能意外引发其他问题。

（2）主观性（subjectivity）。政策问题不是被“发现”的，而是被“定义”的。政治主体根据相互冲突的参考框架，有选择地对引起问题的外部条件进行定义、分类和评估。尽管描述外部环境的数据是客观的，但如何解读数据或规定标准却涉及到主观性。比如，空气中的物质含量水平是客观的，但何种物质被归类为污染物，含量水平达到什么标准才算污染等等，就具有一定的主观性。

（3）人工性（artificiality）。只有人们打算对特定的客观存在的问题情境采取行动的时候，客观情境才转变为问题，也就是说，不存在本身构成政策问题的自然的社会状态。政策问题是人为构建的产物。如果没有定义政策问题的个人和群体，政策问题将不复存在。

（4）不稳定性（instability）。政策问题和解决方案不是静止的，而是变化的、动态的、发展的。随着认知的发展、科技的进步、社会环境的变化，政策问题的产生原因、内涵、程度、规模、影响人群也会变化，因此，对问题的理解和定义及相应的解决方案也应该与时俱进。政策问题不会永远停留在解决状态，它们可能再次出现，而之前有效的解决方案也有可能已经不再适用。①

3.2.2 政策问题的分类

分类能够把具有共同特征的政策问题组织起来，深化对政策问题的认知，更好地理解它们的相似与不同，有助于政策问题的构建。政策问题的分类方式有很多种：根据领域划分，政策问题可分为政治政策问题、经济政策问题、社会政策问题、文化政策问题以及生态环境政策问题等；根据地理区域划分，政策问题可分为国内问题和国际问题；根据影响范围划分，政策问题可分为地方性问题、区域性问题、全国性问题、国际性问题；根据涉及议题的层次性划分，政策问题可分为宪政性问题、集体选择性问题、操作性问题。

除此之外，政策问题还可以根据复杂程度分为棘手的问题（wicked problems）和温和的问题（tame problems）；根据结构分为结构良好的问题、结构适中的问题、结构不良的问题；根据相应政策强制性的可能性和作用对象，分为分配型问题、再分配型问题、监管型问题、自我监管型问题。

1. 棘手的问题和温和的问题

设计理论学家霍斯特·里特尔（Horst Rittel）和城市设计师梅尔文·M. 韦

① William N. Dunn. Public Policy Analysis：An Introduction. 4th ed. Pearson College Div，2009，pp. 72.

伯（Melvin M. Webber）在 1973 年正式提出了社会政策问题背景下的“棘手的问题”的概念，意思是难以定义且本质上无法解决的社会问题。[①] 它们可能相互关联、过于复杂、不断变化，例如教育、金融危机、医疗保健、饥饿、贫困、贫富差距、肥胖、恐怖主义、环境保护等问题。棘手的问题不存在最佳解决方案，无法通过纯粹的科学方法来解决。

里特尔和韦伯对于棘手问题的描述如下：

（1）它们无法被明确定义或描述。

（2）它们没有停止法则。棘手的问题缺乏有序的内在逻辑，不会释放出明确的问题被解决的信号。

（3）它们的解决方案不分对错，只分好坏。

（4）我们无法测试一个棘手问题的解决方案。

（5）我们不能通过试错法研究它们的性质。它们的解决方案都是一次性操作，所造成的后果是实质的、不可逆的。

（6）它们有无限的解决方案。

（7）所有棘手的问题本质上都是独一无二的。

（8）棘手的问题总是可以形容为其他问题的表现征兆。

（9）棘手问题的描述方式决定了其可能的解决方案。

（10）提出解决方案的人需要为解决方案产生的后果负责。

与棘手的问题相对的是温和的问题。温和的问题具有明确的定义，且解决者能够明确知道问题是否已经被解决。数学中求解二元一次方程组可以很好地解释何为温和的问题（为了更好地理解概念，在这里用数学问题而不是政策问题举例）。解出 x 和 y 的值需要一定的数学知识，解题也需要时间，但问题只有一个解决方案，且无论解题者是否找到，该解决方案都存在。如果把温和的问题看成 A 点，其解决方案看成 B 点，解决温和的问题可以理解为从 A 点移动到 B 点。

但是，对于棘手的问题，B 点不是事先存在的。解决问题的人需要创造出 B 点，即使如此，它也可能只是众多解决方案（B_1，B_2，B_3，…）中的一个，并且永远不会像代数问题的解决方案那样绝对正确。解决问题的过程也不是一劳永逸的，可能需要多次从 A 点运行到 B 点。问题还可能随着时间而演变，需要发展出新的 B 点。

2. 结构良好的问题、结构适中的问题、结构不良的问题

邓恩认为，政策问题可以分为结构良好的问题（well-structured problems）、

---

① Horst W. Rittel, Melvin M. Webber. Dilemmas in a General Theory of Planning. Policy Sciences, 1973, 4 (2), pp. 155 – 169. https://doi.org/10.1007/bf01405730.

结构适中的问题（moderately-structured problems）和结构不良的问题（ill-structured problems）。[①]

表 3－1 不同类型政策问题的特征

要素	问题结构		
	结构优良	结构适度	结构不良
决策者	一个	少数几个	许多
政策方案	固定的	有限的	无限的
效用（价值）	共识	协商	冲突
后果	确定	不确定	有风险
概率	确定的	可估计	可估计

（来源：邓恩，2017）

结构良好的问题指只涉及一个或少数决策者以及少数几个政策方案。决策者就效用（价值）达成共识，没有冲突，且效用（价值）能够按照决策者的偏好排列。每个政策方案的结果要么完全确定，要么在可接受的误差范围内。结构良好的问题的原型是算法决策（自动决策）问题，其中所有政策方案的后果都由编程人员预先设置。通过应用适当的算法和程序，结构良好的问题会产生正确的答案。

结构适中的问题涉及少数决策者和数量相对有限的政策方案。决策者对于效用（价值）的分歧是可控的，可以通过谈判和相互妥协来解决。然而，政策方案所产生的结果是不确定的，或者产生某种结果的概率是无法估计的。结构适中的问题的原型是模拟或游戏，例如第二章中提到的“囚徒困境”。它表明了在结果不确定时进行决策十分困难，而且还表明了理性的个人选择可能会导致集体陷入非理性的境地。

结构不良的问题指涉及许多决策者、效用（价值）无法得知或无法按照偏好进行排序的问题。结构不良的问题的一个主要特点就是相互冲突的目标，因此，定义问题是个难题。由于缺乏信息或技术困难，政策方案的数量及其可能产生的结果也是未知的，无法准确计算所涉及的风险及概率，实施某个方案可能产生意想不到的后果。结构不良的问题的原型是完全不传递决策问题，即不存在优于其他政策方案的最佳政策方案。结构良好和结构适中的问题具有可传递的偏好

① William N. Dunn. Public Policy Analysis: An Integrated Approach. Routledge, 2017, pp. 76.

排序，也就是说，如果方案A优先于方案B，方案B优先于方案C，则方案A优先于方案C。但结构不良的问题的偏好排序不可传递，比如方案A优于方案B，方案B优于方案C，但方案C又可能优于方案A。在政策背景下，决策者对于目标具有一致（或可传递）的偏好几乎是不可能的，政策决策通常涉及谈判、竞争和冲突。结构良好的问题有唯一的正确答案，结构不良的问题没有正确答案——它可能有许多解决方案，每个方案都有其优势和劣势。回答结构不良的问题的方式是提出某个解决方案并对提案进行论证。

3. **分配型问题、再分配型问题、监管型问题、自我监管型问题**

洛维和萨利斯博瑞把政策分为分配型政策、再分配型政策、监管型政策和自我监管型政策。与之对应的，政策问题可分为分配型问题（distributive problems）、再分配型问题（redistributive problems）、监管型问题（regulatory problems）和自我监管型问题（self-regulatory problems）。

分配型问题是涉及分配公共物品和公共利益的问题。分配型问题一般属于非零和博弈，即存在共赢的情况，不需要为了某个社会群体受益而损害特定群体的利益。此类问题下，成本是分散的，收益是集中的。几乎所有提供公共福利的项目针对的都是分配型问题，包括社会福利项目、公共基础设施建设、公共教育、公共卫生、公共安全支出等。

再分配型问题指将社会资源从一个群体重新分配给另一个群体的问题。洛维认为，此类问题下，成本是集中的，收益也是集中的，但承担成本和享受收益的是不同的群体。比如，个人所得税相关的问题就是再分配型问题。再分配型问题有劫富济贫的性质，属于零和博弈。

监管型问题指政府制定明确的标准和规则，对目标团体所从事的某种活动加以管制的问题，比如交通管制、污染管制、出口管制等。此类问题通过强制实施的规则来解决，成本是集中的——相对较少的群体承担监管政策的成本，但其收益将在整个社会广泛分配。

自我监管型问题指政府机关对某一群体（例如特定行业的公司或专业团体）的活动予以原则性的规范，而由该群体自行制定规则以规范或指导其成员行为的问题。比如发放职业执照对应的就是自我监管型问题。

3.3 政策问题构建的形式与要素

邓恩认为，政策过程包含两大基本要素：政策相关信息和政策分析方法。政策相关信息指政策过程中产生的知识与信息，包括政策问题、预期政策结果、首选政策、实际政策结果、政策绩效。政策分析方法指进行政策分析以产生政策相关信息时所可能运用的方法，包括问题构建、预测、建议、监控和评估。

3.3.1 什么是问题构建

问题构建法被用来明确定义政策问题，所对应的政策过程阶段为议程设置；预测法被用来预测政策方案的结果，对应政策前评估阶段；建议法被用来推荐政策方案，对应政策制定阶段；监控法被用来观测政策结果，对应政策执行阶段；评估法被用来判断政策绩效，对应政策后评估阶段。

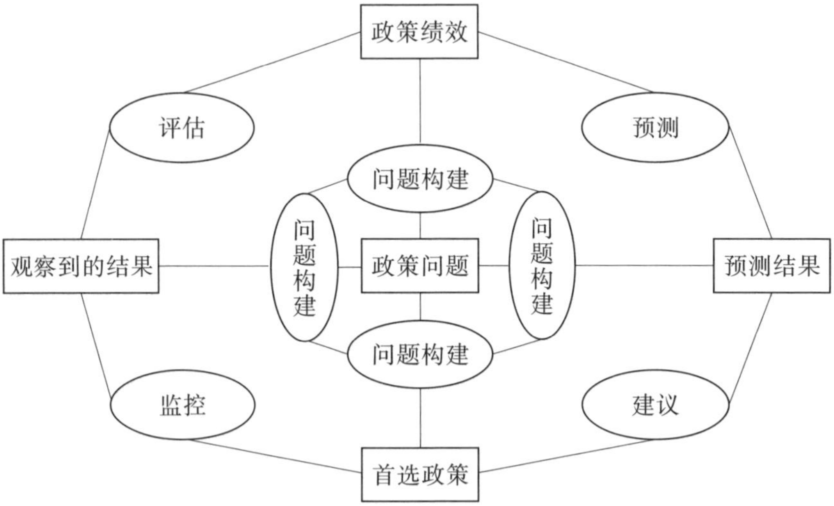

图 3－1 政策过程的两大基本要素

（来源：邓恩，2017）

图中连结矩形和椭圆形的实线表示双向的影响。问题构建首先发生在议程设置阶段，但它贯穿整个政策过程，与政策分析所有其他阶段相互影响。

问题构建即定义问题的过程。布兰迪斯大学社会政策与管理学院名誉教授黛博拉·斯通（Deborah Stone）在其著作《政策悖论——政治决策中的艺术》（*Policy Paradox: The Art of Political Decision Making*）中提到①，政策问题的构建是政治性的。政治主体运用关键元素构建政策问题，贡献对问题的定义，划分利益团体，建立联盟，动员支持者，排挤反对者，实现自己的政治目标。

① Deborah A. Stone. Policy Paradox: The Art of Political Decision Making. Norton, 2012, pp. 260.

问题构建本身是个讲故事的过程。政治主体利用与政策相关的故事，影响受众对政策问题的理解，推进自己的论点，以获得对政策问题的解释权。同时，政治主体通过控制故事的讲述方式操纵问题定义，使自己偏爱的方案看起来是最合适的，以提高选择解决方案时的话语权。

问题构建也是政策分析人员对比和评估问题的多种竞争性定义的阶段，是政策分析人员执行的最重要的程序之一。政策分析人员应该收集必要的证据和信息，以充分了解问题全貌并理解问题产生的原因。可以利用的渠道和手段包括：学术研究、官方统计、非政府组织报告、媒体报道、焦点小组、公众咨询、利益相关者访谈、问卷调研等。政策分析人员需要具备充足的分析技能，以便能够本着公开、公平、循证的原则构建问题，减少问题定义受利益集团操纵的程度。如何构建问题定义会影响围绕它的政治活动类型、进入特定政治机构议程的机会以及产生特定政策结果的可能性。分析师失败的原因更多是因为他们解决了错误的问题，而不是因为他们得出了正确问题的错误解决方案。

问题构建与社会、政治和意识形态的结构有关。比如，美国崇尚个人主义，因此自力更生、个人自由等价值观是美国许多公共政策的出发点，包括私人企业自由竞争、福利、经济政策、公共卫生政策等。

3.3.2　问题构建的形式

邓恩认为，政策问题的构建一般需要借用政策模型来进行表达，政策模型是对问题情境的简化呈现，可以以概念、示意图等方式描述或预测问题的各个方面，还可以对解决问题的方式提供启示。它们可以简化问题，突出问题的核心元素和重要特征，建立变量之间的连结。模型本身是中性的，但对模型的选择及解读是主观的。

语言性模型（verbal models）是用日常化语言表达问题的模型。语言性模型常常用在政策论据上，以故事的形式出现，没有很强的专业性或抽象性，不管是专家还是大众都容易理解。2021 年 2 月习近平主席在全国脱贫攻坚总结表彰大会上的讲话就是用语言性模型描述贫困的例子：“贫困是人类社会的顽疾。反贫困始终是古今中外治国安邦的一件大事。一部中国史，就是一部中华民族同贫困作斗争的历史。从屈原‘长太息以掩涕兮，哀民生之多艰’的感慨，到杜甫‘安得广厦千万间，大庇天下寒士俱欢颜’的憧憬，再到孙中山‘家给人足，四海之内无一夫不获其所’的夙愿，都反映了中华民族对摆脱贫困、丰衣足食的深深渴望”。①

描述性模型（descriptive models）是解释或预测政策选择的前因后果的模型，用来监测政策行动的结果，包括收入、失业率、犯罪率等。比如，2021 年 4 月国际货币基金组织（IMF）发布的《世界经济展望报告》中的经济增长预测就是描述性模型。IMF 在报告中指出：“有效的疫情防控措施、及时加大公共投资、央行提供流动性支持，使中国经济得以强劲复苏。预计 2021 年中国经济将增长 8.4%，较 1 月份预测值上调 0.3 个百分点。”

规范性模型（normative models）不仅有解释和预测的作用，还规定了实现价值优化的行动方针。一个类似的例子是复利公式：$S=P\ (1+i)^n$，其中 S 代表最终的本利和，P 代表本金，i 代表利率，n 代表期数。根据不同储蓄机构提供的利率，存款人可以计算自己在未来的本利和，并最大化自己的利益。

符号性模型（symbolic models）使用数学或逻辑符号来描述表征问题的关键变量之间的关系。符号模型的一个缺点是专业性强，难以在普通人之间进行交流，甚至在专家之间，也要注意精确定义模型的基本要素，以避免误解。使用符号模型时，要明确陈述模型背后的基础假设，即模型适用的条件。如果模型的假设是基于建立者的偏见的，且不公开透明，那么其他人就无法充分解读或核实模型的合理性和科学严谨性。在规范性模型中我们提到了复利公式，它是一种以规范为目的的简单符号模型，即规定的复利运作的方式。其他符号模型是描述性的，而不是规范性的。一个常用的描述性符号模型是简单的线性方程：$Y=a+bX$，该模型描述了政策变量 X 和结果变量 Y 之间的关系。

程序性模型（procedural models）用来表示变量之间的动态关系。通过搜索和模拟可能的关系的集合，可以进行预测并获得最佳解决方案。模拟和搜索程序通常通过计算机执行，经过编程的计算机模型可以对不同假设场景作出预测。程序性模型使用符号表达模式。符号性模型和程序性模型的主要区别在于，前者使用实际数据来估计政策变量和结果变量之间的关系，后者则假设或模拟这种关系。与语言性模型和符号性模型相比，程序性模型的成本相对较高，因为开发和运行计算机程序较为耗时。程序模型也可以用非技术语言编写，从而方便外行之间交流。

3.3.3 政策问题构建的要素

斯通认为，构建政策问题的要素包括符号（symbols）、数字（numbers）、原

---

① 新华网：《习近平：在全国脱贫攻坚总结表彰大会上的讲话》，2021 年 2 月 25 日，http://www.xinhuanet.com/politics/leaders/2021-02/25/c_1127140240.htm.

因（causes）、利益（interests）、决定（decisions）。

1. **符号**

符号可以是代表其他事物的任何事物，是一种象征，比如国旗。符号的含义取决于人们对它的解读。政治主体可以把符号作为一种政治工具来施加影响，塑造大众对某个问题的看法，证明他们想做的事情的合理性。培养识别符号的技能以及批判性思维能够帮助我们了解故事的真正含义。在定义政策问题时，符号的四种表现形式尤为重要：叙事故事、比喻、隐喻和歧义。

（1）叙事故事。

叙事故事通常有开头、中间和结尾，涉及变化或转折。故事通常有象征问题原因或解决方案的人物角色，比如英雄和恶棍，以及英雄战胜逆境的情节。政治中一般有两种类型的叙事故事。第一种是衰落的故事（story of decline），第二种是控制的故事（story of control）。

衰落的故事的一般结构是：情况越来越糟，必须采取措施，否则会发生严重后果。这些故事通常会利用统计数据，证明事情正在恶化，从而引起绝望或焦虑。比如，特朗普在多次演讲中，都讲述了中国的发展威胁到美国的经济和政治地位的故事，并声称必须采取一系列手段打压中国。

控制的故事的一般结构是：情况很糟糕，本来以为我们无法改变这种状况，只能被动接受，但其实我们可以掌握控制权。控制的故事的戏剧性在于将自然事实认定为可人为控制。比如认为穷人应该对自己的生活负责，他们可以掌控自己的人生，摆脱贫穷的局面。

（2）提喻。

这是一种修辞手法，用一部分来代表整体，或用整体代表一部分。比如，“2021 年欧洲杯意大利夺冠”表达的意思其实是“意大利国家足球队夺冠”，用意大利提喻意大利国家足球队。

在定义政策问题时，政治主体也经常用一小部分来代表整体，常见的是利用某个引起公众担忧、恐惧、憎恶的故事作为典型案例来定义整个问题，从而推动针对性的政策。比如，把贫困描述成“穷人贫穷是因为懒惰，他们宁愿长期依赖政府福利生存，也不愿出去工作”。然而，学界长期的调查研究发现这种说法并不成立。2016 年布鲁金斯学会的研究表明，2015 年，美国生活在贫困线以下的、年龄处于工作年龄区间的成年人中，只有少于 5% 的人是主动不愿工作的。[1] 所

---

① Diane Whitmore Schanzenbach, et al. An Update on Who Is Poor in the United States. Brookings, 26 Sept. 2016. https://www.brookings.edu/blog/up-front/2016/09/26/an-update-on-who-is-poor-in-the-united-states/.

以，如果相信贫穷的主要原因是人们缺少工作意愿，把问题的一小部分当成问题的全部，从而开启针对贫困的政策改革，最终只会影响一小部分贫困人口，对解决贫困的问题并不够有效。

提喻可以通过其强大的修辞力量暂停我们的批判性思维，使我们专注于问题的一部分，特别是可以被转化为恐怖故事的那部分，因此很可能导致政策倾斜。然而，提喻在政治中往往是一种有用的策略，因为它利用具体的事例来体现一个更大的问题，为公众提供了单一的可供情感依托的视角。

（3）隐喻。

隐喻也是一种修辞手法，它在相似的两件事之间建立联系，用一件事直接代指另一件事，并暗示更大范围的事件。

以下是一些隐喻的例子及其隐含的解决方案：

①有机体——某物有自己的生命周期，暗示它是自然的，是超出政府控制范围的，因此政府不需要干预，如果强行干预反而会破坏平衡。这个隐喻常常用来证明不平等是合理的，是社会发展的自然状态。

②机器——这个隐喻暗示需要一些干预与调整来恢复情况的原始平衡。比如，政治系统是一台机器，需要保持有序和平衡。

③战争——这个隐喻表明社会处于危险之中，并证明政府采取措施是合理和正当的。

④墙——这个隐喻表明阻挡入侵。比如，特朗普声称修建美墨边境墙能够用来阻挡非法移民。

（4）歧义。

歧义是符号具有多重含义的能力。虽然在日常生活中，我们一般需要避免歧义，但在政治生活中，政客们在政策性辩论中为某个词语赋予不同的含义，利用歧义来达成政策协议。歧义是政治的“粘合剂”，它能够将个人意图和行动转化为集体结果，没有它，合作和妥协就会困难得多。决策者利用歧义给人们不同的理由来支持同一件事，从而将来自不同方面的支持汇总为一项政策。比如，总统请求国会授权，允许他仅在“美国利益受到威胁”时派遣军队。“美国利益”的定义很模糊，但正因为它的模糊性，支持军事干预和反对军事干预的两个阵营反而能够统一战线，通过总统的请求。

2. **数字**

数字是对事物的衡量，但其本质是对世界的描述，就像文字描述一样。在政治领域，使用数字来描述问题的方式取决于政策分析的目的，计数是政治性的，衡量的对象和方式是政治策略的一部分。

数字意味着分类，没有分类就无法计数。在衡量人或事之前，必须先对其进行分类，决定包含什么以及排除什么。计数时，判断某人或某事是否符合分类标准，是否应该被计数。数字意味着用规则或标准定义边界，而定义边界又蕴含着政治主张。比如，中产阶级减税涉及多少人？要回答这个问题，就必须先对中产阶级进行定义。中产阶级是处于社会等级制度中间的一类人，可以根据职业、收入、教育或社会地位来划分。它的定义很模糊，用法很灵活，对“中产阶级”的定义经常是出于政治目的而进行的选择。中产阶级是收入达到某个特定数值的家庭，还是有成员在教育、医疗、法律等专业领域工作的家庭？不同的分类包含的人群是不同的，因此会导致不同的计数结果。类似的问题包括：本地区流浪汉有多少人？流浪汉是指睡在街上或收容所的人，还是也包括在监狱、精神病院等一旦被释放就无家可归的人？在政策领域中，这种问题之所以重要，是因为计数的结果决定了谁将获得福利、贷款、合同、工作、处罚等。

数字可以划分政治团体。数字意味着分类，意味着设置界限，也就是专注于事物的某些特征而忽略其他特征，所以数字意味着其计数的事物具有一个团体的共同特征，被共同计数意味着同属一个类别，例如居住在某一个区域的人口、同属某一个年龄阶段的人口等。计数通常是建立同盟、发展利益团体的策略，是政治动员的重要工具。人们能够为了团体利益而行动。

数字表明规律。某个现象足够频繁，应该对其计数。表明它是常见的、规律的、意料之中的。比如统计局发布的就业统计数据。

数字作为规范能够改变行为。对任何现象的测量都暗示了关于“太多”“太少”“恰好”的规范。如果数字是评估标准的一部分，那么它会产生压力，促使人们改变自己的行为以符合标准或规范。比如，如果根据学生在标准化考试中的分数来确定教师薪酬，那么许多教师将开始进行应试化教学。又比如，失业率上升可以给政府造成压力，促使政府创造更多就业机会。

数字的对比很重要。数字的绝对值没有意义，只有多个数字比较时——不管是横向比较还是纵向比较——意义才会凸显。这个类别与那个类别相比如何？事情是变得更好还是更糟？数字通常伴随着“大幅下降”或“大幅上升”之类的描述词。政客们用数字来表明他们在某些问题上取得了进展，而其他没取得进展的问题超出了他们的控制范围。

数字的精确会加强权威感。数字会让人产生一种错觉，认为一个非常复杂或模糊的现象是简单、可数和精确的。

数字同时具有模糊性。数字可以被划分和操纵，政客可以利用统计数据（如平均数、众数、中位数等）的含糊性控制政治性辩论，用模棱两可的姿态参与协商谈判。与极端立场相比，模糊的中间立场是一个安全的地方，保证了妥协的余地，有利于政客拉拢不同立场的人的支持。

政策之争不在于数字本身，而在于对数字的解读。例如，在研发轰炸机上投入10亿元是浪费金钱，还是具有巨大战略价值？利益集团和政策发起者等利用对数字的解释推进他们偏爱的政策理念。

3. **原因**

公共政策中讲故事的一个重要部分是讲因果故事，也就是解释导致问题或结果的原因。只有在理解了问题的根本原因之后，才算真正定义了问题。

因果故事在政策过程中扮演着极为重要的角色，因为对问题原因的描述强烈暗示了问题的解决方案。因果故事可以作为政治主体推动政策制定的策略工具。政治主体往往表现得像是在寻找问题的真正原因，但其实他们只是希望推动自己偏爱的因果故事，使其获得关注，成为主流，从而影响政策内容。因果故事与其他问题定义的要素一样，是获得对问题解释权的一种手段。

如果因果故事符合公共价值观并很有说服力，特别是在法律和科学界，则很有可能被公众接受；如果因果故事违背公共价值观或无法令人信服，则不太可能被公众接受。在政策领域中经常有人提出因果故事，但是让公众信服并不容易。首先，查明问题的确切原因往往是困难的；其次，公众一般有自己稳定的价值观，包括他们所认为的应该对结果负责的行动主体。比如，对于贫穷、疾病、家庭破裂等问题，保守党派一般认为是个人造成的，但自由党派一般会认为是社会的结构性的原因造成的，让一个党派说服另一个党派及其选民并不容易。

斯通定义了四种按照行动和结果分类的因果故事类型，通过它们，我们可以辨别政治主体是如何策略性地使用因果故事来构建问题的。

表3－2　政策性辩论中的因果故事类型

项　目	结　果	
行动	意外的	有意向性的
无法控制的	意外原因	机械原因
可以控制的	不经意的原因	故意原因

（来源：斯通，2012）

意外原因指自然原因，是随机的、偶然的、不受人的意图控制的，比如自然灾害。意外原因造成的后果不存在责任分配，没人会被追究责任。

机械原因一般与机械或系统等没有自己的意愿、无法控制自己的行动但是被人为设计、编程、训练的主体有关。结果可以被认为是间接的意向性，因为某些人通过机器、其他人或自动的社会程序和惯例等媒介实现自己的某种意愿。机械原因的例子包括机器发生了故障、个人或机构不加思考地机械执行命令或政策。

故意原因与意外原因正好相反，故意原因意味着主体对局势施加控制和影响，导致的后果也是在掌控之中的。问题是故意的人为行动的直接后果，因此涉及直接的责任分配，造成不良后果的人可以被追责。良好的故意原因指导致良性结果的理性行动，能够实现特定的、积极的目标；不良的故意原因导致人们受到伤害，阴谋即属于此类别。

不经意的原因指个人或团体的行动的不可预见产物。行动有特定目的，主体对局势施加控制和影响，但是产生了意料之外的结果。比如用意良好的政策产生了意想不到的有害副作用。

一个问题的原因可能非常复杂，涵盖多种类型。

在政治领域中使用因果故事的目的包括：挑战或维护现有的规则、制度和利益；归咎责任并补偿受害者；将某些主体描绘成解决问题的人，赋予他们更多权力和资源；动员受到问题影响的人群，结成政治联盟。

在问题定义中使用因果故事的策略包括：

（1）将问题归咎于自然原因。强调问题是由自然原因引起的。为了避免被追究责任，相关政治主体可能把问题原因归为制度、历史、系统等复杂且不可控的因素。没有人可以影响整个制度、历史或系统，因此结果是不受控制的，缺乏明确的因果关系，相关主体是无辜的，无法确定负责的主体。

（2）责怪别人。主要有以下表现：①表明以前认为是意外事故的问题实际上是人为因素造成的。②表明问题是由几个害群之马引起的，而非系统性的。③表明有人暗中有意造成结果。④表明某人把 项行动的低概率危害当作计算风险，比如在医药领域，企业或监管机构事先知道某种做法造成受伤或死亡的几率，但选择接受这种风险。所以如果出现事故，追究责任的话，可以把事故原因归为故意原因，而不是不经意的原因，从无心之举到明知故犯，因果关系更加明确，过错方所要承担的责任就更大了。

（3）表现出对问题的无知。主要有以下表现：①表明某人不知道或无法知道一项行动的影响。②表明问题的原因非常复杂，且行动主体缺乏控制。③表明问题的原因非常复杂，只有大规模的政策改革才能改变现有的因果关系。

（4）承认问题是故意的。这对于被追责的主体来说是最不理想的选择。

4. 利益

问题除了有原因，还有结果，“结果”即问题产生的影响和造成的后果，包括成本和收益。利益方是受问题结果影响的个人或群体，可以看作“政治中的各方”。代表不同利益的团体会提出要求，动员支持者，以影响政治辩论的结果。也就是说，结果产生利益，利益产生诉求。定义问题就是定义利益，进而促进政治联盟的形成。政策分析者需要思考不同的问题定义如何影响权力分配和利益分配。

一个人有多种社会角色，因此自身利益可能发生冲突。例如，政府为了治理空气污染，打算制定更加严格的空气质量标准。作为工厂老板，利益驱使他反对此政策，但同时作为患哮喘的孩子的父亲，利益驱使他支持此政策。

美国政治学家詹姆斯·Q. 威尔逊（James Q. Wilson）把问题的结果分布划分成了四种①，如表3－3所示。

表3－3　问题结果的分类

项　目	收　　益	
成本	分散的	集中的
分散的	消费税、社会保障	关税
集中的	环境法规	收费公路

（来源：威尔逊，1980）

在政治斗争中，团体会以对自己最有利的方式来构建问题。操纵或改变对成本与收益的看法是构建问题的常见策略。政策项目本身没有固定的成本和收益分配，是政治主体战略性地解读其成本和收益，以动员对提案的支持或反对。

集中的利益方几乎总是会赢，因为他们有更强烈的动机去组织资源进行游说。威尔逊认为，受某事强烈影响的少数群体的利益将支配受此事轻微影响的多数群体的利益。也就是说，如果政策项目成本集中，收益分散，那么承担成本的团体有强烈的意愿去阻止项目；如果项目收益集中，成本分散，那么受益的团体有强烈的动机去推动项目。如果政策项目具有分散的收益与分散的成本，那么项目通常会逐渐扩大，因为立法者希望提供福利，而成本广泛分散且不明显。如果项目具有集中的收益与集中的成本，那么利益相关者可能会陷入僵局，或交替获胜。

另一种常见的问题构建策略是把特殊利益描绘成公众利益，比如把经济问题定义为社会问题。在这类故事中，长期的、分散的、精神的、社会的、集体的利益被认为是好的、脆弱的一方，自私的、狭隘的、集中的利益被认为是坏的、特殊的一方，普遍的公共利益受到强烈的特殊利益的威胁。团体试图证明自己支持或代表公共利益，反对特殊利益，从而获得政府的帮助以及更广泛的公众支持。

---

① James Q. Wilson. The Politics of Regulation, in Social Responsibility and the Business Predicament. James W. McKie, ed. Washington DC: Brookings Institution, 1974, pp. 135 – 168; The Politics of Regulation, in The Politics of Regulation, James Q. Wilson, ed. New York: Basic Books, 1980, pp. 357 – 394.

例如，支持严格的环保政策的利益方认为，自私的化石燃料公司是特殊利益集团，它们损害公众呼吸清洁空气的权利。化石燃料公司则辩解说，公司为当地社区的居民提供就业，自己代表公众的利益，激进的环保团体才代表狭隘的特殊利益。

5. **决定**

决定可能是基于习惯、社会习俗、冲动、直觉、共识、协商甚至抛硬币做出的。

理性决策模型认为，理性的决策者在决策过程中会遵循下列原则：

（1）清晰准确地陈述目标。

（2）在政策过程中坚持同一个目标。

（3）创建尽可能多的能够实现目标的政策方案。

（4）将每个备选方案明确定义为不同的行动方案。

（5）尽可能准确和完整地评估每个行动方案的成本和收益。

（6）选择最有可能实现目标的方案。

政治领域中，政治主体做出决策的过程与上述理性决策较为不同，他们运用各种策略，达成自己的政治目标。政治决策依赖的原则包括：

（1）模棱两可地陈述政策目标，并试图对某些目标保密，以寻求更广泛的政治支持。不同的利益集团可能支持同一政策目标，因为他们可以因为不同的原因同时受益。

（2）准备根据政治形势改变目标。

（3）创建可供选择的政策方案：

①利用问题框架建构（issue framing），主观勾划一个边界，突出问题的特定部分，忽略其他部分，定向塑造我们对问题的理解，迫使我们着眼于特定的问题定义、因果故事以及解决方案。

②控制可供考虑的政策方案数量与类型，包括不提及自己不喜欢的解决方案，将它们排除在议程之外。

③使自己的心仪方案看起来是唯一可行的解决方案，比如把一个方案放在若干明显不可行的方案中。这种做法即霍布森选择，是指一种无选择余地的选择。1631 年，英国剑桥商人霍布森贩马时，把马匹放出来供顾客挑选，但条件是顾客只许挑最靠近门边的那匹马，实际上就等于不让人挑选。如果接受了霍布森选择的结构，那么就接受了唯一可行的方案的正当性，踏入了建构者的圈套。

（4）使用修辞手段来混合解决方案，控制政策方案的政治含义，不做出可能导致强烈反对的明确决定。决策者关注更多的是人们对方案的主观感受，而较少关注政策方案的客观结果。描述问题或解决方案所使用的词句表述会影响人们的感觉，从而影响决策。设想一下，疫苗项目 A 能够拯救 200 个人，疫苗项目 B 有 1/3 的可能性拯救 600 个人，2/3 的可能性完全不起作用，A 和 B 中你会选哪一个项目投入使用？再设想一下，项目 C 使用的疫苗会导致 400 人死亡，项目 D 使用的疫苗有 2/3 的可能性导致 600 人死亡，1/3 的可能性完全不起作用，C 和 D 中你会选择哪一个项目？大多数人在项目 A 和项目 B 中选择 A，在项目 C 和项目 D 中选择 D。如果按照理性决策的思维，A 和 B 的结果其实是一样的，A 的结果是 100% 能够拯救 200 人，B 能拯救的人数的期望值是 200 人；C 和 D 的结果也是一样的，C 是 100% 会杀死 400 人，D 致死人数的期望值是 400 人。在使用“拯救”的字眼时，大多数人倾向于选择有 100% 确定性的项目，在使用“杀死”的字眼时，大多数人倾向于选择具有不确定性的项目。这两种选择符合心理学的规律，但却是非理性的。描述问题的语言对人们感知、思考和交流问题的方式有重要影响，这种影响可以扭曲理性思考。

（5）选择性地呈现解决方案的成本和收益，使自己的的心仪方案看起来最佳。理性决策模型中，决策者在清晰的、已经定义好的政策方案中进行选择。真实的政治领域中，决策者积极设计和呈现政策方案，控制决策被解读的方式。因为政策方案的结果是预测的，所以适当改变预测模型中的一些假设或参数，就会有不同的结果。

（6）选择对有权势的选民伤害最小的行动方针，但将决策描述为社会利益最大化，以吸引广泛的公众支持。

3.4 政策问题构建的程序与方法

3.4.1 政策问题构建的阶段

邓恩认为，政策问题构建的过程可以分为四个阶段，问题感知（problem sensing）、问题搜索（problem search）、问题勾勒（problem delineation）、问题形式化/具像化（problem formalization/specification）。从初始阶段问题感应开始，每个阶段的产物成为下一阶段的起始状态，从而形成一个动态的、连贯的过程。这个过程如下所述：

问题感应—问题情境（problem situation）—问题搜索—元问题（meta problem）—问题勾勒—实质问题（substantive problem）—问题形式化—正式问题（formal problem）

首先，社会感知到问题情境；不同寻常的事件或现象激起公众的问题意识，公众普遍感知到弥漫的忧虑和早期的压力迹象。问题情境昭示着问题的存在，是产生问题的前提。

其次，政策分析者开始进行充分的问题搜索，这一阶段的目标不是找出某个单一的问题，而是找到问题的利益相关者对于问题的描述和总结。在此阶段，分析者往往面临着大量不同的问题表述。这些大量的问题表述所反映的根本问题称为“元问题”。元问题是大量问题之问题，是包含大量问题的集合，分析者要注意不能混淆两者的层次，否则可能会构建出错误的问题。

之后，分析者进入问题勾勒阶段，定义元问题的边界，发展出问题的最基础的形式，得出“实质性问题”。比如，定义问题属于什么领域，是经济领域、政治领域、社会学领域还是农业领域？如果是经济领域，分析者可能通过分析市场运作原理来解决问题；如果是政治或社会学领域，分析者可能通过分析权力分配和阶级斗争来解决问题。不过，现实中，这一阶段充斥着各种困难。实质性问题的定义受到分析者的世界观、意识形态等主观因素的影响，分析者通过对问题情境的元素的选择性视角，将问题概念化。不同视角会把决策者的注意力以及解决问题的方式引导至不同方向。比如，农田如何合理施肥可以定义为农业生产力问题，也可以定义为环保问题。根据实质性问题的定义，政府中的不同部门将在解决问题过程中扮演不同的角色。又比如，从自然观的角度看，贫穷是社会的自然状态；从道德观的角度看，贫穷是由富人自私、腐败、剥削他人、没有尽到社会责任引起的；从环境观的角度看，贫穷是穷人本身的决策不当导致的，不同视角具有不同的针对性。

实质性问题被定义后，下一阶段就是问题形式化，即发展出实质性问题的正式的符号模型或数学模型，得出更具体的“正式问题”。这一步的困难在于实质性问题和正式问题的联结可能变得微弱，因为把一个复杂的问题简化成数学模型可能会抹掉很多重要的信息。这一阶段的目的不是获得正确的数学解法，而是定义问题的本质。

问题构建的每个阶段对分析者的技能提出了不同的要求。发现元问题更多需要的是观察能力和归纳能力，因为需要揭示和总结众多利益相关者的问题定义。把元问题转化成实质性问题更多需要的是概念技能和分析技能，因为需要把一个元问题边界内的大量问题定义浓缩成可控的信息量。把实质性问题转化成正式问题更多需要的是数学、统计和逻辑分析能力。

3.4.2　政策问题构建方法

1. 边界分析法

问题构建的一个重要任务就是尽可能确保元问题的完善。元问题是不同利益相关者对问题的定义，是一个多角度的表述系统。利益相关者是受政策问题影响或与问题密切相关的人或团体。政策问题在不同人的眼中是不同的，因此与不同的利益相关者交谈有助于了解问题全貌和准确定位问题。

为了确保元问题的相对完善，分析者可以遵循以下步骤：

（1）饱和抽样。第一步是对利益相关者进行饱和（或滚雪球）抽样，利用少量样本获取更大样本的信息。政策分析者可以先采访某位利益相关者对问题的定义，然后请求其推荐其他两位利益相关者，被推荐的两位需要是最反对被采访者的问题定义的那位和最同意被采访者的问题定义的那位。这样做的目的是尽可能收集更多视角的表述，并且能够利用最值（最同意、最不同意）不断试探边界。分析者一直重复这个步骤，直到没人能够再推荐新的利益相关者为止。

（2）提炼出问题表述。第二步是提炼出众多利益相关者的问题表述，可以是想法、基本范例、隐喻等。政策分析者可以对利益相关者进行电话、网络或者面对面采访，询问其对于问题的定义。

（3）边界估计。随着采访的利益相关者越来越多，政策分析者得到的新的问题元素越来越少。直到新的有效信息无法再随受访者的增加而增加，分析者便可以确定元问题的边界。之后的问题定义需要以这个边界为限制，这样可以减少构建错误的问题的概率。如图 3－2 所示。

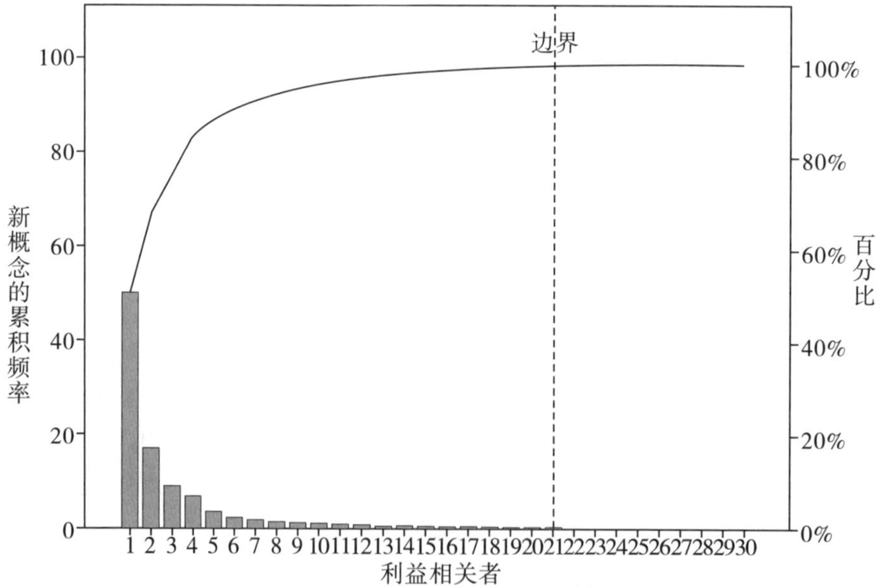

图 3－2　估计问题边界

（来源：邓恩，2017）

2. 类别分析法

类别分析法是利用分类来界定和区分问题情境的方法。分析者在感知问题情境时，必须对自己的经验进行分类。对问题情境的描述是通过归纳推理对经验进行分类的过程，即通过体验特定的具体的情境而形成一般的抽象的概念（例如贫困、种族歧视、人口老龄化等）。

类别分析法基于逻辑划分和逻辑归类。将一类元素分解成更小部分的过程称为逻辑划分（logical division），以对问题有更详尽的了解，比如西方经济学家把失业划分为摩擦失业、结构失业与周期失业；将元素组合成更大的组或类的过程称为逻辑归类（logical classification），比如美国联邦法律把有预谋的、蓄意的杀人（包括纵火、投毒造成的被害人死亡）归为一级谋杀。

对于政策分析者来说，以下几条规则有助于确保所创建的分类系统既与问题情境相关，又合乎逻辑：

（1）实质相关性。分类的基础取决于政策分析者的目的和问题情境的性质。类别和子类别应该尽可能地符合客观问题情境。然而，对某种情境的了解很大程度上取决于体验情境的人所使用的概念。

（2）详尽性。分类系统中的类别应该是详尽无遗的，研究的所有情况必须能够被分到某一类别。如果有不能落入现有类别的情况，则需要创建新的类别。

（3）互斥性。分类系统中的类别应该是相互排斥的，不能有重叠的定义。研究的所有情况只能被分配到单个类别，不能被分到两个类别。比如，对家庭分类时，可以分成“家庭年收入在贫困线以上”或“家庭年收入在贫困线以下”，但不能同时创立如“家庭年收入在30000～80000元”和“家庭年收入在45000～60000元”的类别，否则某个年收入50000元的家庭会被同时分配到两个类别，被重复计数，损害问题描述的精确性。

（4）一致性。每个类别和子类别都应基于一致的分类原则，否则会导致子类别重叠，这被称为交叉划分谬误。比如，如果根据家庭是否是贫困户或是否是低保户进行分类，我们就会犯交叉划分的谬误，因为有家庭同时属于这两种类别。这个规则实际上是详尽性和互斥性规则的延伸。

（5）层次独特性。政策分析者必须仔细区分分类系统（类别、子类别、子子类别）中层次的含义。集合中的元素和集合是不同的。人类是所有个人的集合，但它本身并不是一个个人。同理，2019年底，中国约有551万贫困人口，贫困是这些人的一个特征，但不能用一个人的行为乘以551万倍来理解。551万贫困人口与贫困存在着质的不同。

类别分析法可以应用“集合”的概念，比如子集和并集（图3－3），以及表示集合的韦恩图。分类图（图3－4）、交叉表（表3－4）也是问题构建中的重要工具。

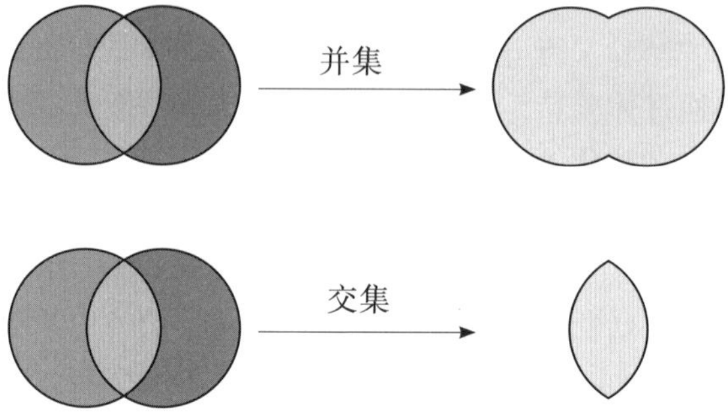

图 3－3　并集和交集

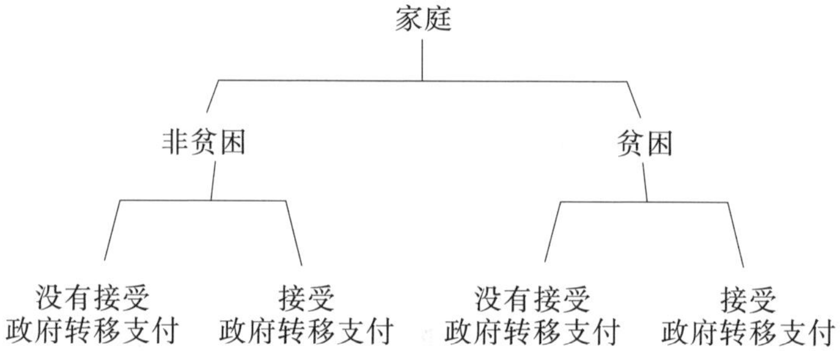

图 3－4　家庭的分类图①

（来源：邓恩，2018）

表 3－4　交叉表

	A_1	A_2
B_1	B_1A_1	B_1A_2
B_2	B_2A_1	B_2A_2

（来源：邓恩，2018）

3．**层级分析法**

层次分析有助于政策分析者识别造成问题情境的三种原因：可能的原因（possible causes）、合理的原因（plausible causes）和可操控的原因（actionable causes）。可能的原因指任何可能导致特定问题情境的事件或行动。例如，自然灾害、贪腐、失业、资源分布不均、人们不愿工作都可以是造成贫困的可能的原

① 转移支付是指政府或企业无偿地支付给个人或下级政府以增加其收入和购买力的费用。

因。合理的原因是那些根据研究或直接经验，公认的对问题情境有重要影响的原因。例如，个人不愿工作一般不是造成贫困的合理的原因。可操控的原因指政策决策者可以控制和影响的原因。例如，资源分布不均一般不属于可操控的原因，因为针对贫困的政策无法从根本上改变失衡的社会结构。图 3－5 所示为火灾原因的层级分析法。

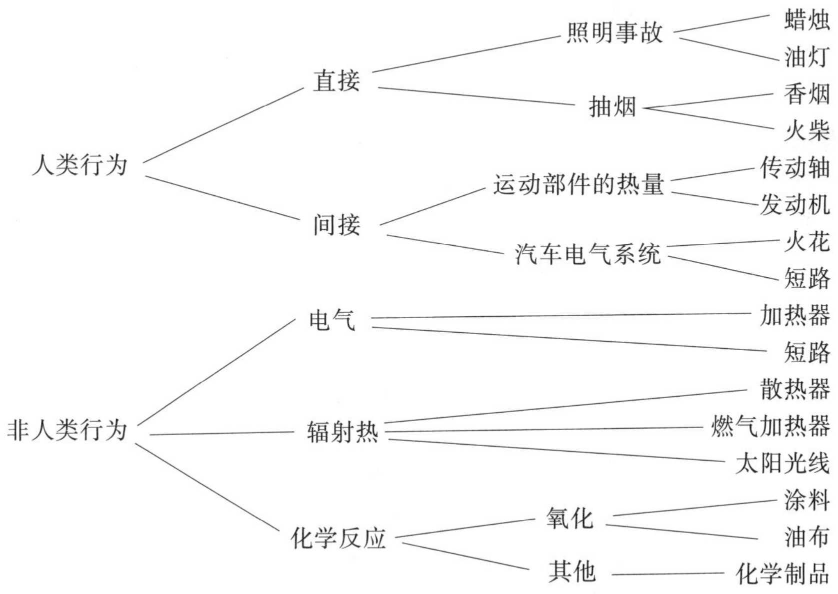

图 3－5　火灾原因的层级分析法

（来源：O'Shaughnessy，1973）

层级分析法和类别分析法的规则相同：实质相关性、详尽性、互斥性、一致性和层次独特性。两种分析法的不同之处在于：类别分析法是对一般概念的划分和归类，而层级分析法是对问题原因的划分和归类。

4. **类比法**

类比法是利用对比相似问题促进对问题认知的一种方法。如果问题之间有相似之处，政策分析者则可以利用类比来构建问题。有些新问题本质上是旧问题，对旧问题的分析和构建可以帮助分析者深化对新问题的理解。

政策分析者可以利用四种类比法来构建问题：

（1）个人类比。设身处地考虑其他人经历相同问题情境。

（2）直接类比。寻找两个或多个问题情境之间的联结，例如，构建控制新冠病毒的问题时，利用构建控制非典问题的经验。

（3）象征类比。寻找问题情境和某种象征符号之间的相似之处。

（4）幻想类比。探索问题情境与某些想象中的情境之间的联系。例如，传染病专家使用幻想类比来构建防御大规模疫情的问题。

5. 头脑风暴法

头脑风暴法是一种小组成员各抒己见、建言献策的方法，对于问题的概念化很有帮助。

进行头脑风暴的小组一般由对问题情境比较了解的人组成。头脑风暴的气氛在创意产生阶段应尽可能保持开放和宽松，鼓励小组成员知无不言，言无不尽。等到所有想法被提出后，再进行想法评估，两者不能同时进行，否则可能会过早抑制有用的观点。想法评估阶段结束时，小组应该整合参与者对问题的不同观点，形成问题概念化的提案，包括对政策问题性质、规模、成因等方面的认定以及潜在的解决方案。

头脑风暴是一种常见的方法，政府机构、智囊团、专家研讨会等在讨论政策问题时都可能使用头脑风暴法。参与者可以创造性地利用想象力和情景构建探索未来可能的情况。情境构建包括操作分析型和自由型。操作分析型是利用所掌握的信息，从现在的局势一步步推演；自由型需要发挥想象，比如想象未来的军事危机。

上述方法能够帮助政策分析者更加科学地构建问题。其他问题构建方法包括但不限于：假定分析法——主要针对结构不良的问题，是将对问题情境的冲突的假设进行调和，把可接受的假设综合起来形成问题概念化，最终认定问题的方法；多视角分析法——从技术角度、组织角度和个人角度分析问题的方法；文件分析法——查找文献以了解问题发生的可能原因背景等。

3.4.3 政策问题分析报告

通过应用问题构建的方法，政策分析者可以创建政策问题分析报告，描述有关问题的性质、范围、严重性等信息，以有助于启发政策解决方案的方式构建问题。政策问题部分的政策分析报告应该包括：

（1）问题是什么。对于所分析的问题进行清晰的描述，包括问题情境（即可以知道问题存在的具体可观察标志）、问题发生的时间和地点、问题规模、问题后果、问题所属的政策领域等。

（2）问题受关注的原因。澄清问题需要予以关注以及必须在此时加以分析的原因，例如问题规模大，如不加处理会产生严重的不良后果等。

（3）利益相关者信息。阐明利益相关者是谁、有多少、分布在哪里，利益相关者的观点与价值偏好等，同时阐明利益相关者是如何受到影响的，并尽量量化影响。

（4）问题产生的原因。结合现有研究、利益相关者的采访等信息，确定因果关系，以便决定政策工具、福利和服务的类型。

（5）问题定义中的价值和假设，比如对于政策受众的行为的假设。

复习思考题

1. 请简述问题、社会问题和政策问题的区别。
2. 斯通认为构建政策问题的要素有哪些？分别有什么含义？
3. 构建政策问题的方法有哪些？
4. 问题分析报告主要包含哪些内容？

典型案例

政策问题建构研究
——基于中国农村社会养老保险政策的验证

在政策科学的理论视野中，公共政策问题的界定是政策制定过程的第一步，同时也是整个政策周期动态运行的起点。这是因为公共政策学自诞生之时起就以问题为取向（problem oriented）——公共政策的根本目的在于解决乃至消除社会问题。作为中国社会改革与社会政策变迁发展的一个特征性缩影，农村社会养老保险政策与政策问题建构研究具有天然的理论契合性。中国农村社会养老保险政策是中国最早实行社会政策变革的领域之一，针对不同的问题情境，经历了一系列的改革，并且实践中的试点探索仍然在持续推进，具有丰富的实践经验。

农村社会养老保险政策问题的感知产生于市场经济体制改革的社会情境之中，并广泛渗透于经济、政治、文化、社会等各个领域中。在我国经济社会转型的特定政策情境下，一方面农村少子老龄化和高龄老龄化的程度不断提高；另一方面，传统的家庭养老、土地养老、集体养老功能不断弱化，而政府责任体现不足，农民无法获得与城镇居民平等的养老权益保障。因此，我国农村社会养老政策情境处于非均衡状态，这些政策情境作用于利益相关者的主观感知，产生了大量的焦虑与不满情绪，进而形成了不同的政策诉求。

政策问题的感知是政策情境作用于利益相关者的产物，“在现实中，政策问题不是独立的个体，它们是被称为一团糟的整个问题系统的组成部分，即在社会的不同群体中产生不满的外部条件系统”，宏观上整体把握这些问题就迫切需要进行多渠道的政策问题搜索。在政策问题的搜索过程中，通过对政策问题产生的多个相关利益主体的政策诉求的考察，可以发现多元化、多渠道的问题来源，在此基础上，最终获取相关政策的元问题（即问题的问题），一个可以界定为包括所有子问题的类问题。政策问题搜索的过程（即获取元问题的过程）主要借助利益相关者管理工具进行分析。通过考察农村社会养老保险政策不同利益相关者的政策诉求，我们可以发现，尽管表现形式各有不同，在当前农村老龄化程度不断严重的情况下，中央政府、地方政府、农民以及农村集体经济组织等相关的利益主体都面临着农村养老风险防控的不确定性，从而构成了农村社会养老保险政策的元问题，这一元问题表明，各个利益相关主体在风险应对过程中始终处于不确定状态，从而揭示“为什么我国农村社会养老保险政策问题不断加剧”这一基本问题的原因所在。

政策元问题转化为实质问题的过程实际上是通过概念的界定、相关框架条件的分析处理将问题的产生缘由转化为问题的本质界定的过程，解决的是由“为什么”向“是什么”的转变问题。如前所述，农村社会养老保险政策的元问题是相关利益主体都面临着农村养老风险防控的不确定性，那么通过将农村社会养老保险政策问题概念化处理，我们需要继续探索回答的是“农村社会养老保险政策问题究竟是什么”这一基本问题，对于这一问题的界定，实质上也回答了“如何解决养老风险防控的元问题”。根据利益相关者理论，风险的防控必须综合平衡各个利益相关者的利益要求，从本质上来看，这是一个责任划分的问题。因此，转型时期我国农村社会养老保险政策问题的实质可以概括为农村社会养老风险的配置问题。

我们可以将农村社会养老保险问题详细陈述为：面对社会转型过程中产生的各种农村养老风险，如何根据合理的风险配置价值导向，在平衡中央政府、地方政府、集体经济组织、农民等相关政策主体利益的基础上，公平合理地分配利益相关主体对于养老风险所应承担的责任，并出台相关细则，明确责任主体具体的责任范围、权限要求、行为方式、基本目标等等，以求多层次、多渠道、多样化地分散与化解农村养老风险、实现农村社会和谐发展。

通过对农村社会养老保险政策问题建构过程的研究，我们可以发现，政策问题的建构不是理性主义的技术分析过程，而是主观思想作用于客观问题情境的产物，包含着价值冲突与利益的主观建构性，政策问题的建构过程就是问题情境的综合考察过程，是对这一情境中问题产生的因果关系的整体分析。①

［思考］

1. 结合该案例论述中国农村社会养老保险政策建构的过程。

---

① 王婷：《政策问题建构研究——基于中国农村社会养老保险政策的验证》，载《中国行政管理》2017 年第 6 期，第 97－102 页。

2. 结合该案例简要分析中国农村社会养老保险政策建构的要素。

延伸阅读

政策问题源流论：一个发生学的建构逻辑

在传统的解释里政策问题是科学——理性视角下进行自上而下的建构。但从发生学的角度来看，政策问题来源于复杂的社会问题，这些社会问题经过了五个演进阶段：差异性的个体需求、相似性的个体需求、复杂交织的社会问题、相似性的社会问题和共同性的社会问题。政策问题就是从大量共同性社会问题中提炼出的。

一、政策问题源流：一种发生学的逻辑解释

政策问题建构何以可能？一个传统的且广为接受的观点是，政策问题（policy problem）是由社会问题（social problem）演进而来，但这种解释缺乏了对政策问题源流的回溯性研究。相比较而言，发生学视角下对政策问题的解释向前迈了一步，它聚焦于政策问题如何产生，以及从个人需求走向政策问题过程中社会公共价值是如何提炼的。

（一）政策问题发生源点：从差异性个人需求偏好走向相似性个人需求偏好

当我们把研究视角转向现实社会中的每一个人时，就会发现他们的需求千差万别，比如有医疗、住房、教育、养老、免受伤害、自我价值实现和职业发展等需要。之所以会出现这些需要，是因为人们背后有不同的经济地位、社会状况、民族宗教、信仰和价值等。我们姑且把这类需求称为差异性的个人需求偏好，当人们的需求无法满足时就会产生问题（problem）。差异性需求偏好向相似性需求偏好转变的问题支持系统在于一个初级的共同体（如家庭、邻里、伙伴等）形成；其演进过程是从个人差异走向个人相似、从低级需求走向高级需求；促发力量在于群体规模的扩展、出现低级的社会分工以及人们之间交换成为可能。差异性个人需求走向相似性个人需求是私人生活和公共生活的第一次相遇，因此，它成为公共政策问题建构的逻辑起点。

（二）个人问题异质性的剥离：从相似性个人需求偏好走向交织复杂性社会问题

相似性个人需求偏好走向交织复杂性社会问题是私人生活与公共生活进一步接触的过程，同时也是一个个人问题异质性逐步剥离的过程。按照马克思主义的社会起源观点，现代社会起源于社会矛盾的运行和“劳动与劳动客观条件之间的分离”，其核心是人们之间的生产关系的转换和作用。按照这一说法，我们发现大量复杂交织的社会问题，是在社会成员有大量相似性需求得不到有效供给的情况下通过社会关系和社会运动催生而成的。复杂交织的社会问题是蕴含多种因果变量的作用并受多种力量挤压而形成的一种网络化问题形态。

（三）社会问题复杂性的筛选：从交织复杂性社会问题走向相似性社会问题

相似性社会问题并非是交织复杂性社会问题的简单归纳和按照相似程度的整合。它是问题的筛选过程，其暗含的逻辑在于问题垃圾桶里各种错综复杂的力量进行角逐、竞合、交换、吸收和排序等，形成一组以解决相似性公共需要为核心的问题序列。虽然相似性社会问题的感受群体依然是一个相对规模较小的半开放群体，但大量相似性社会问题的形成已经倒逼政策分析家和政治官僚们去对社会问题进行分析，这时他们需要弄明白的是“这个社会究竟怎么了”，为什么会出现这些问题，问题的严重性、波及范围和发展趋势如何?

（四）共识性社会问题的升华：从相似性社会问题走向共同性社会问题

从相似性社会问题走向共同性社会问题的实质是共识性社会问题的升华过程。共识性社会问题是人们对某些相似性社会问题达成一定程度的认同，但又缺乏公共问题的属性。而共同性社会问题（common social problem）带有公共问题（public problem）的部分属性，但它又不完全是公共问题。共同性社会问题有两种表现形式：一是为获得个人利益的行为额外地带来了社会成本；另一种是为社会福利的增加和改善而要求个人做出牺牲。总之，共同的社会问题“又称集体行动的问题，因为很难推动人们去承担私人成本或者放弃私人利益以获得集体的好处”。共同性社会问题属于公共生活空间内的一种问题，它的解决与否具有很大的非排他性和搭便车效应。

二、政策问题的形成：从共同性社会问题中进一步提炼

从以上四个演进过程中，我们可以总结出社会问题的实质，即因社会关系和情景系统的变化，人们的需要、价值观念、利益受到了威胁而最终演变为一种社会性的紧张态势，最终成为社会问题。事实上，社会问题“被认为是一种既定的事实，是公共政策的逻辑起点”，质言之，公共政策的根本目的在于解决乃至消除社会问题。但是并非所有的社会问题都能成为被解决的政策问题。那么，社会问题是如何走向政策问题的，在发生学的逻辑下它又何以可能？我们将其梳理为以下几个方面：

（一）问题的公共性进一步提炼

社会问题的形成是一个差异性个人需求不足走向相似性社会问题的过程，也是一个私人生活的一部分问题归入到公共生活中的过程。从这个演变进程中可以看到，一定数量的人们的相似性需求的叠加可以推演为社会性需求（共同利益或社会问题），这也是人们普遍持有的一个观点，当然这也只能是一个停留在问题表面的论断。按照公共选择理论的经典解释，公共性必须具备非竞争性和非排他性特征，以及出现搭便车现象。社会问题（共同问题）能否顺利走向政策问题（公共问题），其关键在于问题的建构、解决过程中是否出现竞争、排他和“搭便车”现象。同时，社会问题的公共性进一步提炼主要表现在建构的问题属于公共生活问题，目的是解决公共事务；问题的演进过程是开放的，所有问题相关者都可进入；问题的推动是公共理性作用的结果。

（二）问题的因果关系更加明晰

从某种意义上而言，一个共同性社会问题走向政策问题的过程在于因果机制的作用效力得到持久发挥，它使混乱的问题走向程式化，具体的事物更加抽象化，经验的观察更加实质化，问题的效度、信度进一步提升。同时，社会问题的因果关系极力地向政策企业家们描述各种现状，表达这个社会“出现了问题”，以引起他们的关注。当然，走向政策问题的社会问题中并不只有一条因果关系，而可能是多个复杂的关系束。

（三）各种问题力量的继续作用

社会问题的本质是人们因福利水平无法得到满足而与社会环境产生紧张的情景。每一个社会问题都是某些力量作用的结果，这些力量可能是个人利益、团体文化、规范价值、历史经验、信仰与理想、资本与权力等等。在这种发展过程中，各种力量的作用形式会有很多种，如铁三角（iron triangle）、倡议联盟（advocacy coalition），利益捕获（interest capture）、交易合作、协商同化等。这些力量的作用是问题强化和演进的重要动力，但有时作用方向的不协调或作用点偏移会使问题停滞不前乃至性质发生偏移。

（四）相当数量的人们对问题持续关注

共同性社会问题具有公共性和社会性。当某种客观的共同性社会问题或情势在特定时间内没有消除乃至持续扩大，或者说已经造成了某些严重后果时，社会公众对该问题或情势的关注就会逐渐甚至快速增加，并产生一定的问题诉求和政策信念。人们对社会问题的关注表现在：一是通过传媒工具对问题进行信息披露、传递和加工处理，使公众及时了解事情的详细情况和变化，并对此问题形成心理感知；二是各团体通过情绪渲染、价值整合等方式形成联盟，可能采取激烈的方式表达自身的利益诉求。

（五）具备解决问题的资源能力

成功地解决某一社会问题，最关键的一点是需要对该问题的相关资源进行全面考量。公共组织是解决社会问题的关键主体，它们对某一政策问题的建构很大部分来源于这样一种考虑：自身有没有能力解决这一社会问题。若没有解决该问题的资源基础时，社会问题向政策问题的转换就会夭折，无法进入决策者们的视野。

在理论分析的同时，我们也寄予对现实的思考和关怀。之所以当今社会存在着大量政策失败现象，以及政府对政策问题的仓促建构和执行乏力，其中很大原因在于缺乏对政策源流问题的思考和界定。我们寄希望于政府和其他主体在政策制定实践中，从社会问题的起源角度界定哪些问题应该成为被解决的公共政策问题，哪些社会问题应该交给社会让其自身解决和消化。

（靳永翥、刘强强：《政策问题源流论：一个发生学的建构逻辑》，载《中国行政管理》2016年第8期，第115－120页。有删节）

《 第 4 章　政策议程

社会面临的问题很多，并非所有社会问题都会引起决策者的关注，只有一小部分社会问题能够进入政府的政策议程。了解政策议程的定义和分类、影响社会问题进入政策议程的因素、建立政策议程的策略、政策议程的建立模式，能够帮助我们更好地理解政策过程。

政策议程设置（policy agenda setting）是将社会问题转化为政策问题的过程，是问题和解决方案获得或失去公众和决策者关注的过程，也是对问题的定义的斗争过程。所以，问题确认和议程设置，虽然是政策过程的前两个阶段，但不是严格分离的。在政策议程设置过程中，公众和政府机构筛选出重要的议题，并对其进行讨论和宣传。大量社会问题和解决方案也会在此期间失去公众和决策者的关注。

4.1　政策议程概述

4.1.1　政策议程的含义

政策议程是引起公众或政府关注的重要事项，包括社会问题、对问题原因的理解、解决方案以及其他社会问题要素的集合。各级政府都有议程，因为它们都有一系列可供讨论和处理的问题。

政府只有有限的时间、资源、能力、兴趣、信息，无法考虑或处理所有问题，因此不是所有的社会问题都能进入议程。政策议程不是所有动议者的政治诉求的总和，而是根据决策者的偏好所建立的优先事项清单。

4.1.2　政策议程的类型

1. 公众议程、正式议程

政策议程可以分为公众议程和正式议程。

公众议程（public agenda），又称系统议程（systemic agenda）、非正式议程（informal agenda），指引发公众关注并需要政府关注的社会问题，是公众希望获得政府响应的重要事项清单。

公众议程一般始于引发某种担忧的问题情境。首先，一部分公众注意到问题情境，然后，逐渐产生大规模关注和讨论。罗杰·科布（Roger Cobb）和查尔斯·埃尔德（Charles Elder）认为，公众议程包括所有政治共同体的成员普遍认为值得公众关注并属于现有政府合法管辖范围的问题[①]。拉里·格斯顿（Larry Gerston）将公众议程描述为“最敏感问题的政治晴雨表”[②]。公众议程的构建依赖于信息的传播。集会、讲座、传统媒体、网络媒体等大众传播方式都可以促进公众议程的建立和发展。在现代社会中，信息交流愈加便捷频繁，政治、文化、经济、法律、娱乐等信息充斥着公众的生活，争夺着人们的注意力。民意调查数据是反映公众议程的优秀指标，包括社交媒体话题排行榜等。

一个问题要进入公众议程，必须满足三个条件：受到广泛关注；相当一部分公众认为需要采取某种行动来解决这个问题；公众普遍认为这个问题是值得某个政府单位关注的事项且属于其管辖范围。

正式议程（formal agenda），又称机构议程（institutional agenda）、政府议程（governmental agenda），指供决策者积极认真考虑的事项清单，比如政府纲领性文件、立法清单等。

科布和埃尔德将正式议程的内容分为新项目与旧项目两类。旧项目是指那些不断出现在正式议程上的项目。程序层面，有些问题会一直出现在正式议程上，比如年度预算；实质层面，一些问题经常需要重新考虑，其解决方案需要时常调整，它们将作为长期问题存在，没有一劳永逸的解决方案，需要一次又一次地被解决。长期问题适合通过具有足够灵活性的政策工具来解决，调整和修改政策方案都比较容易。新项目是由某个事件或情形引发的，或是因为社会上越来越多的人要求政府对某个本没有进入正式议程的问题采取行动而产生的。

公众议程的内容和范围一般比较模糊，是公众提出问题、讨论问题定义、探讨问题可能的原因的过程，不一定要提出相应的解决方案。正式议程则更加具体、正式，有一定的程序性，是政府对社会问题进行认定并决定是否需要制定政策解决之的过程。

政府可用的时间或资源是有限的，这意味着只有有限的问题会被纳入正式议

---

① Roger W. Cobb and Charles D. Elder. Participation in American Politics: The Dynamics of Agenda Building. Johns Hopkins University Press, 1983, pp. 85.

② Larry Gerston. Public Policy Making: Process and Principles. Armonck, NY: M. E. Sharpe. 1997, pp. 50.

程。一个问题即使已经进入了正式议程，也不一定会得到决策者的关注。问题值得认真考虑并不意味着它真的会被认真考虑，也不意味着决策者会针对它采取任何行动，更不意味着它会按照问题推动者的想法发展。例如，美国国会一般会收到国会议员提出的大量立法草案，但大多数从未被委员会考虑或接受，更未到达全体议院投票的阶段。[①] 2017—2019 年，国会收到了超过一万份法案，但其中只有 443 份成为了法律。这个比例每年不同，但可以确定的是，即使法案已经进入了国会的正式议程，但最后能成为法律的少之又少，大多数法案胎死腹中。

社会问题往往先引发舆论关注，获得社会热度，进入公众议程，然后才会引起决策者关注，进入正式议程。不过有时并不遵循这个顺序。决策者可能先将某个问题纳入正式议程，再引起公众关注讨论，然后根据公众反应调整正式议程；决策者也可能根据掌握到的社会发展变化等方面的信息，预见到公众还未关注的问题，不经过公众议程，直接将问题纳入正式议程。

2. 公开议程、封闭议程

政策议程还可分为公开议程和封闭议程。公开议程对社会开放，公众可以参与讨论，建言献策。封闭议程不对外开放，公众无法发表意见和看法。如国防、战争、对外宣传、统战、干部人事等涉密问题一般会采取封闭议程的形式。一些利益集团为了增加自身对政策决策的影响力，在构建政策问题时，也可能尽量设置封闭议程。

3. 问题确认议程、提案议程、讨价还价议程、持续议程

查尔斯·琼斯（Charles Jones）从政策活动的功能方面，将政策议程分为如下四类[②]。

（1）问题确认议程：问题得到积极严肃的研究和认可的议程。

（2）提案议程：发现并提出解决方案的议程。

（3）协议议程：使解决方案得到支持和发展的议程，也称讨价还价议程。

（4）持续议程：使问题得到持续检验的议程。

4. 议程宇宙、系统议程、机构议程、决策议程

政治学家托马斯·伯克兰（Thomas Birkland）把政策议程分成了四个不同的

---

① 美国国会大部分立法活动通过国会委员会进行。委员会一般由相关领域的专家组成。议案提出后，一般都是先经过专业的委员会调研、讨论、投票，委员会可以决定是否将提案提供给全体议员来投票。

② Charles Jones. An Introduction to the Study of Public Policy. 2nd ed. 1977, pp. 40 - 41.

层次，即议程宇宙、系统议程、机构议程、决策议程。[①] 议程层次具有线性的顺序，问题是按照顺序层层递进的。

最宏观的一层是议程宇宙（agenda universe），包含可能在社会或政治系统中提出和讨论的所有想法。

第二层是系统议程（systemic agenda），包含政策过程中的主体可能会考虑的任何议题。当然，有些议题未能进入这一议程，因为在特定社会中，它们在政治上并不可行，不会得到政策过程的参与者的考虑。法律、社会意识形态、政治体制都可能把某一议题阻挡在系统议程之外。比如，与共产主义相关的议题在美国往往处于政治的边缘领域，它们一般停留在议程宇宙，难以推进到系统议程。社会问题可以穿过议程宇宙和系统议程之间的界限，在两者之间流动。许多想法都可以进入系统议程，被相关政治主体讨论，但政府可能不会对这些议题采取任何行动。

第三层是机构议程（institutional agenda），指政府将要针对政策问题采取行动的事项。机构议程包括决策者正在考虑的所有政策问题和可能的政策方案，其中的政策问题可能会促使政府做出行动，政策方案有被实施的机会。机构议程上的事项已经进入了正式的政策制定阶段，政府机构认为有义务采取适当措施，并可能实际做出行动。只有很少的问题能够达到机构议程。

不过，即使问题进入了机构议程，在定义问题、阐述问题产生原因以及提出解决方案等方面仍会存在相当大的争议和竞争。比如，校园暴力被提上了机构议程，但利益相关团体的竞争仍在继续：校园暴力可以被归因于学校疏于管教、父母监督不力、流行文化（比如影视、电子游戏）的影响等，关于相关解决方案的辩论也非常激烈。

第四层是决策议程（decision agenda），包括政府正在积极讨论解决方案、作出决定（比如进行投票）、即将采取具体行动的政策问题。

任何政府机构都只有有限的承载能力，因此，问题到达决策议程的过程中，利益相关团体之间会展开非常激烈的竞争，才能将他们的问题和他们偏爱的解决方案列入议程，使其在有限的议程空间占据一席之地。

---

① Thomas A. Birkland. Agenda Setting in Public Policy. In Handbook of Public Policy Analysis: Theory, Politics, and Methods. Frank Fischer, Gerald J. Miller, Mara S. Sidney. 2006, pp. 63 – 78.

4.2　影响问题进入政策议程的因素

什么样的社会问题能进入政策议程呢？影响问题进入议程的因素有哪些？问题本身的属性会影响其进入议程的可能性，包括自然的属性和社会建构的属性。除了问题本身的属性，其他因素也会影响其进入议程的可能性，比如政治主体、政治制度，以及其他的社会和政治因素。对于影响社会问题列入政策议程的主要因素，不同学者有不同的看法。

4.2.1　问题属性

1. 大卫·A. 罗什福特和罗杰·W. 科布的观点

大卫·A. 罗什福特（David A. Rochefort）和罗杰·W. 科布（Roger W. Cobb）[①] 在讨论议程设置时，提出了构建或重新构建问题时可以利用的问题属性，从而影响问题进入议程的可能性。这些属性是：

（1）问题所包含的因果关系（causality）：因果关系是用来分配责任的。问题产生的原因是什么？是自然的还是人为的？谁对问题的产生负主要责任？比如，如果全球变暖是自然原因导致的，那么人类可做的很有限；但如果是人类活动造成的，那么人类就可以采取一定措施来改善或预防问题。这种通过分配责任来构建问题的方式会影响问题登上议程的可能性。

（2）问题严重性（severity）：问题越严重，影响面越大，越容易吸引人们的注意力。把问题界定为具有广泛意义或影响深远的社会问题，而不是具体的小范围的问题，会更容易引起关注。

（3）问题发生率（incidence）：问题发生的频率和普遍性。频繁发生或普遍存在的问题更容易引起注意。

（4）问题接近性（proximity）：指时间上的接近性。问题是当下正在发生，需要即时的政治关注，还是会在未来发生？问题是短期的，还是会长期存在？如果问题的意义超出了当前，会对未来产生深远而不可磨灭的影响，那么问题关注度会更高。

（5）问题新颖性（novelty）：问题与其他已存在的问题相似吗？如果问题是

① David A. Rochefort，Roger W. Cobb. The Politics of Problem Definition：Shaping the Policy Agenda. University Press of Kansas，1994.

新颖的，没有先例，则不容易评估其影响，不容易找出解决方案，也不容易把问题和解决方案联系起来。如果问题与现有的社会问题相似，那么它会比一个全新的问题更有可能进入议程。

（6）解决方案的可用性（the availability of solutions）：解决方案的可用性就是问题是否存在解决方案。

2. 盖·B. 彼得斯的观点

盖·B. 彼得斯（Guy B. Peters）提出了类似的三个属性：可解决性（solubility）、复杂性（complexity）、规模可分割性（the question of scale）。它们是问题本身的属性，是决定问题进入议程的可能性的变量，就是说，如果它们产生变化，问题进入议程的可能性也会随之改变。[①]

第一，可解决性。可解决性指政策问题是否可以解决，是否有足够数量的具体解决方案。可解决性可以分为彻底性和持久性。彻底性和持久性没有必然联系。

（1）彻底性：问题可以彻底解决，还是无法彻底解决？它是否可能一次又一次地出现在政府的议程上？影响问题彻底性的因素包括：

①程序化特性：程序化特性指解决问题所需的技术方法或政策项目运行的环境的特性，如果它频繁发生变化，那么政策制定者需要频繁地修改政策，问题很难被彻底解决。比如，养老金问题曾已被解决，但由于人口结构和金融市场的变化，相关政策需要重新调整。

②政治因素：即使问题有简单的程序化解决方案，但政治因素导致这个问题频繁进入议程。比如，堕胎技术相对简单，但在美国，关于堕胎问题的政治考虑导致它反复引发政治辩论，并进入政策议程。

（2）持久性：问题可以马上被解决，还是个长期的问题？影响问题在议程上的持久性的因素包括：

①程序化特性。以预防基本儿童疾病的问题为例：相关疫苗技术已经成熟，并且，公众形成了基本共识，认为儿童应该接种一系列针对严重疾病的疫苗，包括乙肝疫苗、脊髓灰质炎疫苗、百白破（百日咳、白喉、破伤风）三联疫苗等。所以，问题可以相对快速地被解决。相比之下，解决贫困问题的技术手段的有效性不够明确。如果一直缺乏有效解决问题的技术，或者缺乏支持有效的解决方案的环境，那么问题会是个长期问题。

---

① Guy B. Peters. The Problem of Policy Problems. Journal of Comparative Policy Analysis: Research and Practice, 2005, 7 (4), pp. 349 – 370. https://doi.org/10.1080/13876980500319204.

②问题涉及基本道德和价值体系的程度及其政策领域的价值分歧程度。出于政治原因，某些涉及道德的问题会被定期重新考虑，例如，人权问题带有强烈的道德伦理色彩，导致它们持续成为辩论的主题。

③问题严重依赖外部因素的程度。经济问题就是一个典型的长期政策问题。经济环境高度可变，政府需要不断调整相关政策工具，以适应经济的变化或经济预测的调整。经济政策的另一个特点是，一轮干预可能会产生新的问题，导致下一轮干预，因此，经济问题往往持久存在。

第二，复杂性。复杂性包括政治复杂性和程序复杂性。政治复杂性指问题所牵涉的政治主体的数量、政治利益的复杂性、以及相关各方之间达成协议的难度。更多的利益参与者会使确定解决方案的过程更加复杂，并会增加决策者的负担。程序复杂性包含两个方面：一是政策问题的技术含量。有些政策问题包含复杂的技术性因素，需要强大的专业知识储备。二是政策问题所包含的多重因果关系。有些问题包含着相互竞争的因果关系，因此很难发展出明确的解决方案。

第三，规模可分割性。即问题是可以分割为更小规模的问题来解决，还是需要综合的解决方案一次性解决。

保罗·R. 舒尔曼（Paul R. Schulman）首次将“规模”这一术语用于公共政策。[①] 他认为，一些政策问题本质上是大规模的，无法分割成小规模的问题，因此需要“全有或全无”的方法来解决问题——要么成功，要么失败，不能逐步处理。如登月计划中，飞船只飞了原定路线的一半，那么就是失败了，而不是成功了一半。在政策领域，若是问题规模很大且不适合分割，而负责问题的许多部门尝试把问题分成小部分，那么就有可能降低干预措施的整体有效性，所以政府有时会建立新的部门来独立解决问题。对于规模可分割性的错误判断容易导致资源使用低效甚至无效。

对癌症和艾滋病的抗争就是规模可分割的问题的例子——问题可以被分解为更小的部分，可以随着科学研究的进展和医学经验的积累，使用循序渐进的政策方案。科学家、医务工作者和政策制定者能够相对独立地为解决方案做出自己的贡献。

4.2.2 政治主体与政治环境

陈庆云在《公共政策分析》一书中提到，除了问题本身的属性，政治主体和政治环境也影响社会问题进入政策议程的可能性。[②]

---

① Paul R. Schulman. Large – Scale Policy Making. Elsevier, 1980.

② 陈庆云：《公共政策分析》，北京大学出版社，2011 年，第 110 页。

（1）公民个人的作用。很多社会问题都是由个人问题发展而来。个人问题达到一定规模，就会引发公众的诉求，同时也会出现反对意见，从而形成多方讨论的局面。另外，通过个人之间的非正式关系，即超出法定组织制度和工作程序的人际关系，如老乡、亲属、同学、朋友等，公民个人所提出的问题更有可能进入政策议程。

（2）利益团体的作用。利益团体是基于特定的共同利益组成的团体。政治学家大卫·B. 杜鲁门（David B. Truman）认为，利益团体试图将自己保持在合理的平衡状态，如果有任何因素威胁到这种平衡，它们会做出相应的反应，比如求助于政府，以恢复平衡。① 所以，当既定的社会利益结构发生变化时，为了维护和增进共同利益，利益团体会通过游说、抗议等手段，单独或联合向政府提出诉求，促使政府将其关注的问题列入政策议程，并采纳有利于它（们）的政策方案，或者通过各种手段，阻止其他不利于其利益的问题和解决方案进入政策议程。

（3）政治领袖的作用。政治领袖因其权力和地位，在政策议程设置中发挥着重要作用。他们出于各种各样的动机，密切关注突出的社会问题，构建问题并将其列为优先事项，提出或寻找解决方案。政治领袖对社会问题的关注和认定以及议程的建立，往往受到其个人性格、成长经历、教育背景等因素的制约。

（4）政府体制的作用。一个国家的政府体制，特别是其民主程度和开放程度，决定了公众表达诉求的方式和渠道。如果政府经由民主选举产生，执政理念合乎广大人民群众的利益，组织程序符合民主要求，政务信息公开透明，问题构建和议程设置广泛吸收参考公众意见，接受公众监督，那么社会问题进入政策议程会更加顺利。相反，如果政府专制封闭，信息闭塞，那么社会问题进入政策议程则缺乏合适的途径。

（5）大众传媒的作用。在信息社会，大众传媒凭借其覆盖面广、信息量大、传播速度快、冲击力强等优势，行使着传递信息、促进认知、引导舆论的功能，有效地影响着社会问题进入政策议程的效率和质量。大众传媒可以反映公众诉求：公众在大众传媒上高效共享信息，大规模地讨论自己的偏好和诉求。大众传媒也可以设定公众议程：它通过引导民众的偏好和诉求，重塑社会问题。大众传媒也可以影响正式议程：它结合政府的政治立场和自己对政治、经济、文化等方面的偏见，筛选和塑造现实，通过集中报道和频繁讨论来突出某些问题，引导决策者的注意力。

（6）专家学者的作用。在科研机构、高等院校中工作的专家学者可以凭借

---

① David B. Truman. The Governmental Process. Knopf. 1951，pp. 30.

自己的专业技能以及在专业领域中及时获取信息的优势，利用真实数据和证据，确认现实问题的存在或预见未来社会发展中的潜在问题，并利用自己的地位和影响力进行问题分析和构建，推动社会问题进入政策议程。不过，只有得到政治权威的认同和支持，专家学者推动的社会问题才能进入政策议程。

4.2.3 触发机制

格斯顿认为，触发机制是将常规问题转化为广泛的负面公众体验的事件。如果一项活动吸引了普遍的公众关注，引发了广泛的变革需求，那么它就被认为是一种触发机制。[①] 触发机制发生在理想情况和实际情况之间的差距超过了大众心理预期的时刻，罗伯特・L. 莱恩伯里（Robert L. Lineberry）将这一时刻称为"有足够数量的人意识到绩效差距并意识到'目前的政策出了问题'的时刻"[②]。触发机制可以重组大众和决策者的认知，有助于界定新问题和政策方案。

触发机制是公共政策的催化剂，在社会问题转化为政策问题过程中发挥着关键作用。格斯顿认为，其催化力度取决于四个要素：范围、强度、时间和资源。四个要素的综合作用确定了触发机制对政策过程的潜在影响及其引起政策变革的可能性。

（1）范围。范围指受触发机制影响的地理边界内的人数。问题的范围取决于其影响力。全国性问题会影响成千上万甚至上亿人，而地区性问题的影响力则小得多。

（2）强度。强度指公众感知的事件强度，特别是以恐惧或愤怒等负面情绪的形式。格斯顿指出，民意调查可以探究公民对某问题是具有强烈的好恶或持模棱两可的态度，因此可以作为衡量问题强度的一种手段。

（3）时间长度。时间长度指关键事件横跨的时间，也就是公众保持强烈注意力的时间跨度。时长和强度没有必然关系。有些事件几乎瞬间发生，比如日本核泄漏事故；有些事件则经历了漫长的酝酿过程，需要较长时间才能充分调动公众注意力。比如，关于拐卖妇女儿童和家暴，很多人要么不了解问题的存在，要么不清楚问题的严重性，但随着新闻报道和公众讨论的热度增加，对问题及其所造成的危害的认知和担忧随之增加。社会团体为此会长期向政府施加压力，坚持不懈地提出政策变革的诉求。

（4）资源。资源问题涉及的是问题造成的损失，可能是金钱、生命，甚至是生活质量，以及解决问题所需要付出的代价。问题可能造成的损失越大，或者

---

① Larry N. Gerston. Public Policy Making: Process and Principles 3rd ed. 2010, pp. 23.

② Robert L. Lineberry, American Public Policy. Harper and Row, 1977, pp. 63.

解决问题所需要付出的资源越多，那么不利情况所带来的风险就越高，公众所受到的威胁就越大，触发机制就越可能发生。

社会问题能否转化为政策问题，要看触发机制的四个要素结合起来是否能达到触发政府行动的要求。大多数情况下，触发事件的范围、强度、时间和资源组合无法达到或超过政府行动所需的阈值。

关于为什么某些问题能够进入政策议程，金登的多源流模型做出了重要贡献。正如我们在第二章介绍的，金登认为，一个问题能够进入政策议程，是因为在政策之窗打开之际，经政策企业家推动，问题源流、政策源流和政治源流汇聚在了一起。问题源流内是大量有待政府解决的问题，政策源流内是各种政策建议、政策主张与政策方案，政治源流内是政治形势与政治背景，包括国民情绪、政党意识形态、利益集团实力分配等因素。因此，三条源流的交汇也就是特定的问题、政策方案与政治形势之间的结合。政策企业家可能会投入大量的时间、精力和资源来维持某个问题或解决方案的热度、动员他人支持、确保决策者采取行动。政策之窗是触发机制产生的条件，它的打开和关闭都具有偶然性。窗口打开的机会稍纵即逝，如果在窗口打开时，政策企业家没有把问题或解决方案推上议程，那么可能很久都不会再有机会。

在多源流模型的解释下，议程设置充满了随机性和偶然性。不过，詹姆斯·E. 安德森（James E. Anderson）认为，虽然时机和运气也发挥着作用，但议程设置其实更有规律、更可预测、更可操纵。

1. 安德森的四种触发机制

安德森总结了政策议程的四种触发机制，即政治领导、危机事件、抗议活动、传媒曝光。[①] 四种触发机制中的几种可能同时进行，相辅相成。

（1）政治领导。政治领导人在议程设置中扮演着重要角色，其动机主要基于三个因素：第一，获得来自公众、政党以及政府官员的政治支持；第二，对历史成就的追求。政治领导人希望创造亮眼的政绩，留下卓越的政策遗产，青史留名。第三，对好政策的追求。政治领导人的意识形态和个人承诺促使他们推动某个问题和解决方案。国家领导人拥有法定权威，可以主动提出问题，要求相关部门对问题进行研究分析并形成解决方案，他们也有权决定是否将公众关注的问题纳入正式议程。立法机构的立法者也可以推动特定问题，将其列入立法机构的议程。政治学家杰克·L. 沃克（Jack L. Walker）的研究发现，一些激进的立法者不断寻找可能转化为立法机构议程事项的新项目，因为他们的动机是促进社会变

---

① James E. Anderson. Public policymaking: An introduction. Houghton Mifflin Company, 2003, pp. 90.

革，以及获得“改革者”的声誉。[①] 此外，某个政府机构经常也是其他政府机构的议程制定者。如中央政府的议程往往会影响地方性政府的议程；司法机构的决定也可能影响立法机构的政策议程。

（2）危机事件。某种突发的危机事件造成轰动，从而使事件背后的问题进入议程，并引发政府的行动。在突发的危机事件发生之前，社会上可能已经存在对相同问题的讨论和关注。但危机事件能够将问题以引人注目的方式呈现，在短时间内形成巨大的政策压力，迫使政府作出回应，成为将问题推上政策议程的“触发”事件。

（3）抗议活动。抗议是公开反对某种想法或举措的行动，通常是政治性的。抗议可以采取许多种形式，比如个人声明、集会、演讲、街头游行、静坐、暴力行为等，是一种可以引起决策者注意，将问题列入政策议程的手段。政府需要正视抗议活动，了解抗议者的真实利益诉求，及时予以回应。如美国近年来的“我也是”（Me Too）运动，是女星艾丽莎·米兰诺（Alyssa Milano）等人于 2017 年 10 月针对美国金牌制作人哈维·韦恩斯坦（Harvey Weinstein）性侵女星的丑闻发起的一项反对性虐待和性骚扰的社会运动。关注妇女权利的团体利用各种示威活动将她们的政策诉求转移到了政策议程上。

（4）传媒曝光。一些问题引起了传播媒体的注意，通过传媒报道转化为议程项目。如果问题已经在议程上了，获得更高的媒体曝光率会让其更加突出，更受瞩目。虽然传播媒体不是正式的政治体系的一部分，但它具有明确的宣传能力以及构建问题的能力，是重要的舆论制造者，能够施加重大的社会影响，帮助推动政策议程。

2. 格斯顿对触发机制的分类

根据格斯顿的分类方法，触发机制可以分为国内和国际两方面，几种机制可能是同时进行的。

（1）国内。

①自然灾害。自然灾害本质上不是政治事件，但它会对人口、社会结构和经济产生极大的破坏性，因此能够改变政治上的优先事项。政府虽然无法控制自然灾害的发生，但可以通过科学的应急措施、完备的基础设施、快捷的反应速度、及时的赈灾拨款等尽可能减少自然灾害造成的损失。自然灾害可能会导致政策议程的调整，使资源向支持救灾的领域倾斜。

②意外的人为事故。人为事故和自然灾害的区别是：人为事故是本来可以避

---

① Jack L. Walker. Setting the Agenda in the United States Senate：A Theory of Problem Selection. British Journal of Political Science，VII. 1977，pp. 431.

免的，发生之后可以追究责任，如重大交通事故、安全生产事故等。它可以改变政治上的优先事项，作为聚焦事件的一种，它可以短时间内会聚公众和政府的注意力，迫使政府作出反应，从而改变政策议程。

③经济灾难。经济环境与社会民生和政治领域密切相关。经济灾难会影响社会的方方面面，包括就业、通货膨胀、个人和企业的收入和购买力、生产力、偿还借贷的能力等，这些因素的变化会引起政治环境的变化，对政府治理和政策制定提出新的挑战，触发政策议程设置。

④科技突破。1760—1840 年的第一次工业革命开创了以机器代替手工劳动的时代。1870—1920 年的第二次工业革命，人类进入“电气时代”，电力得到大规模应用，极大提高了生产效率。1975 年至今的第三次工业革命（也称数字革命）向数字电子技术转变，开启了信息时代。

旧技术在短时间内被新技术所取代，技术加速进步，创新的快速应用和传播通常会导致社会的突然变化，甚至引发整个社会结构的调整。科技突破可以从根本上引领巨大的社会变革，深刻改变个人生活、社会发展和世界格局。新发明的产品和服务所带来的挑战会迅速体现在政策议程中。比如，汽车的发明对于原材料供应链、基础设施、环境保护、工人权益、产业结构、交通规则等方面都提出了新的政策要求，触发议程设置。

⑤生态变化。生态环境与人类密切相关，影响着人类的日常生活和生产活动。例如，土壤侵蚀和荒漠化导致农田的流失，增加饥荒风险。生态变化可能是自然的，也可能是人类活动导致的。生态环境问题的负面影响足以引发公众反应，从而引发公众和政府考虑以前未考虑过的问题。生态资源的损失或枯竭对于未来的物品和价值分配来说可能变得至关重要。为了实现可持续发展，世界各国政府必须积极应对生态变化，为了子孙后代的利益改变政策优先事项，科学分配关键资源，达到生态资源保护与其他政策目标——例如平价能源以及经济发展——的平衡。党的十九大报告指出，“建设生态文明是中华民族永续发展的千年大计”，要“坚持节约资源和保护环境的基本国策，像对待生命一样对待生态环境，统筹山水林田湖草系统治理，实行最严格的生态环境保护制度，形成绿色发展方式和生活方式，坚定走生产发展、生活富裕、生态良好的文明发展道路，建设美丽中国，为人民创造良好生产生活环境，为全球生态安全作出贡献”。

⑥社会演变。社会不是静止的，而是处于不断变化之中。社会演变是人类互动和关系随着时间的推移改变文化和社会制度的方式，对社会产生深远的影响。社会演变的内容非常宽泛，包括文化、道德、法律、公序良俗、民间信仰、社会经济秩序、人口结构的演变等。

社会演变是长期而缓慢的，但在历史上的一些重要转折点上，社会价值观和重要事件汇聚在一起，将社会推向新的方向。比如，美国的女性平权、同性恋平权等社会运动触发了政策议程，最终导致的政策改变使文化和社会制度发生了变化。

（2）国外。

全球化的发展使国家之间的联系不断增强，国外的触发机制也愈发凸显其重要性。国外的事件可以为国内创造新的问题，引起国内的关注。国外的触发机制包括以下几个方面：

①生态环境导致的问题。生态环境问题不仅仅是区域性问题，更是全球性问题，其产生的影响可以跨越地理国界。比如，大范围的蝗灾导致粮食短缺危机，产生国际难民。

②军事冲突。军事冲突以剧烈的形式出现，可以快速触发决策者注意以及政策议程内容的变化。著名国际关系学家汉斯·J. 摩根索（Hans J. Morgenthau）曾写道，几乎所有“活跃在国际政治中的国家都在不断准备、积极参与或从战争形式的有组织暴力中恢复过来”[①]。

③间接冲突。间接冲突与明显的军事冲突不同，前者是明里暗里的博弈，蓄势而发，后者是剧烈的爆发。区域性的政治、文化、宗教等冲突即属于间接冲突，它们的影响会溢出国界，牵扯波及到世界其他国家（比如邻国、盟国、敌国）的政策模式。比如，印度和巴基斯坦的紧张局势、中东地区的冲突、朝鲜的拥核地位等间接冲突对区域稳定和国际外交提出了挑战。

古代雅典历史学家和军事将领修昔底德认为，斯巴达人担心雅典的权力和地位的增长，会不可避免地发动战争。事实果真如此，公元前 431 年，斯巴达和雅典之间爆发了伯罗奔尼撒战争。美国政治学家格雷厄姆·艾利森（Graham Allison）用“修昔底德陷阱”来描述当新兴大国威胁取代现有大国成为地区或国际霸主时明显的战争趋势。这种一触即发的压力和威胁就属于间接冲突。

④经济冲突。由于专业化和分工，各国的经济表现出很大程度的相互依存。例如，国家通过世界贸易组织进行经济上的合作，减少贸易壁垒，获得集体收益。当一个国家实施对另一个国家有害的经济贸易政策时，往往会受到另一个国家的报复，导致经济冲突。贸易战就是一种极端保护主义导致的经济冲突。

⑤科技突破。纵观历史，科技在国际关系中发挥了重要作用。科技发展是人类社会、经济和政治发展以及国家间和地区间关系的重要基础。科技军备通常决定了国家之间的权力平衡、互动方式以及整个国际政治体系的动态。科技和军备竞赛之中不断更新着各国的政策议程。

---

① Hans J. Morgenthau. Politics among Nation 3rd ed. Knopf. 1960, pp. 38.

⑥社会演变。国外的社会演变与国内的社会演变类似，但着重强调世界其他国家和地区的社会演变引起国内关注。比如，2020 年 5 月 25 日，46 岁的非裔男子乔治·弗洛伊德（George Floyd）在美国明尼阿波利斯街头遭白人警察德雷克·肖万（Derek Chauvin）跪压颈部 9 分 29 秒窒息死亡。[①] 之后，世界范围内爆发大规模的“黑人的命也是命”游行，反对白人至上主义和种族主义对少数族裔的歧视与压迫。对种族歧视的憎恶和对人权的追求，可以跨越国界，引起其他国家的公众和政府的关注。

尽管触发机制可能最终不会导致政策变化，但此类事件可能会刺激产生一系列后续事件，在很长一段时间内产生推动政策变化的力量。

4.2.4 政策议程设置的主导力量

在政策议程设置中，哪些主体拥有更多话语权？发挥更大的作用？针对这个问题有三种主要理论，分别是多元论、精英论和制度论。

1. 多元论

多元主义的重要理论家包括罗伯特·达尔（Robert Dahl，他撰写了开创性的多元主义著作《谁统治?》[②]）、大卫·杜鲁门和西摩·利普塞特（Seymour Lipset）。

多元论认为，政策议程的设定受到多种政治力量的影响。政治主体可以直接或间接接触到不同层级的政府部门，从各个层面影响议程设置。政治市场中存在许多利益集团，它们为了权力和影响力相互竞争，个人可以加入能够代表自己利益的利益集团。在一个特定政策领域没有权力的团体，通常在另一个政策领域拥有权力，从而形成了多个权力中心。竞争使得权力不断动态变化，任何利益集团都可能赢得对议程的主导权。政府的主要职能是在相互竞争的利益集团的斗争中充当裁判。在多元主义理论看来，政策过程的本质就是利益团体基于各自成员的利益，通过竞争与妥协，最终达成均衡的过程。多元主义是美国决策的主要方式。多元论最适合解释利益集团参与度高的议程设置过程。

2. 精英论

精英论认为，有权力的商业、军事、政治精英主导议程设置过程，他们为自己的利益服务。这些精英在所有领域都拥有权力，他们总是赢得选举，政治市场

---

① 黄恒：《综述：美国种族主义的持续性、系统性和危险性》，载新华网，2021 年 4 月 18 日，http://www.xinhuanet.com/2021-04/18/c_1127344329.htm.

② Robert A. Dahl. Who Governs?: Democracy and Power in an American City. Yale University Press, 1961.

是不公平的。为了保持权力和控制，精英们努力将损害自身利益的关键问题排除在议程之外。这种对问题的操纵对民主产生威胁。马克思主义认为，在资本主义国家中，资本家左右着政策议程的设置。他们通过金钱收买、向政治系统输入代理人等途径在政策过程中施加影响，有效地将其阶级权力注入到公共政策中。

3. **制度论**

制度论认为，立法机构和行政机构对议程设置起主导作用。制度论下的议程设置比多元主义情景下的更保守，但不如精英主义情景下的保守。

中国的政策议程设置过程中，全国人民代表大会和国务院的作用就尤为重要。全国人民代表大会是最高国家权力机关，拥有中华人民共和国内最高立法权、最高决定权、最高任免权和最高监督权。“中华人民共和国国务院，即中央人民政府，是最高国家权力机关的执行机关，是最高国家行政机关。”① 根据中华人民共和国宪法第八十九条规定，国务院行使的职权包括：“根据宪法和法律，规定行政措施，制定行政法规，发布决定和命令；向全国人民代表大会或者全国人民代表大会常务委员会提出议案；编制和执行国民经济和社会发展计划和国家预算；依照法律规定决定省、自治区、直辖市的范围内部分地区进入紧急状态”等②。全国人民代表大会和国务院在决定哪些问题能够纳入议程、哪些问题暂时不考虑时，有很重要的作用。

4.3　建立政策议程的策略

议程建立（agenda building）指各种团体试图将他们的利益转变为公共决策者利益的过程。

4.3.1　政策议程的建立策略

1. **政策垄断**

参与制定议程的利益集团的竞争非常激烈，他们对问题的构建或对问题的解释不断争夺注意力。冲突的产生是因为不同的群体会以不同的方式受到问题的潜

① 中华人民共和国中央人民政府：《国务院组织机构》，http://www.gov.cn/guowuyuan/.

② 新华社：《中华人民共和国宪法》，2018 年 3 月 22 日，http://www.gov.cn/guoqing/2018-03/22/content_5276318.htm；文中所提到的是国务院行使职权的十八条的其中四条，即第一、二、五、十六条。

在定义或潜在解决方案的影响。在这场斗争中，并非所有利益都得到平等代表，有些问题更有可能被提上议程。

即使某个问题成功引起了关注，相关利益团体也必须努力使他们对该问题的描述始终处于议程的最前沿，同时也要确保他们所偏爱的解决方案是最深得人心的方案。这是因为，成功定义问题的群体也将是定义问题解决方案的群体，因此，谁拥有了定义问题和使其处于议程前沿的能力，谁就在政策辩论中占据了优势。

与此同时，利益集团努力将某些问题排除在议程之外。这种阻挠问题进入议程的行为与试图使问题进入议程的行为同样重要。彼得·巴赫拉赫（Peter Bachrach）和莫顿·巴拉茨（Morton Baratz）在题为“权力的两幅面孔”的文章中提出，权力有两种表现：第一种是强迫人们去做不想做的，第二种是使人们无法做成想做的。权力的第二种表现，即“第二面”，也称为“无决策（nondecision）”①，意思是避免考虑某些问题的决定，暂时或长期搁置某些问题，不予回应，不予行动。不做任何决定也是一种决定。更强大的利益集团会刻意把与其竞争的利益集团的问题或解决方案阻挡在议程之外，使它们的诉求无法得到回应。

强大的政策共同体使用特定的符号来构建问题、解释问题、提出解决方案。只要这些符号在整个社会中继续使用，并在很大程度上不被质疑或保持隐蔽，那么他们就可以保持对问题定义的控制。不共享这些符号的群体可能难以获得话语权，也就难以影响议程。如果构建问题和解决方案的能力是政治权力的投射，那么强大的团体是通过向公众和其他群体隐瞒潜在问题以及问题的解决方案来保持权力。通过压制问题和潜在的解决方案，使其尽可能远离议程，强大的政策团体创造了政治学家弗兰克·R. 鲍姆加特纳（Frank R. Baumgartner）和布莱恩·D. 琼斯（Bryan D. Jones）所说的政策垄断②。

造成上述权力失衡的原因有两种：第一，更强大的利益集团拥有更优越的资源；第二，政策过程的性质和规则对更强大的利益集团更有利。也就是说，权力失衡既有利益集团本身的原因，也有政治制度的原因。我们用一个简单的例子来解释：在足球场上，队伍 A 和队伍 B 遵循相同的规则，规则是平等的，不偏向任何一个队伍。队伍 A 能够打败队伍 B 是自身实力使然。但在政策过程中，除了利益集团本身的实力差异，还有不平等的规则导致了权力失衡。规则有利于某些团体，不利于另一些团体。正如政治学家埃尔默·埃里克·沙特施奈德（El-

---

① Peter Bachrach, Morton Baratz. The Two Faces of Power. The American Political Science Review, 1962, 56 (4), pp. 947 – 952.

② Frank R. Baumgartner, Bryan D. Jones. Agendas and Instability in American Politics. University of Chicago Press, 1993, pp. 142.

mer Eric Schattschneider）解释的那样："所有形式的政治组织都倾向于利用某些类型的冲突压制其他类型的冲突。"① 所以，有些问题进入议程的可能性更大，因为政治制度的偏见允许它们被提出。同时，也是因为制度的偏见，一些问题则不能进入政策议程。

2. 打破政策垄断的方式

（1）倡导联盟框架。

支持变革的团体通常会联合起来成为倡导联盟。倡导联盟是基于对特定问题的共同信念而聚集在一起的团体联盟。这是团体打破主导利益的力量的一种方式，用数量优势吸引决策者的关注，获得更多参与决策的机会，从而形成了针对强大的精英的反抗力量。

但是，团体完成了动员，组建成了联盟之后，该从哪里着手影响政策呢？鲍姆加特纳和琼斯在《美国政治中的议程与不稳定性》一书中提出了"选址（venue shopping）"② 的概念，这是一种政治策略，指利益集团将问题从对他们不利的场所引导至对他们有利的场所，比如行政机构或立法机构。在这种政策环境下，他们有权力基础和影响力，能动员支持，有利于实现自己的政策目标。

传统上处于不利地位的群体扩大冲突范围的主要方式有两种：

①使用符号来引起更多媒体和公众的同情和关注，并将问题公之于众。比如，环保组织通过使用符号和图像，阐明生态环境破坏是人为造成的，从而使他们的陈述更加戏剧化，吸引更多人的注意。

②在政治冲突的初始阶段失败的群体可以向更高的决策层提出上诉。比如，失败的政党向州或联邦机构上诉，寻求机会发表意见，希望在此过程中能够吸引其他志同道合的人。

当强大的团体失去对议程的控制时，较弱的群体可以进入政策辩论，引发对他们诉求的问题的关注，激发公众对现状的不满，进而产生持久的制度和议程变化，打破政策垄断。

鲍姆加特纳和琼斯使用了核能源的案例来研究政策垄断的形成和被打破的过程。第二次世界大战以后，美国政府积极宣扬核能发电的作用，认为核电能解决很多政策问题，包括减少能源费用、减少对其他国家的石油的依赖、减少空气污染以及促进就业和经济活动，从而引发了公众的注意。之后，政策执行交由专家、联邦机构和国会委员会，公众、媒体和大多数政府机构的注意力都下降了，

---

① Elmer Eric Schattschneide. The Semisovereign People. The Dryden Press, 1960/1975, pp. 71.

② Frank R. Baumgartner, Bryan D. Jones. Agendas and Instability in American Politics. University of Chicago Press, 1993, pp. 31.

政策问题似乎已得到解决。这种积极的形象，以及政策问题得到解决的普遍感觉，支持了政策垄断的形成。直到1970年代，尤其是在1979年美国宾夕法尼亚州三里岛核泄漏事故后，随着环保活动家和科学界对核安全的关注，这种政策垄断才受到挑战。政策团体提出了关于核电的新的、消极的描述，在新场所（包括法院、国会委员会、社会上）引起了关注，政策垄断随之被摧毁。然后，这种新的、负面的核电形象在几十年里占据了主导地位，战后核能发电厂的扩张政策被暂停或被加强监管。直到最近，核电的复兴才成为一种严肃的可能性。

团体试图将问题提上议程以改变政策的做法并不总是受到政治精英的抵制。科布和埃尔德认为，当政治精英寻求变革时，他们也试图对公众进行动员，争取公众对某个问题的支持，帮助自己将问题提上议程。① 政治精英将问题提上议程的目的既可以是扩大现有的政策垄断，也可以是打破利益集团、官僚机构和国会委员会（经典铁三角模式）建立的政策垄断。

（2）多源流框架。

金登的多源流理论也提供了弱势利益集团影响政策议程的方式的视角——每个源流的变化都有可能为弱势群体提供为自己的利益发声、使自己关心的问题登上议程的机会。

在问题源流中，公众对问题的看法可能会发生变化，对议程制定者产生压力。1930年代，美国公众开始认识到失业不仅仅是个人缺乏主观能动性造成的，而是一个集体经济问题，需要由政府解决。1933年的罗斯福新政开启了针对穷人和失业人士的救济。

在政治源流中，弱势群体可能抓住政治契机来影响政策议程。比如美国的大选有时可能导致政策改革，让以往的弱势群体也有机会发声。总统以及国会的换届有可能打开机会之窗，因为新总统的党派和国会议院多数席位党派的变化往往会使政策议程的关注点发生转向，使一些以前被忽视或被阻挠的问题登上议程。

在政策源流中，弱势群体可能是新政策的目标群体。1960年代，美国政府将弱势群体的利益纳入了正式议程，并出台了新的政策来解决贫困和种族主义等问题，包括《1964年民权法案》《1964年经济机会法》和《1965年投票权法案》。

议程设置的研究能够帮助我们理解群体、权力和议程是如何相互作用的。

4.3.2 社会问题无法进入政策议程的原因

社会问题进入政策议程面临着重重阻碍，最终只有极少一部分可以成功到达

① Roger W. Cobb，Charles D. Elder. Participation in American Politics：The Dynamics of Agenda Building. Johns Hopkins University Press，1983.

议程。社会问题无法进入政策议程的原因包括但不限于：

（1）触发机制的范围、强度、时间、资源尚未达到足够程度，暂时没有制定政策予以解决问题的必要。

（2）利益集团的策略，包括否认问题的存在。

（3）政治主体声称需要对问题进行进一步研究，推迟解决问题的行动。

（4）政府担忧行动可能产生负面的社会后果，比如成本过高。

（5）问题可以被私营部门解决，不需要政府采取行动。

（6）决策者判断失误。

（7）政治原则的偏离。基本政治原则是立国之本，坚持这些原则不动摇，是确保国家长治久安的方法。在中国，“坚持党的领导，是党的各级组织和广大党员干部必须严格遵循的基本政治原则”①。如果政策诉求偏离了基本政治原则，与国家利益发生冲突，甚至威胁到国家政权的稳定，政府就会通过各种方法将其排斥在政策议程之外。

（8）价值体系的偏离。价值体系是社会中公认的价值观、规范和目标。任何社会都有既定的主导的价值体系，凡是偏离主流价值体系的社会问题和解决方案，都很难进入政策议程。

（9）政府体系的封闭。如果政府体系开放程度低，决策过程不透明，公众和政府之间的沟通渠道闭塞，公众不了解议程安排或政府决策的方式，那么公众则无法有效表达自己的诉求。决策者也无法有效了解公众的利益与偏好，公众所关心的事情不容易进入正式议程。

（10）承受能力的不足。决策者需要时间、资源、兴趣、信息、能力和政治意愿，才能对问题作出有效回应。如果问题太过复杂或棘手，超出决策者的承受能力，决策者便可能失去兴趣，进而排斥或回避问题。

（11）表达方式欠妥。问题的表达方式和提出途径不符合既定的组织程序要求，比如通过非正常渠道、采取过激的形式、语言晦涩难懂且缺乏重点等。

很多进入政策议程的事项都会逐渐失去热度，并最终失去议程状态，可能的原因是：政策制定者认为问题已经得到解决，所以将注意力转向了其他方面。导致问题的条件产生了变化；出现需要关注的新的和更紧迫的问题，取代议程上不那么紧急的问题；人们逐渐习惯了问题情境，不再将问题标记为问题。

---

① 全国人民代表大会：《坚持党的领导是立法工作必须遵循的根本原则》，http://www.npc.gov.cn/npc/c30282/201606/a2a91e453f9f4aeca78e7cd953878958.shtml#：~：text =%E5%9D%9A%E6%8C%81%E5%85%9A%E7%9A%84%E9%A2%86%E5%AF%BC%EF%BC%8C%E6%98%AF,%E4%B8%8A%E7%9A%84%E2%80%9C%E6%98%8E%E7%99%BD%E4%BA%BA%E2%80%9D%E3%80%82.

4.4 建立政策议程的模式

4.4.1 议程建立的共性模式

根据议程提出者的身份和议程的递进顺序，科布等人把政策议程建立的模式划分为外部建议模式、动员模式和内部建议模式。①

（1）外部建议模式（outside initiative model）是问题或解决方案从公众议程进入正式议程的模式。政府之外的个人或团体表达不满，并试图吸引更多人的注意和兴趣，从而在公众议程上占据一席之地。之后，他们需要对决策者施加足够的压力，迫使决策者将问题或解决方案列入正式议程。为了达到这一目的，发起者通常会把自己的问题与已经存在的相关问题联系起来，团结联盟，扩大影响力。但这样做也有风险，因为随着越来越多的利益团体进入联盟，最初的团体可能失去对于问题的控制。

（2）动员模式（mobilization model）是问题和政策方案从正式议程进入公众议程的模式。决策者直接把问题和政策方案列入正式议程，但在政策执行之前，决策者需要获得公众支持，所以需要把问题和解决方案推动到公众议程。动员公众进而获得其支持、认可与配合，可以促进他们自愿遵守政策，减少政策执行面临的阻碍。动员模式可能通过公开征求意见、听证会、发布会等途径，主动设置公众议程，广开言路，集思广益，寻求公众的理解和支持，赋予问题和政策方案正当性。

（3）内部建议模式（inside access model）描述了政策方案起源于某个政府机构或某个容易接触到决策者的团体的情况。内部建议模式中，发起者提出政策方案时，并不想将问题扩大到公众议程，因为他们想在政府内部寻求直接支持，不想受到来自公众的反对。他们不像外部建议模式那样强迫决策者将问题纳入正式议程，也不像动员模式那样为政策实施寻求公众支持，他们试图争取的是在政策的通过和实施中可能有重要影响力的群体的支持。

需要说明的是，虽然某种政治制度可能更多地使用某种模式，但每种模式并非跟一种特定的政治制度相对应。在现实中，每个国家都存在多种政策议程建立

---

① Roger Cobb，Jennie - Keith Ross，Marc Howard Ross. Agenda Building as a Comparative Political Process. American Political Science Review，1976，70（1），pp. 126 - 138. https://doi.org/10.2307/1960328.

模式。

4.4.2 议程建立的中国模式

杨宏山在《公共政策学》一书中，介绍了中国议程建立的六种模式①。

（1）关门模式。政策议程的提出者是决策者，公众并不参与。决策者下决心出台某一政策，直接将议题提上政策议程，不经由公众讨论，也不考虑决策圈之外的不同意见。在国防、外交等高度敏感的领域，关门模式仍然非常常见。

（2）动员模式。与前文提到的动员模式相同，决策者提出议程，然后试图引起民众对该议程的兴趣，争取他们的支持。在新中国历史上，一些重大战略性决策的议程设置就采取了动员模式，如“大跃进”“人民公社化运动”“文化大革命”等。在改革开放后，一些运动式的工作部署也采取了动员模式，如扫黄、扫盲、扫黑除恶等。动员模式一般包括五个阶段：①决策者发出文件，提出要求。文件的形式包括红头和报纸社论评论员文章。②层层传达，广泛宣传。传达往往先从党内开始，然后到达党外；先从干部开始，然后到达群众。广泛宣传，达到家喻户晓、妇孺皆知的程度。③认真学习，深刻体会。学习的途径包括文件、社论、网络平台等，目的是深刻领会中央精神和要求。④树立典型，以点带面。发挥典型示范引导作用，带动更广泛的地区工作。⑤统一思想，统一行动。动员的最终目标是形成共识，从而全面贯彻落实新政策。

（3）内参模式。内参模式中，议程提出者是接近权力中心的官方智库。智库通过各种渠道向决策者提出建议，他们往往不会争取民众的支持，甚至不希望讨论的内容被公众关注，而是更看重决策者的赏识。现代国家治理所涉及的问题十分复杂，仅凭决策者个人的能力判断，远远不足以处理这些问题。因此，建立智库机构，形成专业的决策咨询群体，可以提供决策支持。在国家层面，官方的智库包括中共中央政策研究室、国务院研究室、国务院发展研究中心、中国社会科学院、中共中央党校、国家行政学院等。

（4）借力模式。借力模式也是由智库提出议程内容。与内参模式不同的是，借力模式下，智库将自己的政策建议公之于众，希望借助舆论的压力使政策建议登上议程。一般来说，智库希望直接与决策者互动，而不是采取迂回的方式，因为通过舆论向决策者施压可能得罪当权者，所以，只有在关键时刻，比如，智库的政策建议受到政府内部的反对，但是民心所向时，借力模式才会发生。

（5）上书模式。上书是指给决策者写信陈述政策建议。在此模式中，建言者往往了解上书的渠道，具有知识优势和社会地位，因此具有一定的话语权，提

---

① 杨宏山：《公共政策学》，中国人民大学出版社，2020年，第80－82页。

出的建议可能会被重视。普通民众的上书由信访部门处理，较难被决策者看到。随着国家治理现代化发展，一些法律法规已经要求政府及时获取并积极回应民意诉求。普通公民的权利意识也在增强，他们通过上书表达意见，提出政策诉求。在互联网时代，建言者还可以通过问政平台、社交媒体等网络平台发言，反映问题、求助或提出建议。

（6）外压模式。外压模式也是由政府之外的主体提出议程，它与上书模式的区别在于，建言者对决策者施加了压力。在上书模式中，建言者通过晓之以理动之以情的方式来影响决策者，推动议题进入正式议程。但在外压模式中，议程提出者更注重引导舆论，从而向决策者施加压力，迫使他们将新议题纳入正式议程。

复习思考题

1. 政策议程有哪几种分类方式？

2. 托马斯·伯克兰把政策议程分成了四个不同的层次，这四个层次分别是什么？

3. 什么是触发机制？

4. 议程建立的中国模式有什么？

典型案例

多维视角下的公共政策议程建构过程分析——基于《校车安全管理条例》的案例研究①

为优化教育资源，20 世纪 80 年代以来，特别是自《关于基础教育改革与发展的决定》出台以来，中国进行了大规模的中小学布局调整，其重要措施是“撤点并校”（撤销教学点合并学校）。根据教育部《教育事业发展统计公报》的数据显示，1998 年至 2007 年的撤点并校使小学的数量减少了 47.5%，而同期的在校学生人数却只减少了 24.3%，学校减少的速度比学生减少的速度大了一倍。“撤点并校”催生了“校车”，但与此相配套的校车管理制度却没能得到足够的重视，校车运营过程中存在的这样或那样的问题又催生了“校车事故”。

从 2005 年开始，校车安全事故不断发生，虽有报道但都没有深究背后的制

① 魏志荣：《多维视角下的公共政策议程建构过程分析——基于〈校车安全管理条例〉的案例研究》，载《行政与法》，2012 年第 10 期，第 1－4 页。

度缺失。直至甘肃正宁校车事故发生时，校车安全问题得以浮出水面，并被重视。2011年11月16日甘肃省庆阳市正宁县榆林子镇发生严重交通事故，一辆载有64人的幼儿园校车与一辆大翻斗运煤车迎面相撞，造成19名幼儿遇难。事故发生后，国务院高度重视，要求认真查明事故原因，严肃处理相关责任人员。依据相关规定，国务院安委会对该起事故查处实行挂牌督办，查处结果将及时向社会公布。没过多久，12月12日，江苏省徐州市丰县首羡镇中心小学再次发生校车侧翻事故，造成15名学生遇难。事故当天以及13日、14日，丰县连续召开三次新闻发布会，并对校车监管过程中的不到位进行道歉。而后，云南、湖南、湖北、福建、广西等地也相继发生了校车事故。校车安全问题关乎全国中小学生甚至婴幼儿的生命权，关乎千千万万个家庭，事件的广泛性和严重性引起了家长、学校、专家、学者以及教育部、公安部以至国务院的高度重视。12月27日，工信部就《校车安全技术条件》《校车座椅系统及其车辆固定件的强度》《幼儿校车安全技术条件》《幼儿校车座椅系统及其车辆固定件的强度》四项国家标准草案公开征求社会意见。

据人民网舆情监测室的不完全统计（数据主要源于新闻平台、论坛、微博，涵括2011年11月17日至30日），内容围绕现状、处理结果、问责、出路、向国外赠车等讨论，其中新闻平台（网易）评论数达442309条（当日热门新闻跟帖均在前三名）；论坛（网易、天涯社区、猫扑）点击量为660826次，回复数为5685条；微博（新浪、腾讯）的转推数为34837次，评论数为5279条（当日微博热门话题均在前五名）。由此而言，媒体将问题推进公众议程，促使公众了解情况后各抒己见，并思考如何进行校车管理保障安全，这形成了强大的舆论效应，提高了问题的关注度，从而引导着媒体的新一轮报道趋势。

[思考]

1. 请从政策议程设置的角度分析《校车安全管理条例》的建构过程。
2. 结合该案例分析焦点事件对《校车安全管理条例》议程设置的影响。

延伸阅读

多源流理论视角下的“双一流”建设政策议程设置分析

统筹推进世界一流大学和一流学科建设（简称“双一流”建设），是新时期我国政府针对高等教育事业发展作出的重要战略选择。根据教育部发布的信息，首批国家“双一流”大学名单共计137所，其中世界一流大学建设高校42所，世界一流学科建设高校95所。本文运用多源流理论对“双一流”建设政策议程展开分析，试图从问题流、政策流和政治流三个层面深入分析“双一流”建设政策出台的原因，揭示该政策制定过程中各种因素的互动及其影响，加深对我国重大教育政策出台过程的理解。

一、问题流分析

政策的产生与问题的存在直接相关，问题的识别对于政策议程的建立至关重要。问题流主要讨论问题是如何被识别出来的。在多源流理论看来，问题的来源包括指标的变化、焦点事件或突发危机、反馈和预算等，决策部门主要通过以上途径和手段去察觉和了解实际情况，并据此识别和建构政策问题。

（一）指标变化：我国大学与世界一流大学的差距

问题引起政府决策者关注的原因常常在于某些指标显示问题的存在。中国自20世纪90年代明确提出建设世界一流大学的奋斗目标，经过“211工程”和“985工程”建设，我国高校在硬件建设、人才培养和科研成果等方面均取得了重要进步，但距离世界一流大学的水平仍有较大差距。

（二）焦点事件：不同类型大学之间办学经费差距拉大

在议程设置过程中，单纯的指标在某些时候并不能引起人们足够的注意，政策问题的建构还需要其他焦点事件的推动。大学所获得的经费支持是衡量高等教育资源配置公平性的重要指标。实施“分税制”改革后，由中央财政负担的100多所部属院校分配到的经费明显高于地方院校。而随着高等教育重点建设工程的实施，部属高校又通过“211工程”和“985工程”专项增加了财政资源，导致两者之间的差距越来越大。高校办学经费差距拉大作为一个客观数据指标，为决策部门提供了社会问题的数据反馈与直观感知，而不同大学之间办学经费差距问题在公众舆论中的发酵，很容易使人们意识到一流大学建设可能存在的问题和相关政策调整的必要性。这些均成为建构政策问题的重要原因。

（三）项目运行反馈：“985工程”和“211工程”反馈信息

界定某件事成为问题的第三个重要标准是反馈信息。项目运行是否按原定计划进行，出现哪些意料之外的后果，这些特定反馈信息会引起决策者的注意和对项目的重新审查。“双一流”建设在很大程度上可以视为原来的“985工程”和“211工程”的某种延续，因此原项目反馈问题会成为问题识别的重要依据。根据《统筹推进世界一流大学和一流学科建设总体方案》，“985工程”和“211工程”项目运行存在着身份固化、竞争缺失和重复建设等问题。这些问题是决策者在政策制定之初没有预料到的“非意图结果”，如果不加以纠正，势必会影响到我国高等教育强国战略的实施进程。上述项目运行中存在的问题被迅速反馈至决策部门，加速了“985工程”和“211工程”项目终止的进程和“双一流”建设政策问题的建构。

二、政策流分析

针对政策问题，社会中相关主体会形成各种政策建议。政策流主要关注议程设置中各方主体提出政策建议的活动，这些主体包括研究者、学者、利益集团代表和政府官员等，统称为政策共同体。在整个政策议程设置过程中，政策共同体中各方一般先阐述自己的思想和观点，然后发起对政策建议的讨论，以此“软化”其他政策倡议者、公众和决策者，使得自己的政策建议能够被接受。由此，在政策“原汤”内最终围绕政策问题会产生一个渐进的政策建议目录，汇集一些合理的具备可行性的政策方案。这些政策方案虽然不是问题进入政策议程的必要条件，但是加大了问题进入政策议程的可能性。

（一）学者和专家的建议

学者和专家因为其知识的专业性对备选方案的形成发挥重要影响。某一特定政策领域专家知识和观点的积累以及专家提出的政策建议都是促使政府政策备选方案形成的重要因素。学者和专家一般通过课题、论文、著作、学术会议等多种方式传达学术主张和政策建议。

（二）利益联盟的推动

在政策流中，当参与者识别问题或者选定某些政策建议时，他们主要通过说服来达成共识。在我国一流大学建设的历史变迁过程中，一些重点大学形成了拥护一流大学建设的利益联盟。它们通过举办学术活动表达自己的意见，通过参加会议、开设论坛、开展调查研究等方式对政策制定者和公众进行说服，为一流大学建设备选方案形成及进入政策议程提供可能性。通过会上和会下交流等途径，联盟高校努力使自己的政策建议获得政府官员的采纳，这是使政策议案获得认可的重要一步。

（三）国内外高水平大学建设的经验借鉴

国内外高水平大学建设的经验也构成了“双一流”建设的政策源流之一。例如，国际学科排名中通常采用ESI指标分学科对大学学术水平和影响力进行评价。ESI指标强调大学学科排名进入世界前列的思路，与我国高等教育重点学科建设的思路具有一定的契合之处。国内外学科评价和建设思路都将学科发展和学科排名纳入政策考量，强调应以学科而非整体高校为主，面向各类高校，实施重点建设。这些新做法也为解决原来以学校为主建设的身份固化问题提供了新的思路。

三、政治流分析

政治流主要涉及社会舆论、利益团体博弈、选举结果、政党或意识形态等因素的变化。政治流发展对于议程具有强大的影响，一些新的项目可能因此而变得重要，而一些旧的项目则可能因此被束之高阁。在“双一流”建设议程设置中，执政党的施政理念和高等教育发展规划、公众和媒体的推动以及利益团体的博弈等构成了强有力的议程建立推动因素。

（一）执政党理念和教育规划

在公共教育问题纳入议程的过程中，政府只有持积极鼓励和促使其产生的态度，教育问题才能较为顺利地成为教育政策问题。新中国成立后，党和政府在高等教育领域一直贯彻重点建设的理念，坚持“没有重点就没有政策”的方针，积极扶持重点大学建设。2010 年，国务院常务会议审议通过的《国家中长期教育改革和发展规划纲要（2010－2020 年）》指出，到 2020 年我国要建成一批国际知名、有特色、高水平的高等学校，若干所大学达到或接近世界一流大学水平。党的十八大以来，我国经济发展步入新常态，经济发展动力从主要依靠资源和低成本劳动力等要素投入转向创新驱动。上述新形势和任务对高等教育提出了更高的要求。可见，建设世界一流大学是新时期政府在教育领域的重点发展规划，是国家实施创新战略的重要组成部分。

（二）国民情绪的变化

在政治流中正沿着某些共同路线思考的国民情绪是一个不可忽视的推动因素。国民情绪是一种存在于大多数民众之中的思想倾向或舆论导向，其变化对政策议程和政策结果具有重要影响。政策制定者对国民情绪的感知不仅能够促进一些项目提上政府议事日程，提高其在议程中的地位，而且也可以抑制其他项目上升到议程的重要位置，或将其推向不明显的位置。国民情绪总体倾向于废除“211 工程”和“985 工程”，公众舆论借助报纸、网络、期刊等多种形式的传播发酵，使一流大学建设问题的受关注度不断上升。这种公众气氛在促使政府反思项目运行的同时，也降低了后续按照原方式建设“985 工程”的可能性。

（三）转型期的利益博弈

在政策流中，共识主要是通过说服而达成，而在政治流中，参与者主要是通过讨价还价来达成共识。不同利益群体之间力量的平衡可以缓解变革的进程，而当他们之间处于利益不平衡时，就会加速变革的进程，将政策问题摆在更突出的位置。改革开放以来，在高等教育领域，由于各院校原有基础、教育财政拨款和资源分配等差异的存在，“211 工程”“985 工程”院校逐渐成为强势利益团体，而非“211 工程”和“985 工程”高校则成为弱势群体。进入 21 世纪以来，由于资源分配不均及所带来的附带效应，高校之间办学经费差距不断拉大，强势群体和弱势群体开始进行利益博弈，一方想打破现有的制度规则获得更多利益，另一方则全力维护现有资源。双方博弈的结果就是，在不危及原有利益分配格局下，给弱势大学和学科让渡一定的利益。“双一流”建设方案通过实施一流大学和一流学科建设同时推进的思路，兼顾了原来重点建设大学利益，也给弱势高校发展提供了机会，同时还通过“绩效管理、动态支持”等机制，打破了原先高校身份固化的局面，实现了新的利益均衡。

四、三源流的汇聚

问题流、政策流和政治流每一条源流都有各自的作用和功能，任何单一源流都不能对政策过程起决定性作用。三个源流平时相互平行运行，只有三个源流在某个关键时间点上汇合，“政策之窗”开启，议题才能顺利进入政策制定程序。习近平总书记的五四讲话表明了中央政府对建设中国特色世界一流大学高度重视，这事实上相当于打开了一扇有利的“政策之窗”。此时是新政策获得关注和接纳的“关键”时刻，也是政策方案进入政策制定程序的最佳时机。在此背景下，教育部、财政部、国家发展改革委和相关高校等政策行动者趁势而上，贯彻落实总书记讲话精神，将“双一流”建设方案顺提上政府的议事日程。

“双一流”建设政策的出台是在我国特定的经济和社会发展阶段，建设世界一流大学的问题流、政策流和政治流相互作用，政策参与者积极互动等一系列内外部因素综合作用的结果。多源流理论为我们提供了理解和解释“双一流”建设政策制定过程的有效框架。它揭示了“双一流”建设政策出台过程中国家规划、执政党理念、新闻媒体、专家学者以及社会大众等因素的互动及其影响，揭示了问题为什么能够以及怎样被纳入政策议程的原因及其发展过程。

（包海芹，方伊凝：《多源流理论视角下的“双一流”建设政策议程设置分析》，载《复旦教育论坛》2021 年 19 卷第 4 期。有删节）

《 第5章　政策制定、采纳与合法化

公共问题进入政策议程并成为政策问题之后，下一步就是公共政策制定(policy formulation)。公共政策制定又称政策规划、政策形成。公共政策制定在整个政策过程中处于中心枢纽的地位，是政策主体在探究分析政策问题的基础上，运用政策设计的知识和技术，提出解决政策问题的方案，为政府决策提供依据的过程。政策制定既是一种依赖理性和专业性的技术活动，又是一种涉及政策主体之间竞争的政治活动。政策制定的基本步骤包括确定政策目标、建立评估标准、设计政策方案、评估政策方案、选择政策方案。政策制定的产物是解决政策问题的最合适的方案。之后，相关政策主体需要遵循特定的程序，采纳政策并将政策合法化，出台具有权威性的公共政策。只有通过运行良好的政策制定、采纳与合法化，形成被社会所接受并具有合法地位的政策方案，政策执行才能顺利开展。

5.1　政策制定的含义

5.1.1　什么是政策制定

政策制定是指政府基于政策目标制定具体的政策方案的过程，在此期间，政策制定主体通过排除不可行的选项来缩小选择范围。

政策制定包含了两个方面的行为：技术方面和政治方面。

从技术方面看，政策制定是一种分析行为。政策分析人员从理性的角度出发，基于合理的、科学的分析，针对复杂的问题，提出有效的、可行的解决方案。这是政策制定的分析阶段。不过，这一过程也不完全是技术性的，因为政策分析人员在设计和选择政策方案时无法做到完全客观，比如对于政策受众行为的假设就涉及主观判断。

从政治方面看，政策制定是一种政治行为。决策者们通过繁琐的政治程序争取对政策方案的支持，通过交换、说服或强制的方式达成共识，然后依照集体决策机制在众多政策方案中做出选择，并通过政治程序使该政策合法化。政策方案必须在政治上可行，才可能被决策者采纳。这是政策制定的政治阶段。

不管是分析还是选择，都受到参与主体的价值观的影响，因此，公共政策制定过程往往是复杂且有争议的。

5.1.2　政策制定的主体

政策制定主体可分为单一型和多元型。单一型通常指政府是政策制定的主体，而多元型通常指政府内外的多种主体都合法参与政策制定。不过，政策制定完全由政府部门独立完成的情况已经越来越少，政府不再是单一的决策者，而是与公民、企业、社会组织等多个决策主体进行互动与合作，以提供更好的公共服务。比如，世界上不少国家都采取了听证制度，立法机关在研究政策方案时或作出决策之前，会听取有关部门、专家、利益团体、公民等的意见，鼓励政策辩论，给相关群体提供必要的发声渠道，使政策制定成为多种主体参与的民主过程。政策制定需要向公众开放，充分考虑公众的政策偏好，尤其是在民主政体中。政策的失败有时正是由于政策制定未能充分确保受影响群体的参与。乔治·安德森认为：“政府之外的健康的政策研究团体可以在丰富公众对政策问题的理解和辩论方面发挥重要作用，它是政府内部政策能力的自然补充。”①

政策制定两个方面（技术方面和政治方面）的行为也相应创造了两种不同的公共政策制定角色。

第一种是政策分析者（也称政策制定者或政策工作者）。他们在政府内外工作，使用分析工具来研究问题，设计出政策方案，将理论和知识注入到政策制定中。政策分析者应就政策工具、受众行为、方案成本和收益、政策可能的后果等做出合理的技术分析，但他们不需要对政策方案的后果负责，因为他们的角色只是尽可能提供全面的信息。

第二种是被选举的或被指定的官员。他们的职责是根据技术分析，对政策目标、利益分配、价值观优先级等进行判断和权衡，从而挑选出政策方案。他们将价值观、判断力、责任感注入到政策制定中。他们依法享有对政策方案的最终决定权，并需要对公众负责。这两种角色相互补充，决策者与政策分析人员的互动，在政策制定过程中起着至关重要的作用。

虽然处于权威决策位置的政府决策者最终制定公共政策，但他们通常会参考

---

① George Anderson. The New Focus on the Policy Capacity of the Federal Government. Canadian Public Administration/Administration Publique Du Canada, 1996, 39 (4), pp. 469 – 488. https://doi.org/10.1111/j.1754 – 7121.1996.tb00146.x.

或听从政策分析人员以及自己信任的人对政策方案的意见和建议，他们处于复杂的政策顾问网络的中心，这个政策顾问网络包括政府中的政治顾问以及非政府组织、智库和其他类似组织中的顾问，还包括同事、朋友、亲戚、公众和政党等。决策者参考多种政策建议来源，包括专业或非专业的建议。

因此，迈克尔·豪利特（Michael Howlett）等人在2020年出版的《公共政策研究》中，把政策制定主体分为了三类①。他们将政策制定过程中的政策分析者又进一步分为了“知识生成者”和“知识经纪人”。

在三类人中，第一类是具有实际决策权的人，他们是政策分析和政策建议的“消费者”，比如立法者们以及行政部门高级官员等被依法赋予决策权的主体。第二类是处于学术界、统计机构和研究机构的“知识生成者”，他们提供基本的科学、经济和社会科学数据，政策分析与决策往往基于这些数据。第三类是“知识经纪人”，他们是知识生成者和决策者之间的中介，将生成的数据和信息加工成可用的形式，供决策者使用，这类人包括政府内部的永久专业研究人员、委员会和专案组中的临时专业研究人员，以及在非政府类的智囊团和利益集团任职的专家。

5.1.3 政策分析

针对公共政策问题提出并选择解决方案的过程离不开政策分析。政策分析是依据一定的政策理论、知识，运用各种分析方法和技术，帮助决策者制定和优化具体政策的过程。政策分析所进行的实证分析和理论研究，最重要的目的就是为政策制定提供可靠的依据。政策分析贯穿整个政策过程，但它的重点内容集中在政策制定这一阶段。

巴顿（Carl V. Patton）等人将政策分析分为七个步骤②：构建问题、确定政策目标、建立评估标准、设计政策方案、评估政策方案、选择政策方案以及执行、监控、评估政策。

政策分析在构建政策问题过程中发挥重要作用，在政策制定这一阶段，政策分析的重要性更加凸显。政策分析的目的是为解决问题提供科学依据，而政策制定过程正是解决问题的重点——创建和选择行之有效的解决方案。所以我们将在政策制定这一章节简单介绍政策分析的第2～6个步骤。

政策分析包含正面分析和规范分析。正面分析是描述性的，是价值中立的，

---

① Michael Howlett，M. Ramesh，Anthony Perl. Studying Public Policy：Principles and Processes. Oxford University Press，2020，pp. 171.

② Carl V. Patton，David S. Sawicki，Jennifer J. Clark. Basic Methods of Policy Analysis and Planning. 3rd ed. Routledge，2012，pp. 43.

它依赖于社会科学来提出和证明有关政策原因和后果的主张。例如："收入不平等正在加剧"，这是描述性的科学论述。又如："大量研究表明，收入分配不平等会导致犯罪率上升"[①]，这是对于问题成因和问题之间的因果关系的科学论述。

规范分析则规定"应该是什么"，包含价值因素，旨在评估政策方案的预期效用和道德价值，借鉴了决策分析[②]、经济学、伦理学以及社会和政治哲学的其他分支。规范分析涉及对目标和解决方案的选择，需要在公平、效率、安全、自由和民主等相互竞争的价值观之间不断权衡。例如："目前的收入分配不平等现象是不公平的"，这就是包含价值观的论述。

威廉·邓恩（William N. Dunn）认为，政策分析是一个探究询问的过程，旨在创建、评估和交流信息，以便逐渐理解和改进政策方案。探究询问不是指能通过纯粹客观、价值中立的分析来证明的解决方案，而是依赖于政策分析者和其他相关主体的价值观和利益等主观因素。虽然政策分析基于科学方法，但它也依赖于语言的艺术、沟通的技巧和说服的能力。[③] 因此，政策分析也面临着许多障碍和局限，比如价值观和利益的冲突、信息、时间、资源的有限性等。

现实世界中，政治、经济、社会、法律、道德等众多方面的复杂问题都需要靠政策解决，所以政策领域数量繁多。每个领域都有专业的研究者和从业者，着重解决具体的政策领域的问题，比如政治学家、经济学家和公共管理人员等。

政策分析也是跨专业的方法。政策分析是常识和专业探究形式的结合。因为政策分析涉及解决实际问题时的思维运作过程，所以它是基于具体问题的。正是这种问题导向，将政策分析与重视知识本身的学科（比如物理、数学）区分开来。也正是这种问题导向，使得多个学科的知识通常比单一学科的知识更能有效应对现实问题。多学科政策分析非常适合复杂的政策制定过程。

---

① Pablo Fajnzylber, Daniel Lederman, Norman Loayza. Determinants of Crime Rates in Latin America and the World: An Empirical Assessment. Washington, D. C: World Bank Publications, 1998; Ayse Imrohoroglu, Antonio Merlo, Peter Rupert. What Accounts for the Decline in Crime?. International Economic Review, 2004, 45 (3), pp. 707 – 729. https://doi.org/10.1111/j.0020-6598.2004.00284.x.

② 决策分析（decision analysis）是包含决策所需的哲学、方法论和专业实践的帮助人们决策的分析方法。

③ William N. Dunn. Public Policy Analysis: An Introduction. 4th ed. Pearson College Div, 2009, pp. 2.

5.2 政策制定的步骤

政策制定过程是政府将政策目标转化为具体行动方案的过程，其最终产物是应对社会需求和挑战的政策方案。为了生成这一产物，政策制定可以分为以下几个步骤：确定政策目标、建立评估标准、设计政策方案、评估政策方案、选择政策方案。

实际的政策制定过程并不是单向的逐步进行的线性过程，而是多阶段多环节的反馈调整过程。当某一阶段出问题时，就会返回之前的环节进行调整，直至能够形成最终的政策方案。

5.2.1 确定政策目标

政策目标奠定了政策制定的基础，它是指决策者期望通过政策达到的结果，根据内容，大致可以分成三类：防止问题恶化、改善问题但不会完全消除问题、消除问题，三者激进程度递增。

根据详细程度，政策目标可分为基本政策目标（goals）和详细政策目标（objectives）。

基本政策目标是关于长期或短期的目标的正式声明，往往措辞宽泛，可以是无形的、不可衡量的，比如“提高中国高等教育水平”。基本政策目标可以清晰地陈述政策的优先关注点，指明政策制定的大方向。

详细政策目标是关于预期效果的更加细致的陈述，一般是具体的、可衡量的、可实现的、基于现实的、有时限的①，比如“到2050年，使中国42所高校进入世界一流大学行列”。详细政策目标描述了理想的发展路径，为政策设计和选择方案提供了指导。政策制定者需要时刻瞄准详细政策目标，否则会像无头苍蝇一样失去方向，或在错误的目标上浪费人力物力，不仅无法解决想要解决的政策问题，还可能导致其他负面影响。详细政策目标也为政策执行提供具体指令，政策执行者可以把它作为标杆，随时校正偏离目标的行为，缺乏共同目标的政策执行者只是一群乌合之众，详细政策目标也是政策事前评估和事后评估的参照标准。

政策目标一般具有以下特征：

---

① Specific，Measurable，Achievable，Relevant，Time－Bound，简称SMART标准。

（1）层次性。政府的目标体系往往分为很多层次，是逐渐细化的，如分为总目标、子目标、次级子目标等。一个总目标由下一级的多个具体的子目标支持，子目标又可以分为更多的次级子目标，层层递进。

（2）多样性。政策目标的分类方式多种多样。按照目标内容，可以划分为经济目标、教育目标、医疗保健目标等；按照涉及范围，可以划分为宏观目标、中观目标和微观目标；按照时效，可以划分为长期目标、中期目标、短期目标；按照重要程度，可以划分为主要目标和次要目标等。

（3）系统性。多层次、多样化的目标相互交织、相互关联，构成了有机的目标系统。

确立政策目标需要遵循一定的原则：

（1）具体明确性。政策目标必须明确，不能有歧义。要尽可能量化目标，目标表述中的时限、要求、范围等因素都要具体确切，杜绝模糊不清或模棱两可的情况。

（2）前瞻性。目标是决策者期望达到的结果，蕴含着时间跨度。设立政策目标时，需要考虑到问题未来发展的可能性，分析预测问题发展的趋势。

（3）可行性。目标必须是切实可行的，不能好高骛远，要基于客观现实，充分调查研究现实条件——人力、财力、信息、科技、法律、社会道德规范等——的助力与局限。只有政策目标适当高于现实水平，在现有条件下经过努力能够实现，才能产生恰当的激励作用。

（4）协调性。政府决策是个复杂的过程，往往需要同时实现多个目标，因此，处于目标系统的结构必须是合理的、局部的、低层的，短期的目标要从属于总体的、高层的、长期的目标。目标之间不能相互矛盾冲突，需要协调一致。

确立政策目标的难度往往很大，这是因为政策目标的实现、其背后的价值因素、政治因素等经常发生矛盾冲突。

（1）目标实现。错综交织的政策目标系统中，目标之间可能产生矛盾。一项政策很难完全兼顾多个目标。如何进行取舍，如何确定主要目标并平衡多个目标，是确定政策目标面临的挑战。

（2）政治因素。政策关乎分配，不同利益相关方对于分配的获益者、分配的资源、分配的方法常常有争议，导致相互竞争的政策主张。因此，政策制定的参与者需要通过协商、说服、讨价还价等方式达成共识。在此过程中，利益集团向决策系统施加压力，操纵政策目标的陈述内容。而制定目标的决策者为了更容易达成共识，可能刻意制定模糊且广泛的政策目标，以便取得更多政治力量的支持。政治过程中的诸多因素加大了确立政策目标的难度。

（3）价值因素。西蒙认为，决策不仅包括事实因素，还包括价值因素。[①] 政策目标的确立受到决策者的价值观的影响。现代政府中的决策者往往不是单一决策者，多个决策者因为经历、文化背景、社交网络等不同，产生了认知和偏好的差异，因此价值判断可能发生冲突。对同一个问题及其产生的原因理解不一致，使定义目标变得困难。

斯通列出了五大类政策目标：公平、效率、福利、自由和安全。[②]

（1）"公平（equity）"的意思是公平正义，与"平等（equality）"含义不同。平等意味着为所有人提供相同的待遇，而公平意味着认识到人们处于不平等的位置，并要调整这种不平等。在某些情况下，只要有一个公平的程序来决定结果，人们就可以接受不平等的结果，例如彩票、体育比赛。政策制定者如果以公平为政策目标，那么就要考虑利益相关群体有哪些、划分利益相关群体的方法是什么等问题，以达到公平。同时，因为同一种商品或服务对不同的人来说价值不同，政策制定者还需要对社会群体的偏好进行排名，并考虑分配资源的方式——通过竞争、选举或随机选择。这些都是涉及价值判断的问题。

（2）"效率（efficiency）"即产出与投入的比率。效率最大化即使用最少的资源来达成某个既定目标，或利用某一既定输入实现输出结果最大化。在社会层面，效率最大化是一种理想，旨在指导社会资源分配，以获得最大价值。在现实中，在不同利益相关者眼里，对于怎样衡量效率往往存在分歧，效率通过个人感知的效用来主观确定。比如，对于使用图书馆的学生来说，在一定预算下，藏书量是产出，雇佣图书馆行政人员是浪费，不利于提高效率；对于图书馆行政人员来说，服务质量是产出，藏书量没那么重要。涉及价值判断的问题还包括：谁是政策的获益者？谁承担政策的成本？如何衡量一项政策的投入和产出？效率本身不能作为唯一的政策目标，有效性（即实现目标的程度）同样重要，否则，就有可能将政策方案推向单纯追求低成本境地。少花钱少办事，成本和收益都低，也能达成效率高的目标，但完全没解决问题。所以，效率只能是一个相关的政策目标，需要与有效性结合考虑。

（3）"福利（welfare）"通常是指政府能够在多大程度上满足人民的基本生存需求。公共需求是指社会承认的合法的并试图作为一个整体来满足的需求，它客观存在并对社会本身至关重要。公共需求是有争议的，需求的多层含义导致了福利的不同概念。

福利有六层含义：

---

① 赫伯特·西蒙：《管理行为——管理组织决策过程的研究》，北京经济学院出版社1988年版，第44－45页。

② Deborah A. Stone. Policy Paradox：The Art of Political Decision Making. 2000.

①绝对的需求 vs 象征性的需求，即福利的物质价值和象征价值。比如，生存所需的最低食物热量和最低收入属于绝对的、可量化的需求；特定宗教的饮食习惯就属于象征性的价值。两种价值都很重要。

②内在的需求 vs 工具性的需求。内在的需求是对于政策本身所提供的资源的需求。工具性指某一事物能够作为工具而达成目标的性质，因此，工具性的需求是利用政策达到其他目标的需求。比如，人们需要的不是钱本身，而是钱能买到对个人来说有价值的东西，那么钱就是工具性的。以政府提供的公立教育为例，对于个人来说，内在的需求是享受学习本身的乐趣，对于政府来说，工具性的需求是通过教育产出生产力更高的工人，为社会做出经济贡献。政策往往关注社会或国家需求，而不是个人需求。比如，奥巴马医改的支持者强调法案能够降低解决问题的成本，节省纳税人的钱，关注政策的工具性的目标，但忽视了健康保险的内在目标，即提高个人健康水平和提供公平获取医疗保健的机会。政策所分配的资源对于满足个人内在的需求很重要，但其工具性能够使个人或社会实现更广泛的目标。

③易变性 vs 安全性。易变性指环境的不确定性，能够给人们带来不安全感和危机感。穷人的生计极易受到气候、暴力、疾病、贪腐的影响，以至于他们在种植粮食、赚钱谋生之外，还需要在确保安全方面投入大量精力与资源。这种安全意义上的福利至关重要。福利不仅取决于眼下有足够的资源，还取决于可预期的未来是否有足够的资源。

④数量 vs 质量。政策制定者需要设定明确的门槛，以达到确立目标、定义资格和衡量绩效等目的。但是，客观的、可衡量的标准可能会扭曲或掩盖对人类福利有价值的东西。个人收入和国民经济发展水平都不能完全代表福利。政策制定者没有简单的答案来定义和衡量福利，没有公式规定“如果实施政策 X，公民幸福感将提升 Y%”。福利同样取决于难以衡量、难以定义的定性因素。于是，一些社会科学家使用主观幸福感的概念来衡量福利。

⑤个人需求 vs 关系需求。关系需求指个人在社区或群体的归属感。一些需求，诸如友谊、爱、尊重、荣誉、团结、归属感，只能从与他人的关系中获得。福利取决于个人需求和关系需求的满足。

⑥绝对需求 vs 相对需求。绝对需求与固定水平挂钩，比如收入水平。相对需求与社区内资源分配的相对位置有关。比如，收入低于某个数额可以领取福利，还是收入低于所在地区的平均现行工资可以领取福利，这是绝对与相对的区别。个人对需求的感知经常是通过和身边的人比较得出的，正如一个国家制定的国防政策很大程度取决于其他国家的国防力量和安全措施。主观福利取决于资源的绝对水平和与社区其他成员的比较。

（4）“自由（liberty）”，指自由选择、行使控制权的能力，也是个主观的概念。自由的悖论在于，社会的秩序和安全需要靠法律和政策维持，而各种法律和政策必然限制个人自由。法律和政策旨在维护社会秩序，无论违法行为是否对其他人造成伤害，都要被追究。比如，司机闯红灯，即使没有人受到伤害，司机也会受到惩罚。要达成“自由”这一政策目标，就要在免受胁迫的自由和受到伤害的自由之间找到平衡。政府何时才能合法干预公民的选择和活动？政府是否应该为了保护个人的安全而剥夺个人的自由？个人和国家责任的界限在哪里？回答这些问题也需要价值判断。

（5）“安全（security）”，主要指主观的安全，可以概括为完全不担心有坏事发生、感知不到威胁的感受。政策分析用风险评估科学衡量风险，期望值这个变量可以用作不安全感的客观衡量标准。比如，恐怖主义袭击有 0.1% 的概率发生，发生的话会造成十万人死亡，期望值即 0.1% ×100000 = 100 人。但期望值并不能改变人们主观的不安全感受。

关于安全的争论包括：为了安全，社会所能接受的政策干预的程度在哪里？在干预之前，可以容忍多少安全风险？比如，中华人民共和国生态环境部实施的生活饮用水水源水质标准[①]中规定，一级饮用水中汞的含量不应超过 0.001mg/L，铅的含量不应超过 0.05mg/L。这代表了政策制定者评估风险之后，做出权衡，确定了饮用水中有害物质的可接受限度，并没有规定必须将所有有害物质完全消除。同理，2021 年 10 月 9 日，新加坡放弃新冠肺炎清零政策，改为与病毒共存。[②] 争论还包括：政府需要以多大力度进行干预以防范风险？比如规定桥梁的安全要求、系汽车安全带的要求等；旨在促进安全的政策是否同时也危害安全？比如，摄像头、面部识别等技术可以震慑潜在犯罪分子，让人们普遍感觉更安全，但对隐私被侵犯的担忧又会使人缺乏安全感；枪支可以用来进行自我防卫，增强安全感，然而枪支暴力也对公共安全产生巨大的破坏。在政策领域，许多冲突和争议源于不同的安全愿景以及对如何实现安全这一政策目标的讨论。

达成预估的风险和真正的危害之间的平衡，既涉及政治选择，又涉及道德选择。

政治方面，风险评估可能会受到利益集团的影响。事故发生的概率和造成的损失都来源于估计值的说法不完全准确。比如，风险评估专家评估了石油泄漏的

---

① 《生活饮用水水源水质标准》，中华人民共和国生态环境部，1993. https://www.mee.gov.cn/ywgz/ssthjbh/zdgcszbz/201605/t20160522_342105.shtml.

② Grady McGregor. Singapore's Rocky Reopening Is Still a Model for Ending the "Covid Zero" Era of Pandemic. Fortune, Fortune, 11 Oct. 2021. https://fortune.com/2021/10/11/singapore-covid-cases-reopening-travel-us-canada-uk-covid-zero/.

风险，但受到石油公司施加的压力之后，改变了估算方式和数值，从而淡化了石油泄漏的风险。除了淡化风险之外，利益集团及其雇佣的专家可能会夸大评估结果的确定性，以哄骗决策者做出对他们有利的政策决定。有时，决策者也愿意顺水推舟，因为就算出了事故，还可以通过怪罪评估结果不够准确而转嫁责任。

根据欧盟委员会的规定①，当一项活动可能对人类健康或环境造成严重或不可逆转的损害时，不应将缺乏完全科学确定性作为推迟采取干预措施的理由，这一原则被称为风险预防原则。援引此原则，大多数欧盟国家禁止粮食和农业中的转基因生物。② 欧盟将安全提升到道德原则的层次，赋予决策者道德责任。

以下几个关于相互冲突的目标的例子可以引起思考：

（1）自由和安全的冲突：传染病疫情发生时，如果为了安全封城，个人外出与否的自由会被削弱；如果不封城，所有人自由活动，则会加快疫情传播，危害公共安全。

（2）公平和效率：仅靠市场就可能成功地有效配置资源，但不能保证结果的公平性。

（3）自由和福利：一方面，如果没有满足基本福利，一个人就无法做出自由选择；另一方面，福利意味着依赖性，也就是自由受到削弱。

以上并不是说所有政策问题都极其复杂，完全无法设定目标，而是强调在复杂的政策环境中设定和实现目标非常困难。

5.2.2　建立评估标准

在制定具体的政策方案之前，需要定义评估方案的标准（criteria），评估标准是政策目标的可衡量的维度，用于比较和排列政策备选方案。标准可以是决策者在给定情况下认为相关的任何属性。

常用的标准包括经济、效益、效率、充分性、回应性、公平、正义、社会健康、政治可行性、行政可行性、合法性、可持续性等。分析人员很少同时使用所有标准，而是挑选他们认为最为重要的标准。每个政策问题都对应一组独特的评估标准。使用不同的评估标准可能导致选择不同的政策方案。

建立了评估标准之后，就是确定衡量指标（measures）的时候了。衡量指标是用来测量、表达标准的具体数值。如果一个评估标准是大学的优劣，那怎样衡

---

① The Precautionary Principle. EUR – Lex, The European Commission, 2000. https://eur – lex. europa. eu/legal – content/EN/TXT/?uri = LEGISSUM%3Al32042.

② Emily Journey. Where Are GMO's Banned? GMO Watch, GMO Watch, 3 Dec. 2021. https://gmowatch. com/where – are – gmos – banned/.

量这个标准呢？QS 世界大学排名按照以下六个衡量指标及权重对大学进行评估[①]：

表 5－1　QS 世界大学排名依据的指标

指标	权重	单项得分
1. 学术声誉	40%	
2. 雇主声誉	10%	
3. 师生比	20%	
4. 每名教师的引用率	20%	
5. 国际教师比例	5%	
6. 留学生比例	5%	
总得分	100%	

对于每所大学，都要按照上述指标、单项得分及其权重计算出一个总得分，这个总得分就是“大学的优劣”这一标准的量化。在评估政策方案时，不同的政策方案就类似于不同的大学。

标准及其衡量指标必须明确无误，它们应该相对直接且易于测量。对同一指标，无论由谁来测量，都应该产生相同的结果，而且，重复多次测量也应该产生相同的结果。

5.2.3　设计政策方案

1. 什么是政策设计

政策设计（policy design）旨在了解政府面临的问题的性质、可用于处理问题的资源以及解决问题的不同政策工具的能力、必备条件或特征。政策设计的主要内容是有意识地将政策目标与相应的政策工具联系起来，收集关于政策工具的使用对政策目标的影响的知识，比如不同政策工具影响政策结果的能力、支持它们正常运作所需的资源、限制政策工具使用的因素，包括信息、知识、政治制度等，并将这些知识应用于政策制定和政策执行。因此，政策设计的过程是系统的，以知识为基础，从已知的工具和结果的关系出发，遵循逻辑推理过程，选择实现政策目标的手段。政策设计与一般政策制定的最根本区别在于它有意识地创

① O Craig. QS World University Rankings-Methodology. Top Universities，2022. https：//www. topuniversities. com/qs－world－university－rankings/methodology.

建一个模版，以用于指导政策干预措施，改进政策实践。

托马斯·A. 伯克兰（Thomas A. Birkland）把政策设计的要素归纳为因果理论和政策工具[①]：

（1）因果理论。如果政策制定的参与者能够在政策目标上大致达成共识，那么下一步就是构建因果理论。因果理论是关于导致问题的原因以及特定政策干预如何缓解该问题的理论，没有好的因果故事，政策设计就不太可能实现预期的结果。

因果故事决定政策工具的设计。比如，青少年肥胖率升高的原因，是垃圾食品摄入过多、城市规划不够科学所以缺少可供运动的场所、青少年学业压力过大没时间运动、家长疏于教育、青少年缺乏自控力或是其他，不同的因果故事陈述了不同的问题原因，蕴含着不同的解决问题的政策出发点，从而导致不同的政策工具的选择。因果故事会产生目标群体划分和利益划分，因此也会影响政策的政治可接受性。

（2）政策工具（policy instrument）。政策工具是实现政策目标的技术手段。设计政策工具考虑的问题包括：哪些政策工具能够产生预期的效果？它们如何影响目标群体的行为并促进政策目标的实现？如果使用政策工具 A，一定会产生效果 B 吗？怎样确定两者之间的因果关系？政策工具是具有强制性的，还是更多依赖激励或教育？拉斯韦尔强调政策工具的选择在政策制定过程中的中心地位，并认为需要将跨学科知识用于开发适当的解决问题的手段。[②]

（3）政策受众。政策制定者需要确定政策工具的具体受众，即目标群体，并对他们的行为进行预测和假定。政策设计和其他机械设计的区别是，政策设计需要考虑人的动机和行为，包括政策受众的价值观。即使是那些相对技术性的政策领域，也会受到相关个人行为的影响。比如，虽然修建道路相对技术性，但交通设计是否成功取决于驾驶员的行为，取决于他们是否按照政策预期的行为使用道路。交通设计旨在缓解交通拥堵，但许多证据表明，修建一条新道路会增加选择开车的人数，最终可能会加剧交通拥堵。[③] 准确预测政策工具的行为效果和影响是政策设计的一个关键因素。

（4）政策执行。政策设计的内容可以用 5W1H 法进行概括，即 what（做什

① Thomas A. Birkland. An Introduction to the Policy Process. Routledge, 2015, pp. 301.

② Harold D. Larswell. Key Symbols, Signs and Icons. Symbols and Values: An Initial Study, edited by Lyman Bryson, Louis Finkelstein, R. M. MacIver, Richard McKeon, Harper & Bros, New York, NY, 1954, pp. 77 - 94.

③ Guy B. Peters. The Logic of Policy Design. Policy Problems and Policy Design, 2018, pp. 1 - 34. https://doi.org/10.4337/9781786431356.00006.

么)，why（为什么做)，who（谁去做)，when（何时做)，where（何地做)，how（怎么做)。[①] 政策设计要考虑政策执行细节，比如，政府将怎样使用政策工具、怎样分配人力和物力来执行一项政策？计划将如何实施？可能遇到的阻碍是什么？谁来制定实施体系？实施顺序是自上而下还是自下而上，为什么？

2. **政策设计的作用**

首先，从设计角度考虑政策很重要。太多的政策失败源于对现有政策的简单修改，缺乏系统的思考、分析或设计思想。尽管渐进主义模型认为，政策的小规模变化更不容易出错，但在没有足够的远见或设计的情况下，对政策进行哪怕是很小的修改都容易导致失败。

其次，清晰的设计有助于后续对政策的了解和评估。政策执行阶段所遇到的问题和得到的经验可以反馈到下一轮政策设计中。而且，如果政策有明确的设计，则更容易在政策事后评估阶段分析设计的强项和弱项，并在下一轮政策设计中进行改进。因此，政策设计实际上跨越了政策制定、政策执行、政策评估多个阶段，并涉及这些阶段中的多个参与者和利益集团。科学设计政策，能够为政策制定提供更清晰的知识基础，也有助于确定政策设计对政治体系和对社会的意义。

在政策设计中，政策制定者应尽可能将分析建立在逻辑、知识和经验的基础上。即使政策制定过程也受到政治或利益的驱动，公众和其他政策参与者经常表现出不完全理性的方式，但至少在概念上，政策设计可以与政策制定过程中的政治因素区分开。政策设计是一个更加理性、更加工具化的政策制定机制。

非设计性的政策制定机制受到更多政治或利益的影响，即通过说服、协商、互投赞成票甚至寻租等政治过程制定政策。政策制定者或决策者基于政治计算，在不同的价值之间进行权衡。政策制定和决策主要基于政治计算，而不是其他客观的评估标准。非设计性的政策制定也包括路径依赖，即更倾向于在原有政策的基础上修改，还包括通过偶然或意外的途径发现政策选项。因此，政策设计的决策可能与政治决策不一致。

许多评论员、专家或公众悲观地认为，所有政策都是政治制度和决策过程的输出，本质上是利益驱动的，并不是逻辑和知识驱动的，因此缺乏理性的设计因素。然而，现实中很多例子表明，政策制定过程较少受参与者自身利益、政治意图或意识形态的影响。政策参与者能够尽力平衡设计因素和政治因素，从功能或工具的角度，基于政策替代方案的效率和有效性等标准，更系统地分析政策方案的优缺点，寻求最佳设计的方案，同时涵盖尽可能多的价值观和想法。

---

① 谢明：《公共政策导论》，中国人民大学出版社，2015 年，第 187 页。

不过，财力、人力和技术资源的限制、制度框架的缺陷、监管不力等，都是政策设计的障碍，阻碍有效的政策制定和实施。而且，由于政策结果的不确定性和政治因素的不确定性，制定长期政策具有相当大的难度。除了外部环境外，政策问题本身也可能加大政策设计的难度，当政府面临结构差且复杂的政策问题时，便只能以结构差且适应性更强的政策设计来应对。因此，政策设计不应该是静态的，而应该是一个不断发展的动态过程。

政策制定过程中，政策分析师的工作远不止理性分析，政策制定的工作内容比以前更加多样化。因此，除了“政策分析师”以外，“政策工作者”一词也逐渐流行起来。政策工作者的定义类似“政策企业家”，它们不是具体的职业，而是强调所从事的活动和工作的内容。大多数政策工作者身兼数职，在日常工作中，他们既使用理性分析的技术，也负责沟通和协调等不同类型的任务，这也对政策工作者本身的技能提出了更高的要求。政策工作者除了有政策分析类的“硬技能”，还应具备“软技能”，比如优秀的人际交往技能以及良好的沟通技巧和语言能力，在撰写分析报告、发表演讲，或跟同事、上司、决策者沟通时，能够清晰陈述自己的分析，实现高效的团队工作。

政策分析人员的学术背景和研究领域跨度很大，涉及经济、法律、文化、社会、教育、环境、医疗、科技、外交与国家安全等众多领域。政策分析人员一般分布在：①大学。大学研究人员和学者往往可以自主选择公共政策相关的研究课题，个人、团队或成立研究中心进行相关研究。②独立的研究机构和智库。它们聘用政策分析师从事专业研究工作，发表有影响力的研究报告，促进立法改革或社会变革，比如美国的布鲁金斯学会、兰德公司、彼得森国际经济研究所等。③服务于政府或政党的智库。一些服务于政府当局或特定政党的机构、部门或团体内的研究人员。他们的研究活动是为了支持政府或特定政党的政治活动和利益。④公共部门。在政府和其他公共部门内部负责研究工作的分析人员。根据所在机构和职位，他们的业务或广泛或具体，包括但不限于负责对法律、法规和政策的拟议变更做出分析，回应政府和公众的询问，收集、整理、加工情报等。⑤政治性利益集团和游说集团。具有特定利益和社会政治主张的群体所雇用的政策分析人员通过对政策制定和实施提出各种主张及建议，向政府施加压力，影响公共政策过程，从而维护和促进利益集团的利益。⑥自由职业。政府和私人公司经常聘请富有经验的政策分析师担任咨询顾问，从事针对某些政策问题的研究，支持它们的立场。甚至一些新闻机构也会聘请具有政策分析背景的人来帮助进行调查和研究，以便进行更专业的报道。自由职业的政策分析人员跟前几个类别的区别是，他们不是员工，而是自由职业者，根据签订的合同提供政策分析服务，不向雇主作长期承诺，也不隶属于组织。

政策工作的复杂性体现在个人、组织和国家层面。政策工作者面临着极其多样化的情况。比如，政策制定过程同时发生在不同的地点，问题的解读和可能的解决方案没有达成共识，政策工作者在不同时间点进入政策过程等。

政策工作者的角色不断变化，对他们的期望也随之变化。有时他们需要在紧急情况下临时提供解决方案，有时他们需要提供长期战略建议，有时他们在设计政策时拥有更多的自由度，有时可供他们发挥的余地则很有限，有时他们需要运用更多的技术分析，有时则需要运用更多创造性思维。他们需要根据具体情况，设计广泛且多样的政策工具，因此不存在典型的政策工作。

完全脱离政治的、理性的政策分析和政策制定几乎不可能实现。政策制定所涉及的技术范围很广，但很少只使用严格的科学方法（methods）。科学方法是系统的、高度形式化的、纯粹客观的程序，适用于一般性环境。尽管许多方法（例如SWOT分析法①或目标树②）有时被称为科学方法，但它们实际上是启发法（heuristics）。启发法是在没有严格规则的情况下，根据有限的信息和认知，在短时间内找到问题解决方案的一种技术，它采用的方法不能保证是最佳的、完美的或合理的，但足以达到即时的、短期的目标。对于科学方法，不同政策工作者如果严格遵循程序，会得出相同的结果。然而，对于某一种启发法，即使尽可能精确规定使用它的程序，不同政策工作者也可能会获得截然不同的结果，因为启发法的应用涉及对事实的主观认定和对好坏的主观评估。

例如，线性回归分析是一种科学方法，如果线性回归分析的所有假设都得到满足，那么它可以用于任何政策领域，不需要知道政策问题的实质。相比之下，使用启发法来规划政策需要对研究的问题的实质和被影响的群体等因素有一定程度的了解，并运用批判性思维，仅了解工具本身是不够的。即使能够在技术层面对不同政策选项进行出色的分析，但所得出的政策方案可能幼稚且不切实际，或者在政治上不受欢迎。没有相关背景知识和对现实的深入了解，就无法进行有效的政策制定。例如，为失业青年设计就业政策时，如果深入了解这一群体，了解他们的需求，则能更好地预测他们的行为，从而更有效地解决问题。

3. **政策设计的步骤**

根据政策目标，进行政策设计，是政策过程的关键步骤，就像医生根据治疗目标，给患者设计治疗方案。

设计政策方案的思路一般有四种：第一种是保持当前的政策，什么都不做；

---

① SWOT分析法是指一种战略规划技术，在一个二阶矩阵中列出项目的优势（strengths）、劣势（weaknesses）、机会（opportunities）和威胁（threats）。

② 目标树是一种工具，用于概述实现目标所有必要组成部分，因为其图形很像树的枝干，所以称为目标树。

第二种是使用通常的、已实施过的解决方案，比如参考其他国家或地区的实践、历史经验等；第三种是参考政策设计报告、学术理论、专家意见等，对通用的解决方案进行修改，从而生成新的政策方案；第四种是根据特定政策问题定制生成创新的解决方案，引入新的设计元素，发明新的政策工具。

政策方案的设计可以分为两步：第一步是政策方案的轮廓设想，第二步是细化政策方案。

政策方案的轮廓设想即政策分析师运用创造性思维，初步生成大量备选方案，方案内容包括“行动原则、指导方针、发展阶段等方面”①。在此阶段，要注意备择方案的全面性与多样性，既考虑维持现状的方案，也考虑激进变革的方案。

在政策方案轮廓设想阶段，细节设计尚未得到运用，获得的往往只是政策方案雏形。要创建具体可行的方案，还需要加入丰富的细节，包括因果理论、政策受众、政策工具、政策执行细节等因素，使方案饱满起来。在进行政策方案的细化时，要做好两方面的工作。一是对在轮廓设想阶段提出的方案进行初步筛选，将它们减少到可管理的数量。二是对筛选出的方案进行加工，填充细节。

针对第一方面，对在轮廓设想阶段提出的方案进行初步筛选时，应当使选中的方案尽量包含以下特征：

（1）合理的成本（reasonable cost）：成本要在预算范围内。

（2）稳定性（stability）：如果环境条件改变，方案仍然有效。

（3）可靠性（reliability）：方案以前成功过，一贯有效。

（4）牢固性（invulnerability）：如果方案的某个组成部分出现故障，它能继续发挥作用。

（5）灵活性（flexibility）：方案能完成不止一件事。

（6）低风险性（low - risk）：方案失败的可能性较小。

（7）可沟通性（communicability）：方案容易理解。

（8）功效性（merit）：方案能有效达成目标。

（9）简单性（simplicity）：方案容易执行。

（10）相容性（compatibility）：方案与现行的法律法规和程序相兼容，不冲突。

（11）可逆性（reversibility）：如果方案失败，能够回到方案执行之前的状态。

（12）稳健性（robustness）：方案能在未来不同的环境和条件下成功。

这些可以帮助初步过滤一些弱点非常明显的政策方案，节省时间和资源。政策轮廓设想阶段可以产出大量方案，但优秀的政策方案应该具备效率高、稳定、

① 陈庆云：《公共政策分析》，北京大学出版社，2011年，第141页。

可靠、牢固、灵活等特点。不过，过于严格运用这一步骤可能导致过早弃用一些本来行之有效或适用于环境变化之后的方案。

针对第二方面，对筛选出的方案进行加工并填充细节，应遵循以下原则：

（1）实用性。政策方案的细节需要对实现政策目标有实际的价值。

（2）可操作性。保留下来的方案需要进一步具体化，包括对实施细节、涉及到的机构、实施人员的素质、政策执行的资源保障等方面作出详细说明。具体可行的方案对于政策执行也有帮助，因为如果方案缺乏细节，政策执行全靠执行者自主操作，那么政策执行可能会偏离方案的设计初衷，达不到政策目标。

（3）细致性。保留下来的方案需要经过精心设计、反复计算、斟酌、严格论证。不同政策制定者之间会进行辩论，支持或反对某一方案，那么方案的细节必须经得起推敲。此外，细致的描述对下一阶段的事前评估来说至关重要，有助于政策制定主体全面评估方案的成本和效益，以及其满足其他评估标准的程度。

5.2.4 评估政策方案

事前评估是一项初步评估，指在政策出台以前，对备择方案进行分析和评估，根据评估标准评定方案的优劣，带有预测性质，跟政策执行之后的绩效评估（事后评估）不同。

得到可控数量的备择方案之后，政策制定主体需要对它们进行估值（valuation）和评估（evaluation），以对比其社会吸引力。成本效益分析（cost-benefit analysis，简称 CBA）和成本效果分析（cost-effectiveness analysis）是两种最重要的估值方法。多标准评估（multi-criteria evaluation）是常用的评估方法。

1. 成本效益分析

成本效益分析是一种经济分析方法，可以用来进行政策方案的事前评估和事后评估。用来进行事前评估时，分析者通过量化并比较备择政策方案的全部成本和全部效益来评估方案的价值，最后按照分析结果选取方案。

成本效益分析是一种信息密集型方法，在测量方法与搜集处理信息方面提出了相当大的挑战。它背后的基本思想是以货币价值衡量特定政策方案对社会福利的影响。许多现代成本效益分析基于如何使社会福利（即社会成员的总体经济满意度）最大化。分析者需要对非市场商品进行估值。正如大卫·W. 皮尔斯（David W. Pearce）和克里斯·A. 纳什（Chris A. Nash）所说，货币价值可表达个人对某个项目或物品的偏好的强度①。

成本效益分析考虑的事项包括：①目标群体。需要考虑谁的成本和收益？基

① David W. Pearce，Chris A. Nash. Social Appraisal of Projects. MacMillan，1989，pp. 7.

本规则是至少包括一个国家所有公民的收益和成本，在某些情况下也考虑国内非公民，甚至其他国家的收益和成本（例如全球变暖）。②影响。成本效益分析考虑了哪些影响？任何人的福利（或福祉）受到影响而产生的任何收益和成本都应包括在成本效益分析中，因此，对个人福利的任何影响都应纳入考虑的影响范畴。③时间范围。计算成本和收益的时间范围是什么？④贴现率。使用的贴现率是多少？贴现即计算未来成本和收益的现值的过程，贴现率是用于确定未来现金流量现值的利率。是使用恒定的贴现率，还是使用递增或递减的贴现率？人们对于未来收益的偏好（比如更愿意现在就得到收益）导致贴现率不是恒定的。⑤相对价格效应。支付意愿的收入弹性意味着随着时间的推移，某些收益相对于总体价格水平会吸引更高的估值，例如收入越高，对清洁空气、城市公园等环境商品的支付意愿越高。⑥风险。在风险已知的情况下，成本和收益是不确定的，但它们的概率分布是已知的；而在风险未知的情况下，成本和收益的概率分布是未知的。决策者的风险偏好——风险中性或风险厌恶——会影响计算的成本收益的期望值。在风险未知的情况下，需要对不确定的参数进行敏感性分析，即在给定的假设下，分析自变量的不同值如何影响特定的因变量，从而研究风险的不确定性如何影响整体成本和收益的不确定性。⑦公平。除了总成本和总效益之外，成本效益分析还需要进行分配分析，确定政策的受益群体和负担成本的群体，这可以通过为成本和收益的货币价值附加上“公平”的权重来解决。⑧政策干预的判断。如果政策方案的预期收益的现值超过其预期成本的现值，则应该进行政策干预。如果一项政策的净收益现值大于零，且高于其他备择政策方案或私人投资所产生的净收益，则该政策被认为是高效的。

进行成本效益分析的主要步骤是：①确定要包含谁的成本和收益；②确定所要包含的影响，并选择测量指标；③选择政策发挥影响的时间范围；④计算影响（包括成本和收益）的货币价值，将相对价格效应、风险、公平等因素考虑在内；⑤选择贴现率，把每个政策方案未来的全部成本和全部收益折现，以获得成本和收益的现值；⑥计算每个政策方案的净收益现值（收益现值减去成本现值）；⑦进行敏感性分析，尝试改变假设以及未知参数的数值，分析研究其影响；⑧得出结论。净收益现值最高的选项应该是推荐的选项。敏感性分析可能表明，最终推荐的政策方案不一定在所有情况下都具有最大净收益现值。不过有时，政策分析者更愿意推荐净现值较低，但最坏情况没那么坏（即下行风险较低）的政策方案。

成本效益分析存在局限性。首先，效率、公平、安全等多种政策目标很难同时纳入成本效益分析；其次，在成本效益分析中，所有维度都被转换为货币价值，然后通常使用线性数学规则进行聚合，因此很难完全了解分析中所考虑的所有细节；第三，成本效益分析中存在方法不确定性的问题，因为存在不同的估值技术和汇总规则，应用于现实中的特定问题时，并不总清楚哪种估值技术是最佳的；第四，所有货币估值的方法都面临深刻的哲学问题和技术不确定性。对于成本效益分析来说，货币估值技术的选择、时间范围的选择、贴现率的选择、风险的判断等因素导致成本效益分析带有主观性。

2. **成本效果分析**

成本效果分析也是一种经济分析方法，和成本效益分析一样也可以用来进行政策方案的事前评估和事后评估。政策分析者通过量化政策方案的总成本和总效果来对比和推荐政策。成本效果分析试图考虑政策方案的所有成本和收益，但收益不是以货币形式衡量的。也就是说，成本效益分析使用相同的货币价值单位来衡量所有相关因素，而成本效果分析使用两种不同的价值单位：成本以货币单位衡量，而效果通常以物品、服务或其他效果为单位衡量。

成本效果分析特别适用于很难或无法用货币价值来表示的目标。在成本效果分析中，对政策方案的排名最常采用两个标准：

（1）按最低成本。达不到特定效果的方案将被淘汰，以最低成本满足特定效果的方案是最佳方案。

（2）按最优效果。在确定了成本的上限（通常是预算）后，超出成本上限的方案将被淘汰，而低于成本上限且效果最优的方案是最佳方案。“效果最优”可以理解为最大限度达成物理目标，比如保存的古迹越多越好。

根据这两个标准对备择方案进行评估，也就意味着同时明确处理两个标准和两种不同的排序，即多标准评估。因此，考虑效果或有效性必然意味着使用多标准评估，成本效益分析无法妥善处理有效性的问题——政策方案可能是高效率的，但达不到想要的效果。同理，成本效果分析也无法表明政策方案是否具有社会效益。

3. **多标准评估**

多标准评估能够明确评估多个不同甚至相互冲突的标准。成本一般是主要标准之一，某些效果相关的标准一般是另一个标准，两者很容易发生冲突。比如，一个成本最低的方案同时又最有效、最公平，这是不现实的。成本效益分析可以是多标准评估中的标准之一，因此，一般而言，成本效益分析和多标准评估本质上是互补的。

多标准分析的过程如下：①确定评估标准；②确定每个标准的权重；③确定标准矩阵（criteria matrix）以及相应的衡量指标。衡量指标是对评估政策方案的标准进行的实际测量。每个标准可以有单个或多个衡量指标；④确定单个标准的相应的衡量指标的权重；⑤将不同的衡量指标转化为相称的尺度，以便将它们从多个维度汇总成一个可以加权的一维度量，也就是单个标准的得分；⑥计算每个备择方案的加权平均值作为其整体绩效分数，以此对方案进行排名；⑦进行敏感性分析（比如适当改变权重或衡量指标）；⑧做出决定。

表 5－2 所示为改善河流水质的政策方案的标准矩阵示例。

表 5－2　改善河流水质的政策方案的标准矩阵示例

标准	标准的权重	衡量指标	衡量指标权重	方案 A 的衡量指标答案	方案 B 的衡量指标答案	方案 C 的衡量指标答案	方案 A 的衡量指标得分	方案 B 的衡量指标得分	方案 C 的衡量指标得分
有效性——方案能在多大程度上改善水质？	30%	方案实施后，每升水能清除多少毫克重金属等持久性污染物？	60%	0.2 毫克	0.15 毫克	0.1 毫克	3	2	1
		方案实施后，每升水能清除多少毫克一般有机污染等非持久性污染物？	40%	0.3 毫克	0.1 毫克	0.2 毫克	3	1	2
成本——方案改善河流水质的成本是多少？	20%	实施方案需要花费多少元？	100%	10 万元	8 万元	7 万元	1	2	3
技术可行性——是否拥有方案所需的设备和技术？	25%	是否有方案所要求的设备？是否有人接受过设备使用培训？	100%	是	有主要设备，且有人接受过培训	有主要设备，需要进行额外培训	3	2	1
政治可行性——方案在政治上是否可以被接受？	25%	在全市民意调查中，多大比例的公众支持方案？	100%	70%	69%	72%	2	1	3

因为有三个方案，所以我们假设方案衡量指标的得分为1～3，1为表现最差，3为表现最好，比如最有效或成本最低。当然，分析者也可以采取其他计分形式，比如0～10、1～5等。表格中的数字只为举例，不具有任何实际意义。

方案A得分：30%×（3×60%+3×40%）+20%×1+25%×3+25%×2=2.35

方案B得分：30%×（2×60%+1×40%）+20%×2+25%×2+25%×1=1.63

方案C得分：30%×（1×60%+2×40%）+20%×3+25%×1+25%×3=2.02

方案A得分最高，胜出。分析者还可以适当改变标准和衡量指标以及相应的权重，以观察方案的得分怎样变化，最后根据具体情况，对标准和衡量指标以及相应的权重进行合理的选择。

多标准模型的一个优点是高度透明，因为政策方案的多个标准都以原始测量单位清楚地显示在标准矩阵中。多标准评估本质上是多维的，可以用不同的指标衡量不同的标准。而正因为它是多维的，在比较备择方案时，通常需要来自多个维度和视角的想法，在决定评估标准或其权重时，存在不可避免的价值冲突。

可行性评估是政策方案事前评估中最主要的任务，属于多标准评估的一种。技术可行性、经济可行性、政治可行性和行政可行性是非常重要的可行性评估标准。评估应依照政策目标，根据政策方案的主客观条件，运用定性和定量的分析方法，评定政策方案各方面的可行性。

5.2.5 选择政策方案

政策方案的设计与选择之间其实没有明确的界限，设计过程也包含着选择，可以说任何涉及决策的过程都涉及选择。

选择政策方案的主要环节包括根据评估结果选择政策方案和按照择案规则进行集体决策。

（1）根据评估标准进行比较性分析和选择，也就是按照之前的估值和评估结果选出最满意的政策方案。政策制定者经常面临结构不合理且十分复杂的问题，为了解决问题，他们并不一定只选一个最好的政策方案，同时采取多项措施也许能更好地实现政策目标。有时各种不同的政策工具和干预措施会被组合成“政策包”使用，有时一个较好的政策方案会结合一些其他方案的元素，形成一个新的综合性政策方案。尤金·巴达克（Eugene Bardach）举例说明了降低海洛因流行率的方法。他提出了三种基本政策方案：利用美沙酮维持治疗帮助成瘾患者减少戒断症状和对海洛因的渴望、加大执法力度、开展禁毒教育。[①] 这些方案相辅相成，政府可以同时实施这些政策方案。

（2）按照择案规则进行集体决策。择案规则就是参与决策的群体选出最终方案所使用的方法，应用不同的择案规则最终选出的政策方案可能完全不同。

公共决策的择案规则主要有两种，一是全体一致规则；二是多数规则。

（1）全体一致规则。全体一致规则指全体参与者必须明确对某一政策方案做出一致的投票决定，或在没有反对意见的情况下默认达成一致，才能通过这项政策方案。

全体一致规则有四个基本特征：

①一票否决。在决策中，任何反对备择方案的决策者都可以投出反对票，从而阻止其通过。例如联合国安全理事会否决权，即联合国安全理事会的五个常任理事国（美国、英国、法国、俄罗斯、中国）各自拥有对联合国安全理事会决议草案的一票否决权，只有五个国家一致同意时，才能通过决议草案。

②博弈。对于每个决策者来说，通过方案的收益应该大于或等于不通过方案的收益，才有可能通过方案。但是每个人预期自己或他人获得的利益多少可能不同，如果觉得其他人得到的利益更多，自己得到的利益太少，产生不公平的感受，就要讨价还价协商，或者修改政策方案的内容，甚至用投反对票进行威胁。因此，一个决策者进行选择的时候，他也会影响其他决策者的选择，而其他决策者的选择将共同决定该方案最终是否能够通过。最终结果不仅取决于此决策者的选择，还取决于其他决策者的选择，这就是博弈。所以，在做出选择时，每个决策者除了要考虑自己的利益，还需要考虑其他决策者的利益。妥协后通过的方案对每个决策者来说至少是满意的或者能接受的，其内容考虑了每个决策者的利益和偏好，但可能与最开始投票的方案相去甚远。

③决策速度缓慢。全体决策者需要经过反复的沟通和协调，最终经过妥协达成一致。这一过程往往是漫长的。

④不适合人数多的组织。众口难调，决策者的利益和偏好的冲突相当普遍，很难达成一致。随着决策者数目的增加，全体一致通过政策方案的难度也成倍增加。

从公平的角度看，全体一致规则确实更加优秀，因为它对单个决策者的保护性最强，每一个决策者的选择对集体的最终决策结果都有影响，每个决策者都无法把自己的想法强加到其他决策者身上。多数无法控制少数，少数无须服从多

---

① Eugene Bardach. A Practical Guide for Policy Analysis: The Eightfold Path to More Effective Problem Solving. Chatham House Publishers, 2000, pp. 17.

数，寡能敌众。但现实中，此规则的运用并不常见。因为决策者的利益、偏好等并不相同，而反复讨价还价、协商并作出妥协，最后达成一致同意，是个漫长的过程。决策者为通过政策方案付出大量时间、精力、财力，决策成本很高，甚至可能超过最后通过方案的收益。所以就会导致许多“无奈的选择”和决策中的“策略性行为”[①]。所以，全体一致规则一般只应用于某些重大政策问题的决策。

（2）多数规则。全体一致规则因为成本过高，决策难度过大，在现实中难以操作。另一种规则——多数规则——更加常见。多数规则就是少数服从多数，它有两种基本形式：简单多数规则和绝对多数规则。

①简单多数规则。简单多数规则是指在政策方案的择优中，得到的赞成票数最高的政策方案成为正式的公共政策。简单多数规则具有相对性，就是说相对别的政策方案，最后被选中的政策方案的得票数更多，因此简单多数规则也称“相对多数规则”。“多数”指最终选择的方案的得票数超过排名第二的方案的得票数，但不需要构成绝对多数。简单多数规则简单、直观，易于接受，是决策中应用最广泛的一种决策方法。比如，9 个人对政策方案 a、b、c 进行选择，4 人选择 a 方案，3 人选择 b 方案，2 人选择 c 方案，那么决策结果是 a 方案成为正式的公共政策。

②绝对多数规则。简单多数是相对的，绝对多数是绝对的。绝对多数规则明确规定了赞成票需要达到的比例，如要求达到 1/2 或 2/3 或 3/4 等多数票。因此，绝对多数规则也称“过半数规则”“比例多数制”。如果没有任何一个政策方案的得票数超过规定的比例，一般会就两个得票最多的方案进行第二轮投票，得票更多的成为正式的公共政策。在绝对多数规则下，只要某一方案的得票比例超过规定比例，则能成为正式的公共政策，而不需要全体决策者一致同意，因此决策成本大幅降低。

但是，多数规则可能出现以下缺陷：

①多数人暴政。多数人暴政又称多数暴力、群体暴政，是多数规则的一个本质上的缺点。多数规则下的决策结果对全体决策者都具有约束力和强制性。少数决策者即使不赞成决策结果，也要服从多数。多数人把自己的意愿强加到少数人身上。最后的决策结果保障了多数人的利益，忽视了少数人的利益，

②阿罗不可能定理。1951 年，阿罗[②]在他的经济学经典著作《社会选择与个

---

① 陈振明：《政策科学——公共政策分析导论》，中国人民大学出版社，2003 年，第 153 页。

② 肯尼斯·约瑟夫·阿罗是美国经济学家、数学家、作家和政治理论家。1972 年与约翰·希克斯（John Hicks）共同获得诺贝尔经济学奖。他是二战后新古典经济理论的重要人物。

人价值》中，采用数学的公理化方法研究了排序投票选举方式是否能生成合乎大多数人意愿的决策，将个人的偏好排序转化为集体的偏好排序。结论是绝大多数情况下是不可能的。[①]

假设社会中的每个人都对一组选项给出各自的偏好排序，我们试图寻找一种称为社会福利函数的排序投票选举制度，能将个人偏好集合转换为单一的群体偏好顺序。

阿罗认为，任何一个合理的社会福利函数起码应该满足以下条件：

（1）社会次序。个体选民可以有任何偏好，且应该能够自由地在一种连接和传递的关系中对他们的选项进行排序和投票。“连接”是指选民可以按自己的偏好对选项进行排列，比如从好到坏、偏好方案 a 甚于方案 b 或认为 a、b 无差异；“传递”是指对任意三个方案 a、b 和 c，若对 a 的偏好甚于或无差异于 b，对 b 的偏好甚于或无差异于 c，按照逻辑上的一致性，这种偏好应当是可以传递的，那么对 a 的偏好甚于或无差异于 c。

（2）定义域不受限制。社会福利函数应该统计每个选民的所有偏好。

（3）没有独裁者，即一个选民的偏好无法决定社会偏好。

（4）不相干的选项的独立性。数学上称为独立性原则，即对于集合 X 中的两个事件 a 和 b，对它们做出的偏好判断与集合 X 中的任何其他事件无关。也就是说，只要所有选民对 a 和 c 的偏好不变，不管他们对 a 和 b 的偏好如何变化，社会对 a 和 c 的偏好不变。

为了更好地理解这个条件，请看表 5－3 所示的例子[②]。假设有三个备选方案：a、b 和 c。下表显示了 100 名选民的投票结果：

表 5－3　100 人对 a、b、c 方案的投票结果

偏好顺序	得票数
a > b > c	45
b > c > a	35
c > a > b	20

方案 a 胜出，因为 a > b > c 的偏好顺序获得最多选票（45 票）。但是，如果方案 b 不再是可用的替代方案，那么有 45 人偏好 a 胜于 c，有 55 人偏好 c 胜于

① Kenneth J. Arrow. A Difficulty in the Concept of Social Welfare. Journal of Political Economy, 1950, 58 (4), pp. 328－346. https://doi. org/10. 1086/256963.

② Arrow's Impossibility Theorem. Corporate Finance Institute, 6 Nov. 2020. https://corporatefinanceinstitute. com/resources/knowledge/other/arrows－impossibility－theorem/.

a，方案 c 胜出，结果和之前相反。如表 5 -4 所示。

表 5 -4　100 人对 a、c 方案的投票结果

偏好顺序	得票数
a > c	45
c > a	55

如果满足不相干的选项的独立性的条件，当排除选项 b 时，选项 a 的社会排名仍应高于选项 c，而不是变为低于 c。所以以上的例子不满足不相干的选项的独立性这一条件。

（5）帕累托效率，即社会偏好与个体偏好之间有正向关联。数学上称为一致性原则，如果所有选民都偏好选项 a 胜于 b，则社会也偏好选项 a 胜于 b。必须尊重个人选民的一致偏好。

阿罗不可能定理认为，如果至少有两个投票者和至少三个选项，那么就不可能设计出同时满足以上五个条件的社会福利函数。更准确的表达是：在只有两个选项的情况下，采用简单多数规则的选举就能同时满足以上五个条件；但在至少有两名投票者和三个选项的情况下，不存在同时满足五个条件的选举规则。

以下的例子能够帮助我们理解这一现象[①]。假设有甲、乙、丙三人，对 a、b、c 三个备选方案进行投票，投票结果如下：甲（a > b > c）；乙（b > c > a）；丙（c > a > b），括号中代表个人对备选方案的偏好排序。甲（a > b > c）的意思是：甲最偏好 a，其次偏好 b，最后偏好 c。

（1）若取方案 a 和方案 b 对决，那么按照偏好次序排列如下：甲（a > b）；乙（b > a）；丙（a > b），三人中两人更偏好方案 a，按照多数规则，社会偏好排序为（a > b）。

（2）若取方案 b 和方案 c 对决，那么按照偏好次序排列如下：甲（b > c）；乙（b > c）；丙（c > b），三人中两人更偏好方案 b，按照多数规则，社会偏好排序为（b > c）。

（3）若取方案 a 和方案 c 对决，那么按照偏好次序排列如下：甲（a > c）；乙（c > a）；丙（c > a），三人中两人更偏好方案 c，按照多数规则，社会偏好排序为（c > a）。

所以，投票结果显示了三个社会偏好排序：（a > b）、（b > c）、（c > a），即社会偏好 a 胜于 b、偏好 b 胜于 c、偏好 c 胜于 a。不难看出，根据传递性，最后

① 此例子来自十八世纪法国思想家孔多赛提出的著名的“投票悖论”。

的社会偏好排序有内在的矛盾，因为社会偏好 a 胜于 c，同时又偏好 c 胜于 a。所以按照多数规则，不能得出合理的社会偏好排序。

阿罗指出，多数规则的一个根本缺陷就是在实际决策中往往造成投票排序循环现象，就像上述例子，社会偏好 a 胜于 c，同时又偏好 c 胜于 a，就像一只狗在追自己的尾巴，不断循环下去。结果在备择方案中，没有一个能够获得多数票而通过。

方案优选过程中，决策团体形成共识的途径通常有三种：交换、说服和强制。三种方式中，决策者都试图理解和控制对手的行为动机，从而影响其行为。

（1）交换。

交换指利益上的交易，是决策中两个或两个以上的决策者调整自己的立场，满足其他决策者利益的同时自己获得利益，以使各方的共同利益得到更大满足的协议行为。决策中的交换基于以下前提：首先，参与交换行为的各方都拥有一定的能满足其他参与者需求的资源；第二，各方愿意通过谈判来解决问题；第三，各方都愿意遵守最终达成的协议。公共政策过程中的滚木立法，也称互投赞成票，就是“交换”的例子。美国国会在同时就两个或两个以上的提案进行投票时，如果立法者们对这些提案具有不同的偏好强度，他们会愿意就那些对自己来说关系重大的问题进行投票交易。某位议员可能与另一位议员达成协议，自己投票支持某一法案，以换取对方对另一项法案的支持。这样，两项本来在分别投票下不会获得支持的提案，便可能双双通过。

（2）说服。

说服是指某一决策主体从情感或逻辑出发，用充分的理由开导另一决策主体，使其心服，从而影响其态度或行为。比如，决策主体通过沟通，试图证明自己选择某一政策方案的正确性与合理性，从而让其他决策主体投票赞成自己所赞成的方案。说服与交换的不同之处在于，主动说服的一方不会改变自己原有的价值立场、价值态度或价值取向，而交换则是双方为了达成协议都会采取某种妥协，也就是双方都改变原有的价值立场、价值态度或价值取向。

（3）强制。

当决策双方所拥有的资源不同时，拥有较多资源的一方就具有更大的力量。强制即某些决策者利用手中的资源，包括财富、声望、专长等，在方案择优时，向与自己利益不一致的决策者施压，迫使其放弃原先的价值立场、价值态度或价值取向，改变其行为。政策决策中的强制往往分为威逼和威慑两种方法。

威逼一词在 20 世纪 60 年代进入国际政治和战略文献。美国经济学家托马斯·谢林（Thomas Schelling）在运用博弈理论研究冲突问题时，创造出了威逼（compellence）一词，并首次将威逼与威慑这两种行为进行了明确区分。威逼是处于优势地位的决策者积极改变现状，直接命令其他决策者服从自己的选择，接受自己的立场与态度。威逼着重强调在对手做出了某种行动之后，迫使对手改变其行动。比如在对方投了反对票之后，直接要求其撤回反对票，转而投出赞成票。

威慑（deterrence）则是引发对方的恐惧来劝阻其行动，其根本目的在于防止某种情况出现，着重强调在对方采取行动之前就阻止了对方。亚历山大·乔治（Alexander George）和理查德·什莫克（Richard Smoke）指出："威慑就是让对手相信，他采取某种行为而付出的代价或所冒的风险大于收益。"① 比如，在方案投票之前，某个决策者通过使其他决策者相信，如果他（们）采取危害到他或她利益的行为，他（们）将遭受更大的损失，从而影响其他决策者的行为。

在方案优选过程中，决策者常犯的错误主要是立意偏差和技术偏差导致的。

利益偏差导致的错误主要表现为：

（1）政策获利化。决策者为自身利益所驱动，只选择那些能使自己或自己所属的利益集团获利的政策方案。

（2）政策廉价化。决策者有意选择那些使某些人或团体以最小代价最大限度地获取利益的政策方案。

（3）政策优惠化。决策者有意选择能使某些人或团体得到一定优惠的政策方案。

（4）政策分割化。决策者最终采用的是将利益在几个利益集团之间分割的方案。

技术偏差导致的错误主要表现为：缺乏长远思维，只关注眼前；认为未来是过去的简单重复；采取过分简化的解决方法；过分依赖某人的主观经验；缺乏理性的、谨慎的分析和调研；决策者不愿为自己的决策后果负责，决策压力导致其逃避决策。

5.3 政策采纳与政策合法化

查尔斯·O. 琼斯认为，政策制定主要是找出了问题的解决办法。② 而政策制

---

① 詹姆斯·多尔蒂、小罗伯特·普法尔茨格夫：《争论中的国际关系理论》，世界知识出版社，2003 年，第 371 页。

② Charles O. Jones. An Introduction to the Study of Public Policy. Brooks/Cole, 1984, pp. 7.

定的下一步骤——政策采纳，是政府机构在已经产生的政策替代方案中进行选择，对政策制定过程再次进行审查和分析，然后采纳政策方案，使方案成为既定政策。政策必须得到政府相关机构的采纳才能付诸实施。在政策采纳阶段，有权限的公共主体会公开发表一些正式或非正式的意图声明，表示将要采取或不采取某些行动。但实际采取行动是下一阶段——政策执行——的内容。

5.3.1　政策采纳

政策采纳经常与政策决策一词互换使用。“决策”既是政策过程中的一个阶段，也是贯穿整个政策过程的行为，因为很多时候都需要做出决定和选择。

前文我们提到，政策制定的第五步是选择政策方案，它和政策采纳有什么不同呢？因为听起来政策方案一旦被选定，也就是被采纳了。两者的区别在于，在政策制定阶段选定政策方案之后，只有具有合法权限的机构真正决定付诸行动，并按照法定程序公布政策时，政策才算是被最终采纳了。

除了整个政策过程都由全体投票决定的直接民主体制，到了政策采纳阶段，能够发挥影响的主体的数量会大幅减少。政策采纳的主体通常只限于政府中担任正式职务且有权做出具有约束力的决定的极少数人，比如政府官员和法官。这并不是说非政府的主体不参与政策采纳过程。强大的利益集团仍然可以进行游说、倡导、说服、鼓励，甚至强迫决策者采纳他们偏爱的选项。然而，与决策者不同的是，其他参与者充其量只有发言权，没有投票权。只有真正有权对相关政策做出权威决策的主体才既有发言权，又有投票权。然而，这种权威并不意味着决策者可以采纳任意政策。决策者的自由受到多种限制——决策者本身的想法或行为模式，政治和行政职位的管理规则，社会、经济和政治环境，约束其行为和职权范围的特定法律法规等。

随着时间的推移，决策者一般会发展出一套标准化的操作程序，用于规范政策采纳过程，因此很多政府决策在本质上是常规和重复的。虽然规则和程序限制了某些决策者的自由，尤其是行政或司法职位的决策者，但有些决策者——尤其是民选官员——仍保留相当大的自由裁量权，可以在特定情况下判断什么是最佳行动方针。因此，即使采用标准操作程序，究竟遵循什么流程以及哪个决策才是最佳决策，也取决于决策情况的结构和制度背景。

由于决策者们本身的背景、知识、经验、信念、胆识与魄力等方面往往有很大差异，所以不同决策者即使处于类似制度环境中，面临相似的问题，也可能做出截然不同的回应。也正是因为如此，政策采纳过程必须完善追责机制，保证政策的严肃性，减少政策决策的失误。许多政策在之后的执行过程中逐渐被证明不科学、不合理，如果政策采纳程序不够严谨，那么将很难追究责任。

5.3.2 政策合法化

政策合法化（legitimation 或 legitimization）就是政策取得合法性的过程。经过政策制定和政策采纳，最后挑选出的政策方案并不能立即执行，而是需要先经过政策合法化。只有经过政策合法化过程，政策方案才能成为合法有效的政策，才能进入政策执行阶段。所有的政策，包括中央政策、地方政策、法律以及其他形式的政策，都要经过合法化过程。政策合法化不等同于政策法律化。政策法律化只是政策合法化的一种特殊形式，指政策向法律的转化，是一种立法活动，又称政策立法（legislation）。它是指享有立法权的国家机关——包括立法机关和享有委托立法权的行政机关——依照立法程序，把一些已经较成熟的且将在较长时间内发挥效用的政策上升为法律。

政策合法化即政策取得合法性的过程。在政治学和社会学中，合法性通常从统治者和被统治者两个方面论证：一方面，合法性意味着有效的政治统治，统治者有能力建立权威，使被统治者认为其统治是应该服从的；另一方面，被统治者必须认可统治者的权威，即被统治者基于某种价值判断或思想信念，将统治者的权威视为合理的和正当的，从而认可、接受、遵从其政治统治和相关政策。两个方面形成了一个闭环，共同构成了合法性。

政策合法性可以从广义和狭义两个角度来进行理解。对于这两个角度，我们都将从决策主体、政策程序和政策内容入手进行分析。广义的合法性即决策主体、政策程序和政策内容被认可，狭义的合法性即决策主体、政策程序和政策内容符合法律规定。

1. 广义的合法性

广义的角度偏重从“正当性”出发来理解合法性这一概念，核心在于利益相关者和公众对政策的正当性和合理性的认可。

查尔斯·O. 琼斯（Charles O. Jones）就是从广义的合法性来理解政策合法化的。他在《公共政策研究导论》一书中提到，任何政治系统中，公共政策合法化都存在两种层次：第一层次为政治系统的合法化，第二层次为政策本身的合法化。[①] 第一层次可以理解为政治系统取得统治正当性，即决策主体被认可；第二层次可以理解为政策取得法定地位的过程得到认同，即政策程序和政策内容被认可。

（1）政治系统的合法化——决策主体被认可。

---

① Charles O. Jones. An Introduction to the Study of Public Policy. 3rd ed. Monterey, California; Brooks/Cole Publishing Company, 1988, pp. 110.

政治系统的合法化是公共政策合法化的基础，因为只有具备合法性的政治系统才具备统治的正当性，才能颁布具有合法性的政策。政治系统的合法性有助于维护国家体系的稳定和权威。如果政治系统缺乏合法性，社会监管就会变得更加困难和昂贵。

德国社会学家马克斯·韦伯（Max Weber）认为，根据合法化的基础，政治系统可分为三种[①]：

①法理型（legal – rational）：政治系统的合法化基于司法或行政的程序和规则，比如通过选举或法律程序任命取得权威。处于特定职位的人凭借其优越的组织职位对他人实施控制。例如，总统具有权威，可以合法行使权力，因为总统这个职位被整个社会合法化了。

②传统型（traditional）：政治系统的合法化基于社会的传统惯例，可以概括为“自古以来”，比如封建王朝子承父业。

③魅力型（charismatic）：政治系统的合法化基于统治者的超凡魅力，包括知识、品质、神通、英雄主义等。他的追随者因其独特的魅力而认可他的权威，不是因为法律规则或传统。

关于合法化的基础，还有其他的分类方式。瑞典研究学者吉迪恩·绍伯格（Gideon Sjoberg）把合法化的基础分为四种，即对绝对真理的诉求、对传统的诉求、对专家的诉求和对被统治者的诉求。[②] 美籍德裔政治学家卡尔·约阿希姆·弗里德里希（Carl Joachim Friedrich）把合法化的基础分为五种，即宗教的、法学的或哲学的、传统的、程序的或民主的，以及成功的。[③] 英国政治和社会哲学家斯坦利·伊萨克·本恩（Stanley Issac Benn）和哲学家理查德·斯坦利·彼得斯（Richard Stanley Peters）认为政治义务的基础是规则、个人品质、神圣的裁定和同意。[④] 克雷格·马西森将合法化的来源分为八种：习俗惯例、契约、符合普遍原则、权威的神圣性、专业知识、被统治者对统治者行使权力的认可、统治者与被统治者之间的个人关系、统治者的个人素质。[⑤] 不过，韦伯的理论仍然最具

---

① Max Weber. The Three Types of Legitimate Rule. Berkeley Publications in Society and Institutions, 1958, 4 (1), pp. 1 – 11. Translated by Hans Gerth.

② Gideon Sjoberg. The Preindustrial City: Past and Present, Glencoe, Illinois, Free Press, 1960, pp. 225 – 226.

③ Carl Joachim Friedrich. Limited Government: A Comparison. Prentice – Hall, 1974, pp. 114.

④ Stanley Issac Benn, Richard Stanley Peters. Social the Democratic State, Allen & Unwin, 1959, pp. 297 – 298.

⑤ Craig Matheson. Weber and the Classification of Forms of Legitimacy. The British Journal of Sociology, 1987, 38 (2), pp. 199. https://doi.org/10.2307/590532.

影响力。

政治系统通过两种方式确保其权威决定得到执行：第一种是合法性，第二种是强制力。

当建立在合法性之上时，公民感到有义务维护法律，政府的法令具有使人信服的力量和威望。公民认可政治系统，自觉遵守政策，服从统治。虽然缺乏合法性的政策不太可能导致统治者的权威完全崩溃，但它可能会损害统治者和执政党的声誉，削弱其社会地位。因此，公共政策的合法性会影响政府实现其既定目标的可能性，以及赢得公众支持和维持社会稳定的能力。

当建立在强制力之上时，即使政策与部分公众的利益出现冲突，被统治者也要被迫遵循权威决定，不遵守的人会受到惩罚和制裁。强制并不是万能的，如果一项政策过于损害公众的利益，超过他们可以忍受的限度，这项政策就可能会引发合法性缺失的危机，削弱被统治者对统治者的治理的接受度，从而损害权威决策者的长期目标和利益，甚至导致政局的混乱。

（2）政策本身的合法化——政策程序和政策内容被认可。

政策本身的合法化是政治系统合法性的手段。

①政策程序被认可。权威决策者在政策合法化过程中所遵循的程序步骤会影响公众对政策合法性的看法。政策的合法化必须遵循一定的合法性程序，以得到公众的认可，否则政策将不被认为具有合法性。在程序上，举行公开听证会、在社交媒体讨论政策方案并听取公众的意见等方式，都可以让公众和利益相关者更多地参与到政策过程中，从而帮助塑造和推动政策的合法性。

②政策内容被认可。政策内容与社会主流态度的一致性也会影响公众对政策合法性的看法。政府应努力确保公共政策的实质性内容、执行策略和政策工具等符合利益相关者和民众的态度，以促进其议程被认可，推动政策的合法性。

2. 狭义的合法性

狭义的合法性偏重从法律方面出发来理解合法化这一概念：政策合法化是指“法定主体为使政策方案获得合法地位而依照法定权限和程序所实施的一系列审查、通过、批准、签署和颁布政策的行为过程”①。确定政策方案之后，必须对其进行合法性审查。决策权必须源于法律，程序必须依据法律，内容必须符合法律。只有决策主体、政策程序、政策内容同时符合法律法规，政策才具有合法性。政策合法化旨在阻止违法政策的出台，从而更有效地贯彻依法治国原则，实现决策的法制化、科学化、民主化。

之前的多标准评估可能已经评估了政策方案的合法性和合宪性，或在可行性

① 陈振明：《政策科学》，中国人民大学出版社，1998年，第245页。

评估里评估了法律可行性，分析了政策方案是否符合国家宪法和有关法律法规，但合法性审查这一步骤相比之前的评估，是更加全方位的审查，确保政策制定的主体权限、程序、内容等都符合法律规定，避免违法决策、无视规章制度任性妄为的拍脑袋决策等。

（1）合法的决策主体。

决策主体的权力和职能是由宪法和法律规定、由国家权力机关或上级国家行政机关赋予的。不具备法定权限的决策主体不能使政策合法化。

合法的决策主体包括两方面的内容。首先，决策主体必须具有做出决策的主体资格；其次，决策主体只能在其法定权限范围内做出决策，也就是需要符合现有的法律规定或者得到合法授权。越权决策所出台的政策不具有合法性。部门和个人的职责与功能应符合法律规定，各司其职，不可滥用职权。职能需要进行层层分解，逐级落实。同时根据职能，明确权责体系。权责不明必然导致混乱，如果权责发生交叉，应明确谁是主要负责人。

对决策权限是否合法进行审查十分必要。通过合法性审查，可以明确决策主体所具有的资格及权力，为出台的政策提供相应的法律依据，避免决策权被滥用或误用，最大限度地降低决策风险和减少决策失误。

（2）合法的政策程序。

政策程序是指政策方案获得合法地位的方式、步骤和顺序。程序是规范组织行为的有效途径，如果没有程序做保证，组织行为就很有可能演变成随机性行为，个人拥有过多的裁量权，决策可供自由发挥的空间过大，容易导致个人或少数人的意愿凌驾于组织目标之上，使个人的决策代替组织的决策。组织行为如果完全依靠决策者的主观判断，是非常不可靠的。决策者即使判断可靠，导致最终政策效果不错，也容易因为政策程序缺乏合法性，引发社会对其政治道德的质疑，甚至会受到法律制裁。保证政策程序遵循法律规定，可以有效抑制可能产生的风险，防止个人专断，避免法外决策、随意决策等对社会及公众所产生的消极影响。

许多国家还专门制定了涉及政策合法化程序的相关制度，如合法性审查制度、听证制度等。

政策的内容、形式和效力范围不同，政策合法化的主体和程序就不完全相同。在我国，政策合法化的主体有两类，一是享有立法权的立法机关，二是享有委托立法权的行政机关。行政机关更强调效率，因此其政策合法化程序相对简单。而立法机关强调公平、民主，需要多方面考虑，其政策合法化程序就更加复杂繁琐。政策合法化的程序虽然不尽一致，但都有基本的步骤，包括审查、通过、批准、签署和颁布政策等，也都有共同的标准，即要符合法律规定。

①立法机关的政策合法化程序。立法机关作为国家权力机关，其政策合法化一般要经过下列程序：

提出议案。议案是向权力机关提出的各种议事提案的总称。这一步骤涉及将已经过政策制定和政策采纳过程而获得的政策方案提交立法机关审议批准。

审议议案。议案审议即由权力机关运用审议权，决定议案是否列入其议事日程，是否需要修改以及如何进行修改。对于列入议事日程的政策方案，审议的内容主要包括：是否符合政治、经济、文化和社会发展等的需要；是否有必要性和可行性；是否符合法律和公共利益；征询和协调有关方面的意见和利益；名称、体系、逻辑结构、语言表述等具体问题。

表决和通过议案。经过表决，政策方案如果获得法定数目以上的赞成票，即为通过。一般取得超过半数赞成票，即为通过。有关宪法的议案一般需要三分之二以上的赞成票才能通过。

公布政策。政策方案经通过后，有的还需要经过其他机关或其他形式的批准、认可，才能成为正式的公共政策。不过，此时的政策还需要经过公布程序，才能进入政策执行阶段。立法机关和权力机关不一定拥有公布权，在多数国家，政策由国家元首公布。

②行政机关的政策合法化程序。行政机关的政策合法化过程与国家的行政决策体制紧密相连。例如，美国实行的总统制是典型的首长负责制，即行政首长在宪法和法律的范围内拥有最终做出决定的权力，并对决策负责；瑞士则实行委员会制，立法机关和行政机关合二为一，议行一体。委员会以集体领导的形式行使其最高行政权。决议是通过投票做出的，并实行集体负责。因此，两个国家行政机关的政策合法化程序有很大不同。我国 1982 年宪法明确规定，从中央到地方的各级行政机关实行首长负责制，在此体制下，我国行政机关的政策合法化通常要经过下列程序：

一是法制工作机构的审查。目前，我国县级以上各级人民政府都设置了专门的法制工作机构。相关行政部门拟定政策方案后，一般先由法制工作机构审查，通过后再报领导审批和领导会议讨论决定。但这一步骤的审查只是辅助性、咨询性的。

二是领导决策会议决定。一般性的政策方案得到主管的行政领导首肯后颁布，重大的政策方案则要召开领导常务会议、全体会议或行政首长办公会议讨论，由行政首长行使最后的决定权。

三是行政首长签署发布政策。行政首长在各级政府机关中处于核心位置，拥有最高决策权和领导权。本级政府制定的政策，由行政首长签署发布；根据规定需要上报审批的政策，则应上报审批后发布。

(3) 合法的政策内容。

政策内容的合法化主要指政策内容应与国家宪法和现行法律一致，不发生矛盾。在政策出台之前，必须将政策方案提供给法制机关以及相关组织和专家进行合法性审核，没有经过合法性审查或者审查不合格的政策都不合法。

确定政策内容合法的主要任务就是将政策内容与国家法律法规以及一些特殊的禁止性规定进行对照，分析政策内容是否与上位法①保持一致。同时，政策内容必须符合法治精神和法律原则，与国家的路线方针和法律法规内含的价值观念保持一致。

各国也有对政策内容进行合法性审查的制度。比如，美国的司法审查是司法机关审查立法机关或行政机关制定的法律法规或发布的政策，并对它们是否违宪做出裁决的过程。行政决策或法规可能因违法（包括违宪）而被判无效。美国主张立法、行政和司法三种国家权力分别由不同机关掌握并独立行使，以便相互制衡，即三权分立。司法审查就是三权分立的表现。不过，有权进行司法审查的法院只能在诉讼提出后审查具体的法律案件或纠纷，也就是说，只能判定已经生效的法律或已经发生的行为是违宪的，所以属于事后审查。英国的违宪审查是在议院内部完成的，即议院审查自己制定的有关法律法规是否违宪。这属于预防性的事前审查，但自行审查往往被认为不够客观，审查结果容易引起社会的猜疑。德国、法国、意大利等国家都建立了独立行使审查权的专门机构，比如宪法法院或宪法委员会。它们采取事前审查的方式，即在法律法规正式生效之前做出其是否违宪的裁决。

复习思考题

1. 简述政策制定的步骤及其含义。
2. 简述斯通的五类政策目标及其含义。
3. 常用的政策方案的估值和评估方法有哪些？
4. 简述政策广义合法性和狭义合法性的含义。

典型案例

外国人永久居留制度

通过赋予外国人永久居留资格吸引专业人才和域外资本参与本国建设，促进经济社会发展，是许多国家在发展过程中的普遍做法。改革开放以来，我国不仅

① 上位法是效力较高的法律，下位法是效力较低的法律。上位法与下位法也是相对而言的。

积极支持国内人才赴外求学，而且大力引进国外精英，逐渐形成了一套聚才引智机制，为我国的经济科技发展提供了重要的人力资源。

目前，国际形势正在发生复杂的变化，能否抓住百年大变局之机遇，与世界产生良性互动，关乎中国能否踏上现代化强国之路，实现中华民族的伟大复兴。百年大变局中的人才大变局至少有以下几点含义：

（1）进入21世纪之后，科技创新空前活跃。面对新一轮科技革命和产业变革，世界各国对全球新型科技人才的争夺加剧。

（2）2017年以来，美国、日本、德国、英国、法国、比利时等西方发达国家陆续出台了一系列“精准引智”的政策举措，延揽高科技人才和外国留学生。

（3）西方的国际化职业社交平台逐步成为国际人才数据交易的第一主体和跨国猎聘人才的开放性平台。

（4）很多新兴经济体和发展中国家加快动能转换步伐，大力发展“新经济”，调整产业结构，政策向新动能、新产业、新业态倾斜。与之匹配的，是新的国际人才政策。

（5）中国对国际人才的吸引力逐渐上升。中国已经成为仅次于美国的全球留学目的地。而且，留学归国人数、来华外籍人才规模稳步增长。

1985年的《外国人入境出境管理法》首次提到“永久居留”，并专门制定了关于外国人永久居留资格的法律条文。2004年的《外国人在中国永久居留审批管理办法》进一步探索落实相关法律规定，厘清了移民申请的条件和程序等，正式实施外国人永居制度。2013年的《外国人入境出境管理条例》为外国人签证的签发和外国人在中国的居留管理提供了配套法规。

根据2010年的人口普查数据，中国登记在册的外籍人员超过59万。但我国现行的永居制度存在着申请条件不合理、签发对象偏窄、待遇落实不到位等问题。中国与全球化智库编撰的《中国国际移民报告（2015）》指出，2004年至2013年，只有7356人获得中国绿卡。

2017年，习近平总书记在党的十九大报告中作出了“聚天下英才而用之，加快建设人才强国”的战略部署。引进合适的外国人才有满足劳动力市场的需求、推动创新、增加国内企业的可持续性竞争力等诸多益处。外国人永久居留制度建设是构建我国国际人才战略框架的关键一环，是推进我国治理体系与治理能力现代化的重要手段。

为了在各国对各领域顶尖人才的争夺中抓住机遇，我国的外国人永居制度改革势在必行。我国需要在现行政策的基础上，进一步规范和改进外国人永久居留管理条例，明确外国人申请永居的条件，规范申请程序和审批流程，加快外国人治理体系建设和制度化进程。

2020 年 2 月 27 日，司法部发布《外国人永久居留管理条例》（征求意见稿），广泛征求社会意见。大众和专家可以通过登录司法部官方网站或邮寄信函等方式提出意见或建议。征求意见截至 2020 年 3 月 27 日。条例草案公布后，在现实社会和网络上都引起了强烈反响。中国司法部征求意见的微博下很快累积了超过七万条评论。

《条例》作为我国在新时代制定的第一部系统性的移民管理法规，强调永居外国人权利和义务的平衡，既要求继续严格审查外国人的永居权，又要求保障其在华合法权益，帮助其融入社会，使相关的管理工作有法可依、有法必依。它基于以往外国人管理工作经验和立法成果，进一步改进了外国人永居管理政策，完善了外国人管理情形及权责范围。

征求意见稿列举了外国人可以申请中国永久居留资格的几种情形：

（1）为中国经济社会发展作出突出贡献，经国家有关主管部门或者省、自治区、直辖市人民政府推荐的；

（2）在经济、科技、教育、文化、卫生、体育等领域取得国际公认杰出成就的；

（3）符合国家经济社会发展人才引进标准的，如国家重点发展的行业、区域并经主管部门推荐的急需紧缺人才等；

（4）在中国境内合法工作的外国人，如果学历、居留时间、工资性年收入等达到一定标准，且纳税记录和信用记录良好的；

（5）按照外商投资法律的规定，以自然人身份或者作为控股股东的企业投资，投资数额、纳税金额、效益达到规定标准，连续三年投资情况稳定，纳税记录和信用记录良好的；

（6）符合家庭团聚要求的。

征求意见稿要求国务院有关部门和地方各级人民政府根据实际情况，逐步推进永久居留身份证的社会化应用，为永居外国人的工作、金融、外汇、教育、医疗、房产、交通、电信、社会保险、住宿登记、财产登记、机动车驾驶证申领、出入境等事务提供便利。

《条例》（征求意见稿）引发了巨大的反对声浪。反对的理由包括：不愿意其他种族到中国定居；计划生育政策阻止了本国人口出生，但现在劳动力不足要引入外国人，感情上难以接受；担心外国人会受到“超国民待遇”，导致本国国民和外国人权利不平等；《条例》中有关永居资格、条件的设计不够合理，永居门槛太低；外国人可能挤占本国人就业岗位和社会公共福利资源；外国人涌入可能会扰乱社会治安；一些规定只是原则性规定，不够细化，不利于《条例》的执行；《条例》实施后难以管理和监督等等。上海法律学者张雪忠认为，制定影响到广泛大众的政策，需要遵循起码的民主程序，经过充分的讨论和参与，否则容易引发严重的民族、文化和种族的冲突。

2020年3月9日，人民日报微博发文，称“2020年三月初，司法部、国家移民管理局在京联合召开《条例》（征求意见稿）征求意见座谈会。部分企事业单位人员、社区干部、居民和专家学者应邀参加会议，对《条例》（征求意见稿）进行深入讨论，发表意见建议。与会人员建议结合我国国情以及国际有益做法，进一步评估论证，完善优化相关制度设计，使申请永久居留的资格、条件和程序更周延、更严密。司法部有关负责人表示，《条例》目前尚处于向社会征求意见阶段，司法部将按照科学立法、民主立法、依法立法的要求，对公众所提的意见建议，认真深入予以研究。《条例》在充分吸纳公众意见、进一步修改完善之前不会仓促出台”。①

[思考]

1. 请列举案例中的利益相关者。
2. 请用合法性概念解释《条例》（征求意见稿）的发展轨迹。

延伸阅读

STI政策制定中的协同设计实验

一、在RRI和STI政策制定中的协同创造

在20世纪后期，从核电和疫苗接种到城市发展和气候变化等问题引发的公共政策争议，在现代生活中涉及越来越多的不确定性、偶然性和复杂性，而传统的政策制定模型对此考虑的不足引起了人们的关注。尤其是传统的政策制定模式假定专家是能产出和转化相关知识的唯一合法者，这一点因“专家”的相对性而受到质疑。在诸如切尔诺贝利（Wynne，1998）等事件之后，那些积极地产出、解释和共享信息的潜在的“非专业专家”机构受到了质疑。同时，来自环境管理、城市规划、患者参与医疗决策以及更多的公共服务（Deserti and Rizzo，2014a）等其他领域的新见解也在寻求更多参与式的方法来科学决策和治理

① 高子平：《外国人永居条例：应对全球人才大变局的“中国方案”》，人民日报网，2020年3月1日；人民日报微博：《司法部回应外国人永久居留管理条例：条例将广泛听取认真吸收公众意见》，2020年3月9日；英国广播公司新闻：《永居条例：“超国民待遇”忧虑下的中国绿卡之争》，2020年3月6日；魏治勋：《外国人永久居留：立法考量与立法原则——围绕〈外国人永久居留管理条例〉（征求意见稿）的探讨》，载《理论探索》2021年第4期，第107-116页。

(Callon, Lascoumes, 2001)。填补公民和相关群体的需求与政府实际行动之间的责任差距已成为当代社会政策制定中的主要挑战之一（Dalton, 2008）。

学者和政策制定者都强调了如何让利益相关者和公民参与协同制定政策，让公民作为合作者和创造者，而不仅仅是被动的政策制定目标。承担一个合法的、积极的公众角色（Benington, 2010），能够制定出更加一致、可持续且适合特定环境实施的政策（Voorberg、Bekkers and Tummers, 2015）。作为“开放”决策以扩大公民视野（尤其是在科学和创新领域）的一部分，RRI 一词来自欧洲委员会(2014 年)，其具体目标是使社会成员（研究人员、公民、决策者、企业、第三部门组织等）在研究和创新过程中共同努力，以使该过程及其结果与社会的价值、需求和期望更好地保持一致，并使公民和最终的用户协同参与创建他们希望和需要的解决方案。

尽管对从协同创造中可实现的标准期望很高，但有关其对政策影响的实际证据仍很难找到。这在一定程度上是因为，政策制定是一个复杂的过程，不一定是一个线性或周期性的过程，它依赖许多资源和驱动因素，因此其对政策的影响难以衡量；同时，将协同创造活动与政策划清界限也颇具挑战性（Culyer and Lomas, 2006）。许多障碍阻碍了政策制定中的协同创造实践，并限制了我们总结经验教训的能力。

在许多研究 RRI 的项目中，能够向参与者表明政策已经生效，这一点非常重要。否则，参与活动就可能会被民众视为收集信息以支持已经做出的决策的工具(Kupper and Schuijer, 2018)。尽管如此，也有证据表明，参与性活动的成果在决策中仍然缺乏可信度，当被严格对待时，它们很难被纳入决策体系（Smallman, 2019a, 2019b）。政策提出要解决的问题，以及科学、技术和创新在解决问题中的作用，都是预先确定的，不能公开讨论。这会导致潜在的误解、挫折和失败，因为公众参与者感到他们只是被要求对技术进行市场测试，而机构似乎将公众参与视为获得对预定方法的信任的机会，而不是重新考虑他们的政策和做法(Macnaghten and Chilvers, 2014)。社会创新等其他现象也显示了针对基于环境依赖和自下而上未满足的公民需求的问题框架的不同方法。（Deserti and Rizzo, 2019a)。与政策的关系，特别是与政策制定的薄弱连接，被视为进一步严重阻碍 STI 中采取协同创造的因素（Emery, Mulder and Frewer, 2015）。

二、政策作为设计对象

根据豪利特（2014）的研究，政策研究的重点是政策设计。政策设计是政策研究的一个领域，旨在使许多政策参与者以有组织的方式开展工作，以实现更好的政策制定结果。让参与者以更结构化的方式进行合作以改善结果的想法与设计科学的观点非常接近，设计科学已经将这种方法应用于各种情况和领域。此外，这种方法还与真正意义上的“设计”的设计科学以及设计活动的情境性相联系。在豪利特看来：“政策设计既是一个过程，也是一个结果，它在很大程度上以所处的‘背景’为导向，这是现代政策科学的特征。”

政策设计学派缺少的似乎是一种对开放政策制定过程的论述，从一个封闭在专家领域的过程，变成一个更加以人为中心的、开放给包括非专家的外部主体参与的过程。设计科学不断扩展其研究和实践领域，包括新的设计对象：从有形的到无形的，从简单的元素到复杂的系统（Norman and Stappers，2015；Buchanan，2001），以及当前设计思维概念的传播（Brown and Katz，2009）。在此过程中，政策也已成为设计者感兴趣的对象（Bason，2014；Kimbell，2016；Blomkamp，2018），而政策制定者和公务员也对设计知识和流程如何帮助制定更好的政策和解决决策过程中一些未解决的问题产生兴趣。在公共服务和政策领域，我们从封闭在公共管理领域内的讨论转向了一种新的情况，即过去常常把决策问题定为需要内部管理的技术问题，而今来自营利或非营利领域的非公共行为者的作用不断增长。这就需要一种新的方法来应对复杂性。

即使处理复杂性的必要性扎根在普里高津的思想和控制论中，但接受复杂性的想法是最近才出现的，并且与我们目前处理的许多棘手问题的系统性相关（Rittel and Webber，1973）。让多个参与者进行互动，尝试用创新的方式让传统上封闭的组织与外部主体接触，将权力从中心转移到外围，从内部转移到外部，这些都是很复杂的问题，且相互关联，处理起来非常复杂。

从这个角度来看，对于政策设计的态度，就像对待任何其他复杂设计对象的态度一样，可能很容易在接受复杂性和应对复杂性的艰难尝试，与回到自上而下政策制定学派所建议的过分简化的诱惑之间摇摆不定。一旦我们着手实施，如果要在实地执行这项政策，就必须处理各种因素的复杂性，这会导致最初的意图和声明与可能的或实际的结果之间在结构上不匹配。设计科学和设计者对政策的处理方法现在变得特别有趣，因为它们似乎易于处理棘手的和不确定的问题（Buchanan，1992）；因为他们引入了一种具有实验性且灵活的方法，该方法使用迭代和原型设计作为验证、选择和优化可能解决方案的方式（Ulrich and Eppinger 2012）；因为他们在考虑其他因素时提出了以人为本的观点；因为他们超越了纯粹的功利主义和解决问题的态度；因为他们提出了一种新的基于实践的协同创造方式。关于最后一点，“协同”的范式也在跨不同政策制定领域的、更加开放和灵活的设计项目中出现。这为政策制定开辟了新的视角，但同时也带来了许多挑战，这些挑战既源于我们描述的某些结构性问题，也源于取决于背景因素的突发事件。

（［意］亚历桑德罗·德塞尔蒂、弗朗切斯卡·里佐、［英］梅兰妮·斯莫尔曼：《STI 政策制定中的协同设计实验》，钱晓波、马梦迪译，载《装饰》2020 年第 12 期。有删节）

第 6 章　政策执行

政策执行是政策过程的重要环节，是实现政策目标与政策效果的决定因素。“在实现政策目标的过程中，方案确定的功能只占 10%，而剩余的 90% 取决于有效的执行。”[①] 然而在公共政策学发展的早期阶段，人们更多关注的是政策的制定，政策的执行并未受到充分的重视。“至少从 1945 年起，大部分美国政治科学家把他们的专业注意力放在制定公共政策的过程上，而对于这些公共政策的内容（如何转化为现实）则相对不太关心。”[②] 政策执行也因此被称为公共政策中“失踪的环节”（missing link）。1973 年，杰弗里・L. 普雷斯曼（Jeffrey L. Pressman）和 A. 维尔达夫斯基（A. Wildavsky）的著作《执行：联邦政府的期望在奥克兰的落空》（*Implementation：how great expectations in Washington are dashed in Oakland*）出版，政策执行问题自此得到广泛关注。

6.1　政策执行的含义

6.1.1　什么是政策执行

政策执行的概念，可以从以下几个角度加以考察：

首先，政策执行是目标与行动之间相互作用的过程。普雷斯曼和维尔达夫斯基认为可以将执行看作是确立的目标与实现这些目标的行动之间的相互作用过程。[③] 查尔斯・O. 琼斯（Charles O. Jones）指出执行是一系列促使某一项目发

---

① 丁煌：《政策执行》，载《中国行政管理》1991 年第 11 期。

② Austin Ranney. The Study of Policy Content：A Framework for Choice. in Political Science and Public Policy，Austin Ranney，ed. C. Chicago：Markham，1968，3.

③ J. L. Pressman，A. Wildavsky. Implementation：how great expectations in Washington are dashed in Oakland. Berkeley：University of California Press，1984.

生实际效用的行动，其中尤其以组织、解释和应用三种活动最为重要。[①] 乔治·C. 爱德华兹等（George C. Edwards III，Ira Sharkansky）认为政策执行是一系列"发布命令、执行指令、拨付款项、办理货款、给予补助、订立契约、收集资料、传递信息、委派人事、雇佣人员和创设组织单位"的活动过程。[②]

其次，政策执行是政策与行动的转化。L. N. 格斯顿（L. N. Geston）把政策执行界定为"将政策义务转化为实务"，公共政策就是对某些事物承担的义务。为了使政策得到贯彻，适当的政府机构就必须致力于将新法律和新计划转变为实务的过程。[③] 陈振明认为政策执行者通过建立组织机构，运用各种政策资源，采取解释、宣传、实验、实施、协调与监控等各种行动，将政策观念形态的内容转化为实际效果，从而实现既定政策目标。[④]

再次，政策执行是上下级的互动。政策的目标与执行细节并非上层领导者理性控制的产物，而是政策执行者彼此之间相互妥协的产物。基层的执行者足以决定政策目标是否能够实现。这种重视基层，忽略中央的模式通称为由下至上模式。[⑤] 只有在政策决策者的"命令控制"与政策执行者的"自由裁量实施"之间实行有效的互动，政策执行才能够规范、有效。

最后，政策执行需要依托一定的组织机构。组织学派强调，任何政策都是由一定的组织来执行的，没有一定的组织依托，任何政策目标都难以实现。[⑥] 尽管影响政策有效执行的因素是多方面的，但组织学派坚持认为组织是其中的最重要因素之一。组织运作方式以及组织与外界环境的相互关系等因素都会对政策执行产生影响。

综上所述，政策执行是指政策执行主体为了实现政策目标，通过建立或依托一定的组织机构，运用各种政策资源，选择相应的政策工具，采取宣传、试验、实施、协调与监控等各种行动，将已合法化的公共政策付诸实践，从而实现政策既定目标的动态过程。

---

① Charles O. Jones. An introduction to the study of public policy. 3rd ed. Monterey，California：Brooks/Coles Publishing Company，1984，pp. 166.

② George C. Edwards III，Ira Sharkansky. The policy predicament：making and implementing public policy. San Francisco：W. H. Freeman，1978，pp. 293.

③ 宁骚：《公共政策学》，高等教育出版社，2018 年，第 288 页。

④ 陈振明：《政策科学——公共政策分析导论》，中国人民大学出版社，2003 年，第 260 页。

⑤ 李允杰、丘昌泰：《政策执行与评估》，北京大学出版社，2008 年，第 11 页。

⑥ 李建军、武玉坤、姜国兵：《公共政策学》，华南理工大学出版社，2009 年，第 118 页。

6.1.2 政策执行的特征

政策执行是政策执行主体将已合法化的公共政策付诸实践的动态过程，主要表现为以下几个特征：

1. **政策执行组织的网络性**

"政策网络是指由于资源相互依赖而联系在一起的一群组织或若干群组织的联合体。"① 政策网络是"在特定政策部门拥有各自的利益或者'股份'，并且有能力推动政策成功或者导致政策失败的一群（政策）主体"②。公共政策执行不但需要依托一定的组织体系在政府内部的不同层级、不同部门之间建构网络体系，而且需要通过公共政策执行网络建立政府与社会的联系，推动多元行动者共同参与。

2. **政策执行主体的多元性**

政策执行主体是政策执行的直接实践者，是影响政策执行的最直接因素，是指那些在特定政策环境中直接或间接地参与政策执行的个人、团体或组织。政策执行主体的多元性主要是指政策执行包含多元的行动者，政府官员、立法者、利益团体、社会组织等都可能参与公共政策执行。

3. **政策执行目标的明确性**

政策目标的明确性是政策执行是否有效的关键所在，是政策执行者行动的依据，政策执行的最终目的在于实现政策目标。

4. **政策执行客体的双重性**

政策客体是指公共政策所发生作用的对象，包括公共政策所要解决的社会问题和所要对其产生作用和影响的社会成员，即事和人两个方面。制定与执行公共政策就是要改变公共政策客体系统的现有状态，或是将公共政策客体的现有状态向人们期望的符合社会发展目标的理想状态转变。

5. **政策执行过程的动态性**

政策执行由一系列活动构成，是一个思想和行动需要不断变化和调整的过程。一方面，任何政策方案都不可能与客观现实完全一致；另一方面，随着时间的推移和环境、条件的变化，执行中会遇到一些新情况、新问题，公共政策执行

---

① J. K. Benson, A framework for policy analysis. In D. L. Rogers, D. A. Whetten et al. Interorganizational coordination: Theory, research and implementation, Ames, Iowa State University Press, 1982, pp. 137 - 176.

② John Peterson, Elizabeth Bomberg. Decision-making in the European Union, New York: Palgrave Macmillan, 1999, pp. 126.

者须根据事物发展的状况动态地调整执行策略。

6.1.3　政策执行的作用

政策执行是政策过程的关键环节，是实现公共政策目标的必经阶段和唯一途径。具体来说，政策执行在公共政策过程中的作用主要体现在以下几个方面：

1. **政策执行是实现政策目标的重要途径**

公共政策的出发点和落脚点是要解决社会公共问题，实现一定的公共政策目标，推动社会健康有序发展。公共政策执行的首要功能是通过一系列的政策活动，解决具体的社会问题，实现公共政策目标。公共政策执行的效果直接影响公共政策目标能否顺利实现。

2. **检验政策成效的重要环节**

实践是检验真理的唯一标准，一项政策科学与否，质量高低应该以政策执行这一实践环节作为检验标准。公共政策执行是公共政策从理论转变为现实，从主观到客观的过程。只有通过政策执行，才能取得政策结果，才能对其成效进行评估。政策结果和成效的好坏不仅与政策本身有关，也与政策执行过程有关。

3. **制定后续政策的重要依据**

通过公共政策执行可以修正原有的政策以及为后续政策的制定提供依据。就第一个方面而言，任何公共政策并非一经过制定就是准确无误的，而是需要不断进行修正、补充和完善，通过公共政策执行可以很好地发现公共政策存在的问题并给予及时的改进和完善。就第二个方面而言，公共政策执行活动及其效果会为后续政策的制定提供前车之鉴，减少后续政策制定的失误。无论是对原有政策的调整还是制定后续政策，都必须以先前政策执行所获得的经验、教训、所反馈的信息为依据，必须在前一项政策执行结果的基础上思考新的问题，这是政策制定的一个基本原则。

6.1.4　政策执行的理论演进

政策执行的理论研究主要经历了三个阶段。第一代研究偏重于“自上而下”的研究路径。自上而下的路径强调政策是由上层制定、下层执行，因此政策执行是一个自上而下的推进过程；第二代政策执行研究侧重于“自下而上”的研究路径。自下而上路径认为政策虽然由上层制定，但最终还是由下级来执行，下级不仅仅是在执行既有政策，还发挥着搜集相关信息、政策调整的功能；第三代“综合性”的研究途径。综合了第一代和第二代研究的优点，形成更为综合性的分析框架。①

1. **第一代政策执行的研究："自上而下"的路径**

"自上而下"的路径又被称为"向前推进策略"、"以政策为中心的途径"或"政策制定者透视"。第一代政策执行研究受到古典行政模式的深刻影响，从传统的行政理论出发强调行政组织的集权和层级结构，是一种上级组织负责制定政策，下级组织负责政策执行的研究模式。马克斯·韦伯所构建的官僚制模型内含着一个合乎理性的、科学的决策模型，可以很好地解释这一研究路径。按照韦伯的决策模型，理想的决策系统就是由极少数人组成的最高层次的决策控制，由下级行政人员负责执行，政策制定与政策执行是一个自上而下单向的命令传递关系：政策执行者的方案选择要体现对政策制定者的服从和遵行，而政策行为的宗旨或目标都由政策制定者在法规或指令中事先确定。第一代政策执行研究将关注的重点放在高层决策者身上，强调政策执行必须秉承上级意志，实现公共政策设定的目标。

在公共政策学的发展史上，自上而下研究路径的最早主要代表人物是普雷斯曼和维尔达夫斯基。他们合作编著的《执行：联邦政府的期望在奥克兰的落空》一书掀起了有关公共政策执行研究的热潮。随后，托马斯·史密斯（Thomas Smith，1973）、米特尔与霍恩（Donald S. Van Meter and Carl E. Van Horn，1975）、萨巴蒂尔与马兹曼尼安（Sabatier and Mazmanian，1979）进一步拓展了自上而下的研究途径。其中最具代表性的是萨巴蒂尔与马兹曼尼安的政策执行综合模型，为政策执行研究提供了详明而精准的模型。该模型提出政策执行具有较大影响的因素可分为三类，分别是政策问题的可处理性、政策本身的规制能力、政策以外的其他变量（具体模型将在第二节中进行介绍）。

"自上而下"的研究途径有以下几个基本命题：第一，政策制定与政策执行是有界限的、分离的、连续的。第二，这种界限和分离源于政策制定者设定目标，政策执行者执行目标，二者分工明确。第三，政策制定者与执行者接受两者之间的任务界限，执行过程必然是在政策制定之后进行，二者形成前后连续的整体过程。第四，政策执行本质上是非政治性的，而是技术性的、中立的、客观的、理性的与科学的。②

"自上而下"的研究途径是早期政策研究较多采用的模式，推动形成了政策执行研究的热潮，但第一代研究的局限性也有着明显的缺陷，主要涉及以下两个

---

① 迈克·希尔、彼特·休普：《执行公共政策》，商务印书馆，2011年，第116页。

② Robert T. Nakamura，Frank Smallwood. The Politics of Policy Implementation，New York：St Martin's Press，1980.

方面：第一，“完美执行”的必要条件往往并不具备。首先，理想的政策执行要求政策目标明晰，在实际中，出于有限认知的原因，政策目标可能是模糊的。其次，政策制定与政策执行的理论区分在执行过程中无法维持，因为政策是在执行的实际过程中被不断修正。第二，忽视了地方部门和基层执行者的适应性策略。为了应付不确定性，各种组织都不可避免地拥有自由裁量权，基层官员的活动也将由此产生“控制赤字”。基层部门之间、执行人员之间还可能结成联盟，形成“共谋”行为，致使政策执行出现选择执行、替代执行、附加执行和象征执行等变通现象。

2. 第二代政策执行的研究：“自下而上”的路径

第二代政策执行研究是在批评“自上而下”研究路径的基础上发展起来的，该路径又被称为“向后推进策略”或者后理性主义模式。第二代研究提出，基层官僚比高层决策者更了解真实的政策问题，主张给予执行者充分的裁量权，以适应复杂的政策情境，更好地执行公共政策。基层官僚理论可以用于解释自下而上的研究途径，基层官僚理论认为基层官僚在政策执行过程中并不像自上而下的研究路径所描述的那样，消极地、被动地执行上级的政策。相反，基层官僚在政策执行过程中有着广泛的“自由裁量权”；基层官僚并不是仅仅“执行”政策选择，而是“做出”政策选择；往往他们的意向、态度与行为是影响政策执行效果的关键。

第二代政策研究也有众多的代表性学者与代表性观点。迈克尔·利普斯基（Michael Lipsky，1980）提出“街头官僚”（street-level-bureaucrat）的概念，用于分析基层工作者在政策执行中面临的环境和工作压力。理查德·F. 埃尔莫尔（Richard F. Elmore，1980）提出，政策执行研究存在“正向探索”和“逆向探索”两种不同路径，在可能的情形下，公共政策应保持灵活性，以便基层官员在执行中能够进行更精准的设计。[1] 耶恩和波特（Benny Hjern and David O. Porter，1981）扩展了对政策执行主体的研究，将其从政府内部的组织体系扩展到政府之外的社会力量，认为政策执行包括多元主体、多元目标、多元动机，多元行动者之间存在复杂的互动关系。

“自下而上”的研究途径有以下几个基本命题：第一，有效的政策执行取决于包含多元组织的执行结构。政策执行能否有效完全要看最基层的执行结构中到底有哪些多元组织涉入其中。第二，政策执行结构是具有共识的自我选择过程。由于下属机构会自行选择它认为可行的方式去实现政策目标，政策制定者需要与

① Richard F. Elmore. Backward mapping：implementation research and policy decisions，Political Science Quarterly，1980，94（4），pp. 601 - 616.

基层机构达成执行政策的共识。第三，政策执行以计划理性而非以组织理性为基础。公共计划决定了政策执行的结构，因此计划考量比组织考量更为重要。第四，有效的政策执行取决于执行机关间的过程与产出，而非政策决定建构者的意图与雄心，需要特别注意政策执行机关之间的互动过程有何问题，该问题有何影响。第五，有效的政策执行是多元行动者之间复杂互动的结果，而非单一机构贯彻政策目标之行动结果，因此必须充分掌握多元行动者之间的互动网络关系。第六，有效的政策执行必须涉及妥协、交易或联盟的活动，因而互惠性比监督性功能更为重要。①

"自下而上"的研究途径也同样存在着一定的局限性：第一，对"自上而下"研究途径的批评有失公正，在许多方面进行了夸大。第二，该路径过于强调基层官员的自由裁量权，如果对基层官员的行为不加以约束，基层执行就容易出现任性行为，且过分强调基层官员的策略行为有悖于民主治理的基本原则和精神。第三，该路径偏重于对政策执行的成功或失败进行解释，但在理论建构上有所欠缺，提出的理论在解释性、适用性方面存在不足。

3. **第三代政策执行的研究：综合性研究路径**

第三代政策执行研究将"自上而下"和"自下而上"的研究路径相结合，提出综合性的分析框架，政策执行的研究进入了综合性研究阶段。该路径认为重要的公共政策执行会涉及多元参与者之间的互动，其突出特点是，突显了政策网络对执行的重要作用。

第三代政策执行的研究具有以下的贡献：第一，对"自上而下"和"自下而上"的研究成果达成了共识，认识到政策执行既受到"自上而下"方面变量的影响，也受到"自下而上"方面变量的影响。第二，在研究方法和理论工具等方面更具有多样性，形成了政策网络分析及相关理论框架。第三，突显了中间层次的政府在政策执行中的作用。第四，原先持"自上而下"或"自下而上"研究取向的学者纷纷重新审视自己原有的研究，并吸纳其他理论的合理要素，对自己的理论进行修正。

第三代政策执行研究的代表性学者有保罗·萨巴蒂尔和麦尔科姆·L. 高金（Malcolm L. Goggin）等。在综合分析"自上而下"与"自下而上"两种途径的各种因素的基础上，唐纳德·C. 门泽尔（Donald C. Menzel）提出了组织间模型（1987）、高金等人提出了政策执行的府际间关系模型（1990）、萨巴蒂尔提出了倡议联盟分析框架模型、政策变迁和学习模型（1993）、理查德·E. 麦特兰德

① Richard F. Elmore. Backward mapping: implementation research and policy decisions, Political Science Quarterly, 1980, 94 (4), pp. 601 - 616.

（Richard E. Matland）提出了模糊—冲突模型（ambiguity - conflict）（1995）、N. 瑞恩（N. Ryan）提出了综合途径（integrated approach）（1996）等。

第三代研究途径区别于第一代和第二代的研究途径，主张建立动态的执行图景。第三代研究途径运用混合方法（mixed - method approach）以建立了一个整合模式来研究复杂的、多层次的、多变量的执行问题，特别是府际关系问题。但第三代政策执行也存在一定的不足之处。首先关于“执行”含义的界定，研究者未形成一致的看法。其次，该研究路径对关键变量的识别仍在探索之中。最后，综合性研究路径偏重于具体制度环境下的执行研究。已有研究大多是基于特定的制度环境分析政策执行中的互动机制，而政策执行的一般性理论探索则进展不大。①

6.2 政策执行的理论模型

自20世纪70年代以来，很多学者从不同角度对公共政策执行的影响因素进行研究，并形成了政策执行理论模型，政策执行理论模型对于公共政策执行的实践具有非常重要的指导作用。

6.2.1 政策执行的过程模型

美国学者托马斯·史密斯较早提出政策执行过程模型，他在1973年发表的《政策执行过程》一文中首先描述了执行一项政策的过程模型，又称“史密斯模型”，如图6－1所示。史密斯认为，政策执行的过程主要包括四个核心因素：理想化的政策、目标群体、执行机构以及环境因素。公共政策作为政府有目的的行为，必须意味着要改变原有的处理问题的方式或者建立新的处理方式，这就使受政策执行影响的个体或群体原有的较平衡的关系被冲击，彼此之间可能产生紧张、争议、冲突。政策执行需要不断考虑政策面临的限制、压力及紧张，政策执行实际上也是回应这些限制、压力及紧张的一个动态过程。

（1）理想化的政策。理想化的政策是指合理、正确的政策，政策制定者力求达到各种政策执行要素相互作用达到理想化的形式，包括政策的形式、类型、渊源、范围以及社会对政策的认识。

（2）目标群体。即政策对象，政策的直接影响者，指由于某项政策实施而

① 杨宏山：《公共政策学》，中国人民大学出版社，2020年，第120页。

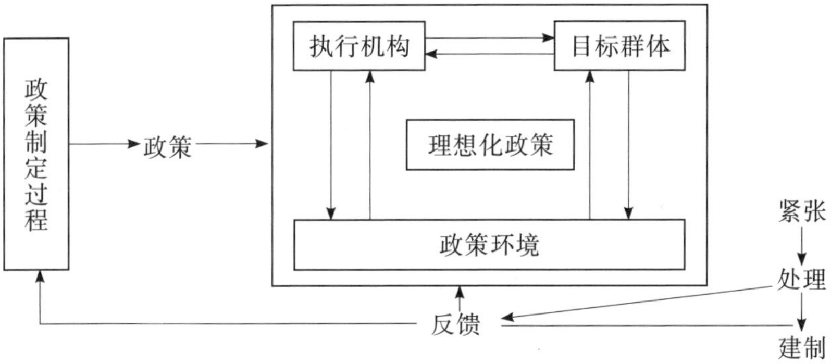

图6-1 史密斯政策执行过程模型

（来源：史密斯，1973）

调整自身行为的群体。

（3）执行机构。执行机构是负责政策执行的政府行政机构和组织，包括机构和人员的领导方式等。

（4）政策环境。包括政治、经济、文化、社会等多方面影响政策执行的因素，构成了政策执行所置身的约束性通道。

史密斯所建构的过程模型一方面确定了影响政策执行的因素，指出政策执行是一种涉及众多变量且内容极其复杂的活动过程。另一方面为政策执行过程提供了理论解释。该模型提出，反馈是政策执行过程的重要组成部分，它表明政策执行是一个连续过程，存在持续的互动和调适。史密斯模型政策执行的过程就是从紧张状态经过处理而达到协调缓和状态。处理时，如果发生问题，那么立即"反馈"，如果没有问题出现，则进行"建制"，然后再间接予以"反馈"。该模型认识到反馈对于政策执行具有重要影响，但它仅着眼于认知和解释，没有就如何运用反馈机制改进政策执行做进一步探索。

6.2.2 政策执行的相互调适模型

在史密斯模型的基础上，美国公共政策学者 M. W. 麦克拉夫林（M. W. McLaughlin）于1976年在其《相互调适的政策执行》一文中，提出了政策执行的相互调适模型。①

麦克拉夫林认为，政策执行不仅仅涉及技术或计划的直接应用，它是一个高

① Milbrey Wallin McLaughlin. Implementation as Mutual Adaptation: Change in Classroom Organization. Teachers College Record: The Voice of Scholarship in Education, vol. 77, no. 3, 1976, pp. 1-9.

度可变的、动态的组织过程。在这个过程中，政策项目的目标和执行方法与机构设置之间相互作用。文中分析认为，教育改革的成功依赖于政策执行参与人员和机构设置之间的相互调试。也就是说，执行过程中，执行人员通过了解机构设置的实际情况，识别机构中可能正面或负面影响政策执行的因素，根据机构政策、文化理念和实践随时改变项目设计，调整项目目标和执行方法，更有效地执行政策项目，同时，政策项目参与者的态度、技能和行为以及机构设置也产生改变，以适应政策项目的需求。相互调适的过程本质上是一个“边做边学”的过程，是一种适应性的政策执行战略，在执行过程中，执行参与者根据机构设置，重新评估、明确和完善目标和方法，促进学习、成长、相互调适。

以学校的国际交流项目为例。学校的机构设置包括但不限于：学校是否更倾向于招收有国际学习经验的学生；学校是否在态度和资源上大力支持国际交流项目；学校国际部对于项目的宣传是否到位；国外课程只注重纯粹的课堂学术活动，还是也注重实习、志愿活动、独立研究、合作研究等课外活动；学生在国外的课程设置是完全固定的，还是一定程度上可以自由选择；项目时长是整个学年还是某个学期；学校是否有阻碍国际交流项目的因素，包括国际办公室缺乏专业咨询人士，无法提供有效建议、教师对项目漠不关心、转学分过程比较复杂、学校的财政援助不可用于出国留学等等。

项目参与者，尤其是项目执行者，需要清楚地识别这些因素，了解机构设置，比如识别机构设置中的阻碍项目执行的因素，从而根据具体情况，随时调整项目设计，有效发展和维持国际交流项目，同时更好地推动机构设置变革。政策执行参与人员和机构设置之间的相互调试能够促进项目的成功施行。①

6.2.3 政策执行的系统模型

政策执行系统模型（见图6－2），是由米特与霍恩于1975年在《政策执行过程：概念性框架》一文中首次提出。他们指出，影响政策执行的因素包括以下几方面。

（1）标准与目标。政策执行要求确定标准和目标，因为没有标准和目标，就没有判断政策执行成功或失败的依据。政策标准和目标会详细阐述政策的总体目标，并界定评价政策绩效的标准。

（2）政策资源。政策资源是指系统本身实现目标的条件，包括人、财、物、信息等促进政策有效执行的资源。如果政策执行时缺少相应的资源，那么政策执

① John Pearson. Bechtel International Center，Stanford University. https://www.aifsfoundation.org/pdf/InstitutionalSetting.pdf.

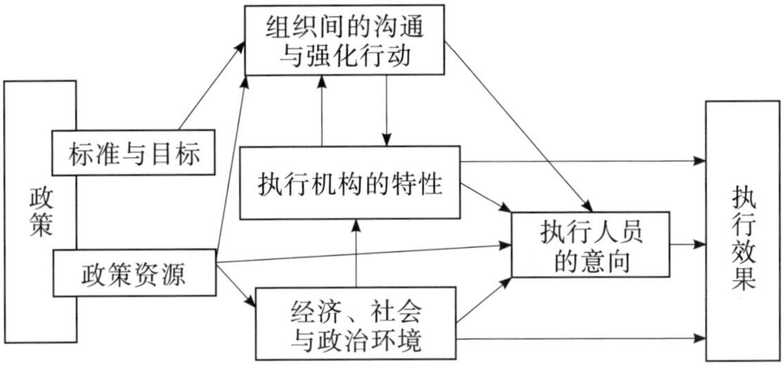

图 6－2　政策执行系统模型

（来源：Van Meter & Van Horn，1975）

行就无法顺利开展。

（3）组织间的沟通与强化行动。至关重要的是关注标准和目标的明确性、与执行者沟通的准确性以及它们之间行动的一致性。成功的执行往往需要制度化机制和程序，上级和下属通过各种信息来源进行交流。强化行动体现为，上级有比较标准的人事权力，如招聘和选拔、分配和调动、晋升以及解雇。此外，他们还可以因满意或不满意执行效果而扩大或减少各局和外地办事处的预算拨款。可见，上级有很大的能力来影响他们的下属的行为。在组织间（或政府间）关系的背景下，两种类型的强化行动或跟进活动最为重要：一是上级提供技术咨询和帮助。二是上级可以实施广泛的制裁——正面的和负面的来强化行动。此外，上级部门也可以通过提供有价值的服务促使下级部门参与和合作。

（4）执行机构的特性。包括组织的正式结构特征、人员的非正式属性以及执行机构与其他参与者联系的政策传递系统。具体包括：①机构工作人员的能力和规模；②对子单位决策的分级控制程度和执行机构内的流程；③机构的政治资源；④一个组织的活力；⑤“开放”的程度；⑥该机构与“政策制定”的正式和非正式联系。

（5）经济、社会与政治环境。主要包括：①执行机构内是否有可用的经济资源？②政策执行在多大程度上（以及如何）影响占主导地位的经济和社会？③公共舆论的性质是什么？与政策问题的相关性有多显著？④精英们赞成还是反对政策的实施？⑤执行管辖区（或组织）的党派性质是什么？是否有党派反对或支持政策？⑥私人利益团体在多大程度上动员起来支持或反对该政策？

（6）执行人员的意向。实施者反应的三个要素可能会影响他们执行政策的能力和意愿：他们对政策的认知（理解、不理解）、他们对政策的反应方向（接受、中立、拒绝）以及反应的强度。执行人员对标准和目标的处置方向也是至关重要的，同时，执行人员的处置强度可能影响政策的执行。

（7）模型组件之间的假设联系。虽然模型以静态的方式呈现，但要认识到执行过程的动态特征是至关重要的。政策的标准和目标对执行效果的影响是间接的，它对因变量的影响是以其他变量为中间变量的。显然，公共服务的提供将受到向执行人员传达标准和目标的方式以及在何种程度上标准和目标有助于监督和执行的影响。标准和目标通过跨组织的沟通活动对实施者的处置产生间接影响。显然，实施者对政策的反应将部分基于他们的看法和对其目标的解释。资源与执行机构或组织的经济、社会和政治环境之间的联系表明，财政和其他资源的可用性可能会产生一种需求——由私人公民和有组织的利益集团——参与和成功地执行该计划。执行机构（或组织）的经济、社会和政治环境将影响执行机构的性质、执行者的态度和执行本身，执行机构的若干特点会影响其人员的部署，沟通网络的性质、层级控制的程度和领导风格都会影响个体对组织目标和目标的认同，根据实施机构的定位，会促进或阻碍政策的有效执行。[①]

6.2.4　政策执行的综合模型

美国学者萨巴蒂尔与马兹曼尼安在其著作《公共政策的执行：一个分析框架》中提出了政策执行综合模型。该模型对影响政策执行的因素进行了详细划分，并提出了影响政策执行的因素主要有三类：政策问题的可处理性、政策本身的规制能力、政策本身以外的变量，每一大类又进一步可细分为几个小类，共有17 种因素。[②] 如图 6－3 所示。

（1）政策问题的可处理性。主要指的是现存的能对政策问题加以处理的有效理论和技术；目标团体行为的多样性；目标团体人数及其行为需要调适的幅度。

（2）政策本身的规制能力。主要指的是政策本身存在的充分因果关系；政策目标明确一致；充足的政策执行资源作为保障；各级执行机构内部以及各机构之间的整合协调；执行机构的决定规则；高素质的执行人员；吸收社会各界参与政治的可能性。

（3）政策本身以外的变量。主要指的是影响政策执行的社会经济环境和技术条件；媒介对问题的关注程度；普通公众对政策的支持程度；各选民团体的态度和资源；监督机关支持与否；执行者的工作态度与领导艺术等。

该模型的一个显著特点是：结合政策执行的不同阶段来考察变量对政策执行

---

① D. S. Van Meter，C. E. Van Horn. The Policy Implementation Process：A Conceptual Framework，Administration & Society，1975，6（4），pp. 445－488.

② Paul Sabatier，Mazmanian Daniel. The Implementation of Public Policy：A Framework of Analysis. Policy Studies Journal，vol. 8，no. 4，1980，pp. 538－560.

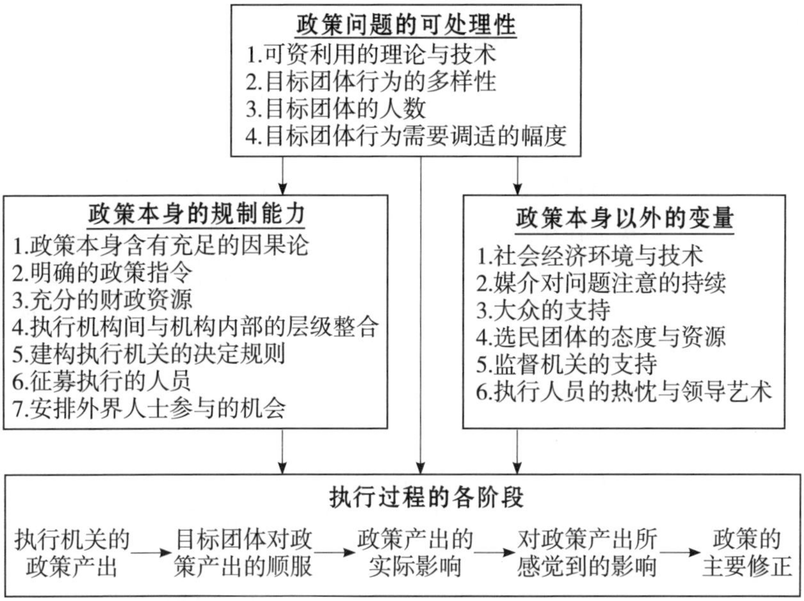

图 6－3　政策执行的综合模型

（来源：Sabatier P.，Mazmanian D.，1980）

的影响，政策过程被认为是由一系列具有逻辑关系的阶段组成：从以因果关系为基础的意向经由决策再到行动。在该模型中，政策执行被分为五个阶段：执行机关的政策产出、目标团体对政策产出的顺服、政策产出的实际影响、对政策产出所感觉到的影响、政策的主要修正。该模型解释为什么政策过程出现或没有出现预期的结果，着眼于对政策执行机构的管理（合作、协调等）。

政策执行综合模型从多个视角大量地考察了影响政策执行的各种主要变量，为我们分析、指导政策执行提供了一个较为完备的思考与实践框架，但也存在着一些缺陷：第一，过多地关注中央行动者的目标和策略，其他行动者在执行过程中扮演的重要角色被忽略了。第二，所谓的完美的行政必要条件在现实生活中是不可能具备的（例如资源的持续稀缺）。第三，为了应付不确定性，各种组织都不可避免地拥有自由裁量权，基层官员的活动将由此产生“控制赤字”，因为他们发展出了应付压力的各种办法。第四，过多强调中央的目标，不但忽视了基层官员的适应策略，也忽视了政府行为的意外结果。第五，某些政策并不具有（已有的政策从来都不具有）明确的目标，它们通过一系列活动者的复杂互动，在相当长的时间里发展和演变而来，因此，并不存在明确的政策评估标准。第六，政策制定和政策执行的理论区分，在执行过程中无法维持，因为政策是在执行的实际过程中制定和修正的。

6.2.5 利普斯基的街头官僚模型

美国学者迈克尔·利普斯基在《街头官僚：公共服务中的个人困境》一书中，提出了著名的街头官僚模型，也称基层官僚模型。基层官僚是指那些工作在一线的执行官员，直接与目标群体接触，拥有较大的自由裁量权，在政府雇员中占很大的比重，在一线工作中的抉择直接影响着政策的执行。

利普斯基被视为第二代政策执行研究的代表性人物，他剖析了基层官员的工作环境及在政策执行中发挥作用的策略。利普斯基从“自下而上”的视角关注基层官僚在政策执行中的行为。他提出基层官僚面临着“等级森严的体制、繁重的公务压力、所需资源的不足、工作方法的不确定性以及服务对象的不可预知性，这些都使得他们服务于公共部门的雄心大志大为受挫”①。基层官员一方面在压抑的行政体系中进行工作，另一方面基层官员被认为有相当大的自主裁量权，同时上级部门为了防止政策执行失败而实施的控制和考评进一步强化了这些压力。利普斯基认为，为了应对这些不确定性和工作压力，基层官员既要注重程序和规则，也要采取调适行为，对稀缺资源的使用做出选择和决定，以满足服务对象对他们工作的较低期望值。然而，基层官员的职业特点却使他们无法达到工作的理想境界。他们在几乎无法承受的重压之下开展工作，既要遵守各种规则，也要发挥决断能力和主动精神。因此，任何试图通过等级制度对他们进行全面监控的努力只能迫使他们沿袭老套规则，无视公众的需要。政策执行的根本在于创造各种方法来确保执行者的责任，确保地方公众的期望能够得到满足。利普斯基不是关注上级机构如何贯彻落实其意愿，而是关注基层官员的执行情境和行为方式，从而开辟了政策执行研究的新路径。

6.2.6 政府执行的府际沟通模型

高金在1990年出版的《政策执行理论与实务：迈向第三代政策执行模型》一书中提出了“府际政策执行沟通模型”。高金认为政策执行是一种极为繁杂的过程，是一系列发生于不同时间与空间的政治与行政决策和行动的过程，因此，他们主张政策执行研究不应忽视对各种层次中执行动态面的探讨，其所提出的“府际政策执行沟通模型”即着重于政策执行的动态过程。② 如图6－4所示。

该模型建立在以下假设之上：（1）中央政府与地方政府之间具有冲突或合

---

① Michael Lipsky. Street-level bureaucracy: dilemmas of the individual in public services. New York: Russell Sage Foundation, 1980, pp. 23.

② Malcolm L. Goggin, Ann O. Bowman, James P. Lester, et al. Implementation theory and practice: Toward a third generation. Harpor Collins, 1990, pp. 183.

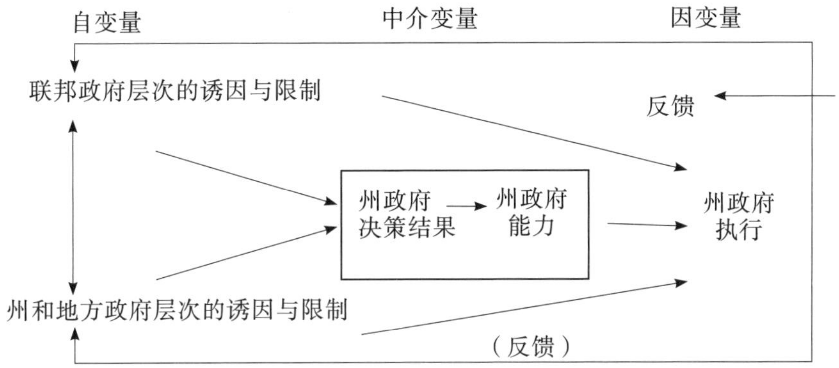

图 6－4　政府执行的府际沟通模型

（来源：Goggin，1990）

作关系；（2）州政府具有自主裁量权，可以解释联邦计划的内容或充分了解地方政府亟需谋求解决的问题；（3）不同时间或不同管辖权下具有不同的执行模式。

这一模型还包括三个变量：（1）因变量：州政府的政策执行；（2）自变量：①联邦政府层次的诱因与限制②州与地方政府层次的诱因与限制，两者形成相互依赖的关系；（3）中介变量：包括州政府本身的决策结果与州政府本身的能力。其中，自变量是事先存在的，中介变量是由联邦政府决策与州政府决定共同影响的，州政府能力与州政府决策结果是两个重要的中介变量，影响着因变量，即州政府的执行，而州政府政策执行情况又反馈回联邦政府和州政府作为其诱导和约束因素。

“府际政策执行模型”整合了“自上而下”和“自上而下”两种研究路径。实际上，绝大多数政策执行均需通过不同层级政府和不同机构的努力而得以付诸实施。在该模型中，“中间层”执行受到来自“上面”的诱因与制约因素、来自“下面”的诱因与制约因素和来自本级的诱因与制约因素的影响。分析了跨多级政府政策执行，完善了政策执行研究的不足。

6.2.7　政策执行模糊——冲突模型

麦特兰德对“自上而下”和“自下而上”的研究路径进行综合，提出了政策执行的模糊—冲突模型（ambiguity-conflict）（如图 6－5 所示）。麦特兰德认为模糊性和冲突性是政策的本质特性，因此提出了冲突性与模糊性两个自变量。其中，模糊性是指政策内容和执行方式的模糊性。冲突性是指政策目标之间存在不一致性，或政策执行涉及的多个组织之间的利益诉求存在不一致性。通过这两个维度将政策执行区分为四种模式，分别是低冲突——低模糊（行政性执行），高冲突——低模糊（政治性执行），高冲突——高模糊（象征性执行）和低冲突——高模糊（试验性执行）四类。[①]

（1）行政性执行：低政策模糊——低政策冲突。行政性执行发生于公共政策低模糊、低冲突的情境之下，是“自上而下”的理想过程。低模糊性意味着各执行人员都明确其职责。低冲突性意味着上级的指令被认为是合法的，行政性执行的冲突很少，执行人员规范地执行政策。政策目标是确定的，解决现有问题的政策技术或工具是已知的。行政性执行的核心原则是政策结果是由资源决定的。只要有足够的期望资源来保证政策的执行，预期的政策结果几乎能得到保证。

政策模糊性 \ 冲突性	低	高
低	行政性执行 **资源** 例子：天花的根除	政治性执行 **权力** 例子：校车接送计划
高	试验性执行 **背景条件** 例子：低收入家庭5岁以下儿童的教育启蒙计划	象征性执行 **联盟力量** 例子：旨在抗击贫困的社区行动机构

图 6－5　麦特兰德的模糊—冲突模型

（来源：Mathand，1995）

（2）政治性执行：低政策模糊——高政策冲突。政治性执行发生于公共政策低模糊、高冲突的环境下，政策性执行的目标和手段都很清晰，但多元目标或涉及的多元主体之间存在冲突，或是目标存在冲突，也或是执行方式存在冲突。政治性执行的核心原则是执行的结果是由权力决定。成功的执行要么取决于有足够的权力来强制其他不赞同政策的人参与，要么取决于有足够的资源通过交易来达成执行协议。

（3）试验性执行：高政策模糊——低政策冲突。试验性执行发生于公共政策高模糊、低冲突的情境下。政策模糊的结果是执行的项目因政策背景而异，低政策冲突很可能吸引大量的参与者。试验性执行的核心原则是环境条件主导政策执行过程。政策结果在很大程度上取决于微观执行环境中的资源和执行者。政策目标和执行方式都不确定的政策，自然采用试验性执行的方式。此外，具有清晰和广泛接受的目标但执行方式不明确的政策，也采用试验性执行的方式，并可能开发新的执行方式。

---

① Richard E. Matland. Synthesizing the Implementation Literature：The Ambiguity－Conflict Model of Policy Implementation. Journal of Public Administration Research and Theory：J－PART, 1995, 5（2）, pp. 145－174.

（4）象征性执行：高政策模糊——高政策冲突。象征性执行发生在政策高度模糊且高度冲突的情境下，象征性执行的核心原则是掌握政策资源的行动者联盟决定政策结果。因为行动者的利益系于政策，所以拥有共同利益的行动者可能会形成联盟。不同的政策会形成不同力量的联盟和居于主导地位的联盟。在这种情况下，地方层次的联盟的力量往往决定着执行结果。如果各地都采取观望态度，一项政策的执行将难以真正落地。

模糊——冲突模型也是一种“自上而下”与“自下而上”两种研究途径相结合的政策执行模型。“自上而下”的研究倾向于选择相对清晰的政策，而“自下而上”的研究倾向于具有较大的不确定性的政策，模糊——冲突模型指出了对不同类型执行进行思考的角度。值得注意的是政策模糊并不一定产生消极的影响，一方面为了减少争议和冲突，政策制定者可能会对政策目标做模糊化处理；另一方面政策模糊给予执行者较大的自主空间，有利于在一定程度上推动政策创新。

6.2.9　综合执行模型

S. C. 温特（S. C. Winter）提出了综合执行模型，试图通过建构政策执行的一般性理论来包含足以影响政策执行结果的四个变量，以精简的原则来避免复杂的整合型模式，从宏观的角度建构政策执行的新模型。如图 6－6 所示。

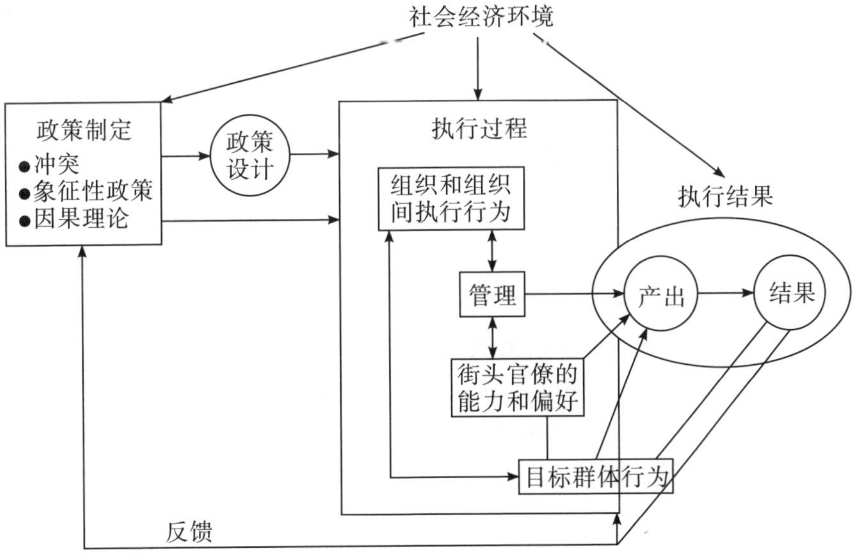

图 6－6　温特综合执行模型

（来源：Winter，1990）

该模型提出执行过程主要受到组织与组织间的执行行为、街头官僚的能力和偏好和目标群体行为等三项因素的影响。政策执行结果主要是受到执行过程的影响，而政策制定过程也通过政策执行过程的中介作用，间接影响政策执行的结果。该模型主要包含以下三种变量：第一是自变量，即政策制定。温特认为政策制定对政策执行的影响包含三项命题：冲突程度（成功的政策执行与政策规划阶段的冲突程度呈反比）、因果理论有效程度（成功的政策执行与有效的因果理论的程度呈正比）、象征性政策（政策必须具有让执行者投入热忱的理由，而非只是象征性的行动）。第二中介变量，即执行过程。执行过程中所要观察的变量包括：组织与组织间的执行行为（执行时经常需要与其他机构或个人协商，否则政策执行难以成功，故政策执行时应将执行机构尽量予以垂直整合）、街头官僚的能力和偏好（基层官僚往往面临资源不足，公众需求增加，工作目标含糊不清，绩效不易测量等困境，所以政策执行时要注意基层官僚的自利行为，如保守倾向、隐藏信息或刻意优先处理比较容易但不重要的个案）、目标群体行为（若是提供目标群体利益的政策，通常比较容易执行，反之管制性的政策，容易遭到抗拒）。第三是是因变量，即执行结果。可以从产出与结果两方面加以观察，产出是抽象的政策后果，结果则是指产出之后，该产出对于社会或目标群体的影响。执行结果有三种标准：官方的标准、利益关系人的标准和以问题解决为标准。①

综合执行模型是一种整合的研究路径。该模型从多方 、动态、融合的角度和较为全面的视角来看待政策执行过程。该模型将政策制定与政策执行的过程融为一体，即考虑了决策者在政策执行过程中的影响，也分析了基层官员所拥有的自主权及其对政策结果的影响。

6.2.10 基于中国经验的政策执行“上下来去”模型

从高金等公共政策学者构建的模型可以发现，这些理论模型大多是建立在西方的社会情境上，与中国的政策执行的实际情况相去甚远。国内学者提出了基于中国经验的政策执行“上下来去”的模型。该模型认为，在当代中国的政策实践中，成功的政策执行取决于政策执行主体在政策执行的过程中坚持实事求是、一切从实际出发的原则。采用政策试点，即将政策进行局部试验，然后再全面推广并进行“执行—总结”的政策试验方式。政策执行过程中政策主体与政策客体、政策环境的关系体现为上下互动的过程，它具有以下内涵：

（1）政策执行是一个“从群众中来，到群众中去”的过程。政策主体在政

---

① Søren C. Winter. Integrating Implementation Research. Implementation and the Policy Process：Opening the Black-Box，Greenwood Press，1990，pp. 19 – 38.

策制定过程中要集思广益，采纳民意，在政策执行过程中将收集起来的群众有关政策的意见和建议进行整理、加工、提炼，形成领导决策，再返回到群众中去，使群众认识到这些政策符合他们的根本利益，号召群众行动起来，真正化为他们自觉的政策行动。

（2）政策执行是一个“试验—推广”的过程。政策试验是“上下来去”模型的又一重要内涵。在全面推行一项新的政策，特别是那些具有重大影响的公共政策之前，都要预先选择几个地区、部门和单位进行试点，取得具体的工作经验，并以此为依据对政策进行调整和完善，然后再普遍实施。这样就有利于降低政策执行成本和风险，更好地达到预期的政策效果。

（3）政策执行是一个“执行—总结”的过程。政策执行总结，是指执行机关和执行人员在政策得到具体的贯彻落实后，依照国家现行政策和行政管理规律，对政策执行过程和结果加以全面、系统的衡量、评价、反思和检讨。在政策执行中群众创造了许多成功的经验，经过系统地总结，成为执行者以后行动的借鉴。“执行—总结”的过程不仅是对政策执行进行的全面检查，也是下一轮政策过程的起点，为下一轮政策的有效制定提供基础。①

6.3 政策执行过程与影响因素

政策执行活动是一个完整的过程，主要包括政策执行的准备阶段、政策执行的实施阶段以及政策执行的总结阶段。在政策执行过程中会受到来自客观和主观的影响与制约，需要借助行政工具、法律工具、经济工具、思想政治教育工具、技术工具等政策执行工具实现政策目标。

6.3.1 政策执行的基本环节

政策执行活动包括三个基本环节：一是政策执行的准备阶段，包括加强政策认知、制定政策执行计划、进行物质和组织准备、政策宣传等活动环节。二是政策的实施阶段，包括政策试验和全面推广等活动环节。三是执行的总结阶段，包括政策执行监测、政策执行再决策等活动环节。

1. 政策执行的准备阶段

政策执行的准备阶段是政策执行的开端，需要准备的工作主要有以下几项：

① 宁骚：《公共政策学》，高等教育出版社，2018年，第294页。

（1）加强政策认知。对于政策执行者来说，在政策执行过程中不断地通过组织学习和完善知识结构以提高自身的政策认知水平是十分必要的，正确理解政策的内涵才能正确贯彻执行政策。

（2）制定执行计划。政策执行首先需要根据实际情况，在正确理解政策内涵的基础上制定出能达到政策目标的行动方案。政策制定一般是从宏观的战略角度提出的，从制定到执行中间存在着一定的层级距离，因此顶层设计与落地执行的实际情况可能会有所出入。为了更有效地执行政策，需要经过一个政策细化为执行计划的过程。

（3）进行组织准备。组织准备是政策贯彻落实的切实保障。组织准备包括了解决执行机构设立和组织形式，建立高效精干的组织结构和运行机制，建设较高政策认知水平的专业执行队伍三个方面的内容。

（4）做好物质准备。物质准备是政策执行顺利进行的重要基础和保障。物质准备主要指经费与物资两方面的准备。执行者根据执行活动制定预算，使用经费，资金是政策有效执行的重要保障。而必要的物资包括各类设备与办公用品等。

（5）政策宣传准备。政策执行离不开对政策内容的宣传和传播。一般而言政府颁布的政策条文都是站在宏观战略上制定的，一般很少会对政策产生的原因进行深入解释，要达到良好的政策效果就不得不依赖于良好的政策宣传。政策宣传需要从政策执行者和目标群体对政策的认知两个方面进行，使双方对政策都有较为深刻的理解。

2. 公共政策的实施阶段

政策执行的实施阶段是实现政策目标的关键环节，这一环节主要包括了政策试验以及政策推广两项工作。

（1）政策试验。政策试验是政策执行的重要步骤。所谓政策试验，是指将准备全面实施的政策事先在某些代表性的地区或部门实施，通过对既有政策的小范围执行，考察执行过程中可能出现的问题或是发现未预计的问题，设计问题的解决方案并总结相应经验，以确保政策的全面有效执行。尤其是对于一些事关全局、非常规性的风险型政策而言，政策试验显得尤为重要。在政策试验中除了可以针对政策执行偏差提出具体的修改意见，另一方面在政策试验中可以获得具有普遍指导意义的经验。

（2）政策推广。政策推广是政策执行过程中涉及面最广，所遇到问题最多的也是最为艰难的一个环节。全面推广的成效关系到政策功能的发挥，针对我国国情和政策推广的实践经验，学者提出了政策推广的三个原则：自上而下和自下而上相结合；由局部试点到整体性推进；把握重点和解决难点相结合。①

3. **政策执行的总结阶段**

政策执行的总结阶段是对政策执行信息反馈和执行情况的回顾、检查和监测，为政策评估提供重要的资料。这一环节主要包括了政策执行监测与政策执行再决策两个方面。

（1）政策执行监测。监测是对政策执行情况和结果的监控，通过政策监测可以及时减少政策执行偏差的损失与降低风险。政策执行监测主要有以下几个功能：第一，监察。监察有助于确定政策执行多元行动者是否按照先前所制定的标准和程序行动。第二，审计。监测有助于确定原来计划安排用于特定目标群体和受益者的资源是否真正各就其位。第三，核算。监测所产生的信息有助于对大范围公共政策和项目的执行所引起的社会和经济的变化进行核算。第四，监测还可以提供关于公共政策和计划结果出现异变原因的信息。

（2）政策执行再决策。公共政策再决策是指公共政策执行主体在政策执行过程中以及执行过后，根据信息反馈对原政策方案所做的必要补充和修正。政策执行再决策的主要原因包括以下几个方面：第一，政策环境的变化；第二，人们认识的深化；第三，政策偏差的产生；第四，政策副作用的产生。由于以上限制条件的存在，任何政策在执行过程中总会发生一定的调整和修正。政策执行再决策的结果表现为一种双重优化，既可应对新问题，又可对原有方案进行补充从而优化原有的政策。

6.3.2 政策执行的影响因素

政策执行是一个较为复杂的过程，受到诸多因素的影响。不同因素对政策执行的影响程度和影响方式存在一定差异。因此明确影响政策执行的因素及其作用方式，有利于提升政策执行的效率与效果。影响政策执行的主要因素可以分为客观因素与主观因素两类。

1. **客观因素**

影响政策执行的客观因素主要包括政策问题的特性、政策内容、政策执行资源、政策执行环境等。

（1）政策问题特性。政策问题的特性是影响政策执行的重要因素。政策问题的特性主要包括相依性、人工性、主观性和不稳定性等。

（2）政策内容。政策内容与政策能否获得良好执行关系密切，主要涉及两个方面。第一，政策内容的正确性与合法性。正确、合理的政策较容易被执行者

---

① 宁骚：《公共政策学》，高等教育出版社，2018年，第308页。

所认同，被公众认可、接受，因而能顺利而有效地执行。第二，政策内容的明确性与具体性。政策目标的明确性、具体性是影响政策执行的关键所在，是政策执行者行动的依据。一项政策要能够顺利执行，从操作和技术上来说，政策目标、措施和行动步骤必须具体明确，且政策目标应是切合实际并可以达到的，模棱两可、含糊不清的政策自然无法执行，也容易引起政策界限不清和导致政策随意变通。

（3）政策执行资源。政策执行资源是政策有效执行的重要保障，主要包括人力资源、财力资源、信息资源与权威资源。高效的政策执行力要求高素质人力资源的保障；财力资源是其他资源的基础；信息资源是执行者减少政策执行不确定性的重要条件；权威资源是执行者选择和配置政策工具、有效地采取行动、提升执行力的权力基础。

（4）政策执行环境。外部环境是影响政策执行的综合因素。政策执行环境主要包括社会环境与自然环境。社会环境主要由社会因素、经济因素、文化因素等组成。同时有利的自然环境与社会环境可以使政策执行受到较少的约束。有利的执行环境可以加强外部推力的推动，大大提升政策执行力。

2. 主观因素

影响政策执行的主观因素主要包括政策执行主体、政策目标群体等。

（1）政策执行主体。政策执行主体是政策执行的直接实施者，是影响政策执行的最直接因素。政策执行主体主要包括执行机构和执行人员以及政策工具的选择三方面。任何政策执行都必须以一定的执行机构为中介来进行，执行机构的结构设置、运行机制和运作成效，执行机构的内外部沟通都会对政策执行产生重要影响。政策执行人员是政策执行的最终实施者，其对政策执行的影响因素既包括了执行人员个人受教育水平、个人素质、执行经验，还包括个人的性格特征、处事风格和心理素质等因素。执行者从其政策工具箱里选择和配置什么执行工具，以及执行工具运用得恰当与否，直接关系到政策执行力的大小强弱。适时、正确地使用某种或某些执行工具能够有效地提升政策执行力。

（2）政策目标群体。目标群体是指政策直接作用、影响的对象。政策目标群体的人数多少、对政策的认知态度、在政策执行过程中的行为表现都是影响和评价政策执行效果的重要因素。一般而言，执行的目标对象越少，范围越明确，目标群体对政策的认同感越高，政策执行就越容易。可见，目标群体对政策顺从和接受的程度是影响政策能否有效执行的关键性因素之一。

6.3.3 政策执行的工具

公共政策执行的工具或手段是指执行机关和人员为实现一定的政策目标而采

取的措施和方法的总和。政策执行工具或手段运用得恰当与否直接关系到政策执行目标能否实现，关系到执行主体的政策执行力的大小强弱。政策执行的工具主要有以下几种类型：

1. **行政工具**

行政工具是指行政机关依靠行政组织的权威，采用行政命令、指示、规定等方式为执行公共政策所采取的方法，具有权威性、强制性、可操作性。权威性是指行政机关以国家权力为基础，强调垂直领导关系和下级服从上级的权威性，从而确保政策的执行。强制性是指行政机关强使政策对象服从上级命令和政策规定，落实执行任务，做到令行禁止。可操作性是指政策执行的行政手段是就解决某一具体问题、完成某一具体任务而选择和配置的，其措施、工具、行动步骤都必须切实可行。

2. **法律工具**

所谓法律工具，是指通过各种法律形式来调整政策执行活动中各种关系的方法。法律手段主要是运用于对违法行为进行制裁，对社会关系进行调整并对政策活动进行控制和监督。有效运用法律手段，使得政策执行法制化、制度化、规范化才能有助于政策的顺利执行。

3. **思想教育工具**

思想教育工具通过制造舆论、说服教育、协商对话、批评与表扬等方式把各种政策内化为人们的信念，引导政策对象自觉地、主动地去执行公共政策。

4. **技术工具**

技术工具是指运用先进的科学技术和科技产品，如办公自动化和电子政务等来执行公共政策。随着时代的发展，技术工具的应用更加广泛。

6.4　政策执行的偏差与矫正

由于主客观因素的存在，政策执行的实际过程与规范意义上的执行过程会存在着一定的偏离，因此容易导致执行偏差的出现。为了尽可能减少政策偏差所带来的负面效应和不良后果，对政策偏差进行及时的矫正尤为必要。

6.4.1　什么是政策执行偏差

所谓政策执行偏差，是指执行者在实施政策过程中，由于主、客观因素的作用，其行为效果偏离政策目标并产生了政策失真现象。有些研究者也把这种现象称为“执行不力”“执行障碍”“执行走样”“执行阻滞”“执行梗阻”等。一般情况下政策执行偏差主要体现在以下几个方面：

1. **曲解政策，部分执行**

政策执行者在政策执行中实际上具有一定的自由裁量权，有重新定义政策与界定政策边界的契机与余地。囿于本部门、本地区的特殊利益，往往把完整的政策内容按特殊利益加以分解，从自身利益出发，将对自己有利的部分用活用足，而其余则被忽略，从而造成既定政策难以达到预期整体效果。例如，地方政府在执行煤矿生产政策时，注重对煤矿开采带来的经济效益，注重煤矿经济带来的政绩，注重煤矿经济对当地财政的贡献，对这部分政策的执行很到位，但同时，煤矿生产政策中要求地方政府合理利用矿产资源、防止滥采滥挖、保护环境、注重对人员的安全培训等方面由于经济利益不明显就得不到执行者的重视。

2. **有令不行，象征执行**

政策执行者根据自身的利益与偏好对原政策的内容进行新的排列组合后加以执行。在执行政策的过程中，只重视表面功夫而忽略了深层问题的解决，导致相关政策只能得到表面性的执行，真正的政策精神并未落到实处。例如，《安全生产法》要求所有的煤矿都必须要证照齐全，要求各地监管部门严格证照的审批，加大检查力度，杜绝无照开采。可是许多发生矿难的煤矿经事后查明大多属于证照不全、无照经营或者一证多井，或者是本应关闭的矿井却以资源整合的名义保留，煤矿企业甚至以矿井整合代替资源整合。

3. **背离目标，附加执行**

在政策执行过程中人为附加与政策目标相背离的其他内容，破坏与侵蚀原政策的功能，“土政策”是附加式政策执行的典型表现。“土政策”是指打着贯彻上级政策要结合实际的旗号而自行附加额外目标的政策，使政策执行复杂化，影响政策目标。

4. **脱离实际，照搬执行**

在政策执行过程中，执行机关机械照搬照抄上级文件，未能结合具体实际情况提出政策指导性文件，因此对执行工作缺乏有效具体的指导，政策执行效果大打折扣。例如在煤矿安全政策执行中，中央的政策基本是较为宏观，有的地方仅仅只是执行中央的政策，最后因脱离当地实际而导致政策执行的失败。

5. **宣传不力，歪曲执行**

大型复杂的政策在自上而下的贯彻过程中容易被中途截流，若不对政策内容进行宣传讲解，既定政策的原有内容与内在精神会层层递减、大量流失，以至于越是下层获得的政策信息越少，最终因对政策本意的歪曲而导致执行的失败。

6. **为得私利，替代执行**

在政策执行过程中，执行者用是否符合自身利益作标准来决定对政策执行的态度，对符合自身利益的政策就充分利用，对不符合的就予以曲解变通。政策的替换性执行就是地方政府及其职能部门对中央政策“阳奉阴违”。

6.4.2 政策执行偏差产生的原因

导致政策执行偏差产生的原因多样，主要分为主观原因与客观原因两类。

1. **主观原因**

政策执行产生偏差的主观原因主要包括执行者的利益驱动、执行者的自身素质、执行机构的管理问题以及执行准备不足等。

(1) 执行者的利益驱动。公共选择学派认为，政府内部的官僚集团也会有自己的利益，也是一个经济人，会在体制允许的范围内，象征性、选择性地执行政策，甚至部分修正政策，使其能够更符合地方利益的最大化，由此甚至会导致公共权力的异化。权力异化而滋生的寻租腐败会严重影响政策过程，进而造成政策执行偏差。

(2) 执行者的自身素质。执行人员个人受教育水平、个人素质、执行经验、个人的性格特征、处事风格和心理素质等因素都会影响执行者对政策的认知与政策的执行水平。

(3) 执行机构的管理问题。由于具体负责政策执行部门的管理体制、运行模式、领导风格、责任机制等不良因素造成的政策执行偏差。

(4) 执行准备不足。政策执行准备不足主要指政策认知，政策宣传，对组织、物质准备不足，对政策执行外部环境了解不到位。

2. **客观原因**

政策执行产生偏差的客观原因主要包括政策本身、政策资源、政策环境以及政策目标团体。

(1) 政策本身。政策质量的高低是决定政策执行效果的重要因素，政策目标错位、政出多门、政策缺乏稳定性和连续性都会导致政策执行偏差的产生。而政策本身的复杂性更是对政策问题建构、政策内容、执行手段提出更高的要求。

(2) 政策资源。主要是指若缺乏政策执行所需要的人力资源、财力资源、信息资源、权威资源等因素将会导致政策执行偏差的产生。

(3) 政策环境。政策执行过程中，政策本身与政策执行的环境背景的融洽度具有差异性，且政策环境处于不断变化的过程中，如果政策执行不能与时俱进并依据环境的变化做出适当的调整将容易导致执行偏差的出现。

（4）政策目标群体。政策目标人群是影响政策执行的重要因素，如果没有得到目标群体的认同与支持，政策执行就会寸步难行。因目标人群而导致执行偏差产生主要有以下两个原因。第一，利益集团压力，利益集团的集体对抗合力必然会对政策执行的路径产生重大影响。第二，目标人群的文化障碍，目标人群的思想、价值观不能适应和接受新政策，从而导致执行产生偏差。

6.4.3 政策执行偏差的矫正

政策执行偏差是政策在实际执行中常出现的情况，是理想的政策目标与实际的客观操作之间固有矛盾的切实反应，但通过对造成偏差的因素进行分析，及时发现问题，执行偏差可以得到一定程度的矫正。公共政策执行偏差的矫正是指政策执行主体采取一定的纠正措施，使政策执行回到正确的方向，并且消除或尽可能减少其负面效应和不良后果的过程。矫正政策执行偏差可以采取以下的措施：

1. 提高政策执行人员素质

政策执行者的政治水平、道德素养、心理素质、工作能力都极大影响着政策能否得到有效执行。因此要减少政策偏差的产生首先要提高政策执行人员综合素质，重视对人员的选拔和配备，使得“人尽其才”。其次是对政策执行者进行必要的培训，加强政策认知，提升业务水平，增强时间管理能力。

2. 加强政策执行的控制与监督

加强政策执行的监督，应该做到以下几点：第一，科学合理诊断问题，即采用科学合理的方法对政策偏差产生的原因进行分析和认定，明确原因才能更好地解决问题。第二，强化执行监督，完善政策监督立法，确保政策工作权威，保证政策执行在透明的监督下进行。第三，及时跟踪评估。即分析政策执行在政治、经济、文化等各方面产生的影响和舆论反应，以及预设目标是否合理、充分、全面等，从而有利于发现执行活动中出现的问题和困难，采取有效的调整措施和补救方案。

3. 加强政策执行的制度创新

加强政策执行的制度创新，一是需要从实际出发，科学分析，对原有的制度进行修正和完善；二是营造良好的政策环境，用制度来保证和激励政策执行的权威性、主动性和创造性，从而最大限度地消除和矫正政策执行偏差。

6.5　公共政策的有效执行

6.5.1　公共政策有效执行的标准

结合公共政策执行理论演进的三个阶段，我们可以从“自上而下”视角、“自下而上”视角以及“综合”视角对公共政策有效执行的标准进行分析。

“自上而下”的路径强调政策是由上层制定、下层执行。从“自上而下”的视角看，有效的政策执行的标准有：①遵守政策规定。执行机关和执行者需要严格执行上层所制定的政策任务，完成政策指标，接受刚性条款约束。②实现政策目标。政策执行的目的在于实现政策目标，“自上而下”的视角更加强调执行者对决策者所制定的政策目标的实现。③满足成本——收益分析原则。政策执行需要减少政策执行成本，政策执行的效益原则要求以经济效益为基础。

“自下而上”路径认为政策虽然由上层制定，但最终还是由下级来执行。从“自下而上”的视角看，有效的政策执行的标准有：①及时回应下级的诉求。“自下而上”的政策执行非常注重与基层机构和目标群体的沟通，及时了解执行中存在的问题并做出有效的回应。②通过实践优化实施方案。公共政策是在有限认知下所形成的决策，基层执行者需要在实践中深化认知，进一步细化方案，调整优化行动的方案。③坚持民主监督原则。政策执行的各种行为需要符合目标群体的意愿，同时使目标群体能及时具体了解政策和执行的实际情况，并加强目标群体对政策执行的有效监督。

“整合型”的研究途径整合了“自上而下”和“自下而上”两种维度并在两者之间寻求一种平衡。因此从综合的视角看，政策的有效执行取决于决策者诉求与地方期望之间的权衡。政策执行既要完成政策规定的任务、实现政策目标，又要听取执行部门、行政人员和目标群体的诉求，回应代表性的意见、看法，汲取其中的合理因素，在执行中优化行动方案。

6.5.2　公共政策的创造性执行

公共政策的创造性执行是公共政策有效执行的重要体现之一。创新是一个民族的灵魂，也是一个政党永葆生机的源泉。《中共中央关于经济体制改革的决定》指出：“要把党的方针、政策同各地区、各部门、各单位的实际密切结合起来，创造性地贯彻执行。”政策执行主体在遵循政策的精神实质，保证政策的统一性、严肃性和权威性的前提下，必须坚持从实际出发，采取灵活多样的方式、方法，因时因地制宜，确保政策目标的实现。

1. 公共政策执行的创新方式

（1）理念创新。理念创新是指在思想层面的革故鼎新，改变固有的、过时的思想，以新的视角、新的方法和新的思维模式来改善执行决策进而用于指导新的政策实践过程。新的理念主要来源于前期的实践，在实践经验的基础上根据实际情况提出新的政策执行思路，推动理念和观念的更新换代。只有更新理念，才能促进机制的转化。理念创新是一切政治、经济、社会创新活动的前提，理念创新要依照内在的规律进行。

（2）方式创新。在政策执行的过程中，方式方法的选择与运用对政策执行效果起着重要的影响。政策执行中的方式创新需要明确政府行为的价值与标准，明确政策目标及政策执行中的重点难点问题。因此要求地方政府作为主要执行者，面对复杂的社会环境在政策执行和再决策中统筹兼顾各种政策关系。全面理解政策精神，分清主要矛盾，找出问题源头，通过突破难点推进政策执行方式创新。

（3）动力创新。动力创新可以分为内部动力与外部动力。

①内部动力。首先是可持续发展的需要。政府在可持续发展中扮演着“公共管理的主角”，传统的行政体制不能适应社会发展的需要，要求地方政府需要主动创新适应社会发展的要求，推进可持续发展，引领地方经济和社会的可持续发展。其次是官员的晋升需求。在实际政治生活中，地方政府人员的升迁直接取决于其政绩体现，政策的执行是否有效往往能体现出地方政府行政人员的行政能力和政绩，进而成为推进政策执行创新的内在动力。最后是社会群体的政策认同。政府制定政策需要关注社会群体的诉求，考虑利益主体之间的利益冲突，要善于平衡各方的利益，从而更好地实现政策执行的目标。

②外部动力。在政策执行过程中，来自外部的压力会形成一种“倒逼”机制，从而促进政府改革创新，媒体的舆论监督是最为典型的促进政策执行创新的外部动力，媒体舆论通过对政策制定、政策执行、政策评估等过程的广泛参与监督，既可提高政府工作的透明度，又能辅助政策主体获得相关信息，同时可增强改革创新的动力。

2. 政策执行创新的主体

（1）执行官员。政策执行官员是政策执行创新的中枢。政策执行官员的个人价值取向和偏好会影响当地政治、经济、文化发展的思路和方式，对于破除原有体制弊端，引导政策执行创新具有重要意义。因此在选拔官员执行政策时也应考察其首创精神以及根据实际情况进行变通的灵活性。

（2）智库专家。智库专家是政策执行创新的源泉。智库专家由各领域学者，研究团体等组成，拥有丰富的专业知识，智库专家可对政策执行导向提供指导；可促进对社情民意的关注；在精准甄别信息、化解冲突，实现多元主体的协同合作，解决复杂、多元、易变、动态的关系民生的社会问题方面，智库专家也扮演了重要角色。

（3）目标群体。目标群体是政策执行创新的支持。政策的目标群体是具有不同思想意识和主观能动性的社会个体，对执行的政策会做出各自不同的反应。目标群体参与到政策执行创新中，广集民智，推动目标群体积极参与社会公共事务，加深对政策执行的了解，有利于政策创新的进行。

3. 公共政策执行创新路径

政策执行创新关系到社会的持续发展，关系到社会个体的切身利益，因此推动政策执行创新十分必要。

（1）建立政策激励机制。建立有效的激励机制转换政策执行主体的思维，推进政策执行模式创新。政策执行创新存在一定的风险和不确定性，建构一套完整的政策执行创新激励机制以提高政策执行主体的创新意识与创新动力。

（2）培育政策创新组织。组织具有对人力、物力财力、信息传播等各项要素进行集合、分散与整合的功能。培育创新组织为政策执行创新提供了机构设置，在物质与精神上也给予了较为充分的保障。经济学认为，有效的组织培育是健全制度的关键，只有健全制度，才能培育敢于转变观念、创新的组织机制和组织环境。

（3）完善协调沟通机制。政策执行结果如何很大程度上取决于沟通与协调的情况。良好的沟通协调是政策执行的动力。及时的沟通协调有利于各部门各层级集思广益，对政策执行创新方法与路径进行充分的讨论，使创新结果能得到及时的传达与实施。

（4）优化政策执行资源。任何政策的执行都是基于一个特定的环境，政策执行创新需要进一步优化资源。在政策执行中，政府的财政支持以及建设专业化的执行队伍是优化政策执行资源的关键。首先加大财政支持，充足的财力为政策执行创新提供着重要的保障，其次是建立专业化的政策执行队伍，高素质的人力资源有利于提出专业的创新性想法。

复习思考题

1. 什么是公共政策执行？
2. 公共政策执行的研究路径有哪几种？
3. 公共政策执行的过程包含哪些基本环节？

4. 为什么会产生公共政策执行偏差？
5. 公共政策执行创新路径有哪些？

典型案例

公款吃喝——“舌尖的腐败”

公款吃喝是指政府组织使用公共财政进行的超出正式制度规定标准的公务接待行为。为了规范接待行为，中央政府曾先后出台若干规定，如《行政事业单位业务招待费列支管理规定》、《党政机关国内公务接待管理规定》和《关于坚决刹住用公款大吃大喝歪风的紧急通知》等。各地方政府也遵照中央文件制定了地方性的规定。然而，政府在实际的接待过程中仍存在违反规定的现象。造成“上有政策，下有对策”的原因主要可以归因于以下三点：

（1）政策模糊：政策执行的漏洞。

中央和地方政府大部分是从宏观战略角度出发，所制定的政策都存在语义的抽象化和模糊化的特征，并未对具体政策内容作出详细的解释。此外，这类政策通常会基于当地政策执行一定的自由裁量权，制定符合地方实际的具体规定。由于政策本身的精神未能落到实处，政策执行者对政策的认知产生偏差，进而导致“公款吃喝”的行为屡禁不止。

（2）人情文化：人情工具的媒介。

中国是一个重视人情关系的社会，“公款吃喝”成为一种政府的饮食社交方式与这种人情文化有关。作为关系运作的重要媒介，宴请行为逐渐演化为人情关系工具。“公款吃喝”作为政府组织间互动的重要方式，在改革开放后逐渐凸显出来，甚至在政府组织内部已经形成一种共识：事情能否办成的关键不在于办公桌上的谈判，而在于餐桌上的互动，请客吃饭成为了政府处理公务的人情成本。

（3）公费宴请：利益获得的捷径。

在饭桌上，通过共餐、相互敬酒和席间各种互动方式可以有机会获得被邀请者所掌握的资源，尤其在上级掌握个人考核、晋升机会的情况下，公务宴请对个人还具有正面的外部性，因此下级也乐于借助请客吃饭的平台拉关系，充实自己的关系资本。由于“公款吃喝”可以给组织或组织成员带来正面的效应，所以即使在正式政策和制度的规范下，政策执行者依然选择冒着违规的风险对上级领导进行宴请。由此可见政府的公务接待不仅仅是一种待客礼仪，而更多成为了一种获得利益的途径。

为了进一步打击“公款大吃大喝”的行为，2012 年中央出台了八项规定和六条禁令。但某些地方“公款吃喝”并未减少或者消失。在正式制度的约束下，地方转而采取变通策略，所实行的变通策略主要包括接待隐蔽化、报销专业化、消费品变装三类。比如安排宴请的餐厅安置在较为隐蔽的指定就餐地点；宴请消费报销形成了一套独立的制度外的报销机制；针对公务接待中禁止消费的产品改换包装躲避监督。即使是上级政府颁发了更严厉的打击“公款吃喝”制度，下级政府也常常采取“阳奉阴违”的方式规避违背硬约束下的正式制度可能带来的违规风险。

新时代推进国家治理体系和治理能力现代化将对政策执行与落实提出更高的要求，如何在政策执行过程中贯彻政策精神，从源头上杜绝违规“公款吃喝”行为，是值得我们思考的重大问题。①

[思考]

1. 该案例体现了政策执行中存在什么问题？结合本章节知识分析问题产生的原因。

2. 结合案例，思考新时代我国政策执行应如何解决上述问题。

延伸阅读

新时代我国政策执行过程的变迁

党的十八大以来，我国开启了以全面深化改革为主线的改革开放新征程。推进国家治理体系和治理能力现代化凸显优化政策执行的重要性。“一分部署，九分落实”，习近平总书记指出：“抓落实是领导工作中一个极为重要的环节。”

新时代给政策执行带来了新的要求，考验着政策执行的有效性，具体而言表现为以下几方面要求：一是密集性。为满足加强顶层设计的需要，我国已经形成体量庞大的高密集度的改革政策群。相当一部分改革政策都需要多部门协调推进，政策任务交叉分解，各部门在完成自身对口业务的同时，也要兼顾其他部门的政策协同任务，无疑进一步加大了政策执行的任务密集度。二是时效性。时效性要求在政策执行领域并不陌生，但新时代政策执行的时效性要求展现出了新特征，即时间已经转变成为符号化的政策话语。政策执行也面临比以往时期更加明确的时限规定，一般都要求按照特定的时间表、路线图来推进。三是精准性。如果说在政策制定时就提出了精准性要求，包括问题界定、原因分析、政策规划、方案选择等方面都做到精准，那么政策执行更加突出精准性，主要包括对既定方案的精准执行、政策执行计划的精确化、政策实施过程管理的精细化。四是创新

① 严霞、王宁：《“公款吃喝”的隐性制度化——一个中国县级政府的个案研究》，载《社会学研究》2013 年第 5 期，第 1－25 页。

性。尽管我们加强了顶层设计，但仍有大量政策方案需要在执行过程中予以完善和突破，要激发政策执行者的主动性、能动性和积极性，切实回应现实问题，探索发现有效途径，借鉴推广成功经验，这些都要求在政策执行中保持创新意识、创新精神和创新能力。创新性要求成为新时代公共政策执行的时代特征。

新时代政策执行的任务属性发生了深刻变化，政策执行过程也随之调整，主要体现为以下几个方面：

第一，政策周期压缩化。与公共政策的多任务化相适应，政策过程从制定到执行整个周期都呈现高度压缩化。政策周期的压缩首先表现为政策行程的缩短，即政策形成及各运行环节所占时长有了明显的减少。其次还表现为政策环节的简化或删减，比较多见的是政策制定向执行的任务转移，包括制定与执行边界的模糊化。政策周期压缩化的另一表现就是回应进程的紧缩。为保证在规定时限内完成规定任务，特别是在压缩的进程中完成尽可能多的改革计划，政策执行过程必须保持高度灵敏性，对任何可能导致政策失败的因素以及各种争议分歧都能快速向上层传导。

第二，执行责任主体化。新时代政策执行的责任落实则强调以稳定的执行主体为对象，突出实施者角色、职责的定位化，以落实主体责任为主要载体驱动政策实施。为了实现执行责任的主体化，国家主要依靠两种路径，通俗讲就是做到每件事情都有人管、每个地方都有人管。

第三，政策倡导政治化。所谓政策倡导“主要是指个人或组织通过一定的行动策略，向社会公众或政府部门营销特定理念，以影响公共政策的制定、执行或促成社会体系的变迁”。新时代面对日益繁重的政策执行任务，政策倡导的政治化为塑造有利的内外部舆论环境、激发执行主体的执行意愿发挥了重要作用。

第四，政策工具多样化。近年来，具有后现代意义的新型政策工具开始取代传统政策工具发挥更大的效力。地方政策执行者也开始尝试使用组合型政策工具。为克服政策执行时资源不足等问题，地方政府开始突破自我封闭和垄断地位，寻求对外合作和支援。

第五，政策监督立体化。监督主体多元化、监督渠道多样化是新时代政策监督的显著特征。巡视制度日趋成熟、定型，其监督地方政策落实情况的“附带功能”，事实上已演化为督导政策执行的重要渠道。

新时代的到来使政策执行的重要性比以往任何一个时期都更加突出。但时至今日，在理论层面建构的各种政策执行模型都很难获得一致的学术认同，原因就在于其适用于实践时往往缺乏可重复性，难以有效复制。因此，在可以预见的未来，我国政策执行的理想状态应该是各方面要素的平衡协调。首先应该是监督与激励的平衡。我国行政文化特别强调忠诚服从，突出执行行为对上的忠实履行，因而更倾向于使用监督手段。而从新时代发展进程来看，高效化的政策执行的长期保持意义重大，更要充分利用激励手段，包括政治激励，如晋升、行政分权，也包括经济激励，如财政奖励，等等。总之，构建具有稳定预期的可持续的政策执行动机机制就要实现监督与激励的平衡。其次是决策与再决策的平衡。要辩证认识决策与执行的关系，不能割裂政策制定与执行联系纽带。既不能寄希望于决策时就给出完美统一的方案，也不能将未决问题都积压到执行环节来处理。关键是要承认政策执行中再决策机会的存在及其意义，要实现决策与再决策之间的有效对话。最后是命令控制与服务保障的平衡。对政策执行部门和人员既要善于下任务、加压力，又要搞好服务、做好保障。

在新时代中国政策场域中，政策执行过程受到改革开放进程的影响，为了适应时代的发展，我国政策执行也随之具有了新时代中国特色的特点，政策执行的过程也发生了新的变化。

（刘兆鑫：《新时代政策执行的过程变迁及其走向》，载《中国行政管理》2019 年第 12 期。有删节）

《 第 7 章　政策评估

7.1　政策评估的含义

一个完整的公共政策过程，除了进行科学合理的政策制定和有效的执行之外，还需要对公共政策的效果进行判断和评价。政策评估是政策过程的一个重要环节，对制定、执行和完善一项政策具有重要的意义。一般来说，只有通过科学的公共政策评估才能判定一项政策是否达到了其预期的目标，并由此决定是否需要对政策进行调整、完善或终止，以便更好地配置社会资源，提高政策的科学性和准确性。

7.1.1　什么是政策评估

政策评估是政策过程的一个重要环节。在制定、选择政策方案时，需要对政策可能产生的结果进行评估；在政策执行中，需要对公共政策进行及时的反馈和评估；在政策执行后，也要对政策效果是否实现了预期的目标进行评估。因此，公共政策评估贯穿于整个政策过程。

政策评估研究的早期形式是在 19 世纪后期出现，少数研究人员开始运用社会学、统计学等学科的知识和方法对教育、卫生、就业等领域的政策和政府项目开展系统的评估。到了 20 世纪 30 年代，随着社会科学的迅速发展，面对“大萧条”后各种严峻的社会问题，越来越多的社会科学家主张和倡导运用社会科学方法来评估政府为解决这些社会问题而制定的政策和行动计划。如，斯图尔特·多德（Stuart Dodd）在 1934 年就一项健康教育计划对叙利亚农村卫生工作好坏的影响进行了实证研究。① 二战期间，在社会学、心理学和公共卫生领域开展的评估研究逐步增多，政策评估得到了进一步发展。二战后，一方面，美国等西方国

---

① 弗朗西斯·G. 卡罗：《教育读物评价研究》（第二版），罗素赛奇基金会，1977 年，第 6 页。

家在城市发展、住宅建设、科技、教育、就业、卫生等方面制定了大量政策措施和行动计划，客观上要求通过开展政策评估获取实施这些政策计划的结果；另一方面，各种社会研究方法和科学技术逐步发展成熟，为政策评估提供了科学的分析方法和工具。但自 20 世纪 50 年代政策科学创立以来，政策评估领域出现了一种深刻的矛盾：一方面，政策评估项目的应用范围越来越广，旨在完善公共政策的技术方法不断得到改进和创新；另一方面，西方社会公众对政府公共政策的公正性和价值品质的质疑却越来越多、越来越广泛和尖锐。①

关于政策评估内涵的研究，学术界的研究成果颇丰，但由于研究视角的差异，关于公共政策评估的概念存在一定的争议，仍然没有一个统一的界定，当前比较有代表性的观点大致可以分为四类：

第一种观点认为，政策评估是针对政策方案或政策本身进行的评估，评估关注的焦点是政策的预期结果，即事前评估。主要代表人物有马文 · C. 阿尔金（Marvin C. Alkin）、纳撒尼尔 · 利奇菲尔德（Nathaniel Lichfield）等。这种观点认为政策评估仅是政策前的一个分析过程，它的基本任务就是在政策决策的范围内，对各种用以解决政策问题的备选方案进行分析并择优选出最佳方案。阿尔金认为：评估是确定关注的决策领域的过程，选择适当的信息，收集和分析信息，以报告对决策者在选择备选方案时有用的汇总数据。②

按照这种看法，政策评估的功能就是运用各种方法和技术，对各个备选方案进行解析，判断政策方案的优劣及可行性。但仅仅将政策评估作为政策执行前的评估，就想有效判断政策方案的优劣，具有一定的片面性，并不能涵盖政策评估的所有领域。

第二种观点认为，政策评估是政策全过程的评估，贯穿于整个政策过程的各个环节，即过程评估。简言之，政策评估是一种对政策运行全过程进行分析和评价的过程，这个过程既包括对政策方案的评估，也包括对政策执行以及政策结果的评估。主要代表人物有斯图亚特 · S. 内格尔（Stewart Nagel）等。内格尔认为，公共政策评估可以定义为一个过程，即按照政策和政策目标之间的关系，在各种备选的公共或政府政策方案中，确定一个能最大限度地达到一系列既定政策目标方案的过程。③ 皮特 · 罗斯（Peter H. Rossi）和霍华德 · 弗里曼（Howard E. Freeman）提出“政策评估是系统应用社会科学研究程序，来评价公共政策项目

① 贠杰、杨诚虎：《公共政策评估：理论与方法》，中国社会科学出版社，2006 年，第 43 页。

② Marvin C. Alkin. Evaluation Theory Development. in Evaluation of short – term training in rehabilitation, Edited by Philip L. Browtting. Allyn and Bacon Inc., 1970, pp. 9.

③ Stuart S. Nagel. The Policy-Studies Handbook. Lexington Books, 1980, pp. 221.

的设计、执行和最终效果"。[①] 卡罗尔·魏斯（Carol Weiss）在其《评估研究》（1972）一书中这样描述："政策评估是一个弹性度很大的词，它可以扩展和涵盖到与各种与政策相关的分析判断。"[②] 他们主张将事前评估、计划评价、需求评估、目标设定分析等都纳入政策评估范围。朱志宏在《公共政策》一书中指出："就一项公共政策而言，发现误差、修正误差就是政策评估，换言之，政策评估的工作就是发现并修正政策的误差。"[③] 在这里，公共政策评估被看作是未来导向的行为活动，它的任务是依据评估者自身的经验和知识，评估者对政策进行严密监控，发现问题并采取相应措施及时进行修正。林水波、张世贤认为政策评估是"有系统地应用各种社会研究程序，搜集有关资讯，用以论断政策概念与设计是否周全完整，知悉政策实际执行情形、遭遇的困难，有无偏离既定的政策方向，指明社会干预政策的效用"。[④] 评估被看作是一种着眼于公共政策全过程的工作。过程评估不仅仅关注于政策方案、执行阶段以及效果等点上，而是将视角放在了政策的全过程。也有学者反对这样界定，他们认为如果政策评估是包含公共政策生命周期内的各种分析，相对于政策评估概念起源来说，显得过于泛化。

第三种观点认为，政策评估是在政策执行后对政策实际效果进行的评估，即事后评估。主要代表人物有托马斯·戴伊等。这种观点认为政策评估有两项根本性的任务。一是通过描述其影响，来确定一项政策的后果，二是根据一组标准或价值准绳，来判断政策的成败。政策评估就是衡量公共政策的效用。[⑤] 韦顿（Evert Vedung）则指出，"政策评估是围绕公共政策的管理、结果和影响的优点及价值，开展的一种深入的回顾评价活动，以期为将来的公共政策实践发挥积极作用"。[⑥] 张金马认为，"所谓政策评估，是指采用现代社会科学研究方法对一个社会或社区或特定社会群体的政策需求、对拟议之中的政策方案以及付诸实施的政策所产生的效果、执行情况以及其带来的各种影响等进行客观、系统化的考察和评价"[⑦]。陈振明认为，"政策评估是依据一定的标准和程序，对政策的效益、效率及价值进行判断的一种政治行为，目的在于取得有关这些方面的信息，作为决

① Peter H. Rossi, Howard E. Freeman. Evaluation: A Systematic Approach. London: Sage Publications, 1989, pp. 18.

② Carol H. Weiss. Evaluation Research, 1972, pp. 23.

③ 朱志宏：《公共政策》，台湾三民书局股份有限公司，1995 年，第 299 页。

④ 林水波、张世贤：《公共政策》，五南图书馆出版公司，1999 年，第 263 页。

⑤ 托马斯·R. 戴伊：《理解公共政策》，中国人民大学出版社，2011 年，第 281 页。

⑥ Evert Vedung. Public Policy and Program Evaluation. Routledge, 1997, pp. 324.

⑦ 张金马：《公共政策分析：概念、过程、方法》，人民出版社，2004 年，第 449 页。

定政策变化、政策改进和制定新政策的依据”[①]。谢明认为，政策评估是依据一定的价值标准和事实标准，通过一定的程序和步骤，对政策实施中的价值因素和事实因素进行分析，目的在于利用这些政策相关信息，对政策结果和政策未来走向作出基本的判断。[②] 这类观点普遍将政策评估视为一个把政策执行实效与政策期望效果进行比较并估计政策的实际效果，以期求得扩大政策效力最优方法的过程。

从以上学者的观点可以看出，学者们对公共政策评估的定义见仁见智；这些定义都从某方面揭示或强调了政策评估的特性，对于进一步理解政策评估具有积极意义。从公共政策过程的视角出发，所谓公共政策评估，是评估主体从特定维度出发，根据一定的评估标准，对公共政策各个阶段、各个环节所进行的检测和评估。公共政策评估既包括对公共政策制定过程的评估，也包括对公共政策实施结果的评估。

7.1.2 政策评估的功能

在现代社会中，利用公共政策来调整、组织社会生产和社会生活，已成为国家管理活动的一个重要方面。作为公共政策运行过程中的关键一环，政策评估不仅能够对一项公共政策本身的价值做出科学的评价和判断，而且还能够对政策过程的全过程进行全面的考察和分析，检验有关政策制定和执行的效果，并针对政策中发现的问题，提出改进政策效果的合理建议。公共政策评估对于检验有关政策制定和执行的效果、提升政策效果、改进政府决策具有重要作用。主要表现在以下几个方面：

1. 政策评估是检验政策结果的必要途径

一般来说，一项公共政策会有一个或多个相对确定的政策目标，但政策的价值和意义并非一目了然，其执行效果、实现程度以及影响范围，表面的观察与实际的情况可能存在较大的差别。因此公共政策评估需要在大量收集政策实际执行效果和效益信息的基础上，运用科学方法分析判断政策是否实现了预期目标，在多大程度上实现了预期目标，政策所产生的政治效益、经济效益、社会效益如何等。此外，政策评估工作也是发现和修正政策误差的重要一环。[③] 政策在出台前虽经历了长期酝酿，但不能保证与实际执行情况完全契合，许多公共政策在执行过程中产生执行误差，导致政策未能获得预期效果。如何通过政策评估发现误

① 陈振明：《公共政策分析》，中国人民出版社，2003年，第268页。

② 谢明：《公共政策导论》，中国人民大学出版社，2015年，第226页。

③ Carol H. Weiss. Organizations for Policy Analysis: Helping Government Think, Newburry Park, CA: Sage Publications, 1992.

差、修正误差也是政府推动政策计划的重要工作。①

2. 政策评估是决定政策未来走向的重要依据

政策执行到某一阶段时，由于主客观条件的变化，需要对政策进行调整，这种调整一般分为三种走向：政策延续、政策调整和政策终结。② 在政策的执行过程中，有些政策适用于社会实际，有利于社会问题的解决并被实践证明是卓有成效的，且政策目标有待继续实现时，这项政策可以继续执行。有些政策受到政策执行主体的影响，或由于外界的执行环境干扰导致政策难以进行，或是已产生了执行偏差时，则需要对该项政策进行及时的调整。有些政策由于自身的缺陷或适用的外部环境的改变使得政策无法解决现实问题，成为过时、失效、多余的政策；或是政策问题已获得解决，其使命已完成，则需要终止政策。然而，无论政策的最终走向如何，都需要建立在对政策执行过程及政策效果的及时准确、全面系统的有效评估的基础之上。通过政策评估减少朝令夕改和墨守成规的政策现象的产生，这也正是政策评估作用的最直接体现。

3. 政策评估是促进决策科学化和民主化的重要环节

从某种角度看，公共政策担负着国家管理的重要职能，而政策评估则关系着公共利益与国家资源分配，是政策制定迈向科学化与民主化的必经环节。一方面，随着社会条件的不断变化和政府活动的日益复杂，仅靠领导者个人主观判断所形成的政策决策无法再为公众所接受；另一方面，人们认知水平和民主参与意识日渐提高，为科学民主的决策奠定了坚实的基础。因此建立在集体智慧模式上的公共政策评估变得尤为重要。在科学理论的指导下，运用科学的方法对社会现象进行系统评估，不仅有利于确保政策活动在科学化的轨道上运行，而且有利于集中民智、凝聚共识，取得社会公众对政策的理解与支持，促进决策的顺利实施。

4. 政策评估是实现政策资源有效配置的基础

随着多元化社会的形成和发展，作为社会资源重要分配途径的公共政策的影响力逐渐增强。③ 任何一项公共政策都是对社会资源的分配与再分配。在实际的政策过程中，政策资源是有限的。如何在多元化的政策选择中合理配置有限的政策资源，确定各项政策的资源投入比例及逻辑关系，实现政策效率、效果和效益的最大化，需要科学的评价体系进行检验和修正。一方面，政策评估可以使政策

---

① 严强：《公共政策学基础》，高等教育出版社，2016 年，第 223 页。

② 彼得·罗西、霍华德·弗里曼、马克·李普希：《项目评估：方法与技术》，华夏出版社，2002 年，第 3 页。

③ 贠杰、杨诚虎：《公共政策评估：理论与方法》，中国社会科学出版社，2006 年，第 7 页。

制定者从整体和全局的角度出发，通过对政策资源配置结构的不断优化重组，使有限的政策资源得到最大化的利用；另一方面，可以防止政策执行人员出于局部利益的考虑而造成资源的过度投入。通过政策评估，可以明确各项政策要素的价值，确定各项资源投入的优先顺序和比例，在保证最大限度实现公平和效率的基础上，寻求资源配置的最大效益。

5. **政策评估是实现社会稳定有序发展的有效途径**

一项好的公共政策容易得到公众的支持和拥护，相反一项不好的公众政策则容易引起公众的不满，加剧公共部门与社会公众的冲突。公共政策评估的重要任务之一就是协调评估主体与社会公众的关系，使公共政策评估成为构建良好社会关系的有效途径，以便提高政策的认可度。一方面，通过政策评估，在全社会营造出共同协商、平等交流的环境氛围，为政策评估对象提供一个交流信息和发表建议的平台，这将有助于公共部门与社会公众关系的改善，从而提升公众对政策的认同感，提高政策的执行效率；另一方面，在某种程度上，政策评估也是公共部门自身的纠错环节，是对现有的政策的调整和完善，使其适用于客观的社会问题情境，有利于社会问题的解决，减少社会矛盾的激化。公共政策评估的目的远不是为了政策实施周期的完成，更是在评估实际结果达到预期规划目标的程度的基础上，平衡各方利益、实现真正的政策民主，以构建良好公共关系。

7.1.3　政策评估的主体

政策评估主体是指直接或间接从事公共政策评估的个人、团体或组织。公共政策评估主体的评估理念、评估方法、评估态度以及能力水平等对整个政策评估活动产生举足轻重的影响。因此，在开展评估前选择合适的公共政策评估主体对于客观、有效地反映实际政策效果至关重要。

1. **决策者和执行者**

公共政策的决策者和执行者处于政策评估活动的关键位置，担任着政策活动的关键角色，参与和组织了整个政策过程，对公共部门与政策过程有更为详尽、透彻的了解和认识，能够比较全面、直接地掌握政策活动的第一手资料，获取政策实施效果的有效信息，使评估结论更加真实、可靠。与此同时，决策者和执行者作为“局中人”，具有对政策进行评估和监控的制度基础，直接影响着政策方案的形成和调整，同时决策者和执行者对评估的政治因素感知灵敏，其所提出的政策建议也更容易被有关部门采纳。但由于决策者和执行者本身就置于政策活动中，有时也难以超脱内部利益的牵制（如：固有观念、思维方式、部门利益、上级压力、心理因素等），从而影响评估质量。此外，政策评估是一项复杂而细致的工作，也是一项知识技术含量较高的工作，公共政策评估活动对评估主体的理论知识素养、评估方法和技术的掌握要求甚高，但决策者和执行者往往缺乏这方面的职业训练，因而其评估结论的质量和科学性必然会大打折扣。

2. **外部评估者**

外部评估者由公共部门外的组织或个人组成，作为政策评估活动“局外人”，既包括体制内的评估者，如立法机构或司法机构的评估者；也包括体制外的评估者，主要有专业学术团体、研究机构、民间性政策评估组织、大众传媒等。

由于“局外人”能够超脱于政府部门利益之外，因此可较为客观地评估公共政策，并拥有决策者和执行者可能缺乏的公共政策评估的专业理论知识和方法技术，能够很好地胜任评估工作。但政策评估活动多少带有主观成分，受到公共部门内的种种牵制和引导，外部评估者也容易受到政府相关部门的某种暗示，存在一些评估障碍，从而影响评估结论的公正性和客观性。

3. **政策目标群体**

政策目标群体的成员往往能够通过自己的亲身感受和彼此间的信息沟通对政策执行效果做出具体的针对性的评价。[①] 政策目标群体既是政策的受体，又是政策过程的参与主体，其与政策成败具有直接的利害关系，因此，他们能够根据自己和他人的切身体会，积极参与政策评估活动，对政策做出较为客观的评价。公共政策的执行效果最终体现在公共政策目标群体的相关利益是否有增进，因此目标群体对公共政策的效果最有发言权。但需要强调的是，目标群体中既有政策受益者，也有政策受损者，他们难免从利益角度对政策进行价值判断，可能会设法掩盖政策效果的缺陷，也可能设法夸大政策执行中的负面影响，甚至采取极端态度，全盘否定有关政策。所以，在听取目标群体意见的时候，一定要注意区分这两种情况。

7.2 政策评估的类型和内容

7.2.1 政策评估的类型

政策评估可以按照不同的标准进行分类，随着社会的发展和政治活动的日益复杂，政策评估的类型也呈现多样化的特点。一般说来，可以将政策评估分为以

① 谢明：《公共政策导论》，中国人民大学出版社，2015 年，第 233 页。

下三种：正式评估与非正式评估；内部评估与外部评估；事前评估、过程评估和事后评估。

1. **正式评估与非正式评估**

从评估组织的活动形式上看，政策评估可分为正式评估与非正式评估。正式评估是指特定的评估主体根据事先制定的评估方案，严格按照特定的程序和内容对相关对象进行评估。正式评估具有评估方法科学严密、评估过程标准化以及评估经费充足的特点，被广泛应用于政府部门的政策考察当中，在政策评估中占据主导地位。而非正式评估则是指不对评估者、评估形式和内容做严格的要求，依照评估主体自身掌握的政策效果信息，对政策的各个方面进行系统的分析和判断。非正式评估的程序和条件较为宽松，方式灵活，简单易行，可以是公众对某项政策的随意评论，也可以是政府领导的即兴评述。因此，非正式评估具有极大的随意性，缺乏准确而全面的信息支持与科学的程序和方法，因而所得的评估结论可能具有一定的主观性和片面性。这两种评估活动形式并非是完全对立与割裂的，在大多数的政府活动中，通常将这两种形式结合起来，以正式评估为主，非正式评估作为正式评估的事前准备和补充。

2. **内部评估与外部评估**

根据政策评估主体的不同，可以将政策评估分为内部评估和外部评估。内部评估是公共部门，特别是行政机构内部的评估者对政策进行的评估，它包含政策方案制定者对政策的评估和其他独立专职评估人员对政策的评估。这类政策的评估主体都属于制定和执行政策的系统之内。由政策方案制定者所进行的评估，因其熟悉政策过程，有利于掌握一手资料，具有评估经费较低、评估结果易被采纳的优势。但囿于评估结果与评估主体自身存在一定的利益相关性，政策方案制定者可能存在着报喜不报忧的倾向，政策评估效果容易缺乏公正性，产生偏差。与政策方案制定者相比，专职评估人员进行的评估，有充裕的时间和充足的经费，可以克服评估人员的专业素养不足等问题，但是该评估方式依然有可能为利益机构所左右，使评价结果很难有实质性的意义。[①] 外部评估主要是指公共部门，特别是行政机构之外的评估者对政策进行的评估。这类评估的主体包括①立法机关；②司法机关；③大众传媒；④投资者（如企业）；⑤公民；⑥研究机构；⑦社会团体。外部评估所涉及的范围较广，与政府部门的利益没有直接的联系，因此其评估结果较为客观真实，能在一定程度上代表社会各阶层对于政策的基本看法。但外部评估同样具有缺点，评估者与公共部门内部的政策制定者往往存在一种紧张的关系，获取政策信息的难度增大，与此同时，评估的结论也很难运用到

① 托马斯·戴伊：《自上而下的政策制定》，中国人民大学出版社，2002 年，第 210 页。

实践中。内部评估与外部评估各有利弊，两者具有较强的互补性，因此应根据评估活动的内在需要与客观环境的具体条件将两者的优势充分结合，以保证评估质量。

3. **事前评估、事中评估和事后评估**

从政策过程的不同阶段来看，可以分为事前评估、事中评估和事后评估。

事前评估，又称预评估，是在政策执行之前所进行的带有预测性质的评估。事前评估的内容包含三个方面：对政策实施对象发展趋势的预测、政策可行性的评估、对政策效果进行预先评估。其重点在于对公共政策的可行性进行分析、对政策效果以及政策走向进行预测和评价，最大限度地避免决策的失误。事前评估的主要目的就是将事后检测变为事前预防。通过事前评估，能够及时发现对政策不利的因素，对政策导向加以基本的控制。

事中评估，也称执行评估，是对政策执行过程中的政策实施情况进行系统的分析和评估，以了解政策执行过程并及时反映政策效果，对正在执行的公共政策进行修正和纠偏。一般来说，事中评估过程中容易出现两方面的问题：一是政策制定阶段存在的问题，二是政策执行阶段存在的问题。政策制定过程评估的核心问题是解决政策的公正性、科学性和可行性，而政策执行过程评估则注重于发现执行绩效上存在的问题。过程评估的价值在于能够根据实际政策的执行情况，做出适时的政策调整。公共政策在执行过程中会遇到很多在事前评估阶段所不能预测的问题，这些问题往往是在政策执行阶段显现，通过过程评估可以发现政策执行的偏差，找出问题的根源，及时弥补不足，更好解决现实问题。

事后评估是政策活动完成后对政策进行的全面、系统的评估，主要是针对政策结果的评估，是政策评估的主导形式。通过事后评估可以把握公共政策是否达到了政策目标、目标的实现程度、对社会的影响程度等信息，基本上能决定一项公共政策的未来走向以及长期性的政策资源的获取和分配等重要问题。较之于事前评估与事中评估，事后评估在所凭资料和信息上更具有完整性，是一种具有权威性和广泛影响力的评估。

虽然每一个阶段政策评估的侧重点不同，分析的方法也各有差异，但事前评估、事中评估和事后评估共同构成了对整个政策过程完整的评估。在运用时需要注意三种评估方式的优缺点，尽可能扬长避短，使之相互补充和借鉴。

7.2.2 政策评估的内容

政策评估在关注公共政策结果及影响的同时还需要明确公共政策评估的基本内容。一般而言，政策评估的主要内容包括政策影响、政策成本、政策效益、政策信息和政策过程。

1. **政策影响**

一般来说，评估公共政策影响重点关注政策对目标群体产生的影响、政策的溢出影响以及对近期和未来的影响。例如，在确定对某项公共政策进行评估后，便要看该项政策是否对政策目标群体产生了影响，如果产生了影响，那么这些是长期影响还是短期影响，是否还存在着潜在的影响或超出政策目标本身的影响，以及影响了哪些领域等。

2. **政策成本**

由于政策资源存在有限性，所以任何政策的实施都必须考虑成本问题，不能为了取得理想的结果就不计成本，不惜代价。因此，成本是公共政策评估首先要考虑的问题。政策成本包括直接成本、间接成本以及机会成本。直接成本是指公共政策执行过程中直接消耗的资源，包括人、财、物等方面；间接成本是指公共政策执行过程中不能或不便于计入政策对象的费用，可以是有形的，也可以是无形的；机会成本是指政策资源被用于某一目的而非其他目的时，人们不得不放弃的东西。

3. **政策效益**

通过对公共政策进行评估以考察政策的实际效果一直以来都是评估工作的重点，但如果仅仅把政策效果作为政策评估的全部内容和用来检测公共政策优劣的唯一标准，难免有失偏颇。随着人们对公共政策评估认识的深入，人们开始关注到政策目标与政策效果之间的相关性，即政策效益。政策效益表现为达到政策目标的程度，侧重于考察公共政策实践是否取得了预期的成果，政策目标实现的充分性。政策效益既包括公共政策实施后的经济成果，也包括非经济成果。

4. **政策信息**

政策信息是公共政策评估开展的基础，实际上，在决定是否对一项公共政策开展评估之前，应充分了解关于政策的所有信息，政策信息有助于决策者判断该政策是否具备可评估性。那些与决策者的结果要求相一致的信息比那些不一致的信息更有可能被采用，因为结果要求是决策者的需要、价值取向及已经察觉到的机遇的反映。① 一般而言，为保障评估结果的公正客观，政策评估主体往往与政策的制定者和执行者相分离，这有可能导致评估者在获取全面、准确的政策信息上可能存在一些困难，使得政策结论与实际情况不符合，因此，对政策信息的科学评估是保证后续评估工作顺利开展的关键一环。

5. **政策过程**

公共政策评估不仅包括对政策结果及影响的评估，也关注对政策过程的评

---

① 威廉·N. 邓恩：《公共政策分析导论》，中国人民大学出版社，2002 年，第 448 页。

估。政策过程是一个涵盖了政策制定、政策执行、政策评估、政策监控和政策终止等各个环节的动态的过程。政策过程评估是评估工作中不可或缺的重要内容，通过“执行中评估”尽早发现问题，可以避免因政策失误和执行偏差造成的社会资源的不当损耗，还可以对政策过程设置是否规范、科学，政策过程设计与实际执行是否一致，以及对政策过程各环节的实际运行状况进行具体的分析和评估。

7.3 政策评估的标准

政策评估标准是开展政策评估活动的基本前提和依据，要对公共政策进行分析和判定首先需要有明确的评估标准。评估标准是指围绕政策目标所设定的可供比较的指标或准则。评估标准的选择、排列和组合不同，最后所得出的评估结论也会有所差异。只有参照一定的标准才能对公共政策作出科学有效的评估，因此价值中心或价值焦点是政策评估的核心特征之一，① 建立政策评估标准是进行政策评估的起点。

对政策评估标准的探讨，一直伴随着政策评估理论和实践的发展，有关政策评估标准的辩论也是政策评估者一直无法避免的问题。在现实的政策活动过程中，由于公共政策涉及面广，利益相关者众多，公共政策过程中的变量因素复杂。自 20 世纪 70 年代以来，有关公共政策评估的研究逐步发展，政策评估标准的研究也日趋成熟和完善。威廉 · N. 邓恩在《公共政策分析导论》一书中将政策评估标准分为六项：效益、效率、充分性、公平性、回应性和适当性。②（见表 7 –1）卡尔 · V. 帕顿（Carl V. Patton）和大卫 · S. 萨维奇（David S. Sawicki）则从技术可行性、经济和财政可行性、政治可行性和行政可操作性出发划分评估标准。③

---

① 威廉 · N. 邓恩：《公共政策分析导论》，中国人民大学出版社，2011 年，第 249 页。

② 威廉 · N. 邓恩：《公共政策分析导论》，中国人民大学出版社，2002 年，第 437 页。

③ 卡尔 · V. 帕顿、大卫 · S. 萨维奇：《政策分析和规划的初步方法》，华夏出版社，2002 年，第 205 –206 页。

表 7－1　政策评价的标准①

标准	问题	说明性的指标
效益	结果是否有价值？	服务的单位数
效率	为得到有价值的结果付出了多大的代价？	单位成本；净收益；成本收益比
充分性	有价值结果的获取在多大程度上解决了问题？	固定成本（第Ⅰ类问题） 固定效果（第Ⅱ类问题）
公平性	成本和效益在不同集团之间是否等量分配？	帕累托标准；卡尔多－希克斯标准；罗尔斯标准
回应性	政策结果是否能满足特定集团之间的需求、偏好和价值？	与民意测验的一致性
适当性	所需结果（目标）是否真正值得或有价值？	公共项目应兼顾效率与公平

（来源：邓恩，2011）

我国学者林水波、张世贤设计了十项政策评估标准：①工作量（投入）；②绩效（产出、效能和影响）；③效率；④生产力；⑤充分性；⑥公平性；⑦妥当性；⑧回应程度；⑨执行过程；⑩社会指标。② 学者陈振明将政策评估标准分为：生产力标准、效益标准、效率标准、公正标准和政策回应性标准五大类。③

张国庆在《现代公共政策导论》一书中，从一个较为独特的视角提出了评估的基本标准和次级标准的概念。他认为，对于一项政策的整体评估是建立在若干评估基础上的。所以，他把用于整体评估的标准称为首要标准，把用于单元评估的标准称为次要标准。④

综上，学者们从不同视角把政策评估标准划分为不同维度，“选择什么样的评价标准，不仅取决于评价目标与评价者，而且还取决于评价的技术和方法”⑤。概而言之，政策评估标准的科学体系中至少应包括两个维度：事实标准和价值标准。政策评估既是事实判断的过程，也是价值判断的过程，因此政策评估既要建立事实标准，也要建立价值标准。所谓事实判断，是指对公共政策出台、实施之

① 威廉·N. 邓恩：《公共政策分析导论》，中国人民大学出版社，2011 年，第 249 页。
② 林水波、张世贤：《公共政策》，五南图书出版公司，1999 年，第 267 页。
③ 陈振明：《公共政策分析》，中国人民大学出版社，2003 年，第 271 页。
④ 张国庆：《现代公共政策导论》，北京大学出版社，1997 年，第 195－196 页。
⑤ 陈庆云：《公共政策分析》，北京大学出版社，2011 年，第 207 页。

后实际上所产生的效果、社会效益及政策目标的实现程度所进行的评估。事实标准建立在特定事实基础之上，通过数量、统计结果等实证方法分析评价一项公共政策所产生的效益和影响。卢瑟·古利克（Luther Gulick）指出："在行政科学中最重要的'善'就是效率。一些非常无效的制度安排在一个民主体制中可能是必要的。……但这种与效率相冲突的安排不应该被用来消除效率，因为效率是行政科学得以建立的基本价值理念。"① 而价值判断是对公共政策本身是否符合伦理的考量，是否符合社会公平、正义的要求所进行的评估，是建立在伦理、文化、利益、观念等价值取向的基础之上，旨在确定一项政策的价值影响。E. R. 豪斯（Ernest R. House）认为，政策评估的本质，基本上是一种政治活动，除了为决策者提供服务外，还有产生资源的再分配以及由谁合理地得到什么。② 评估不应当只是真实的，它更应当是正义的，目前的评估架构不论其真实价值如何，都应在不同的程度上回应正义，更何况正义本身就是政策评估应该考虑的一项重要标准。事实标准更多关注的是"能不能""可不可以"的问题。而价值标准更多关注的是"值不值得""应不应该"的问题。价值判断要以事实判断为基础，因此，公共政策评估既要设立价值标准，也要设立事实标准。

7.3.1 政策评估的事实标准

政策评估的事实标准是以预期或实际的政策效果为中心设定的。事实标准能够用数量值、比率关系、统计结果等手段来反映事物过去、现在和将来的存在状况。③ 事实标准主要包含经济、效益、效率、充分性、回应性这几方面。

1. 经济

经济（economic）标准，又称资源投入标准，或工作量标准。其关注的是政策执行中资源的投入和使用的问题，包括政策主体所投入的物质资源和人力资源。从经济标准出发，评估者在评估过程中着重考量成本问题。在这个过程中，要衡量一项公共政策所需要的各类资源的数量和质量，就要求评估者从资源投入的角度去考察和评价政策制定者和执行者所做的工作。为了实现预期的政策目标，必须要保证一定的政策资源投入，否则政策目标将难以实现。如有更具紧迫性的政策问题领域，政策制定者必须要及时调整政策资源投入的比例。但由于公共政策资源的有限性，在政策实践中，可能会存在机会成本和资源分配不均问题，建立经济指标就可以有效减少因为不计成本或只计算一部分成本造成的政策

---

① Luther Gulick. Science, values and public administration. Papers on the Science of Administration, 1937, pp. 192.

② Ernest R. House. Evaluating with Validity, 1980, pp. 121.

③ 宁骚：《公共政策学》，高等教育出版社，2018 年，第 331 页。

失灵现象。通过构建经济指标可以准确衡量资源投入与分配使用的情况，测量政策预算与实际成本之间的差距。需要强调的是，经济标准对政策效果不做过多的考量，因此，单从经济标准是无法满足政策评估的要求的。

2. 效益

效益（effectiveness）标准，又称为效能标准，用于衡量政策资源投入后取得的政策效果达到预期政策目标的程度，即政策目标的完成程度。政策效果是由政策作用因素所引起的政策对象及社会环境所达到的状态。[①] 既有正效果，也有负效果；既有预期效果，也有意外效果；既有显性效果，也有隐形效果等。效益通常以货币价值进行计量，如人口政策的执行降低了多少人口增长率，某项就业政策的实施实现了多少就业率的增长等。但受到人们认识的局限性影响，评估者很难从评估过程中精确地计算政策作用下所获得的政策效益大小，也很难将非政策因素完全排除在政策效果之外，同时，也并非所有的政策效果都能以货币形式来衡量。由此可见，确定一项政策的实际效果是一件非常复杂的工作，必须要从多方面进行分析。

3. 效率

效率（efficiency）标准是政策投入与政策效益的比值，常常是以单位成本所能产生的最大的效益或单位效益所需要的最小成本作为评估的主要形式。效率，是指为产生特定水平的效益所要付出的努力的数量。政策的效率标准主要关注的问题是：一项政策投入后有没有产出？产出多少？每单位资源的使用能产生多大的效益？在产出同等效益的前提下，有没有更加节省投入的途径和方法？效率标准与经济标准和效益标准三者是密不可分的，如果说经济标准是投入标准，效益标准是产出标准，那么效率标准就是投入与产出之间的关系和比例。但这三者也有区别，经济标准侧重于政策执行过程中的成本，效益标准侧重于政策执行后的效果，效率标准则侧重于政策执行的方式和途径。

4. 充分性

充分性（adequacy）标准是指特定的效益能够满足引起问题的需要、价值或机会的程度。它明确了对政策方案和有价值的结果之间关系强度的期望。[②] 政策充分性关注的中心问题是特定政策的效益水平满足政策目标的程度。公共政策充分性标准比较复杂，按照这种标准对具体的公共政策进行评估时需要考虑各种因素的影响，主要考虑以下因素：一是政策是否有明确的目标；二是通过对政策目

---

① 贠杰、杨诚虎：《公共政策评估：理论与方法》，中国社会科学出版社，2006 年，第 219 页。

② 威廉·N. 邓恩：《公共政策分析导论》，中国人民大学出版社，2011 年，第 153 页。

标和政策效益的比较，研究政策效果是否达到预期的目标或要求；三是政策目标实现后能够在多大程度上消除政策所要解决的公共政策问题。从政策实施情况来看，大多数时候公共政策目标并不等同于解决公共政策问题。任何公共政策问题都是由众多纷繁复杂的子系统构成的，同时又是更大公共政策问题的子系统，这种复杂性决定了任何公共政策的解决往往需要一系列相互联系和衔接的公共政策的共同作用。因此，评估人员不仅要考虑政策解决公共问题的深度和广度，也要考察政策满足公众需要的有效程度和满足的人数。

5. **回应性**

回应性（responsiveness）标准即既定公共政策目标实现后，政策结果满足目标群体需求、偏好和价值观的程度。回应性标准主要考察的是公共政策对特定的目标群体的需求的满足程度，是一项从整体出发衡量政策影响的宏观指标。对社会需求的回应和满足是公共政策赖以生存、稳定和发展的重要依据。一项公共政策即使获得了较高的效益和成就，如果没有回应特定政策目标群体的诉求，也不能称之为一项好的公共政策，政策的实际效果也必然存在一定的扭曲。例如，一项健体政策的实施，可能实现了运动设施的公平分配，但是对特定的群体（例如老年群体）的需要却没有回应性，故不能认为是一项成功的政策。任何一项公共政策，不论是关系到全体公众还是部分公众，只要公共政策的目标群体认为自身的利益通过公共政策得到了满足，就会积极地支持公共政策以及政治系统，这就体现了公共政策的高回应性。实际上，回应性标准提出了现实问题：效益、效率、充分性和公平性指标是否真的反应了特定群体的需要、偏好和价值观。① 回应性作为一项政策评估标准，证实了前面所提出的几种评估的价值标准的重要性。

7.3.2 政策评估的价值标准

公共政策评估的价值标准是建立在伦理、道德、文化、利益、政治和社会的价值取向的基础之上，公共政策评估的价值标准是确定公共政策价值的合理性，旨在确定公共政策在价值上所造成的影响，如一项政策是否满足了大多数人的利益，是否有利于社会健康发展，是否坚持了社会公正原则，是否有利于社会稳定团结，是否与社会主流价值观念相一致，是否与伦理道德规范相一致等等。

1. **社会公平和正义**

公平（equity）和正义（justice）是与社会理性密切相关，是指某项公共政策所带来的成本和效益在社会不同利益群体之间公平、公正的分配。公共政策的

---

① 威廉·N. 邓恩：《公共政策分析导论》，中国人民大学出版社，2011 年，第 157 页。

公平和正义标准是指公共政策在执行以后，带来的与该公共政策有关的社会资源、利益、政策成本分配的公平和公正程度。一项公平的公共政策要求不同社会群体公正地分摊和分享与既定政策有关的成本和效益。社会公平和正义标准的重要任务是衡量公共政策执行过程中，公共政策的成本和效益在不同利益相关者中分配的公平和公正程度，并通过对公共政策执行前后社会发展总体状况的对比，分析和判定公共政策的实施给社会带来了什么影响、造成什么后果等。

公平和正义问题是一直被广泛讨论的问题，自古以来，有关“分配的正义”等诸如此类问题，也一直在经济学、哲学、伦理学、政治学等学科领域引起激烈的争论。由于公共政策的影响对象并非是单一的个体，而是影响到社会中的群体，因此，几乎任何一项公共政策都不可避免会直接或间接涉及到分配的公正性问题。比如，社会中的税收政策、义务教育政策、房地产政策等。而在现实政治中，追求政策资源分配上的绝对公平是难以实现的。在这种情况下，评估者就必须思考一个问题：政策如何实现社会福利最大化？一般来说，有以下几个标准：

（1）帕累托最优标准。帕累托最优标准是 1897 年经济学家帕累托在研究资源配置评价标准时提出的，又称帕累托效率。其基本的含义是：社会无法进一步组织生产或消费，以增进某人的满足程度同时却不会减少其他人的福利，或者说，此时没有一个人的境遇能在不使别人的境遇变得更糟的情况下变得更好。如果至少一个人的境况变好的同时不会使得他人的境况变糟糕，那么这种社会状态是要优于其他状态的，即在不使任何人利益受损的情况下，无论如何改变都不可能使任何人的利益增加。在公共政策领域中，可以将其视为政策资源分配的一种状态，在一项政策的改变中，无论如何分配资源，至少有一部分人的利益是得到保障的，没人会因为政策的变化而利益受损。

帕累托最优趋向于结果导向，关注政策产生的效益或政策相关者的利益。从效率的角度对某项政策资源配置的结果做出公平与否的评价。如果一项政策剥夺了一部分人的既得利益，不管是否达到了政策目标或者是获得更多的整体利益，这都不符合帕累托最优标准的初衷。既然帕累托最优是一个政策资源分配的最佳状态，那么如何才能达到这样完美的境界呢？学者们对此也众说纷纭，这里引入一个与之相关的概念：帕累托改进，在没有人使任何人境况变坏的前提下，使得至少一个人变得更好。在政策研究中，可以理解为某项政策的变动还可以增加另外一些人的效用和福利。帕累托最优的状况就是不可能再有更多的帕累托改进的状况。例如，在流域的生态治理问题上，流域上游地区的生态环境保护活动是决定全流域安全稳定用水的关键因素。流域上游地区的居民增加一人，正常来说，对流域下游的居民安全稳定用水没有任何影响。那么，这就符合了帕累托改进。而如果当流域上流地区居民增多超过了环境的承载范围，必然会对流域上游的生态造成不良影响，进而损害了流域下游居民的利益，这就违背了帕累托最优标准。

作为一种现实的较为有利的选择，帕累托最优使得任何一种改变中都没有输家。但实际上，目前所面临的最大问题是，在利益群体不断变化和调整条件下进行的政策改变，每一次的变动并不一定对所有人有利。

（2）卡尔多—希克斯标准。通过增加净福利增加社会的总收益，从而来补偿利益受损者，这种方法的依据就是卡尔多—希克斯标准。与具有严格标准的帕累托最优原理不同，卡尔多—希克斯标准有相对宽松的标准。其所认为的社会最优状态是，如果在效益上有净收益（总收益减去总成本），并且获益者能补偿受损者。如果在这种状态下，已经没有更多卡尔多—希克斯改进的余地，那么这种状态就达到了卡尔多—希克斯效率。如果一项公共政策使得一类人群的境况变好，且他能够在弥补另一类境况变坏的人群的损失后还有剩余，使得所有人群的总体福利增加和效益改进，这就符合了卡尔多—希克斯标准。帕累托最优标准无法判定一方福利减少时整个社会福利变化的问题，卡尔多—希克斯标准为了弥补这一问题发展了“补偿机制”，即实现某项公共利益无可避免地要侵犯某些个体的利益，就必须对受害人的个体利益进行补偿，使得个体至少不至于因为多数人的利益改进而蒙受个体利益的损失。一项公共政策遵守卡尔多—希克斯标准就是实现好、维护好社会最大化利益。

从我国的经济发展历程来看，卡尔多—希克斯标准体现得更为明显，如城乡地区间的经济发展差异、社会财富分配不均、贫富分化的“马太效应”等，所以从本质的意义上说，这一标准并未有效解决公平问题，而是回避了公平问题。卡尔多—希克斯标准不考虑个人偏好的不同而导致收益无法衡量，其要求的补偿也只是假定的，由此变革而导致的福利改变并不是确定的。

（3）罗尔斯标准。1971 年，罗尔斯在其著作《正义论》一书中，通过假设性思想实验提出了普遍性的正义概念。罗尔斯的理论试图为公正的概念提供道德基础。它要求我们想象自己正处在一个“原始”的国家，在这里，公民社会尚未建立，人们也不了解他们在未来的公民社会中的位置、地位及资源的分配（即存在“无知之幕”）。① 人们只能以上述再分配标准为基础去选择一种社会秩序，因为构建一个不使情况变得更坏的社会符合每个人的利益。一项公共政策必须要容忍一定程度的不平等，才能实现社会福利的最大化，才能使处在最底层的人们得到最大可能的利益。

罗尔斯标准的基础就是“差别原则”，其原理是：如果一个社会能使处于恶

---

① 威廉·N. 邓恩：《公共政策分析导论》，中国人民大学出版社，2011 年，第 157 页。

化条件的社会成员的收益增加，那么这种状态就优于其他的状态。也就是说，要使社会特定群体在再分配中，实现利益最大化，如残疾人、受种族压迫的群体、贫困群体等处在社会底层的群体。政府通过改革办学方式，发放各种助学金、奖学金、教育贷款等政策，保障每个人都享有平等接受教育的机会，采取对贫困家庭，生病、失业者发放特别补助的福利政策等。差别原则反对功利主义的最大多数人的福利，主张政策资源对社会弱势群体的倾斜，通过调节社会基本结构从而实现公平价值。

公平的标准中没有一条是完全令人满意的。其理由在于：关于社会整体的合理性（社会理性）或关于保障财产权的法律规范的适宜性（法律理性）的冲突观点，并不能简单地靠正规的经济学规律（如帕累托标准或卡尔多—希克斯标准）或哲学原理（如罗尔斯的再分配标准）来解决。平等、公平、公正是政治问题，也就是说，他们受社会中权力分配和权力合法化过程的影响。①

2. **社会健康**

公共政策应当有助于人类自身全面地发展，并在实现社会最大效益的基础上，做到个人与社会的和谐发展。健康是人类生活永恒追求的目标，健康的概念也随着经济、社会、科学、文化的发展发生了极大的变化。世界卫生组织提出“健康是身体上、心理上和社会适应上的完美状态，而不仅仅是没有疾病和虚弱”。健康是人类自身发展的基础，包括身体健康、心理健康和社会适应力。公共政策评估中也应该将公共政策对社会健康的影响纳入到评估中，将其设为评估标准的内容之一。把握政策评估中的健康标准，应以个人的感知为本考察其内在关系的整体性和协调性。从心理活动过程来看，健康的人的心理活动是一个完整统一的协调体，这种协调保证了个人在适应公共政策的过程中的高度和谐与有效。

健康状态极其变幻复杂，政策对象的情况又千差万别，我们不能像测量血压或体温那样明确一个健康与否的界限。所以在把握一项公共政策的社会健康标准时既要注重个体层面的研究，又要注重社会层面的分析，将多种因素综合起来作整体考虑。每一项政策活动都应该处理好当前利益与长远利益、局部利益与整体利益的关系，经济政策也应当处理好经济效益与社会效益的关系以及环境、资源与发展的关系等。

3. **可行性**

公共政策评估应依照政策目标，根据政策方案的主客观条件，运用定性和定量的分析方法，评定政策方案各方面的可行性。可行性标准是在进行政策方案的

① 威廉·N. 邓恩：《公共政策分析导论》，中国人民大学出版社，2011 年，第 156 页。

设计、选择与评估时经常使用的一个评估标准。可行性标准主要用于对政策方案进行评估以及对未来发展趋势与前景的预测等领域。判断政策制定合理性的准绳是：政策制定者所设计的政策方案是否具有可行性，是否能在现实境况中实施。一项公共政策必须实际可行，才能发挥作用、产生预期的效果。公共政策可行性分析是政策抉择的最基本的依据。可行性标准主要包括技术可行性、经济可行性、政治可行性和行政可行性。

技术可行性（technical feasibility）标准，技术可行性标准测量备选方案或项目的结果能否达成预期的目标。包含了两层含义：一是现有的技术或方法能否使得目标的实现成为可能；二是在现有的技术水平或方法论上达成目标的可能性有多大，也就是能在多大程度上实现政策目标。比如，现在是否具备政策方案所需要的技术手段？如果不具备，现有的技术水平能多大程度达成政策目标？

经济可行性（economic feasibility）标准，即实施政策方案所需的一般性资源的可用性，包括一般性资源（金钱等）和特别的资源（如训练有素的人才、情报、资料等）。经济可行性包括两个方面：一是某一备选方案占有和使用经济资源的可能性，进而影响实现政策目标的可能性；二是实施某一政策方案所需花费的成本和取得的收益，这时可以应用成本效益分析以及成本效果分析。例如，一项耗资巨大的公共项目，如果超出了政府对政策资源的承载范围，最终必然容易因为项目经费而停滞甚至彻底失败。

政治可行性（political feasibility）标准是指一项公共政策或方案在“政治上是否与国家的性质、政治制度、政治思想和发展方向保持一致，是否符合国家利益、人民群众利益，能否被社会和人民群众所拥护和接受。”① 公共政策方案获取政治资源支持的程度及对政治价值的影响，是方案抉择中的最重要、最基本的标准。政治可行性包含的内容包括：政策方案是否合法，是否符合社会价值观，是否迅速积极地对公民需求做出响应等。政治可行性还需要思考一系列类似的问题，比如，政策的收益和成本如何在相关群体之间分配？分配是否公平？在经济地位、性别、年龄、种族等方面处于劣势地位的群体或少数群体是否不成比例地承担更多的成本？政策是否可信？如果公众不相信政策，那么它就不太可能成功。经济政策往往需要做出可信的承诺，因为利益相关的个人或组织在进行有关经济的长期决策时，一般希望确保政策一如既往，不会朝令夕改。

行政可行性（administrative feasibility）标准也称行政或管理的可操作性标准，是指政府部门或机构能够充分执行政策的可能性，即执行政策的难易程度。如果一项政策方案在技术上、经济上和政治上都是可行的，但其行政管理的可操

---

① 谢明：《公共政策分析》，首都经济贸易大学出版社，2010 年，第 167 – 168 页。

作性很低，难以贯彻执行，那么这项方案的综合可行性会大大降低。评估行政可行性的标准包括权威、制度约定、能力和组织支持，对应的问题包括：执行政策方案的部门或机构有权限吗？其管理者和员工是否努力实现工作承诺？部门或机构是否具备充足的可用于执行政策的资源（包括技能、经济、管理等能力以及设施设备等硬件支持）？政策方案在多大程度上与政策制度以及部门或机构的治理模式或风格相匹配？

4. **社会可持续发展**

社会可持续发展的核心是人类自身的发展，而当今社会条件下人类自身的发展主要体现在人与自然关系、人口综合治理、人类文化素养的提升等方面。一句话，社会可持续发展标准就是协调当前利益与长远利益、环境与资源、发展之间的关系。也就是说，公共政策在制定与执行过程中，须处理好当前利益与长远利益、局部利益与整体利益、经济利益与政治利益的关系，协调好环境（包括社会和自然）与资源、发展之间的关系，使政策活动符合社会可持续发展的基本价值准则。

总之，无论是事实标准还是价值标准，在具体的运用过程中都很少仅仅从单一的标准来进行评判，而是使用一组标准，这组标准通常是具有内在逻辑联系的一个体系。另外，在某项公共政策设立评估标准时，也很少仅仅使用事实标准或价值标准，而往往将二者都包括在内。

7.4 政策评估的过程和方法

7.4.1 政策评估的过程

政策评估是一个多阶段、多环节组成的连续的动态过程，也是一种有计划、有步骤的活动。一般来说，公共政策评估过程包括以下三个阶段：评估准备、评估实施和评估总结。

1. **评估准备阶段**

政策评估准备是评估工作的基础和起点，是评估工作得以顺利开展和卓有成效的前提条件。评估准备阶段包括明确评估目的、选定评估对象、制定评估方案和评估人员的挑选、培训和物资准备这四部分内容。

（1）明确评估目的。明确评估目的即是要解决为什么要评估的问题。评估的目的决定了公共政策评估的基本方向，是政策评估计划阶段的逻辑起点。在政策评估实践中，真正脱离政策目的的政策评估并不多见。在设计评估方案之前，评估者必须明确界定公共政策评估的目的。

（2）选定评估对象。选定评估对象即是要解决评估什么的问题。评估对象是评估活动的受体，评估对象不同，评估的重点和内容也不尽相同。

（3）制定评估方案。评估方案的好与坏直接关系到评估工作质量的高低和评估活动的成败。[①] 评估方案的制定是政策评估准备阶段最重要的工作，是就下一步评估工作在评估目的、对象、内容、方法、标准、程序以及物资准备等方面预先所做的行动安排。制定评估方案主要涉及到以下几方面的工作：概述评估目的；界定评估的内容、范围；确定评估的标准和方法。除此之外，还要对评估者主体、评估对象、评估时间和地点、工作进度安排以及评估所需物资的筹措和使用情况进行说明。

（4）评估人员的挑选、培训与物资准备。公共政策的评估是一项具有权威性和严肃性的工作，评估人员自身素质、理论水平和实践能力等因素将直接影响评估的质量，因此，对其进行科学的选拔和培训是非常有必要的。就培训而言，评估人员必须要接受与公共政策内容有关的知识培训、对评估方法和技术的培训。此外，评估活动的顺利开展进行还离不开物资上的保障，需要投入相应的人力、物力、财力，这其中包括评估所需要的经费、交通工具、通讯工具和相应的后勤保障等。

2. 评估实施阶段

实施公共政策评估是整个政策评估活动中最重要的阶段，其主要任务是利用各种调查手段全面、系统地收集政策制定、政策执行、政策影响、政策效益等方面的信息，并在此基础上进行系统的整理分类、统计和分析，运用相应的评估方法，对政策进行评估。在评估实施过程中，评估者应该坚持材料的完整性和分析的科学性两个原则，客观、公正地反映出政策的实际效果。实施评估阶段是一些具体调查方法和评估方法的运用。评估实施阶段可以简要地分为收集整理政策信息、统计分析政策信息、评估公共政策并得出结论三个环节。

（1）收集整理政策信息。信息是政策评估的基础，是对特定的公共政策作出判定的依据。公共政策评估要尽可能具体、准确地收集各方面的数据和资料，力求做到系统、全面、精准、客观、真实。从某种意义上来说，政策评估的过程就是全面收集政策制定、政策执行、政策影响和政策效益等方面的信息，并对信息进行分析和研究的过程。为了确保公共政策评估的质量和水平，需要综合采用各种科学方法来收集信息。收集政策信息的方法有很多种，常见的方法有观察

① 谢明：《公共政策导论》，中国人民大学出版社，2015 年，第 249 页。

法、访谈法、问卷调查法、文献资料法和实验法，等等。不同的评估技术和方法各有其特点和适用范围。

（2）统计分析政策信息。如果说充分地收集信息是促进评估工作深入进行的基础，那么正确地使用统计和分析方法则是提高评估效率、保证评估结果正确的重要工具。在收集信息的基础上，对收集到的数据和信息资料进行系统的整理、归类、统计和分析，这也是对收集到的信息进行去伪存真、去粗存精的加工过程。收集到的政策信息一般是以两种形式存在：一是定量信息资料，二是定性信息资料，针对不同的信息资料要使用不同的分析方法对其进行科学的分析，将其转化为有用的信息或证据。

（3）评估公共政策并得出结论。在完成了政策信息资料的收集、统计和分析后，还要经历一个相当重要的环节，即根据信息资料对政策的各方面进行检验和衡量，客观、公正地反映公共政策的实际效果。只有在进行多元整合与共识的基础上，才能够对政策拥有最清楚直观的认识。在这个过程中，评估者应该要始终保持价值中立，避免受个人的价值观和个人利益的影响而扭曲评估的结果。

3. 评估总结阶段

政策评估总结作为政策评估的最后一个步骤，是向下一环节传递信息的媒介，是实现政策评估目的的具体表达方式。评估总结阶段包含两方面的内容：撰写评估报告和评估结果的应用。

（1）撰写评估报告。政策评估报告是整个评估活动的结晶。政策评估者需要形成书面形式的评估报告，提交有关领导和部门，使其了解政策实施的最终情况并及时根据情形决定政策的下一步走向。评估报告除了对政策效果进行客观陈述、对政策进行价值判断、提出政策建议之外，还应该包括对评估过程、评估方法和评估中一些重要的问题进行必要的说明，对评估中的优缺点进行总结，为提高今后的政策评估活动服务。评估报告包括内容提要（评估对象、委托方和评估实施机构）、正文（评估依据的数据来源、评估指标体系和方法、采用的评估标准、评估结果和结论及评价责任等）和附录（分析评估报告、有关基础数据核实确认和调整情况、重要事项的说明、有关文件和数据资料及建议）。[①] 在撰写报告之前要对冲突的观点和认识进行多次的沟通论证，这样撰写出来的报告才具有实用价值。

（2）评估结果的应用。政策评估报告的完成并不意味着整个评估过程的结束。在如何对待评估报告的价值的问题上，同样会存在着分歧。政策制定者针对反馈的评估报告态度如何？采纳与否？采纳的程度都是怎样？是全部采纳还是部

① 卓越：《公共部门绩效评估》，中国人民大学出版社，2004 年，第 132 页。

分采用？这就涉及到了由理论转化为现实的一个重要阶段，即评估结果的应用。同时，在这个过程中，政策制定者与政策评估人员之间的分歧是必然存在的，妥善地处理这些问题，才能实现政策制定者与政策评估人员之间对评估报告的最大程度协调。

7.4.2 政策评估方法

公共政策评估方法是公共政策评估者在进行公共政策评估过程中所采取的方法的总称。“工欲善其事，必先利其器。”无论做任何事情，都要讲究方法，方法得当则事半功倍，方法不当则事倍功半。选择合适的公共政策评估方法对于公共政策评估的成功与否至关重要。近年来，随着公共政策科学以及相关学科研究方法和技术的进步，各种新的评估方法不断涌现并趋于完善，极大地丰富了公共政策评估的实践活动。

前后对比法是公共政策评估的基本方法。所谓“基本方法”是指评估活动的基本思维框架，即政策评估者在进行政策评估时所采取的基本途径和手段的总称。所谓的“前后对比法”，就是将公共政策实施前后的有关情况进行对比来判断政策效果的一种定量分析方法。它通过一系列的参数对比，使评估者对政策执行前后情况的变化一目了然，不仅可以通过帮助评估者了解政策的准确效果，还可以帮助评估者认识公共政策的功能和误差，因此在政策评估实践中被广泛地采用。前后对比评估法可分为如下四种基本类型。①

1. 简单“前—后”对比分析

简单“前—后”对比分析是选择政策执行前后的两个时间节点，确定公共政策对象在接受公共政策作用后可以衡量的值，再减去作用前衡量出的值，对政策执行的结果进行对比分析。如图 7－1 所示，A_1表示执行前的值，A_2表示执行后的值，则 A_2-A_1就是公共政策效果。

这种方法的优点是简单、方便、明了；缺陷是不够精确，无法将公共政策执行所产生的效果和其他因素如公共政策对象自身因素、外在因素、偶发事件、社会变动等所造成的效果加以明确区分。例如，1956 年，美国康涅狄格州颁布并执行了一项非常严格的交通管制政策。目的在于控制近年来不断攀升甚至创历史新高的交通事故发生率。尤其此前该州从未颁布类似的交通管制政策，由于管制非常严格，围绕该政策，人们褒贬不一，议论纷纷。利比科夫州长认为，政策执行前的 1955 年，交通事故死亡人数高达 324 人，执行交通管制政策后的第二年，也就是 1956 年，死亡人数减少为 284 人，前后对比，死亡人数减少了 40 人，死

① 张金马：《政策科学导论》，中国人民大学出版社，1992 年，第 264－266 页。

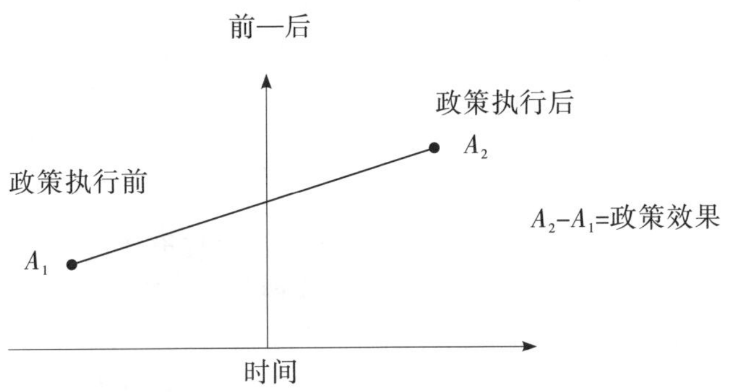

图 7－1　简单“前—后”对比分析

亡率下降了 12.3%，这都是交通管制政策带来的结果。利比科夫州长所采用的就是简单“前－后”对比分析法，然而，因交通事故而减少的死亡人数是否就是交通管制政策所带来的实际效果？如果将评估效果全部归因于政策的作用，必然夸大该政策的影响力，忽视其他政策以及社会其他非政策因素的影响。

2. “投射结果—实施结果”对比分析

“投射结果—实施结果”对比分析是对无政策干预的投射结果与有政策干预的实施结果进行对比，以判断政策执行的效果（见图 7－2）。图中 B_1B_2 是根据政策执行前的各种情况建立起来的趋向线；A_1 为趋向线外推到政策执行后的某一时间点的投影，代表若无该政策会发生的情况；A_2 为政策执行后的实际情况。这种方式是将 A_1 点与 A_2 点对比，以确定该项公共政策的效果。

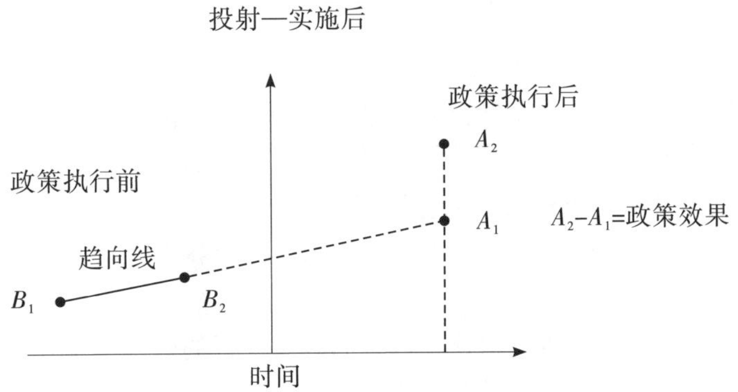

图 7－2　“投射—实施后”对比分析

这种方式通过投射能将一些非公共政策因素的影响排除在外，结果更加精确。如果要评估康涅狄格州交通管制政策的实际效果，可以这样设想：假若没有交通管制政策，会出现什么结果？只能有两种：一是死亡人数可能比前一年更多，二是死亡人数照样下降。而导致死亡人数下降的原因是什么？或许是因为该州的气候环境变化？或许是因为驾驶员佩戴安全带的比例变化？等等。这种评价方式的困难在于如何详尽地收集政策执行前的相关资料、数据，以建立政策执行前的趋向线。

3. “有—无”对比分析

“有—无”对比分析是将有政策实施方案和无政策实施方案的个体进行比较，以判断政策执行的效果（见图 7－3）。这种分析方法是在公共政策执行前和公共政策执行后这两个时间点上，分别就有公共政策和无公共政策两种情况进行前后对比，然后再比较两次对比结果，以确定公共政策的效果。图中 A_1 和 B_1 分别是公共政策执行前有公共政策和无公共政策两种情况，A_2 和 B_2 分别是公共政策执行后有公共政策和无公共政策两种情况。（A_2-A_1）为有公共政策条件下的变化结果，（B_2-B_1）为无公共政策条件下的变化结果。［（A_2-A_1）－（B_2-B_1）］就是政策的效果。

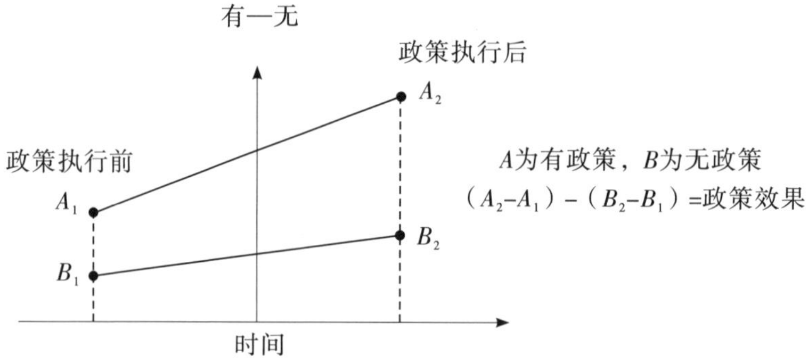

图 7－3　“有—无”对比分析

这种比较的长处是排除了非公共政策因素的作用，能够比较精准地测量出一项公共政策的效果，是测量公共政策净影响的主要方法。

4. “控制对象—实验对象”对比分析

“控制对象—实验对象”对比分析是将目标群体分为实验组和控制组，对实验组加以政策干预，对控制组不施加公共政策影响，然后将实验对象和控制对象在公共政策执行后的情况进行对比，以判断政策执行的效果（见图 7－4），它是社会实验法在公共政策评估中的具体作用。

A 和 B 在执行前是同一的，A 为实验对象的情况，B 为控制对象的情况。图中，A_1 和 B_1 分别是实验前的实验组和控制组的情况，A_2 和 B_2 为实验后实验组和控制组的情况，（A_2-B_2）便是公共政策的效果。

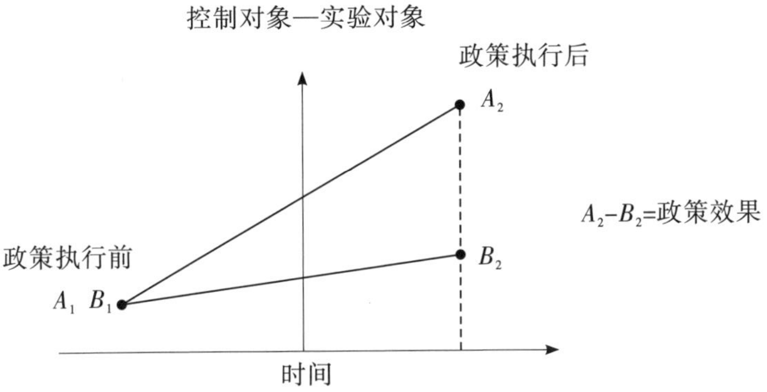

图 7－4　“控制对象—实验对象”对比分析

7.5　政策评估的障碍

近年来，政策评估日益受到政府部门、科研机构和国际组织的广泛重视。在政策评估中，很多因素直接或间接影响着政策评估标准的确定，进而影响评估的质量。政策评估也经常面临着失败的风险。接下来我们将讨论一下政策评估中面临的一些障碍。

7.5.1　政策目标的不确定性

政策评估须以政策目标为基础依据和必要前提。“任何一个要评估公共政策的人所面临的首要问题是确定方案的目标，目标群体是什么？预期效果又是什么？但是政府经常会追求一些相互矛盾的目标，以取悦不同的利益群体，全面的政策规划和评估会揭示公共政策的矛盾之处，会迫使人们重新考虑最基本的社会目标。”① 由于政策问题的复杂性和政策评估者的价值偏好和共识性期望，使政策目标往往难以明确。而政策目标的确定过程需要反映不同利益相关者的观点和要求，因此在目标的阐释方面由于目标太多且重要程度相同而显得比较模糊。不仅如此，政策目标往往不是单一的、集中的和兼容的，而是多个的、分散的甚至有一定冲突的。在这种情况下，根据什么标准进行评估成为一个值得思考的问题。甚至是即使在政策目标明确的情况下，评估仍会遇到问题。目标群体和预期

① 托马斯·R. 戴伊：《理解公共政策》，中国人民大学出版社，2011 年，第 290 页。

目标分别是什么？在多个目标之间如何分配评估权重？如何排列目标间的主次关系呢？这在以政策目标为基础依据和前提的政策评估过程中就面临着很大的困惑。主要有以下几方面的表现：第一，许多公共政策目标难以量化，公共政策所产生的政策效果属于“非商品性”的产出，无法形成一个反映其绩效的货币表现形式，因此对公共政策的既定目标进行测量具有一定技术上的难度；第二，大多数的公共政策存在着多重的甚至相互冲突的目标，对于这些多重目标的选择和权重排序往往会受到政策主体的利益考虑而难以取得共识；第三，公共政策目标在实现过程中由于各种原因而发生变更；第四，公共政策所设定的目标经常具有抽象性和笼统性，这无疑是增加了衡量和评估公共部门目标实现程度的难度。

7.5.2 政策影响的广泛性

一项公共政策的影响往往涉及到社会生活的方方面面，其自身也具有不同的层次，既包括公共政策系统内部的各种变化，也包括政策系统外部的环境变化；既包括预期的影响，也包括非预期的影响；既包括短期影响，也包括长期影响；既包括正面影响，也包括负面影响。在所有这些影响中，很多影响因素是难以测定的，有些甚至根本无法测定。还有些影响因素尽管可以测定，但往往由于相互间标准不统一而难以衡量，给公共政策评估带来很大的障碍，特别是公共政策的影响可能会涉及直接的、间接的，实质的、非实质的等，这些都难以用同一个计量标准来进行衡量。如我国在大江大河上修建大型水电站，可以防洪发电，产生明显的经济和社会效益，同时也对文物景观、传统民族文化以及生态平衡带来不利影响。可见，一项公共政策的影响有时是相互冲突、相互矛盾的。作为公共政策的评估者，要对这些相互矛盾而又无法量化的因素进行客观、公正的分析，对某项公共政策做出科学的评估，其困难是显而易见的。

此外，有时在政策评估时也很难证明，某种客观情形的改变是直接起因于某一项公共政策的实施，即不能直接判断政策原因与结果之间的相关性及其程度。比如城市交通拥挤的减少可能是政府限流政策影响的结果，也可能是一个时期内汽车油价上涨的结果，抑或是城市路面的拓宽、交通线路的新设。这些因素中，到底是哪个因素在起主导作用，显然是很难明确的，这些影响因素发挥作用的程度如何，常常成为公共政策评估中的一大难点。

7.5.3 政策资源的混合和相关政策的重叠

任何一个公共政策问题都不是孤立存在的，不是单纯属于某一特定领域的问题或仅仅具有单方面影响的政策问题，而是整个政策问题体系中的一部分。在政策问题与政策环境之间，不同的政策问题之间以及政策问题的整体与部分之间都存在着各种各样的依存关系，不可能将某项公共政策完全独立出来，这就会出现公共政策资源的混合与公共政策行为的重叠。

所谓公共政策资源的混合，是指投入不同公共政策的资源彼此纠结在一起，难以建立政策资源与政策间的一一对应关系。很难分清资源的支出应该属于哪一项政策，或每项政策的总投入。造成公共政策资源混合的原因是：第一，从公共政策投入资金的来源来看，用于多个公共政策的款项往往都是来源于同一个部门，并实行统一支付的方法。第二，从公共政策成本的积淀看，任何公共政策都离不开原有政策的既有成本积累。而这些积淀成本具体表现为经费、物资、组织机构的设置、人员的配备以及其他沉淀下来的各项投入等。第三，从公共政策的执行机构来看，由于公共政策大都是由行政机构来执行，而同一行政机构部门往往同时执行多个公共政策。难以有效划分和界定各项政策成本，增加了公共政策评估的难度。

所谓公共政策行为的重叠，是指针对相同或相似的公共政策问题和公共政策目标群体，不同的机构或部门都制定并执行各自的公共政策，使得多项相关的公共政策“多龙治水”，同时作用于某一公共政策对象。在这种情况下，公共政策效果往往是多项公共政策的合力形成的，很难有效界定各项政策自身的贡献水平大小。有时，甚至由于缺乏沟通和协调，各项公共政策间相互冲突，互为掣肘，使得区分每项公共政策各自的执行效果更为困难。政策问题和目标群体相同，但机构和部门不同，执行不同的政策，各种不同的政策效果混杂在一起，很难将某项政策的实际效果从总体变化中提炼出来。

7.5.4 政策信息和资料获取障碍

政策信息和资料是政策评估的基础原料，公共政策评估前期的工作就是努力收集有关政策评估对象的各种信息，掌握更多的原始数据和资料。完备的公共政策信息是进行高质量评估工作的前提和基础。“准确而相关的统计数据及其他信息的缺少可能会妨碍政策评估者”①，政策信息对公共政策评估的影响及其对政策评估主体的重要性不言而喻。公共政策对社会的影响是广泛的，这就决定了这些政策信息和资料也是庞大的，并且是相互影响的，复杂性强的。一般来说，信息资料可以是主观印象，也可以是客观事实，因此，在客观性上难免存在某些障碍。首先，由于受政策条件和评估主体认知能力局限性的影响，评估者在获得政策信息方面可能存在一些客观上的障碍和困难。其次，信息收集在实际过程中可能会存在一些技术上的障碍，这种障碍一方面源于信息收集者对某些政策信息不

① 詹姆斯·安德森：《公共决策》，华夏出版社，1990年，第192页。

敏感而遗落一些信息，另一方面也源于信息收集成本过高或在收集手段和方法上的匮乏和落后。这些都是造成公共政策评估人员难以全面、准确、充分地掌握必要的信息资源的重要原因，从而影响政策评估的科学性和可靠性，使得公共政策评估结论出现偏差。

7.5.5 政策主体及利益相关者的干扰和抵制

政策评估需要政府官员或委托人予以合作①，对于有利于自身的评估行动，相关机构和人员予以支持；反之，则会遭到反对或抵制。陈振明认为，人的本能和组织的惰性使人们抵制评估。② 政府机关存在强大的既定利益要证明其政策方案是有积极效果的，行政人员常常将评估他们的政策效果的努力，看成是对其方案的限制或破坏，甚至将其看成是对行政人员的能力提出的质疑③，因此，会反对或抵制政策评估。概而言之，这种抵触来自五方面的原因：第一，担心公共政策评估会得出不利己的结论，影响自己的前程；第二，认为评估会干扰日常活动和行动计划，妨碍既定目标实现；第三，机构的行为习惯、行政惯性作用所致；第四，政府机关通常对当前的政策和方案有巨大的投入，包括组织上、财政上、物质上和精神上的投入；第五，许多计划和政策具有重要的象征意义。这些政策事实上不会改变目标群体的状况，而仅仅使这些群体感受到政府对他们的关怀。当然，政策主体会找出很多借口来阻碍政策评估并解释政策评估负面的研究发现，"方案的效果是长期的，难以在当前就得到测量；方案的效果本质上是全面而分散的，没有任何单一的标准或指标能够充分测量方案的实现程度；方案的效果是很精细的，难以用粗略的标准或数据来准确界定；实验研究是难以有效地进行的，因为不给一些人提供服务观察这样做的效果如何，对他们来说是很不公平的；在接受服务与没有接受服务的人们中间没有发现差别，这一事实意味着方案实施的强度还不够充分，因此它表明需要为方案投入更多的资源；没有找到方案的积极效果可能是因为研究本身不够充分或者存在偏见，而不是方案有什么问题"④。威尔逊（James Q. Wilson）总结了两条法则：

威尔逊第一法则　所有介入社会问题的政策都会产生预期效果——如果研究是由执行政策的人或他们的朋友进行的话。

威尔逊第二法则　没有一个介入社会问题的政策会产生预期效果——如果研究是由独立的第三方，特别是那些对政策持怀疑态度的人来主持的话。

---

① 小约瑟夫·斯图尔特等：《公共政策导论》，中国人民大学出版社，2011 年，第 120 页。

② 陈振明：《公共政策分析》，中国人民大学出版社，2003 年，第 91 页。

③ 托马斯·R. 戴伊：《理解公共政策》，中国人民大学出版社，2011 年，第 290 页。

④ 托马斯·R. 戴伊：《理解公共政策》，中国人民大学出版社，2011 年，第 291 页。

符合第一法则的研究会采用政府机关自己的数据以表明做了什么以及产生什么效果，选用一个时期（或长或短）以使有最大的可能来观察理想的效果；尽量不去寻找那些可能导致已出现效果的其他因素。符合第二法则的研究会收集独立于政府机关的一些数据，采用一个短的时间段，以使理想效果出现的机会最小化，或者出现了理想效果，就使人们有理由认为这种效果是暂时的，并且很可能是由于霍桑效应①的原因，尽可能去寻找那些能够解释可观察到的实验效果的其他因素。②

复习思考题

1. 什么是政策评估？
2. 政策评估的意义何在？政策评估具有什么功能？
3. 政策评估有哪些基本类型？
4. 政策评估有哪些标准？
5. 什么是政策评估的公平性标准？
6. 政策评估的过程包括哪些阶段？
7. 简述政策评估的方法。
8. 政策评估面临哪些障碍？

典型案例

海南“限塑”变“禁塑”

不可降解的塑料袋被称为“20世纪人类最糟糕的发明”，除了给人们日常生活提供便利外，不可降解的一次性塑料制品被不加节制地大规模使用，导致白色污染肆虐，变成了社会一大公害。

2008年，国务院办公厅下发《关于限制生产销售使用塑料购物袋的通知》(简称“限塑令”)，希望通过有偿使用塑料袋制度提高公众环保意识、减少塑料袋的使用。自6月1日“限塑令”实施起，11年时间过去了，“限塑令”成效如何？塑料袋的使用真的有减少吗？海南省“限塑令”政策效果如何？

---

① 霍桑效应是心理学上的一种效应，指当被观察者知道自己被观察而改变行为的效应。

② Wilson J. Q. On Pettigrew and Armor: An Afterword. The Public Interest, 1973, 30: 132－134.

落地已久“限塑令”执行并不乐观

2018年是限塑令“落地”的第十个年头。为了解各地的执行情况，民间社会组织“零废弃联盟”联合其他环保组织志愿者对北京、深圳、沈阳、合肥、洛阳、宁波、江西乐平、四川荥县、安徽阜阳三合镇9个地区的1101家线下商品零售场所进行调研，并于2018年5月31日发布《限塑令十周年——商家执行情况调研报告》。该报告指出，线下零售场所执行“限塑令”的情况不容乐观——在979家提供塑料袋的门店中，达到“塑料袋标识合规”“厚度达标”“收费”等要求的有89家，仅占9.1%；36家门店遵守“限塑令”所有规定，仅占3.7%。

尽管大型超市和全国连锁便利店对“限塑令”的各项指标的执行最为严格，但调研发现，这两类门店也是提供不受“限塑令”约束的平口袋、保鲜膜等其他塑料膜类包装最为普遍的场所，提供其他塑料膜的比例为45%、35%，明显高于16%的全国平均水平。

零废弃联盟政策研究员谢新源说：“这意味着大型超市和便利店在很大程度上用其他塑料膜类包装替代了受‘限塑令’约束的提携式塑料购物袋，这并不符合‘限塑令’制定的初衷，即减少白色污染。”

中国科学院理化技术研究所研究员、工程塑料国家工程中心主任季君晖指出，2018年，我国消耗掉的外卖包装可能达231万吨。而普通塑料餐盒、餐具及其包装袋，大多是不可降解的普通塑料。

在志愿者调查的30个外卖样本中，外包装提供提携式塑料购物袋的有23个，占77%。其中，83%完全没有标识，不合规的高达96%。除塑料袋外，外卖产品中还包含勺、叉等一次性塑料用品，用量最多的是一次性塑料餐盒。而网购平台使用塑料粘口袋、编织袋的现象非常普遍。“这反映出，‘限塑令’应随着社会发展而做出相应改变，扩大限塑的范围和种类。”谢新源说。

《工人日报》记者2019年3月在海口市走访发现，大型商超的收费塑料袋价格大多在0.5元左右，多数消费者愿意花这个钱。但在农贸市场及一些小商铺，“限塑令”几乎形同虚设。同时，近年来许多网购商品重复包装，快递、外卖行业的塑料袋使用量也在持续上升。

通过评估调研发现，海南省的“限塑令”政策执行状况亦不容乐观。海南省生态环境厅厅长邓小刚表示，据初步统计，该省每年使用的一次性不可降解塑料制品约12万吨。

海南省生态环境厅土壤环境管理处副处长张静表示，“限塑令”对农贸市场作用不大。“现阶段，大型商场需要花钱购买一次性塑料袋，免费塑料袋在农贸市场、商铺等场所依然随处可见。加之在此期间，互联网推动了线上消费，外卖、快递等新业态迅猛发展，塑料包装、塑料餐具等使用量急剧上升。”

海南：2020 年底前禁用一次性不可降解塑料袋

“从‘限’到‘禁’，是这次政策出台的最大特点。”2019 年 2 月 21 日，海南省生态环境厅厅长邓小刚在省政府召开的新闻发布会上，详细解读《海南省全面禁止生产、销售和使用一次性不可降解塑料制品实施方案》。据了解，2019 年底前海南将建立健全全省禁止生产、销售和使用一次性不可降解塑料制品的地方性法规及标准体系。2020 年底前全省全面禁止生产、销售和使用一次性不可降解塑料袋、塑料餐具。2025 年底前全省全面禁止生产、销售和使用列入《海南省禁止生产销售使用一次性不可降解塑料制品名录（试行）》的塑料制品。

2008 年，海南紧跟中央指令，出台了《海南经济特区禁止生产销售使用一次性塑料制品规定》（即海南“限塑令”）的相关规定，从当年 10 月 1 日起，海南禁止生产、运输、销售、储存、使用厚度在 0. 030 毫米以下（含 0. 030 毫米）的塑料购物袋和一次性塑料餐盒、碗、盘、碟、杯等餐具。这一标准高于当时国家规定的 0. 025 毫米的标准。对厚度在 0. 030 毫米以上的塑料购物袋，实行有偿使用制度。

此次《海南省全面禁止生产、销售和使用一次性不可降解塑料制品实施方案》的出台，将重点从“限”到“禁”。海南此次发布的“禁塑令”与此前各地公布的相关法令的区别在于，与经济付费等手段进行限塑不同，海南省公布的“禁塑令”是对目录中的塑料制品进行禁止。

“海南将从政策体系出台、标准制定、替代产品供给、闭环执法、社会宣传等方面进行系统性的谋划。”邓小刚介绍，海南将制定颁布并动态更新《海南省禁止生产销售使用一次性不可降解塑料制品名录（试行）》，结合省情和发展需求，动态更新省内禁止生产、销售和使用的一次性不可降解塑料制品种类。

根据该《方案》，2019 年底前，海南将建立健全全省禁止生产、销售和使用一次性不可降解塑料制品的地方性法规及标准体系，完善监管和执法体系，形成替代产品供给能力。2020 年底前，海南全省全面禁止生产、销售和使用一次性不可降解塑料袋、塑料餐具。2025 年底前全省全面禁止生产、销售和使用列入《海南省禁止生产销售使用一次性不可降解塑料制品名录（试行）》的塑料制品。①

① 根据人民网（2019 年 2 月 22 日）、《科技日报》（2019 年 3 月 1 日）等相关新闻报道改编。

［思考］

1. 运用公共政策的评估理论分析海南省“限塑”变“禁塑”政策发展过程？

2. 联系案例，思考政策评估是如何影响公共政策走向的？

延伸阅读

国务院扶贫办：实行最严格考核评估制度

习近平总书记指出：言必信，行必果。农村贫困人口如期脱贫、贫困县全部摘帽、解决区域性整体贫困，是全面建成小康社会的底线任务，是我们作出的庄严承诺。

——中共中央政治局第三十九次集体学习（2017 年 2 月 21 日）

“脱贫攻坚是一个 5 年战役，去年仅仅是首战告捷，成绩仍然是初步的，不可高估。所以，我们必须要有清醒认识，还要再接再厉，争取今年再战再捷，一年一年地把它打好，坚决打赢。”3 月 7 日下午，十二届全国人大五次会议记者会上，国务院扶贫办主任刘永富就脱贫攻坚回应中外记者一系列提问。

绝不搞官僚主义和形式主义

脱贫攻坚这场战役异常艰难，要想打赢并不容易。“在一些贫困村、欠发达地区，有文化的人、有能力的人、有本事的人基本上都走了，留下老弱病残，不仅没办法，有时候也没有想法，穷惯了，等靠要，穷怕了，不敢想，在这些地方做这样的工作难度确实是大。”刘永富直言不讳。

困难多、难度大，应该如何面对？“正因为有困难、有问题、有挑战，才叫攻坚战。全党全社会动员，合力攻坚。通过解决最难的问题，倒逼最不发达地区发展起来，和全国人民一道进入小康社会，意义非常伟大。”

“下了决心，找到了路子，就有办法，大家还是要有信心。特别是贫困地区一定要有信心，不能因为难就望而却步，不能因为要求严就搞假脱贫、数字脱贫，不能因为工作艰苦就搞形式主义、花拳绣腿来对付。在脱贫攻坚上绝不搞官僚主义。”刘永富说。

2016 年，是脱贫攻坚首战之年。“中央各部门出台了 100 多个政策文件或实施方案”“中央财政专项扶贫资金投入增长 43%，省级扶贫资金增长 56%”“12.8 万个贫困村都派了第一书记和驻村工作队”“3000 万建档立卡贫困户都明确了帮扶责任人”……

脱贫成绩显著的同时，层层加码、“数字脱贫”、“不想摘帽”等问题如何防止？如何评估扶贫开发成果？脱贫之后如何防止再次返贫？扶贫资金“救命钱”的安全问题如何保证……针对扶贫政策的实施和落地，记者纷纷提出社会关切的焦点问题。

“凡是不符合实际情况的、层层加码的，必然后面会出现‘数字脱贫’，对于这种现象是要纠正的，必须是真正的脱贫，实事求是。第二种是到了时间还不想脱贫。这种情况有，主要是一些贫困户。对这一类也是要坚持标准，不管是县、村、户都要坚守标准，到了标准就应该脱贫，没有到标准不能硬脱贫。贫困县、贫困村、贫困户脱贫以后，到2020年之前，现有的国家政策仍然可以继续享受，目的就是防止返贫，要巩固脱贫的成果。”刘永富对脱贫攻坚中遇到的一些极端问题条分缕析。

实行最严格考核评估制度

“这次脱贫攻坚有一个非常大的特点，就是实行最严格的考核评估制度。”刘永富将本次脱贫攻坚的考核评估形容为“最严格”。第一，有国家有关部门的考核。通过国家统计局、国务院扶贫办的有关数据来考核，数据是统计来的、调查来的、扶贫信息系统里得来的。第二，组织省际开展交叉考核。向中央签署脱贫攻坚责任书的中西部22个省份互相交叉考核，每个省份组织几十名干部，抽签来决定去考核其他省份帮扶是不是精准，退出是不是精准，有什么先进的经验，有什么突出的问题和薄弱环节，有什么意见和建议等。

对于因病致贫返贫、因学致贫返贫特困群体，扶贫办瞄准特困地区、特困群众和贫困人口集中的贫困村，加强基础设施建设和公共服务，改善生产生活条件，加大帮扶力度，包括思想动员的力度，分类施策。特别是发展产业增收，易地搬迁脱贫，还有劳务输出扶贫，生态保护扶贫等等。一句话，就是继续贯彻精准扶贫、分类施策的根本要求。再就是保证质量，必须要保证他们享受到国家的扶贫政策，让他们得到帮助，思想观念有转变，劳动技能有提升，有稳定收入的渠道。

在严格监管方面，这几年监管的力度越来越大，资金监管要根据新发生的变化调整方向，重点要向基层延伸。要加强教育，普及知识，让老百姓了解这个制度。所以，现在扶贫办要求每个县建立扶贫资金项目数据库，把项目、资金进行公示、公告，自觉接受社会基层和群众的监督。要培养基层干部的能力，把这个钱花好。对问题资金，要严格查处，发现一起查处一起，绝不姑息。带电的高压线不是一种宣示，是一种要求，是一种做法。

一提到扶贫资金“救命钱”存在被少数干部挪用的情况，刘永富的神情立刻严肃起来。“我们也请社会各方面都来监督，大家共同树立一个信心，一定能够把这个钱用好！”记者们听了后跟着一起点头。

刘永富在记者会即将结束时说：“开局是良好的，困难和问题还是不少的，希望全社会继续关注。同时我们要正确地对待成绩和问题，不能因为成绩来回避问题、掩盖问题，也不能因为有些地方发生了一些问题来否定成绩。我们还是要看到主流，我们大家都要坚定这个信心，都要同心协力，呼吁全社会的所有成员都要参与到脱贫攻坚战中来，要出力、要做贡献、要帮人一把。脱贫攻坚帮助别人、提升自己、引领风尚就是这个意思。我们一起努力，撸起袖子一起干，脱贫攻坚的目标一定能够实现。”

（来源：《人民日报》2017 年 3 月 8 日）

《 第8章　政策变迁与政策终结

公共政策评估完成以后，可能紧随的是政策的结束，即政策终结。但大部分公共政策都不是从议程设置到政策终结的线性发展过程，绝大部分公共政策都会经历多次的次循环或再循环，经由政策变迁过程最后才走向政策终结，因此，政策评估的结果通常标志着政策变迁，是政策向另一个阶段发展的开始。政策终结是积极的政策变迁，并不是一种消极行为，从政策周期来看，政策终结既是前一个政策周期的终结，又是后一个政策周期的开始。特别是在现实中的政策冲突问题迅速恶化的情境下，公共政策终结的研究尤为迫切。

8.1　政策变迁的含义

8.1.1　什么是政策变迁

政策变迁（policy change）的研究自20世纪50年代以来，日益成为公共政策研究的重要领域，但在20世纪80年代之前，传统的公共政策过程研究并没有包含对政策变迁的阐述。拉斯韦尔区分了“政策过程的知识”和“政策过程中的知识”，构建了一个“概念图系”来描述决策过程的各个阶段，他在《决策过程》一书中，详细描述了决策过程的七个阶段：情报（intelligence）、推进（promotion）、规定（prescription）、调用（invocation）、应用（application）、终结（termination）、评估（evaluation）七个阶段。20世纪70年代拉斯韦尔的学生加里·布鲁尔（Garry D. Brewer）据此提出了派生的六阶段法：创始（initiation）、预评（estimation）、选择（selection）、执行（implementation）、评估（evaluation）、终结（termination），这确立了政策过程的基本阶段及其理论基础。20世纪70年代中期以后，政策过程的阶段框架基本形成。政策过程一般被划分为议程设置、政策规划、决策制定、政策执行、政策评估和政策终结。政策终结代表旧政策的结束、新政策的开始，进入一个新的政策循环。但一项政策出台后，为了适应内部和外部环境的变化，而不断地发展变化，“绝大多数政策过程——尤其是重大问题上的决策过程——是连续不断的。某一政策被正式执行后，评估和反馈就会随之发生，政策的变迁和调整也会随之而来”①。自 20 世纪 80 年代以来，社会的不确定性增加，公共政策的外部环境急剧变化，“政策变迁”这一主题无论是在实践中还是在理论上都不断被提上议事日程。“大多数政策分析者所假设的政策模型忽略了当代西方政治体系中的大多数“新”政策实际上是取代旧政策，而且这种情况越来越有可能发生。同样，最近对“政策终结”部分的解释也是错误的，事实上，它未能充分解释大多数政策终结会导致政策继承”②。因此，政策评估的结果，通常意味着政策变迁，而非政策终结。原因主要有以下几点：一是多年来，各国政府在特定政策领域中逐步扩大活动，使得全新的政策活动几乎不再有；二是“新”政策提案可能不是某个领域的政策缺失，而是由于既有政策的缺陷和不利的副作用，需要对现行政策进行改进；三是经济增长的相对速度与现行政策承诺的财政支出的矛盾，意味着政策项目需要以新换旧。

那么，什么是政策变迁呢？

从政策变迁结果的视角，詹姆斯·E. 安德森（James E. Anderson）认为，政策变迁是指现有政策被一个或多个政策所取代的现象，包括新政策的采纳和现有政策的修正或废止。③ 从动力学的视角，B. W. 霍格伍德（B. W. Hogwood）和 B. G. 彼得斯（B. G. Peters）认为，政策连续是政策变迁的动力，并根据政策循环的结果，提出了政策变迁的四种理想类型：政策创新、政策接续、政策维持和政策终结。④从政策周期的视角，约瑟夫·斯图尔特等（Joseph Stewart Jr.）指出政策变迁是政策周期的一个环节，并提出政策周期的六阶段模型。⑤ 从政策行动者的视角，林水波和张世贤认为，政策变迁是政策行动者通过对现行政策或项目进行慎重的评估后，采取必要的措施，以改变政策或项目的一种政策行为。⑥ 从政策过程的角度，朱春奎认为，政策变迁既是政策过程的总体特征，也是政策制定的必要环节，作为一种描述性概念，政策变迁突出了政策过程随着时间推移所呈现出的连续演变的本质特征，强调了政策的改革和发展变化，在这一过程中包

---

① 詹姆斯·安德森：《公共决策》，华夏出版社，1990 年，第 217 页。

②④ Brian W. Hogwood, B. Guy Peters. The dynamics of policy change: Policy succession. Policy Sciences, 1982, 14, pp. 225 – 245.

③ James E. Anderson. Public Policy-Making. London: Thomas Nelson & Sons Ltd., 1975, pp. 178.

⑤ Joseph Stewart Jr., David M. Hedge, James P. Lester. Public Policy: An Evolutionary Approach. Cengage Learning, 2008, pp. 135.

⑥ 林水波、张世贤：《公共政策》，五南书局，2006 年，第 145 页。

含了政策变迁的原因、阶段和结果，作为一种分析性的概念，政策变迁是根据政策评估的结果，或是外部环境的变化，对既有政策的调整。[①] 杨宏山认为，政策变迁是现行政策被新政策取代的现象，包括新政策的采纳、现行政策的修正或废止。[②]

总之，政策变迁是政策领域的普遍现象，所谓政策变迁，顾名思义，就是当前的政策被其他政策所替代的现象，意味着旧政策的修改与新政策的采纳。

“政府官员在变革政策的采纳、范围和追求上具有显著的不同，人们在理解政府官员追求自身利益、阶级利益或组织利益的复杂动机和行为上存在广泛的误解，他们基于不同的动机和观点从事政策调整，既可能是受到个人和职业价值的鼓舞，也可能是出于关心公共利益和社会公共福利的目的。”[③]

8.1.2　政策变迁的类型

政策变迁是根据政策评估的结果或是外部环境的变化对既有政策的调整以更好地解决相关政策问题。按照不同的标准可以将政策变迁划分为不同类别，具有代表性的是根据政策变迁方式与政策变迁程度进行划分。

1. **根据政策变迁方式进行划分**

霍格伍德和彼得斯（Hogwood & Peters）根据政策变迁的方式，提出了政策变迁的四种理想类型：政策创新、政策接续、政策维持、政策终结。[④]

（1）政策创新：作为社会创新之一的政策创新是基于旧政策老化失效的情况下，寻求新的政策组合方式。选择成本小、收效快的组合路径，探索良性的政策替代方案，从而摆脱政策困境，使之适应相关制度环境，从而推动经济社会的持续发展。

（2）政策接续：政策接续是指在同一政策问题或是政策对象的前提下，对现有政策、项目或组织进行替换。政策接续的每一阶段都受到旧政策的影响，影响程度取决于政策更替的程度。政策接续可以细分为线性接续、政策合并、政策分解、部分终结和非线性接续五种形式。线性接续通常涉及旧政策或项目的终结与新政策或项目的引进。政策合并是一项更为复杂的政策接续形式，当两个或更多项目要全部或部分终结时，用一个项目、政策或组织来整合替代几个分散的项

---

① 朱春奎：《公共政策学》，清华大学出版社，2016 年，第 150 页。

② 杨宏山：《公共政策学》，中国人民大学出版社，2020 年，第 167 页。

③ 梅里利·S. 格林德尔、约翰·W. 托马斯：《公共选择与政策变迁》，商务印书馆，2016 年，第 121 页。

④ Brian W. Hogwood，B. Guy Peters. The dynamics of policy change：Policy succession. Policy Sciences，1982，14，pp. 225 –245.

目、政策或组织。政策分解，即某一个项目、政策或组织被拆分为两个或多个项目、政策或组织。部分终结是对既有项目、政策或组织进行部分缩减。非线性接续，即具备替代、合并、拆分等多种变化特征的政策变革。

（3）政策维持：政策维持是指既有政策、项目或组织在相同的任务定义下继续运转，即原有公共政策维持不变。政策维持有以下几种原因：一是政策惯性，由于无法达成决策共识或是将政策替代提上政治议程，因此既有政策不会受到评估或挑战；二是有限理性，由于缺乏更好的可替代方案，支配联盟在政策评估后可能对既有政策表示接受但并非满意；三是政策接续失败，由于无法进行政策更新而被迫维持现状。

（4）政策终结：政策终结是指某一政策、项目或组织的完全废止。在大多数情况下，政策终结并不容易实现，因为政策终结等于承认过去的失败，或使政策既得利益者遭受损失而引发抗争。如在独生子女政策终结过程中就出现了来自相关政策主体的阻碍，政策终结受到了利益相关者的抵触和抗拒从而减缓了政策终结的进程。

2. 根据政策变迁程度划分

根据政策变迁程度，可以将政策变迁划分为常规变迁与范式变迁。霍尔认为："没有改变政策范式的政策变迁可以称为常规政策变迁，而改变了政策范式的政策变迁则必然是一种激进的非常规政策变迁。"①

（1）常规变迁：常规变迁是指新政策保持了原政策的大部分内容，只对局部内容有所创新或发展。绝大多数政策变迁属于常规变迁，政策在保持基本方向或目标不变的前提下发展变化，或新旧政策之间保持较大程度的连续性。媒体经常报道的"新政策"，其主体内容往往并不是"新"的，只是对原政策有所取舍并加入了少量"新"内容而已。②

（2）范式变迁：范式变迁是指对原政策的核心要素做出变革，在新的思想观念支配下，政策内容出现了根本性变化，公共政策目标与价值定位做出了重大调整。如中国社会救助走向"民生化"范式，是社会救助政策范式的重大转变。社会救助不再是主要为经济改革配套及维护社会稳定，而是把民生兜底保障作为目标，不断提升贫困与弱势群体的生活质量。这在政策问题和政策目标上进行了全方位的升华，彰显了以人民为中心的发展思想和共享发展的理念，是政策范式变迁的具体表现。

---

① Peter Hall. Policy Paradigms, Social learning, and the State: The Case of Economic Policymaking in Britain. Comparative Politics, 1999, 25 (3), pp. 275 – 297.

② 杨宏山：《公共政策学》，中国人民大学出版社，2000 年，第 171 页。

8.2　政策变迁的理论模型

8.2.1　倡议联盟框架

倡议联盟框架（Advocacy Coalition Framework）产生于 20 世纪 80 年代，率先由萨巴蒂尔提出，为政策稳定和政策变迁提供了一种解释性的概念框架。倡议联盟是指具有某种共同信念体系的政策行动者群体或政策共同体，基于相同的价值观、因果假设以及由此形成的对问题的认知体系而建立起的长期的深度协调与合作。在倡议联盟框架视角下，政策变迁是政策子系统受到相对稳定的变数和外部系统事件影响的过程。主要的代表作有：1987 年萨巴蒂尔的《知识、政策导向的学习、政策变迁：一种倡议联盟框架》，1988 年萨巴蒂尔的《政策变迁的倡议联盟框架和政策导向学习的作用》，以及 1993 年萨巴蒂尔和史密斯出版的《政策变迁与学习：一种倡议联盟途径》。

倡议联盟框架聚焦于政策信念体系，以政策信念体系为基础建构模型，主张政策核心信念的差异是政策子系统中不同倡议联盟分立的根源，倡议联盟在政策信念体系指导下开展的政策导向学习决定了政策变迁的属性。倡议联盟框架将政治精英的信念体系分为三类：第一类是核心信念，即基本的价值体系；第二类是接近核心的基本战略和政策定位，以实现核心信念为目标；第三类是次要方面，包括各种工具性的决定和基于信息搜索的判断等。倡议联盟框架认为只要一个倡议联盟仍然掌握权力，政府政策的核心就不会发生重大改变；在没有子系统外部的重大变化的情况下，政府政策的核心部分也不会发生改变。

1．倡议联盟框架的理论渊源

（1）对政策阶段论的批判。倡议联盟框架是在对政策阶段论的批判基础之上形成的。政策阶段论主张将政策过程划分为创始、预评、选择、执行、评估、终止等不同的政策阶段进行分析。但自 20 世纪 80 年代末以来，政策阶段论因其局限性受到了许多政策分析学者的批评。萨巴蒂尔在《政策过程理论》一书中将对政策阶段论的批评归纳为以下四点：阶段论并不是一种真正的因果理论；阶段论对各阶段的先后顺序的描述是不准确的；阶段论带有一种偏见，它所注重的是一种立法上的、自上而下的过程；阶段启发法假设仅关注某项重大法律的单一政策循环圈，该假设过于简化了涉及各层级政府众多政策建议和法令条理的多元与互动的循环圈。① 萨巴蒂尔提出的倡议联盟框架作为一个视角独特且颇具代表性的政策分析理论，为应对政策阶段论的局限性提供了新的解释途径，成为了更具解释性和应用性的政策分析框架。

（2）对政策执行研究路径的总结与推进。萨巴蒂尔在对政策研究的过程中受到当时政策执行的自上而下、自下而上两种研究路径的影响。在梳理自上而下的研究路径与自下而上的研究路径后，分别阐述了两种路径的优势与劣势，并基于这两种研究方法的优缺点提出了两个策略：明确阐释这两种研究路径所适用的条件；创建一个或多个更加综合的竞争研究路径。萨巴蒂尔将“自上而下”的影响与“自下而上”的力量结合起来，提出了倡议联盟分析框架模型。

（3）对基于实证主义的技术信息的推崇。倡议联盟框架强调政策制定过程中的信念体系，认为政策变迁过程中信念体系发挥重要作用，主要包括基本价值、对关键变量状态的分析以及因果关系等。关键变量状态分析以及因果关系的分析作为一种实证经验分析，被引入技术信息，由此技术信息也成功引入了政策变迁的过程。将信念体系与政策放在同一平台上进行分析也有助于理解政策参与者尤其是技术信念在政策变迁中的作用。随着技术信息的引入，倡议联盟框架的理论思想更趋于成熟，成为了后实证主义政策分析的典型代表理论。

2. 倡议联盟框架的理论演变

倡议联盟框架自问世以来，历经三次重大修正，加上最初的版本共计四个版本。1978 年萨巴蒂尔介绍了行政机构对技术性信息的获取与利用，初步形成框架萌芽。② 随后对政策执行中的自上而下和自下而上的模式作了分析和建议，并初步提出政策变迁的倡议联盟框架理论。③ 1988 年萨巴蒂尔对倡议联盟框架进行了系统阐述，分析了政策学习的作用，由此形成了初始框架。④ 见图 8－1。

1993 年，萨巴蒂尔和詹金斯－史密斯出版《政策变迁与学习：一种倡议联盟途径》一书，不仅系统阐释了倡议联盟框架的知识体系，而且收集了重要个案研究作为检验，由此形成了倡导联盟框架的第二个版本。与第一个版本相比，第二个版本对核心概念的界定更为清晰，对核心观点的阐释更为深入，但框架整体构成方面并没有显著变化。萨巴蒂尔 1999 年出版的《政策过程理论》一书中提

① Paul A. Sabatier. Theories of the Policy Process. Routledge, 2019.

② Paul A. Sabatier. The Acquisition and Utilization of Technical Information by Administrative Agencies. Administrative Science Quarterly, 1978, 23 (3), pp. 396－417.

③ Paul A. Sabatier. Top－Down and Bottom－Up Approaches to Implementation Research: A Critical Analysis and Suggested Synthesis. Journal of Public Policy, 1986, 6 (1), pp. 21－48.

④ Paul A. Sabatier. The Advocacy Coalition Framework: Revisions and Relevance for Europe. Journal of European Public Policy, 1988, 5 (1), pp. 98－130.

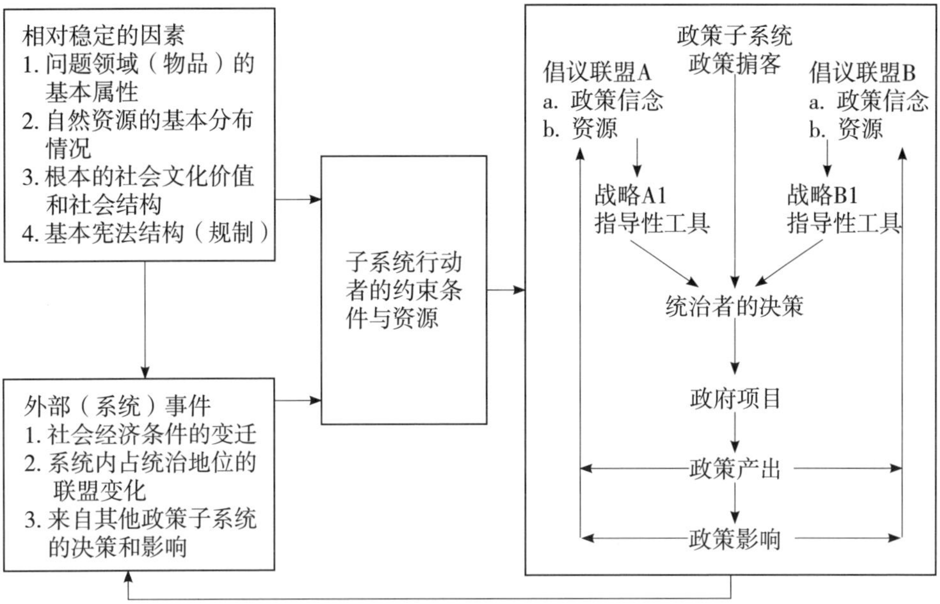

图 8－1　倡议联盟框架

（来源：Sabatier，1988）

出了倡导联盟框架的第三个版本。这次修改新增了“公共舆论的变化”作为影响政策子系统的外部事件以及增加“主要政策变迁所需的共识程度”作为相对稳定因素影响政策子系统的中介机制，这使得倡议联盟框架具备更广泛的解释力。

随着倡议联盟框架的广泛应用，该框架不断吸取其他模型的合理因素进行改进（见图 8－2），[①] 将政策变迁的原因由两个扩展为四个，外部因素作用于政策子系统的原理得到更明确的阐释，同时改进了外部因素影响政策子系统的机制。至此，外部因素作用于政策子系统的机制被分为长期与短期两个方面：相对稳定的因素主要通过对长期联盟机会结构的影响而制约政策子系统中的政策行动；外部事件则主要通过短期内对子系统行动者形成的规范和资源约束而制约政策行动者的行为。

倡议联盟框架适用范围较为广泛，能够在大多数的政策领域进行富有成效的政策分析。倡议联盟框架呈现了对其他理论框架极强的吸纳性与整合性，为政策

① Christopher M. Weible，Paul A. Sabatier，Hank C. Jenkins-Smith，Daniel Nohrstedt，Adam Douglas Henry，Peter deLeon. A Quarter Century of the Advocacy Coalition Framework：An Introduction to the Special Issue. Policy Studies Journal，vol. 39，no. 3，2011，pp. 349－360.

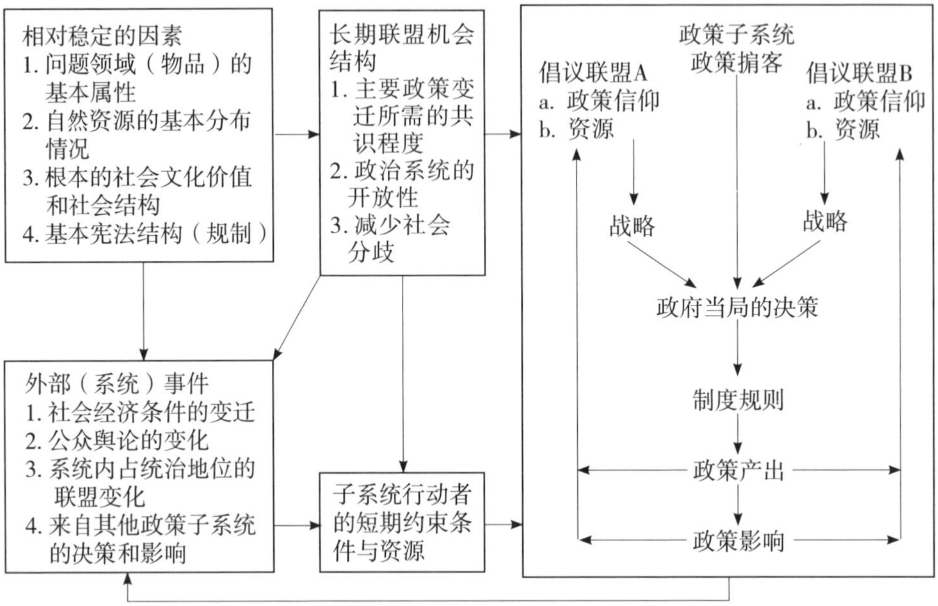

图 8-2　倡议联盟框架

（来源：Weible et al.，2011）

过程分析形成一般性的普适框架奠定了理论基础，有助于不同政治系统之间及同一政治系统内部不同子系统之间的政策比较，为政策变迁过程提供了有益的分析视角。

8.2.2　政策学习理论

政策学习理论于20世纪80至90年代引起广泛关注，通过聚焦于究竟该做什么的难题，试图强调政策过程中权力与知识之间的复杂关系，将理念视为理解政策变迁的一个核心变量。休·赫克洛（Hugh Heclo）是研究政策学习理论的先驱者，率先把学习概念引入公共政策领域，并提出“政治学习”的概念。赫克洛认为“学习可以被定义为基于经验的、在行为上相对持久的变化，通常这种转变是对某些可感知的刺激做出反应而发生的改变”，而政策学习不会自发产生，必须借助于政府官员及民意代表等政治人物。[①] 彼得·霍尔（Peter Hall）在“政治学习”模式的基础上，提出“社会学习”的概念，将学习定义为“根据过去政策的结果和新的信息，调整政策的目标或技术的刻意的尝试，以更好地实现政

① Hugh Heclo. Modern Social Politics in Britain and Sweden: From Relief to Income Maintenance. New Haven: Yale University Press, 1974.

府的终极目标”①；认为政策学习密切地受到社会发展的影响，而不只是国家内部发生的一个过程。政策学习，顾名思义，就是以政策作为对象，在各个国家、地区之间或者不同级政府之间，通过学习的方式进行知识分享和经验交流，关注学习主体之间的政策互动学习。政策学习与政策创新相伴而生，会导致不同程度的政策转移与扩散。

1. 政策扩散

政策扩散是指某一政府的政策选择受到其他政府政策选择的影响。政策扩散的研究始于美国，用于解释美国联邦体制内的政策选择与扩散现象。扩散研究者认为政策变化更多地是因为外界做法的渗透或感染，而非政治选择的结果。它是指一种普遍实践或模式的散布与传播。E. M. 罗杰斯（E. M. Rogers）将扩散定义为“一项创新通过某种渠道随着时间的流逝在社会系统成员中被交流的过程，扩散是一种特殊形式的交流，因为交流的信息是关于新观念的”②。在政策变迁过程中，政策创新扩散的持续性是关键问题，对理解政策过程有着重要作用。

2. 政策转移

为了更好地运用政策学习理论，学者们认为应当建立一套适合被广泛应用的研究框架。1996 年，英国学者大卫·多罗威兹（David Dolowitz）和大卫·马什（David Marsh）在《谁从谁那里学习什么：政策转移文献回顾》一书中共同提出了政策转移这一整合性框架。③ 这一框架建立在以下七个相关问题上，即什么是政策转移？谁转移政策？为什么进行政策转移？转移什么？转移程度如何？从什么地方获取经验？哪些因素约束政策转移？多罗威兹和马什认为政策转移是指某一个时空的有关政策、行政安排和制度的知识被运用在另一个时空的政策、行政安排和制度的设计过程。他们在《向国外学习：政策转移在当前政策制定中的作用》中还提出“政策制定是一个吸取经验的过程，政策制定者能够吸取两方面的经验，一方面是外国政治系统提供的有趣的政策改革试验，另一方面是在政策的制定过程中，政策制定者在自己的政治系统内可能会经常使用到这些政策改革试验的成果。④ 比如近年来，我国为解决城市化进程中日益严峻的“垃圾围城”问题，吸取了发达国家经验，将生活垃圾焚烧发电政策向国内进行转移，相继出

---

① Peter A. Hall. Policy paradigms, social learning, and the state, comparative politics, 1993.

② Everett M. Rogers. Diffusion of innovations. Free press, 2010, pp. 5.

③ David. Dolowitz, David. Marsh. Who Learns What from Whom: A Review of the Policy Transfer Literature. Political Studies, 1996.

④ D. Dolowitz, D. Marsh. A Policy-Make's Guide to Policy Transfer, J. Malden: The Political Quarterly publishing Co. Ltd (2003), pp. 101.

台了一系列相关政策，并取得了一定成效。

8.2.3 府际学习框架

作为政策学习的重要形式，政府学习对政策变迁的意义重大。中国改革的基本特点是利用各种形式的实践和试验进行学习，从中获取必要的经验教训，进而调整政策内容，以回应不断变化的社会环境。[①] 在此过程中，政策创新源于意识到社会问题或现实需求，政府间建立专题学习机制，并将新的认知付诸实践。

新的政策倡议在刚提出时，由于相关知识积累不多，倡导者只是提出新的政策导向，并未形成具体内容。推动政策变迁需要政府收集相关情报，从外部经验和自身实践中获取经验，进行试验后将新知识付诸应用，以完成政策变迁的过程。

1. 信息收集

府际学习框架建立于扎实的信息收集之上，通过科学的分析和评估，出台新的政策安排，确保政策创新与本地的实际情境相契合。政府在政策变迁的过程中不仅需要汲取本地区过去的成功经验和失败教训，也需要借鉴国内外其他地区的相关做法，以降低政策成本、提高政策合法性。具体来说，在政策变迁信息收集的过程中，首先对上级指示和政策方向信息进行认真的学习和解读，根据上述新的信息对既有政策进行调试；其次参考本地上一届政府或本地下级政府已有的政策经验和信息，对上级新的要求与地方新的需求进行结合，并据此调整地方政策；如果上述学习过程并不能完全满足新的政策需求，那么地方政府可以根据具体政策议题，把“政策扫描”的目光投向国内外其他具有相关成功政策经验的国家或地区，通过各种形式的政策学习渠道获取相关政策信息并对政策信息进行本地化处理和运用。[②]

2. 经验采纳

经验采纳是一项政策创新积累的新经验被其他行动者接受并付诸实践的过程。在府际学习中，采纳一项政策创新，需要经历一定的过滤和选择过程。决策者偏好于采纳已被大量采用的政策方案，更愿意采纳具有相同特征的其他政府的新实践，倾向于采纳成效显著的新政策。在府际学习中，经验采纳并非移植政策原型，而是根据实际情境进行政策再生产，确保新政策与其他政策安排相衔接。

---

① 王绍光：《学习机制与适应能力：中国农村合作医疗体制变迁的启示》，载《中国社会科学》2008 年第 6 期，第 111－133 页。

② 朱亚鹏、孙小梅：《政策学习与政策变迁：以人才住房政策为例》，载《广东社会科学》2020 年第 5 期，第 178－188 页，第 256 页。

比如在我国政府主导型的市场经济演化过程中，经济的发展离不开地方政府间的相互学习、相互借鉴以及相互提升。在学习过程中地方政府根据自身特征和市场特点，寻找与自己相似的发展较好的地区，吸纳有效经验，照葫芦画瓢，发现有不太符合自身实际的情况再进行修改。[①] 政府间的考察和交流经验逐渐成为地方政府学习的主要方式。

3. **政策试验**

政策试验通过支持试点地区开展实验，检验新方案的成效，识别更有效的政策安排。对于复杂的政策领域，决策者提出新思路后，为了控制风险，会选择少数地区开展试验。[②] 政策试验需要在不同地区开展，以检验新政策的适用性。渐进推广模式与渐进试点模式是中国政府实现渐进改革的两种策略模式，这两种策略模式中的渐进采纳与政策内容调试特征，为中国政府政策创新与扩散的本土化研究提供了一定方向。渐进推广模式主要是指在试点阶段由某一个或多个试点单位同批次进行试点，待试验成功后中央吸纳其经验并由此展开在中央部署下的从局部到整体的逐步推广模式。试点启动后主要是同批次的试点单位与中央政府之间的上下互动、互相学习，为了试点政策的有效推进，中央会赋予地方一定的自主权，允许其在复制推广过程中根据本地的实际情况适时推进或对试点政策进行调整甚至再创新。[③] 渐进试点模式是指在试点阶段经历了从首批地方试点到不断扩大在更多地方试点甚至在全国进行试点的过程中，中央吸纳多批地方试点的成功经验并由此展开在中央部署下的全面推广的模式。新的试点单位一方面会学习首批试点单位的经验；另一方面也被授权进行自主探索、创新。与渐进推广模式不同的是，在渐进试点模式下中央会积极面对各试点的自主探索并将其中的成功经验注入到国家政策中，然后再在全国范围内进行部署推广。在自上而下的政治调控下，试点地区通过组织专题学习将政策创新落到实处，形成完整的行动方案，并付诸实施。

8.2.4　间断均衡理论

以逻辑经验主义为基础的政策研究强调政策的连续性，因此长期以来渐进主义范式在公共政策变迁过程中占据主导地位。随着社会不确定性增加，政策行动

---

① 杨公齐：《政府学习、目标异化与职能固化》，载《现代财经》（天津财经大学学报）2013 年 33 卷第 8 期，第 13 – 19 页。

② 杨宏山：《双轨制政策试验：政策创新的中国经验》，载《中国行政管理》2013 年第 6 期，第 12 – 15 页。

③ Sebastian Heilman：《中国异乎常规的政策制定过程：不确定情况下反复试验》，载《开放时代》2009 年第 7 期。

者日益增多，政策过程呈现高度动态化的复杂特征，渐进主义范式显现出应对乏力。为了应对渐进主义面临的困境，政策科学家们开始注意到政策间断的一面，鲍姆加特纳和琼斯将间断均衡理论引入到公共政策领域。① 作为政策变迁的一个重要理论工具，该理论解释了长时期的政策稳定过程中伴有偶尔的急剧变迁这一现象，弥补了早期渐进主义理论片面解释政策变迁的不足，并利用政策图景、政策垄断等概念分析政策变迁的原因，总结出政策变迁呈现“平衡—间断—新平衡”的特征。

虽然不同的学者从不同的角度和实际情况出发，将政策制定过程分为不同的阶段，但是对政策制定过程的第一步——政策问题的界定达成了共识。库恩的范式理论认为，在一定时期，多数科学家都在一定的范式指导下思考和解决问题。因此，政策科学家在某一时期对政策问题的界定都有着相似的思维方式，并容易达成共识。同样，政策制定过程中所使用的研究方法和分析工具也是在一定范式指导下选取的结果，这一时期，政策是稳定和平衡的。随着研究的深入和政策环境变化，新问题不断出现，对原有范式带来挑战。当在原有范式指导下有些新问题得不到解决时，公众开始反思和重新界定政策问题，部分政策科学家也开始摒弃原有指导范式，寻找新的范式。由此政策变迁呈现出两种形式：第一种是平衡，政策进行调适性修正，从而呈现渐进式变迁；第二种是间断，即原有政策微调后仍不能解决新难题，于是转而寻求新的解释方法，从而发生政策前后的根本变迁。

间断均衡理论分析框架将政治过程置于特定制度与有限理性决策的双重基础上来研究问题界定和议程设置，并致力于解释政治过程受一种稳定和渐进主义逻辑所驱动，但偶尔也会出现不同于过去的重大变迁。② 其中有限理性决策、注意力瓶颈、政策垄断、政策图景和政策场域都是间断均衡理论的核心概念。

（1）理解间断均衡的关键在于理解政策垄断的作用，政策垄断是由最重要的政策行动者组成集中的、封闭的体系，如美国民用核能政策中的利益集团、国会和政府组成了政策垄断“铁三角”。

（2）“注意力瓶颈”与有限理性决策。在有限的时间内，决策者的认知力和注意力存在一定的限度，即“注意力瓶颈”。政策制定者、决策系统的决策随着注意力的转移发生变化，政策决策者以及决策制定系统只能在有限理性内进行抉择，被视作有限理性决策方式问题。

（3）政策图景与政策场域。政策图景包括政策的政策信仰、价值观以及公

---

① Frank R. Baumgartner, Bryan D. Jones. Agendas and Instability in American Politics. University of Chicago Press, 1993.

② 保罗·萨巴蒂尔：《政策过程理论》，三联书店，2004 年，第 209 页。

众的感情倾向等，是经验信息和感情要求的混合物，分为正面政策图景和负面政策图景。如果公众以正面的眼光来看待政策，则属于正面政策图景；反之，则是负面的政策图景。前者有助于政策垄断，而后者则会导致政策崩溃。随着媒体报道、重大事件以及科学研究等的发生与变化，政策图景会发生转移。政策场域即政策议定场所，其中的机构和团体组成了开放或垄断的子系统政治。

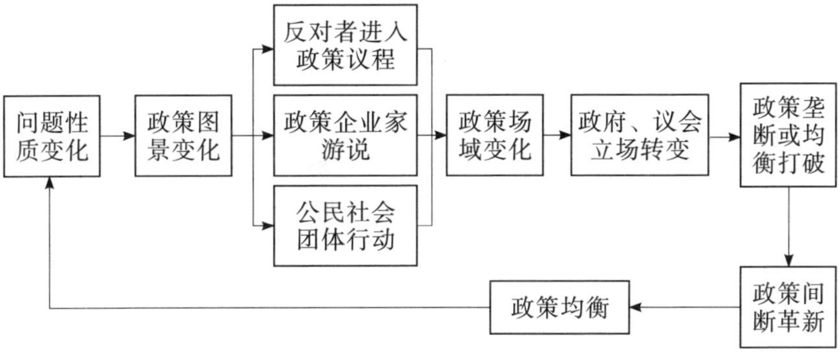

图 8－3　间断均衡理论的分析框架

（来源：朱春奎，2016）

间断均衡理论被西方学者广泛用来研究政策制定和政策变迁模式，分析政策变迁长期渐进平衡与短期间断突变的糅合。间断均衡理论一方面建基于有限理性，另一方面又建基于系统分析，能够全面解释政策变迁，包括稳定的小变化和剧烈的大变化，极大地丰富了政策变迁理论的视野与空间。目前该理论模型已频繁用于对不同国家、不同领域、不同政府层级的政策变迁过程的解释，并具有较强的应用前景。

8.3　政策终结的含义

政策终结是与公共政策评估紧密联系的一种政策现象，是公共政策过程的主要环节之一，是公共政策规划中的一个必要阶段，也是一个重要的阶段。政策终结既是公共政策过程完整性的体现，也是政策更新与政策发展的逻辑起点。

8.3.1　什么是政策终结

“终结”一词，它一般是指某一活动或某一事物在时间和空间上的终止或结束。其主要是一种普遍的自然现象，因为任何事物都有产生、发展、衰老和灭亡的过程。但公共政策终结相对比较复杂，其研究对象并非仅限政策。加里・布鲁尔提出应考虑将政策终结纳入政策循环系统，因为政策终结并不只是结束，反而终结经常代表着新政策的开始。

公共政策终结研究最早可以追溯到1958年爱德华・卡岑巴赫（Edward Katzenbach）对美国撤裁陆军骑兵的个案研究[①]。到20世纪中期前，讨论政策终结的文献也仅限于唐斯对死亡理论的构建[②]，以及艾布拉姆・舒尔斯基（Abram Shulsky）对哥伦比亚特区解散摩托车巡逻队的研究[③]。20世纪70年代之前，公共政策终结的研究还很少被学者们关注，罗伯特・P. 比勒（Robert P. Biller）认为政策终结是未被正视的议题[④]，罗伯特・D. 贝恩（Robert D. Behn）认为政策终结是政策过程中被忽视的环节[⑤]。最先把政策终结作为公共政策过程主要环节之一进行研究的是拉斯韦尔，他认为政策终结是政策过程的环节之一，政策终结是取消有关公共政策方案，并妥善处理方案有效时的忠诚支持者和方案终止时的利益受损者的价值需求的活动。[⑥] 终结行动包括法定和其他方案的废除，以及对补偿和重新安置等相应解决方案的调整，但是其并未对政策终结内容进行具体研究。

20世纪70年代中期，拉斯韦尔的学生布鲁尔提出了政策过程六阶段论，并把政策终结定义为“政府对那些存在功能障碍，或已成为多余或过时的、甚至不必要的政策和项目进行调整，不仅指旧政策的结束，更是新政策的开始”[⑦]。

1976年，布鲁尔担任《政策科学》杂志的编辑时，向尤金・巴达克就政策终结问题收集一系列文章，共收录8篇开创性的论文，推动了政策终结的系统研究。彼得・德利翁（Peter DeLeon）、贝恩、比勒等对此问题提出自己的意见，为

---

① Edward L. Katzenbach, Jr. The horse cavalry in the twentieth century: A study in policy response. In Carl J. Friedrich and Seymour E. Harris (Eds.). Public Policy: A yearbook of the graduate school of public administration, Harvard University, pp. 120 – 149. Brattleboro, VT: Vermont Printing Co. 1958.

② Anthony Downs. Inside Bureaucracy. Little, Brown, 1967.

③ Abram N. Shulsky. Abolishing the District of Columbia Motorcycle Squad. Policy Sciences, vol. 7, no. 2, Springer, 1976, pp. 183 – 197. http://www.jstor.org/stable/4531639.

④ Robert P. Biller. On tolerating policy and organizational termination: Some design considerations, Graduate School of Public Policy, University of California, 1976, 7 (2).

⑤ Robert D. Behn. How to Terminate a Public Policy: A Dozen Hints for the Would – be Terminator. Policy Analysis, 1978, 4 (3).

⑥ Harold Dwight Lasswell. A Preview of Policy Sciences. New York, 1971.

⑦ Garry D. Brewer. Editorial: The Policy Sciences Emerge: To Nurture and Structure a Discipline. Policy Sciences, 1974, 5 (3).

政策终结的研究和探索揭开了新的篇章。作为这一期的编辑，巴达克的《作为一种政治过程的公共政策终结》成为政策终结研究的奠基之作，对公共政策终结的发生进行了全面的研究，概括了政策终结出现的原因、方式以及面临的困难等，并就政策终结的形式、由谁支持终结、为什么终结很少被接受、怎样减轻终结的困难等问题进行了深入研究。巴达克认为，“政策终结是政府为了终结那些无效的、过时的公共政策、项目和机构采取的行动，通过采取一项政策，从而淘汰或缩减另一项政策。是政策选择过程中的一种特殊情况”①。彼得·德利翁认为，政策终结是政府有意结束或停止特定的政府职能、计划、政策或组织，同时也包括“部分终止”②。1987 年，德利翁又进一步修正了政策终结的定义，认为政策终结是机构的结束、政策的转向、项目的消减、部分功能的终结以及财政的紧缩③。詹姆斯·凯麦龙（James Cameron）指出，“政策终结可能是深思熟虑后的决定，也很有可能是逐渐淘汰一些老旧、效率低的政策，有时候很有可能是政策创新过程中的意外结果”。④ 由此，政策终结从 20 世纪 70 年代中后期到 90 年代初掀起了第一次研究高潮。

政策终结的第二次研究高潮从 20 世纪 90 年代中后期延续至今。主要标志是 1997 年和 2001 年马克·R. 丹尼尔斯（Mark R. Daniels）在《国际公共行政》期刊上编辑了政策终结专题论文，分别收录了 7 篇和 5 篇著作。丹尼尔斯在 1997 年首篇专刊论文《公共政策和组织的终结》中，界定了政策和组织终结的概念，补充了德利翁提出的终结产生的另外两个原因，并把政策终结分类为功能、组织、政策和项目等不同政策层次上的终结，尤其是对政策终结的文献做了详细的回顾和总结。在《政策和组织的终结》中，对最近在此领域发表的论文成果予以评论，并对论文集中的观点进行概括，指出布鲁尔和德利翁的定义的局限，强调应该进一步界定政策终结的概念，并总结了政策终结没有得到应有的关注和重视的原因。丹尼尔斯指出，德利翁的定义没有考虑到组织自身把不合适的政策终结的自主性情况，因此其表示政策终结应该是有目的的对政府项目、公共政策、

① Eugene Bardach. Policy Termination as a Political Process. Policy Sciences, 1976, 7 (2).

② Peter DeLeon. Public Policy Termination: An End and a Beginning. Policy Analysis, 1978, 4 (3).

③ Peter DeLeon. The Politics of Program Evaluation. Newbury Park, Calif: Sage Publications, 1987.

④ James M. Cameron. Ideology and Policy Termination: Restructuring California's Mental Health System. Public policy, 1978, 26 (4).

组织的终结，同时包含组织为削减预算的自身调节。[1]

中国学术界最先提出政策终结概念的是林水波和张世贤，其观点与布鲁尔相近，认为政策终结包含了规则、惯例等的终止，政策活动的停止，机关组织的撤裁，同时也是新规则、新惯例的建立，新活动的开始，新机构组织的发展。[2]

张金马[3]、陈振明[4]和陈庆云[5]则认为，政策终结是一种非自然现象，是人们在政策过程中主动地、有意识地提高绩效的政治行为，是在经过慎重评估后，发现其已成为多余、不必要或者不发挥作用时采取的终止行为，政策终结具有强制性、更替性、灵活性三个特征。

丘昌泰认为旧的政策终结之时代之以新的公共政策，即为政策终结。[6] 政策终结不仅意味着取消原有的政策、项目，也意味着制定新的政策。其既是一种结束，又是一种开始。

谢明则认为，政策终结是指政策制定者经过政策评估后，发现一些政策已经过时、多余、失效，或引发了重大的不良后果，采取必要措施予以终止的行为。[7]

综上所述，相对于其他政策过程的研究，政策终结研究偏少。从政策过程角度来看，政策终结往往发生在政策评估之后，一般针对已经实现了政策的既定目标、发现政策背离了政策目标、发现政策完全是多余的无效的、发现政策的实施引发了更为严重的问题这四种情况。因此，我们认为，从政策过程的角度，政策终结是指某一政策或项目的终止，是政策过程的最后环节，也是新的政策过程的开始。政策终结往往涉及到两方面，一是宣告旧政策的终结，即原有政策活动的停止，相关期望和利益的转移，规则和措施的取消，有关机构的减裁或撤销，相关人员的分配或安置等；二是预示着新政策的启动，即新期望和利益的建立，新规则和措施的实施，机构组织的更新与创建，相关人员的选择与安排。在政策的周期循环中担负着承上启下、开拓更美好未来的重任，是政策过程中不可缺少的环节。

---

① Mark R. Daniels. Terminating Public Programs：An American Political Paradox. Taylor and Francis，2015.

② 林水波、张世贤：《公共政策》，台湾五南图书出版公司，1982 年，第 354 页。

③ 张金马：《公共政策分析：概念·过程·方法》，人民出版社，2004 年，第 477 页。

④ 陈振明：《公共政策学：政策分析的理论、方法和技术》，中国人民大学出版社，2004 年，第 404 页。

⑤ 陈庆云：《公共政策分析》，北京大学出版社，2011 年，第 215 页。

⑥ 丘昌泰：《公共政策基础篇》，台湾巨流图书公司，2000 年，第 421 页。

⑦ 谢明：《公共政策导论》，中国人民大学出版社，2015 年，第 254 页。

8.3.2　政策终结的意义

政策终结有着重要的意义，布鲁尔强调政策终结具有非凡的重要性[①]，政策终结既有理论意义，也有策略意义。从理论上讲，它是公共政策干预周期的最后阶段，可以定义为“……有意结束或停止特定的政府职能、计划、政策或组织”[②]。从政策终结的结果来看，其意义突出表现在以下几个方面：

（1）有利于政策资源的节约。政策终结有利于节省财政开支、减少资源浪费。对任何政府而言，政策资源都是有限的，执行一项不该继续下去的政策，政府付出的不仅是实际成本，还有机会成本。及时的政策终结不仅可以减少人力，物力，财力的无效消耗，还可以把有限的政策资源配置到必要的领域，使其发挥最大的作用。[③]

（2）有利于政策绩效的提高。政策绩效问题有时是由政策过多导致的，规制冲突、政策打架、有利益的事争着上、没有利益的事争着让，导致政策绩效低下。将绩效低下的旧政策适当地淘汰，能够避免政策走向僵化，并促进新陈代谢，提高政策绩效。

（3）有利于促进政策过程的优化。政策终结能更好地促进政策更新，维护公共价值。政策过程的优化包含政策人员优化和政策组织优化，政策人员优化包括政策制定者、政策执行者、政策过程在内的其他人员的优化；政策组织优化，包括政策的撤裁、更新、发展，结合人员优化，形成最佳的总体效应，建立更合理的多层次、多领域的政策机构。

（4）有利于政策质量的提高。政策制定是面向未来的活动，而未来会出现许多意想不到的因素，建立有效的政策评估和终结机制，有利于及时发现问题，纠正错误，总结经验，吸取教训。

8.4　政策终结的类型和方式

政策终结是在公共政策领域里发生的终结现象，政策问题、政策目标和政策

---

① Garry D. Brewer. Termination: Hard Choices, Harder Questions. Public Administration Review, 1979, 38 (4), May/June, pp. 338 – 344.

② Charles H. Levine. Organizational Decline and Cutback Management. Public Administration Review, 1978, 38 (4), pp. 316 – 325.

③ 宁骚：《公共政策学》，高等教育出版社，2018 年，第 379 页。

环境的纷繁复杂，使得政策终结在现实社会中，有着复杂的表现形式。政策终结类型的划分可以从政策终结的对象、政策终结的时间进行分类。

8.4.1 政策终结的类型

1. 根据政策终结的对象划分

公共政策意味着利益的分配，公共政策的终结不可避免地会带来政策受益者、政策制定者、政策执行机构的负责人等现状的改变。德利翁与布鲁尔（1983）认为政策终结的对象可分为功能、组织、政策、工具四种类型。①

（1）功能终结。

功能终结是与权力责任的终结相联系的，功能终结则预示着相应权力的丧失和相关责任的放弃，伴随着权力和责任的终结，也就预示着相应的政策功能、服务、管制的停止或撤销，因此，公共政策终结的对象中，功能终结最为困难。从撤销管制的角度而言，功能终结意味着政府给社会松绑，会带来良性的社会心理反应。但从服务的角度而言，一项政策的功能往往体现为满足一部分民众的需要或需求，而功能的终结必然取消这一服务，会导致既往受益者的抵制。此外，政策功能的实现往往会超越某一组织和政策，同一政策功能有时需要不同组织和政策共同承担，功能终结往往还需要重新审视组织的结构并做好组织协调工作。

（2）组织终结。

任何政策活动一定会通过组织机构来完成，因此政策终结则一定会伴随相关组织的缩减或撤销，即组织的终结。例如，为执行某一项政策专门设立的机构会被撤销；同时承担多种政策执行职能的组织虽然不会因为某一项政策而撤销，但规模、经费等方面会受到影响。组织的终结势必会影响到组织中人员的切身利益，在实施时容易遇到较大的障碍，因此，组织的终结通常比较困难。

（3）政策终结。

这里的政策，指的是具体政策本身的终结，虽然某一具体政策本身终结了，但承担政策活动的组织、机构依然存在，旧政策的功能往往由新政策来担负，因此，与前两种相比，政策本身的终结相对阻力较小。原因有三：一是政策目标一般比较单纯。一般来说，政策出台是为了解决某一具体问题，目标比较单一，因而政策的评估和决定取舍相对比较容易；二是政策变更的代价比起前两种更小；三是组织更倾向于终结具体政策和项目，而非组织本身。组织的合并、拆分和改革往往比彻底终结的阻力小得多。

---

① Garry D. Brewer, Peter DeLeon. The Foundations of Policy Analysis. Homewood, IL: Dorsey Press, 1983.

（4）工具终结。

工具终结指的是执行政策的手段的终结，在所有政策终结对象中，这是最易达成的。原因有二：一是公共政策执行的手段选择，影响公共政策执行效果，选择的工具在公共政策执行中的局限性有目共睹，容易达成共识；二是措施与手段的终结的影响面相对有限，受到的阻力相对较小。

综上发现，政策终结是一项重大的政策行动，在政策终结的对象中，政策功能是最不容易被终结的，即便在组织被撤销后，政策功能很可能由其他组织来承担。无论终结哪个对象，都会导致一些现状的改变，涉及利益的重新分配。因此，政策终结不可避免地会遇到方方面面的阻碍。[①]

2. 根据政策终结的时间划分

尤金·巴达克（Eugene Bardach）依据终结行为持续的时间，把政策终结分为突然终结（big bang）和渐进缩减自然终结（long whimper）以及混合博弈型终结（both the bang-type and the whimper-type ending）三种。[②] 丹尼尔斯则将政策终结分为两种类型：第一种是自然型，即政策自然老化，效力逐渐减弱；第二种是博弈型，即遭遇强烈抵抗，需要进行力量博弈，在过程中不但需要运用终结的各种策略，而且需要强有力的终结执行者。[③] 结合我国的实际情况，我们认为，根据政策终结的周期划分，可以划分为以下几种类型：

（1）突然终结。

突然终结是指特定的政策在某一特定时间内突发性终结，突然终结是最常见的政策终结形式。也许是因为对突然终结的抵抗通常非常强烈，以至于突然终结必然会以粉碎性的力量发生。突然终结往往是长时间的政治斗争的产物，因此，突然终结绝非意外，但突然终结的到来，则往往是由一个决定性的打击在一个特定时间内引发的。

（2）渐进缩减自然终结。

渐进缩减自然终结，通常是决策者有意淘汰一项政策而采取的终结行动，它不是来自单一的政策层面的决定，而是来自维持给定政策的资源的长期下降，直至资源短缺而自然终结，常常以每年递减预算、删减组织或政策所需要的经费或资源、缩小规模等方式进行，逐步达到终结的目的。兰布赖特（Lambright）和

① 陈庆云：《公共政策分析》，北京大学出版社，2011 年，第 217－218 页。

② Eugene Bardach. Policy Termination as a Political Process. Policy Sciences，1976，7（2），pp. 123－131.

③ Mark R. Daniels. Terminating Public Programs：An American Political Paradox. Taylor and Francis，2015.

萨波尔斯基（Sapolsky）将这种类型的终结过程称为“递减主义”。①

中华人民共和国成立以来，农业为我国的经济发展做出了巨大贡献，农业税为国家建设及经济运行提供了基本的保障。进入新世纪之后，国家第二、第三产业迅速发展，农业收入占中央财政收入比例逐年减少，农民负担也与日俱增。农业税问题日渐凸显，引起了社会各界人士和政府的重视。但对于农业税去留的问题，有人支持取消农业税，有人却认为应该保留农业税，双方莫衷一是。由于农业税政策存在时间之长，根基之深，有关取消农业税的意见不一，我国在农业税政策终结的过程中采取的是渐进式终结方式。从农村税费改革到最终取消农业税，经历了两个主要阶段：一是2000年起对农村税费进行规范，正税清费；二是2004年起逐步减免农业税，直至2006年3月全面取消农业税。农业税政策终结从方案制定，到地方试点，再到全国范围内推广，循序渐进，步步为营。农业税取消是完成农村税收制度改革的一大飞跃，是一项具有划时代意义的改革。表8－1所示为农业税政策终结大事年表。

表8－1　农业税政策终结大事年表

时间	事　件	内　容
1998年9月	成立农村税费改革工作小组	主要负责农村税费改革组织协调工作
2000年3月	中共中央、国务院印发《关于进行农村税费改革试点工作的通知》	以安徽省为试点正式启动了农村税费改革工作
2001年3月	国务院印发《关于进一步做好农村税费改革试点工作的通知》	在总结安徽等地试点经验的基础上，进一步做好农村税费改革试点工作
2002年3月	国务院办公厅下发《关于做好2002年扩大农村税费改革试点工作的通知》	将试点扩大到16个省（直辖市、自治区）
2003年3月	国务院下发《国务院关于全面推进农村税费改革试点工作的意见》	要求各地区应结合实际，逐步缩小农业特产税征收范围，降低税率，为取消这一税种创造条件

① Eugene Bardach. Policy Termination as a Political Process. Policy Sciences，1976，7(2)，pp. 123－131.

续上表

时间	事　件	内　容
2003 年 9 月	国务院办公厅下发《关于进一步加强农村税费改革试点工作的通知》	强调坚决杜绝“一刀切”现象，各省、各地区要根据不同的情况，因时因地制宜将中央的政策落到实处
2004 年 3 月	国务院总理温家宝在十届全国人大二次会议上所作的政府工作报告中提出五年内取消农业税	要逐步降低农业税税率，平均每年要降低 1 个百分点以上，五年内取消农业税
2005 年 12 月	废止《中华人民共和国农业税条例》决定通过	自 2006 年 1 月 1 日起废止《中华人民共和国农业税条例》
2006 年 3 月	全国彻底取消农业税	标志着存在 2600 年的农业税退出历史舞台

前两种政策终结类型的终结周期差异显示，不同终结类型应采取不同的政策终结策略与技巧。对于终结周期短且强度高的突然终结而言，因为其往往深受某一单一权威性决策的影响，因而，在适当的时机给予政策致命一击，是政策终结是否成功的关键；而对于政策终结周期长且强度较弱的渐进缩减自然终结类型，则必须注意递减策略的重要性，不能操之过急，这样才能有效缓解因政策终结对社会所带来的巨大冲击。

（3）混合博弈型终结。

混合博弈型终结是兼有突然终结和渐进缩减自然终结的混合形态，是在短期间内分阶段终结政策的类型。该类型的政策终结持续时间相对较长，但每一阶段都具有标志性终结事件。

长期以来我国公车使用中存在诸多问题，如公务用车费用高，财政负担沉重；公务用车使用低效，隐形浪费现象严重；公务用车背后的腐败严重。公务用车改革势在必行，但公务用车制度终结是一项复杂的工作，同其他改革一样牵涉广泛，因此公务用车政策改革持续了相对较长的时间，但在这过程中也有着标志性事件逐步推动政策的终结。公务用车制度改革主要分为了基层单位自发改革的阶段（1986—2002）、货币化改革为主的阶段（2003—2009）、多元方式改革阶段（2010 年至今）三个重要阶段。在基层单位自发改革的阶段，各地的公务用车改革以地区为试点，成为公务用车改革的开端。在货币化改革为主的阶段，全国两会上政协委员们关于公车改革的提案引发群众热议，各地区的车改星火自此燎原，之后，公车改革呈现高潮。而在多元方式改革阶段，则有了更多的标志性事件推动公务用车制度的终结：2013 年，中共中央国务院印发《党政机关厉行节约反对浪费条例》，提出取消一般公务用车。2014 年 7 月，国务院发布《关于全面推进公务用车制度改革的指导意见》和《中央和国家机关公务用车制度改革方案》，再次推动公车改革。改革取消副部级以下领导干部用车和一般公务用车，保留必要的机要通信、应急、特种专业技术用车和符合规定的一线执法执勤岗位车辆及其他车辆。2015 年 9 月，中国至少有 16 个省份已经成立了省级公车改革领导小组，并设置办公室。全面推进公务用车制度改革，是加强党风廉政建设、厉行节约反对浪费的重要举措，是转变政府职能、推进后勤服务社会化改革的重要内容。因此不合理的公务用车制度也应顺势而变，同时逐渐取消不合理的公务用车制度。

8.4.2 政策终结的方式

公共政策终结是一个强制性的过程，政策终结的途径也是多种多样的。公共政策终结由权力机关通过合法的程序做出决定，并以文件、公告等形式向社会宣布终结的指令。德利翁与布鲁尔在《政策分析基础》中根据政策终结的程度，将政策终结划分为完全终结和部分终结。[①] 其中部分终结又包括替代型、合并型、分离型、渐减型和断绝型五种类型。结合我国政策实践，宁骚[②]提出可以把政策终结的形式总结归纳为五种：政策废止、政策替代、政策合并、政策分解、政策缩减。

1. 政策废止

政策废止是政策终结的最彻底方式，即直截了当地宣布一项政策立即中断或停止实施，彻底结束旧政策，完全取消其相关功能，属于完全终结。政策废止一般是政府根据政治、经济和社会形势的发展变化，不定期地清理、废止大量不合时宜、过时的政策。采用政策废止的方式进行政策终结，有利于防止反对政策终结的组织和人员继续执行失效的政策，从而给社会和公众造成损害。

如为进一步加强退役军人事务领域政策制度体系建设，退役军人事务部根据《退役军人保障法》等法律法规对退役军人相关政策性文件进行了清理，决定废止 105 件政策文件，并宣布 115 件政策性文件失效。废止和失效的文件所涉及的历史事件和背景绝大多数年代久远，普遍不适用于新时代的退役军人工作；还有一部分则是已有了新的政策通知替代。《退役军人事务部关于废止和宣布失效一

---

① Garry D. Brewer, Peter DeLeon. The Foundations of Policy Analysis. Homewood, IL: Dorsey Press, 1983.

② 宁骚：《公共政策学》，高等教育出版社，2018 年，第 377－378 页。

批政策性文件的决定》经退役军人事务部 2020 年第 4 次部务会审议通过。将不合时宜的旧政策废止，新的优抚安置政策才能逐步提上修订日程，退役军人的切身实际问题才会得到真正有效地解决。

遵照我国加入世贸组织的承诺，中国尽全力使我国的对外贸易管理制度与 WTO 规则保持一致，并在全国统一实施。在这一方面我国政府作了巨大的努力，我国加入世贸组织后，全国人大常委会和国务院很快宣布废止 830 余项与 WTO 规则不相符合的法律、法规和政策。

2. **政策替代**

政策替代是政策终结中比较常见的方式，指的是新政策代替旧政策，两者之间要有一定的连续性，以利于更好地衔接并减少政策废止带来的冲击。但两者所面对的政策问题和政策目标基本没有改变。新的政策往往是在方式方法和操作程序方面做了较大变动，目的是为了更好地解决旧的政策没有解决或根本解决不了的问题，以满足目标群体的政策需求，实现原定的政策目标。

公务员医疗保障制度改革之前，中国公务员系统一直游离于“医疗保险”之外，各级政府公务员所享有的是公费医疗待遇。目前全国大部分地方政府已经取消公费医疗，将公务员医疗费用纳入医疗保险进行统筹管理。面对中央政府加速推进“公务员医疗保障制度（即公费医疗）改革”的压力，绝大部分地方政府，都选择了财政出资补贴“公务员医疗保障”的“简易方式”。

3. **政策分解**

政策分解是政策终结中比较复杂且带有相当技术难度的方式。政策分解是指将旧政策的内容按照一定的规则分解出几个部分，每个部分各自形成一项新政策。当原有的政策过于庞杂、目标众多以至于影响到该政策的有效执行时，常常采用分解的办法。政策分解与政策废止和政策替代都既有区别、又有联系。从形式上来看，政策分解也是把原有的政策取消了，用新的政策取代了旧的政策。但是从内容上来看，政策分解并不是将原来的旧政策完全抛弃，而是将其中失效的、过时的部分去掉，把仍然有效的部分保留下来，与其他政策一起组合为一项新的政策。将原政策按主要的目标、范围、手段分解成几个较小的政策有利于执行者明确政策目标，提高执行效率。

我国城镇职工社会保险政策的变革深刻体现了政策分解所实现的良好效果。1951 年颁布的《中华人民共和国劳动保险条例》可以说无所不包，非常繁杂。改革至今，这种情况已发生很大改变，养老、医疗、失业等等都已有了具体的目标和方案，形成了各自领域相对应的政策。

4. **政策合并**

政策合并是指旧政策虽然被终结了，但政策要实现的功能并没有取消，而是将其合并到其他的政策中去。政策分解是政策合并的前提，政策合并通过一定的程序，将政策分解后仍然可行的部分重新组合后以一项新政策的面貌出现。政策合并通常有两种形式：一种是将原有的政策内容合并到现有政策中，成为现有政策的一部分；另一种是把两项或两项以上被终结的政策合并为一项新的政策。根据效率原则，能够合并的事项应该坚决合并，能够一起完成的任务绝不分散去做，因此政策合并被认为是提高政策效率的有效途径。

2019 年 3 月国务院印发《关于全面推进生育保险和职工基本医疗保险合并实施的意见》，标志着在全国范围内实施生育保险和职工基本医疗保险合并政策，是我国建设覆盖全民的社会保障体系中的重要措施之一。两险合并政策有利于两项保险管理效能的提升，保障两项保险长期稳定可持续发展，有利于提升政策效率与政策效果。

5. **政策缩减**

政策缩减是一种渐进的方式，是对原有政策持续地做“减法”，一步步对政策进行终结，其目的是有效缓解因政策终结所带来的巨大冲击，逐步协调好各方面的关系，减少那些不必要的损失。一般来说，政策缩减是通过逐步减少对政策投入，缩小政策实施范围，放松对政策执行的控制等来达到最终完全终结政策的目的。

以独生子女政策为例，该政策自执行以来对促进我国人口与经济社会协调发展发挥了极其重要的作用。随着人口结构的转变，独生子女政策逐渐走向终结，这一过程大体上分为四步：2013 年 3 月，国家人口和计划生育委员会与卫生部合并为新的国家卫生和计划生育委员会；2013 年 11 月，宣布将政策部分放宽，允许一方是独生子女的夫妇生育二胎；2015 年 10 月，政府宣布从 2016 年起所有夫妇都可以生育两个孩子；2021 年 5 月 31 日，中国开始实行全面三孩政策。此外原国家卫生计生委内设的三个与计划生育相关的机构——计划生育基层指导司、计划生育家庭发展司、流动人口计划生育服务管理司均已被撤销，转成新的人口监测与家庭发展司。独生子女政策随着新的改革措施逐渐缩小其影响范围，逐步放松对政策执行的控制，渐进地推动政策的终结。

8.5 政策终结的原因与影响因素

任何一项政策的制定都是为解决某一问题，但当政策已经达到预期效果，完成了使命，或者政策无效、失败时，政策就需要终结了，因此，政策终结的原因千差万别，各种各样的内外部因素会对终结的演化和结果产生影响。

8.5.1　政策终结的原因

巴达克认为，政策终结的支持者分为三个基本类别：政策的反对者（在他们看来，这项政策本身很糟糕，它损害了他们所珍视的价值观和原则，损害了他们以自我为中心的社会、经济或政治“利益”）、节约者（他们一些人关心将资源从一个不那么重要的政府职能重新分配给另一个在他们看来更重要的职能，而另一些人则关心通过取消政府职能和压制甚至削减税收来完全降低政府成本）、改革者（他们认为终止一项政策是成功采用和实施替代政策的必要先决条件）。[①] 改革者往往是政策终结的重要辅助成员，但几乎从来不是它的领导人。德利翁认为政策终结具有三个理由：成本降低（cost reductions）、项目效率低下（programmatic inefficiencies）和政治意识形态（political ideology），其中政治意识形态是最重要的。[②] 丹尼尔斯认为，行为主义理论关于行政、人道或社会服务供给方式的观点变化也促进着政策终结。[③] 查尔斯·H. 莱文（Charles H. Levine）认为，公共组织衰落的原因可以分为两个维度、四种类型：（a）它们是否主要是组织内部或外部条件的结果，（b）它们是否主要是政治或经济/技术条件的产物。公共组织衰退的原因有问题耗竭、环境熵、政治脆弱性和组织萎缩四个。[④] 在这四种类型中，问题耗竭是最常见的，例如政府对洪水和地震等自然灾害带来的短期危机的干预，战争动员和反周期就业计划等中等长度的政府干预，脊髓灰质炎研究和治疗，以及太空探索等长期公共项目；而当环境在当前活动水平上支持公共组织的能力下降时，就会出现环境熵，环境熵的悲剧性副作用之一是它最严重地影响那些不能移动的人；公共组织的政治脆弱性是一种内部属性，表明其高度脆弱和不稳定，这限制了它们抵抗预算减少和从环境中收缩的要求的能力；组织萎缩是所有组织中的普遍现象，但政府组织尤其容易受到攻击，导致资源削减或组织能力减弱的内部萎缩和绩效下降来自许多几乎无法识别的系统和管理失败。

综上，政策终结的原因可从政策过程的角度，从政策背景、政策执行、政策结果三个方面来考量，但在实际运作过程中往往是多个原因的交互作用，才会导

---

① Eugene Bardach. Policy Termination as a Political Process. Policy Sciences, 1976, 7 (2).

② Peter DeLeon. Policy Evaluation And Program Termination, Review of Policy Research. Policy Studies. Organization, 1983, 2 (4), pp. 631 - 647.

③ Mark R. Daniels. Terminating Public Programs: An American Political Paradox. Routledge, 1997, pp. 3.

④ Charles H. Levine. Organizational Decline and Cutback Management. Public Administration Review, 1978, 38 (4), pp. 316 - 325.

致终结机制的启动。

1. **政策背景**

政策背景是指政策所处的时空环境，时空环境变迁、意识形态改变、政治制度失灵都属于政策终结的背景原因。

（1）时空环境变迁。公共政策是随着社会发展并因社会环境需要而产生的，公共政策必须要适应政策环境，政策环境的发展变化必然会导致公共政策的发展变化。当时空背景的变化积累到一定的程度就会使得政策受到影响而无法达成预期的目标，政策有时必须随之进行调整或终结，以适应社会发展的需求。

2015 年 12 月，十二届全国人大常委会第十八次会议审议了《人口与计划生育法修正案草案》，明确在 2016 年 1 月 1 日施行全面二孩政策，修正案草案修改了与全面二孩政策不协调的奖励保障措施，同时晚婚晚育假和独生子女父母奖励等规定被删除，这意味着“晚婚晚育假”“独生子女父母奖励”等带有时代特色的公共政策走向终结。可以看出我们的政策跟随着时代的变化而不断变化着。

（2）意识形态改变。在政府领域，决策总是反映主要的政治或要考虑的意识形态因素，个体在影响特定政策和项目时的总体政治取向，也必然会影响政策终结，特别是联邦制国家，这一表征愈加明显。如罗纳德·里根（Ronald Reagan）在担任加利福尼亚州州长期间反对加利福尼亚州农村法律援助（CRLA）计划，并对其提出了官方渎职指控，尽管 CRLA 对该州公民来说是一种“免费物品”，因为它完全由联邦政府资助。[①] 新思想或是新的意识形态让新政策和新组织成为可能，政策终结为它提供了存在的空间。[②] 意识形态的存在有其特定的时空环境，政策终结常常是政治决策而非理性决策分析的结果，受政治价值与意识形态的影响。当此意识形态被瓦解后，政策的终结自然也就水到渠成。

（3）政治制度失灵。政治制度的顺利运行是政务推动的基本要素，如果政治制度的有效运作出现问题，形成令出多门或是令出不行的情况，也将导致政策失败进而加快政策终结的进程。例如在内阁制小党林立的国家，由于稳定的国会多数联盟无法建立，因此政权更迭快速，政治制度无法顺利运作，政策的执行亦受到相当大的影响。

2. **政策执行**

政策执行过程中所发生会导致政策终结的问题主要包括财政负担沉重与执行

---

① Peter DeLeon. Policy Evaluation And Program Termination, Review of Policy Research, Policy Studies Organization, 1983, 2 (4), pp. 631 - 647.

② R. P. Biller. On Tolerating Policy and Organizational Termination: Some Design Considerations. Policy Sciences, vol. 7, no. 2, 1976, pp. 133 - 149.

不力。

（1）财政负担沉重。政策执行需要投入大量的财政经费。如果国家财政状况无法支撑政策的持续运作，政策将难以为继。资源短缺已经成为社会性甚至全球性问题，政府应当考虑政策终结而非不断扩展新项目。[①] 例如，综合考虑人口结构和就业情况，推迟退休年龄是大势所趋，领取养老金的年龄也将弹性延迟。2021 年 3 月 12 日，公布的《中华人民共和国国民经济和社会发展第十四个五年规划和 2035 年远景目标纲要》明确提出，按照“小步调整、弹性实施、分类推进、统筹兼顾”等原则，逐步延迟法定退休年龄。可见，财政的压力是导致旧的退休政策终结的动因之一。

（2）执行不力。政策执行不力是政策终结的又一重要原因。大部分的政策执行者采取模棱两可的态度，有时甚至采取象征性的执行措施，投入有限的精力和时间，影响政策执行的效果。由于政策执行的不力而导致政策难以继续推进，进而搁置甚至终结。例如，2012 年 3 月，国家食品药品监督管理局出台了一项新政策规定药品生产商不得使用天然、复方等夸张性词语对保健食品进行命名，但由于政策执行不力，导致政策执行阻滞，最终政策只能是“空中楼阁”，从而不了了之。

3. **政策结果**

用以解决问题的政策没有发挥作用，反而使问题更加严重，该政策就需要被终结。[②] 政策终结主要依赖于政策评估的结果，政策评估得出的结论可为政策终结提供依据。如果正式评估得出某项政策已经过时或无效的结论，则会加快政策终结的进程。造成政策结果不佳的原因主要有以下三个：第一是政府组织间的合作不力而呈现的竞争态势造成内耗，进而导致政策终结；第二个是政策的相互关联而导致难以施展作为，必须对相关政策加以考虑；第三是无效或不当的政策工具也可能导致政策的失灵，但有时政策工具的选择却是妥协或一定政治文化环境的产物，所以导致政策终结是必然的结果。

8.5.2　政策终结的推动因素

政策终结过程发挥推动作用的影响因素有五个方面，包括利益整合、触发事件、舆论推动、政策评估、政治领导者的领导能力。[③] 杨宏山认为，政策终结的

---

① Charles H. Levine. Organizational Decline and Cutback Management. Public Administration Review, 1978, 38 (4).

② Peter De Leon. Public Policy Termination: An End and a Beginning. Policy Analysis, 1978, 4 (3).

③ 张亲培：《新编公共政策基础》，吉林大学出版社，2009 年，第 484－487 页。

推动因素主要包括利益分化、焦点事件、大众传媒、政策评估和领导者偏好的变化。[①] 具体说来，政策终结的推动因素主要有以下几个方面：

1. **利益分化**

利益分化是引发政策终结的根源，利益分化会导致原来的利益结构发生分解，一部分支持者的政策倾向发生变化以获取更大的利益。具有这种相同利益要求的个体会联合起来，以增强力量抗拒原有规则和政策、拥护新政策的产生。当利益相关者普遍要求改变或废止某项政策时，就会推动建立政策终结的议程。从2006年起正式终结征收农业税政策，税负从重到轻，再到无，使得土地收益增加，其政策目标群体——农村和农民获得更多实质的政策收益。

2. **焦点事件**

焦点事件是政策终结的导火索，是感知和行动要求之间的联结点。触发事件会引起公众关注某一政策领域，放大某些政策问题。如果某一触发事件影响了大量的公众，引起公众的担心或愤怒，决策者为了维护公信力，回应公众关切，将会废止引发广泛不满的政策。2003年轰动全国的“孙志刚事件”就是典型的政策终结的触发事件。

3. **舆论推动**

公共舆论在政治生活中有着极重要的影响和作用。公共舆论确定了公共政策的基本范围和方向。[②] 当公共舆论对政策终结持积极态度时，政策终结就显得比较容易；相反，当公共舆论对政策的终结持消极态度时，就会阻碍政策终结的进行。在西方，公共舆论因为在政治生活中的特殊作用而被誉为“第四种权力”。“孙志刚事件”造成的社会影响力巨大，不但引起各方媒体广泛报道，而且还引发学术界学者的联合上书，通过自下而上的方式成功打开了终止流浪乞讨人员收容遣送政策的政策之窗，推动政策走向终结。

4. **政策评估**

政策评估是政策过程中重要的一环，也是决定政策走向的“方向盘”。无论是政策延续，还是政策需要调整，或者甚至是终结这项政策，都必须建立在科学、系统、全面的政策评估基础之上。作为政策终结动力因素之一的政策评估专指事后评估，对政策实施后的影响的评价。评估得出的结论可为政策终结提供依据。如果正式评估得出某项政策已经过时或无效的结论，则会加快政策终结的进程。例如，2006年宣布全面取消农业税，2600多年的农业税历史正式终结。农业税政策之所以正式走向终结，主要原因就在于政策已经完全过时、失效。对于

---

① 杨宏山：《公共政策学》，中国人民大学出版社，2020年，第148页。

② 詹姆斯·E. 安德森：《公共决策》，华夏出版社，1990年，第148页。

科学评估后认定已经失去存续环境的政策，应该及时予以废止，否则，政策执行时间越长，其负面影响越大。

5. 领导者偏好的变化

与普通民众不同，领导者对政策过程的影响是举足轻重的。领导者的偏好、能力、综合素质往往直接决定着政策命运。领导者是国家政治、社会变革的积极倡导者和推动者，也是过时、无效政策得以终结和新政策得以推行的促成者，其在政策终结上的作用是任何个人都无法替代的。例如，我们所熟知的户籍政策改革受到了党和国家领导人的高度重视，习近平总书记在地方任职期间就一直很关注户籍政策的问题，习近平总书记认为户籍政策的改革与新型城镇化建设密不可分，取消户籍二元结构制才能有利于城乡的一体化建设。因此，领导者的关注领域与个人能力直接关系着政策的发展方向，这也是我国户籍政策得以走向终结的一个关键性因素。

上述五个因素中，利益因素是政策终结的内因，其他因素是外因。利益分化从根本上要求过时、无效的政策不断地被淘汰；焦点事件则是政策终结的导火索；公共舆论作为催化剂可以加速政策的终结；科学、客观的政策评估结果是政策终结的前提和依据；领导者偏好的变化是政策终结的助推力。五个动力因素相互联系、相互作用推动政策议程的终结。

8.5.3 政策终结的阻碍因素

政策终结是一个政治过程，能否顺利实现终结要取决于各种政治力量互动的结果。由于种种原因，政策终结有很大难度，德利翁构建了政策终结障碍的理论框架（termination obstacles framework），包括六种障碍，即心理上的抵触（psychological reluctance）、机构的持续性（institutional permanence）、机构的动态适应性（dynamic conservatism）、反终结联盟（antitermination coalitions）、法律障碍（legal obstacles）和高昂的终结成本（high start-up costs）。[①] 概而言之，政策终结的阻碍因素主要包括政策终结的心理障碍、组织障碍、利益集团障碍、法律障碍和成本障碍。

1. 政策终结的心理障碍

政策终结往往会引起与政策相关的人员的心理抵触和反感。这些与政策相关的人员主要包括政策制定者、政策执行者与政策受益者。政策制定者对自己制定的政策总是有一定的偏好，一般不愿意承认政策的缺陷，政策终结会给他们造成

① Peter DeLeon. Public Policy Termination: An End and a Beginning. Policy Analysis, 1978, 4 (3).

一定的心理失落感；政策执行者在执行过程中付出了一定的精力和成本，如果政策终结意味着他们的利益和工作绩效受到影响，会产生强烈的心理抵触；政策的受益者往往可以从现有的政策受益，如果政策终结，就意味着利益的再分配，也就是说他们很可能不再受益，政策终结会使他们产生逆反情绪。

在独生子女政策终结过程中也出现了来自相关政策主体的阻碍，主要表现在决策部门、地方政府、卫计委工作人员的抵触。有学者指出计划生育的部分决策者和地方政府在终结独生子女政策，放开二胎政策这一问题上存在 GDP 方面的担忧，他们认为在放开二孩、终结独生子女政策之后，在较短时间内人口数量会猛增，地方政府领导担忧 GDP 被摊薄，原本业绩会随之下降。负责计生工作的行政人员也同样抵触终结独生子女政策，该政策的终结有可能使得行政人员所依附的组织失去存在的必要而使其失去工作。独生子女政策终结也涉及对计生组织的调整，基层的计生领导以及行政人员都感到惶恐与担忧，从而对于政策的终结更加地抵触和抗拒。

2. **政策终结的组织障碍**

从组织学的角度来说，组织具有一定的惯性，换句话就是组织的保守性。组织持续存在的特性是阻碍政策结束的重要因素。① 某一机构持续的时间越长，它被终结的可能性就越小。② 组织自身的进化和适应能力以及自身组织的弹性是影响政策终结的客观因素。③ 组织机构具有动态适应性的特点，它可以随着客观环境的变化和现实的需要而产生变动。在长期的发展中，机构还会为自身创造存在的条件，这就进一步增强了终结的阻力。对于机构的动态适应性而言，组织会在周围状况发生改变的时候，也相应地对自身进行改变，从而避免政策终结的威胁，在一定程度上加大了政策终结的难度。

以独生子女政策终结为例，政策终结的组织障碍主要体现在三个方面：一是组织的惯性。计划生育政策自实施以来，计生部门就不断地进行各个部门之间的合作，这种长期合作形成了组织惯性，当计划生育政策终结后，计生部门就会面临职能的转换，由于他们本身就具有惯性，因此形成无形的对政策终结的抵制。二是组织的生命力。计划生育政策的终结危及到有关计生部门的终结，因此涉及的相关部门就会想方设法地避免所面临的压力，或改变策略或调整结构，想方设

---

① Iris Geva-May. When the Motto is ‘Till Death Do Us Part’: The Conceptualization and the Craft of Termination in the Public Policy Cycle. International Journal of Public Administration, vol. 24, no. 3, 2001, pp. 263 – 288.

② 詹姆斯 · E. 安德森：《公共决策》，华夏出版社，1990 年，第 211 页。

③ Delacroix Jacques, Herbert Kaufman. Time, Chance and Organizations: Natural Selection in a Perilous Environment. Administrative Science Quarterly, vol. 32, no. 4, 1987, pp. 611.

法地延续政策终结的进程，给政策终结带来一定的障碍。三是组织的动态适应性，政策终结时，组织也会根据情况进行相应的调整，以期适应新的政策。

3．政策终结的利益集团障碍

公共政策实际上是多种政治力量相互作用的结果，社会生活中的政治过程实际上就是各种团体力争影响公共政策的行为过程，因此利益集团对政策终结起着至关重要的作用。而当公共政策终结威胁到各利益集团的利益追求的时候，反对政策终结的利益集团为维护既得利益，就会采取各种合法或非法的途径（如游说、行贿等）以阻止政策终结。因此利益集团的存在会使得政策终结更为困难。

例如，终结美国现有枪支政策的最大障碍之一就是来自利益集团的阻挠。近年来，美国枪支暴力案件增加，枪击事件频发，然而控枪阻力重重。美国全国步枪协会（National Rifle Association，简称 NRA）在阻止控枪中发挥了重要作用。NRA 是美国最强大的利益集团之一，每年花费大量预算来游说国会议员的枪支政策。2020 年，NRA 花费了约 2.5 亿美元，这一数字远远超过所有支持枪支管制团体的花费的总和。NRA 坚决捍卫美国宪法第二修正案，即保障人民有备有及佩带武器之权利。它大力反对所有形式的枪支管制，强烈支持扩大枪支权利的立法。[①]

4．政策终结的法律障碍

任何政策上的变动和组织机构的调整都要通过一定的法律程序来进行。政策的终结和组织的撤销同样必须经过法定的程序，但这一过程不仅费时费力，而且操作起来往往十分复杂，尤其是那些已经上升为法律的政策，要使其终结更要大费周折。另外，立法机关如果经常废止或修改原有的政策，又常常会使人们对立法活动本身的有效性、科学性和稳定性产生怀疑。

例如，1998 年 7 月底，国务院批转了公安部《关于解决当前户口管理问题的意见》，意在改革户籍政策。然而，时至今日诸多与户籍政策改革相关的文件都是以“意见”“通知”的形式发布，本质上不具备法律效力，更多的倾向于指导或者倡导，地方政府参照通知意见可执行也可不执行，并没有权威的户籍政策法律法规来指导当前的户籍政策发展。与此相对应的是，由于户籍政策的附加功能，在考虑制定专业的户籍政策法律法规的同时还应考虑修改完善相关政策法律法规，在一定程度上将阻碍户籍政策的终结。

5．政策终结的成本障碍

政策终结的高昂成本也是影响政策终结进行的一个关键因素。政策终结的成本包括终结行为本身要付出的成本和现有政策的沉没成本。在政策实施时所付出

① BBC News. US Gun Control：What is the NRA and Why is it so Powerful? May 27，2022.

的成本叫做“沉淀成本”，政策设计者投入大量的资金和资源来保证政策可以在不确定的未来持续发挥功效①；终结工作开始后要付出的成本，是终结活动“本身要付出的代价”。由于这两方面的成本的考虑，决策者常常会因为成本太过于高昂而犹豫不决，往往就导致了终结工作的迟滞问题。

这在英国脱欧的过程中就有所体现。2016 年 6 月 23 日，英国公投决定脱离欧洲联盟，随后英国政府宣布在 2017 年 3 月 29 日启动脱欧程序。加入欧盟 44 年后，英国与欧盟的行政、法律和经济体系深度融合。就拿贸易方面来说，“欧盟贸易协议涉及 22 项与单个国家的双边贸易，五项多国多边贸易，贸易协定覆盖 52 个国家”。英国如果终结欧盟身份，那么它需要与多个国家重新进行贸易谈判，涉及渔业、公平竞争环境、边境设置、资本、商品、人员流动等复杂问题，这将会消耗大量的时间和精力。英国政府内部持不同立场的拉锯也推高了脱欧的成本。因此，英国脱欧迟迟没有结束。2020 年 12 月 24 日下午，欧盟委员会主席冯德莱恩在布鲁塞尔召开新闻发布会，表示欧英双方已就贸易协议达成共识，为这场长达四年的脱欧长跑画上了句号。②

8.6 政策终结的策略

任何政策的实施都有其利益相关者，政策终结必然意味着利益的重组，难免会触及利益相关者的利益，利益相关者会运用各种方式阻挠政策终结。因此，应审慎制定和实施政策终结策略，否则不但政策终结的目的难以实现，而且可能导致社会冲突和矛盾的激化。

8.6.1 经典政策终结策略

面对政策终结的阻力，学者们从不同的角度提出了诸多克服对策，比较有代表性的观点有：

1. 巴尔达克的政策终结策略

巴尔达克提出了促成政策终结的五项条件：政府换届、意识形态的瓦解、民

① Eugene Bardach. Policy Termination as a Political Process. Policy Sciences, 1976, 7 (2).

② 肖敬亮，文韵，陈达飞：《英国脱欧的困境：经济一体化断裂下的危机?》，财经网，2019 年 1 月 11 日。

众对未来失去信心、缓解冲击、政策设计。①

（1）政府换届。

政府换届可以引入——或者至少有可能引入——不会被现有政策和项目束缚的官员，或有积极动机脱离过去以及他们的上任的影响的官员。在西方，政党更迭后，行政部门也随之更迭，新政府对旧政府政策的终结，比较容易。

（2）意识形态的瓦解。

任何政策的背后都有其意识形态，而意识形态的存在有其特定的时空环境。当政策所嵌入的意识形态矩阵的合法性消失，政策的终结自然也就水到渠成。

（3）民众对未来产生信心危机。

动荡时期，许多人对自己生活机遇的乐观预期遭到动摇。这种情况会削弱那些扰乱过度依赖于特定政府政策的人的生活规律的厌恶程度。因“既得”利益终止而受到伤害的人似乎不会被给予特殊关照。政策行动者可利用特定的环境条件加快政策终结的进程。比如，罗斯福最初成功削减退伍军人福利的背景是大规模失业。

（4）缓解冲击。

任何政策的实施都有其利益相关者，政策终结必然意味着既得利益者的权益受损，既得利益者自然会运用各种方式阻碍政策终结。政策终结策略可以被设计成减轻部分因利益受损带来的伤害，缓解因政策终结带来的冲击，从而减少利益相关者阻碍，逐步将政策终结。例如，在另一个政府项目中安排一项终结项目的雇员继续工作，以缓解终结的冲击。

（5）政策设计。

被终结的政策本身已经极为脆弱，任何问题的出现都会加速其崩解。因此政策设计者可根据实际情况，设计最终政策终结的策略促使政策发生转变，甚至在时机成熟时彻底摧毁它们。

2. 德利翁的政策终结策略

德利翁认为政策终结是由于政策功能冗余、过时或不必要，而不是为了终结而终结。政策终结是“政府当局对某一特殊功能、计划、政策或组织，经过深入评估而加以结束或终结的过程”。在分析政策终结时必须考虑一些重要问题，例如，政策的预期寿命是什么？它需要解决的问题是什么？在理想的状态下，政策终结会是一个自然的过程，但在大多数社会实践中，真正“自然”的终结是难以实现的。相反，政策终结的任务是艰巨的，极具挑战性的，因此政策终结需要

---

① Eugene Bardach. Policy Termination as a Political Process. Policy Sciences, 1976, 7 (2).

实施者积极营造和善于利用环境。

德利翁提出政策终结的策略包括：（1）使人们认识到政策终结不是结束而是开始。政策终结通常只是将一组期望、规则和实践替换为另一组，是改善不利局面的机会或一项追求成功的冒险。（2）政策分析家在政策评估阶段上应特别注意寻找有效的政策终结的策略和手段，好的终结策略需要好的评估策略。（3）注意终结所需要的政治环境。要充分利用政治行政或主要的人事变动等终结环境的"自然成熟期"。在考虑政策评估的影响及其与政策终结的关系时，人们往往认为负面评价会加速政策终结的进程，但负面评价是否会导致政策终结还取决于政策环境中的政治经济条件和气候。例如，在财政紧缩时期，在严重的负面评价后，终结政策的可能性会有所提高，而在经济稳定或增长的情况下，相同的负面结果可能不会有同等或相同的机会来终结政策。①

合适的政策终结应该符合两个功能：第一是不干扰组织或政策应对问题领域的能力，使终结更有效。德利翁认为渐进式比爆发式更容易成功。第二是政策或项目终结后，政府机构可以保留相应资源使其更有动力去推动终结。

3. 贝恩的十二种终结策略

贝恩给想要成为政策终结者的人们提出以下12项终结策略②。

（1）不要释放试探气球。在未做出正式决策之前，决策者不要释放试探气球，否则容易引起反对派组织抗议，大规模的群体性事件会对政策决策造成干扰，因此，终结者在做出正式决定之前务必防止信息泄露。

（2）扩大政策支持者的范围。组织化的支持者群体往往能够决定政策的终结与否，因此终结者要能够让一方支持者的规模超过原政策的受惠者。

（3）强调政策的危害性。终止一项具有某种危害性的政策要比终止那些无效或低效的政策容易得多。

（4）利用意识形态的转变来证明政策的危害性。政策经常被从意识形态角度进行评估，因此终结者要善于利用或创造意识形态上的变化来说明原有政策的确是有危害的。

（5）严禁妥协。政策的延续通常是政治妥协的结果，因此为推动政策终结，终结者要能够坚持自己的立场。

（6）吸收局外人作为行动者。政策终结往往是政治斗争的结果，终结者需要建立联盟。当局者总是不喜欢对过去行为的批评态度，不情愿做出支持政策终

---

① Garry D. Brewer. Termination: Hard Choices, Harder Questions. Public Administration Review, 1978, 38 (4).

② Robert Behn. How to Terminate Public Policy: A Dozen Hints the Would – Be Terminator. Policy Analysis, 1978.

结的指示，因此吸收局外人参与，有助于他们转变观念、改变做法，从而有利于终结政策的实现。

（7）避免立法表决。这是因为立法者更愿意妥协，而不想勉强做出不受欢迎的终结决定，以免树敌太多。提交立法机构讨论的政策往往是政策调整或修正，而不是政策终结。

（8）不要侵犯立法部门的特权。行政机关的终结者应当避免介入立法机关的特权领域，以免引发总统和国会的权力之争。

（9）接受短期内成本增加的代价。终结一项政策由于需要支付人员解雇费、补偿费和启动新政策的费用，因而在短期内的花费常常会超过继续执行的代价。

（10）妥善安排原政策的受益者。给那些被终结项目的人员提供新的工作，给政策的受害者提供补偿。

（11）宣传新政策，而不是终结行动。要让人理解为什么采纳新政策，而不是单纯强调旧政策的终结。

（12）只终结必须终结的政策。终结者应当清楚自己的动机，是终结有害的政策、无效的政策还是代价高昂的政策，这些都要慎重决定。

以上十二种策略依其内容可归纳为三类：

（1）执行的艺术。主要包括不要释放试探气球，强调政策的危害性，利用意识形态的转变来证明政策的危害性，严禁妥协，避免立法机构投票表决，不要侵犯立法部门的特权，宣传新政策、而非终结行动，只终结那些必须终结的政策八项。

（2）与执行有关的人。包括扩大支持群众、吸收局外人作为行动者。

（3）执行的资源。包括接受短期的成本增加、妥善安排原政策的受益者。

4. 莱文的组织衰退应对策略

莱文认为，当经历衰退时，组织面临三个决策任务：第一在管理上必须确定自己是接受抵制衰退还是促进衰退战略；第二，战略抉择后，组织需要选择最恰当的执行策略；第三，组织还需要确定如何开展削减以及在哪儿开展。根据组织衰退的外部、内部和政治、经济技术原因，莱文提出了组织衰退的应对策略①（见表 8－2）。

面对问题衰竭，试图促进组织衰退的决策者在外部政治方面应当同竞争机构和谈，同其他机构共同解决问题，削减面向政治弱势顾客的项目等；针对环境熵，决策者需要区别资金投入和沉没成本来削减损失，制订有保护性的目标计划等；面对政治易损性，促进组织衰退的决策者在衰退的每一个阶段都变换领导

① Charles H. Levine. Organizational Decline and Cutback Management. Public Administration Review，1978，38（4）.

人，进行重组；面对组织萎缩，决策者要想促使组织衰退需要在经济或技术方面采取措施，如采取零基预算和评估研究等理性选择技术。

表 8-2　组织衰退的应对策略

	抵制衰退政策	促进衰退政策
外部政治	（问题衰竭：试图抵制组织衰退的决策者在外部政治方面应当广泛动员立法、顾客等有利于自身存续的外部力量） （1）使项目、顾客和组成人员多样化 （2）加强立法上的联系 （3）向大众教育宣传自己的机构使命 （4）动员依赖于自身的顾客 （5）被一个强有力的利益团体或立法者“俘虏” （6）用削减重要或受欢迎的项目来进行威胁 （7）稍微削减一项看得见、范围广的服务来展示顾客依赖	（1）同竞争机构和谈 （2）削减声誉低的项目 （3）削减面向政治弱势顾客的项目 （4）将专业人员推销或转接给其他机构 （5）同其他机构共同解决问题
经济/技术	（环境熵：决策者需要在经济或技术上广辟财源） （1）找一个更丰厚的收入基础 （2）制造刺激点，阻止投资衰减 （3）寻求基金会支持 （4）吸引新的来自公私部门的投资 （5）在可能的地方实施用户服务收费	（1）提升对问题的定位 （2）制订有保护性目标的计划 （3）通过区别资金投入和沉没成本来削减损失 （4）通过对纳税人和雇主让步来维持他们
内部政治	（政治易损性：要想使组织延续下去，决策者需要在内部政治上加强自身的专业性、回应性和凝聚力） （1）进行象征性回应。 （2）“严阵以待（circle the wagons）” （3）加强专业力量	（1）在衰退的每一个阶段都变换领导人 （2）在衰退的每一个阶段都进行重组 （3）削减弱势子单位运作的项目 （4）将项目转交给其他机构 （5）从限制灵活性的人事和预算规制中获取临时豁免

续上表

	抵制衰退政策	促进衰退政策
经济/技术	（组织萎缩：提高效率，降低成本） （1）增加等级控制 （2）提高生产效率 （3）试验成本低的服务提供系统 （4）自动化 （5）储备和配给资源	（1）重新协定长期合同来重获灵活性 （2）采取如零基预算和评估研究等理性选择技术 （3）通过延迟维修和降低人员素质来消费未来 （4）要求雇员做出自愿牺牲 （5）提升预期能力，预见进一步的削减 （6）将多余的设施转交给其他用户 （7）将多余的财产卖掉，需要时候再租回来 （8）能用就用

（来源：Levine，C. H. 1978）

5. 斯拜耶尔的政策终结执行策略

1983 年，赫伯特・F. 斯拜耶尔（Herbert F. Spirer）站在项目管理的角度考察了政策终结的策略①：

（1）分类在政策终结中发生的问题。把问题大体上划分为情绪性问题和知识性问题，再把情绪性问题划分为从事者的问题和受益者的问题，并准备好有关这些问题的管理策略。

（2）处理从事者的情绪性问题。组织或政策的终结会引起其组织成员情绪上的不安、丧失集体归属感、丧失工作兴趣等问题。这些问题通过确立新的目标、赋予归属感：频繁地开会、管理者的巡视、合理地利用裁减人员等来消除。

（3）给受益者提供参与利益，以解决受益者的情绪问题。

（4）因政策终结而产生的各种具体问题，按各政策的性质从知识问题的观点予以处理，从而使政策终结更有效。与这种知识性问题相关的派生问题，可以通过系统分析方法来解决。

① Herbert F. Spirer. Phrasing Out the Project，Project Management Handbook. New York：Van Nostrand，1983.

6. **弗兰茨的政策终结可用资源**

珍妮特·E. 弗兰茨（Janet E. Frantz）借用斯通的政治悖论理论，认为政策终结可以利用诱导、规制、事实、权利、权力等政治资源①：

（1）诱导。通过对个人进行奖励或惩罚从而改变其行为。

（2）规制。政府通过命令来引起其行为改变的能力。

（3）事实。政府和个体公民都有机会通过在辩论中控制事实来改变行为，其中政府比较有优势。

（4）权利。能够向政府宣示利益权利且得到政府支持的公民就赢得了一场重要的战役。

（5）权力。通过改革政策制定过程或宪政设计来改变参与者游戏规则。

7. **艾丽斯·吉瓦－梅对终结策略的总结**

艾丽斯·吉瓦－梅（Iris Geva-May）提出政策终结者既要应对组织的持续特性，还要处理终结所产生的各种成本②。

（1）组织的持续特性。包括：①将终结的类型和强度与抵制力量相匹配，选择爆发型终结或渐减型终结。②利用环境和特殊社会条件，即预见性和诱发性政策窗口。预见性政策窗口是指按照既定议程开合的不同种类的正常周期；诱发性政策窗口是通过改变问题定义，由媒体提供新的视角等手段诱导。③确定好行动参与者及其动机。识别行动者及其动机和行为的方法有：通过扩大选民的支持和政策命运的讨论范围来影响政策终结；吸引新的有奉献精神和活跃的选民支持者团体扩大冲突范围，击败反终结联盟；避免依赖未组织化的团体；通过发放遣散费或安排新工作等方式收买反对政策终结的人；利用终结支持者的力量，组建支持者联盟等。

（2）终结成本。在终结成本方面，吉瓦－梅认为应该将终结与否的财政、资源和法律成本进行对比。终结实施者应当强调政策的无效率、低效能或烦冗。对于可能存在的法律成本，首先，要将精力集中在重要问题上，避免与立法机构特权产生冲突；其次，要避免对项目或政策终结进行立法投票；最后，在需要立法支持的时候，终结者应当首先和立法领袖进行非正式接触。

8.6.2 政策终结的措施

作为一项困难的政策行为，政策终结需要政策终结者运用高度的智慧和技

① Janet E. Frantz. Political Resources for Policy Terminators. Policy Studies Journal, 2002.

② Iris Geva-May. When the Motto is 'Till Death Do Us Part': The Conceptualization and the Craft of Termination in the Public Policy Cycle. International Journal of Public Administration, vol. 24, no. 3, 2001, pp. 263－288.

巧，采取灵活的策略加以妥善处理，尽力消解那些阻碍政策终结的抑制力。根据学界的研究成果，针对政策终结的影响要素和主要障碍，为了保证政策终结的顺利进行，结合我国具体实际，要顺利完成政策终结可采取如下措施：

1. 重视利益沟通，消除抵触情绪

贝恩提出的很重要的一点，对原有政策受益者提供必要的补偿。政策终结是一种利益的调整，对原有政策的受益者会有很大的影响，因而他们产生抵触情绪阻碍政策终结的进行。因此为确保政策终结的顺利进行，政策决策者应该重视与相关人员的沟通交流，提高人们对政策终结的认知。政策终结者与相关人员的沟通应该围绕正确、及时的信息传播展开，让既得利益方明白短期的利益缺失是为了长久性的持续获得，以此提升相关人员的心理认同，使政策终结得以顺利进行。在政策终结过程中做好宣传引导工作，可以通过摆事实、讲道理，使人们提高认识、消除不满情绪。此外，还可以通过新目标的确立、归属感增强、仪式感的培养、保证利益补偿、适度妥协等手段化解政策终结导致的负面情绪，争取人们对政策终结的理解和支持，从而顺利实现政策终结。

2. 废旧立新并举，缓解终结压力

国外学者在研究了大量政策和组织终结案例之后发现，政策终结更像是一个旅程而不是目的所在，许多被终结的政策只是被继承或者替换了。也就是说，在旧政策终结后，应及时出台新政策来替代，以免出现脱节，引起形势失控。一部分组织和既得利益者不愿意看到政策的终结，但是一般不会马上反对一项新政策的出台，为了有效缓解政策终结的压力，可以采取新政策出台与旧政策终结并举的方式，使人们在失去对旧政策期望的同时，得到一些新的期望。但是废旧立新并举对实际操作部门的要求较高，工作压力会增加，容易顾此失彼。可能正是由于害怕这种现象的出现，导致一些旧的政策不能及时废止，一些新的政策迟迟不能出台。

3. 选择有利时机，把握政策焦点

选择恰当的时机是政策终结成功的一个重要因素。有时，政策终结成功与否完全依赖于时间和机遇。赫伯特·考夫曼（Herbert Kaufman）在《时间、机遇和组织》一书中认为，机遇对成功的政策终结至关重要。这种机遇包括国家发生的重大政治事件、战争的爆发、外交上重要协议的签署、旧政策执行引发的重大事故等。考夫曼认为，机遇在组织终结中发挥重要作用，终结的时机并不是组织自身的死亡，似乎是随意的，由时机和碰巧的运气决定。

4. 做出必要妥协，降低终结成本

在政策终结阻力较为强大且持久，而政府又必须进行某种政策终结的情况下，政府将不得不接受现实的压力，放弃较高的目标期望值，以降低目标的方式来换取有限目标的实现，也就是所谓的折中妥协。妥协不是服软，更不是投降，终结者必须坚持自己的底线和原则，要确切指出原政策中有哪些需要终结、哪些可以保留。这样可以争取实现终结的主要目标，比起完全不能实现政策终结还是进了一步。在实际过程中，绝大多数政策终结都存在这一现象，只是程度和方式不同而已。

5. **强化多方参与，争取支持力量**

政策终结支持者的态度和人数的多寡，是决定政策终结成败的关键。政策终结的倡导者必须努力争取各种支持力量，以推动政策终结的实现。在政策终结的过程中，可以让政策终结相关人员与公众参与政策终结相关问题的讨论和决策，甚至从政策评估阶段就开始让其参与，不仅能及时了解公众对政策终结的态度和情绪，更重要的是能调动全体组织人员及政策终结相关人员共同成为政策终结主体，是积极争取潜在支持者的最好方法。此外，还可以采取第三方力量参与的方式争取支持。例如，争取上级政府、兄弟单位或中间力量的支持，以尽量减少反对力量等，从而较为顺利地促进政策的终结。

6. **设置有效期限，提告终结效率**

政府为其规章制度制定“保质期”，一方面有利于强化对政府行为在时效上的规则约束，体现政府宝贵的“权力自缚”意识；另一方面，政策到期失效，不再依赖舆论呼吁和政策诉求，提高了公众对政府行为的预见性，从而能够有效提高行政效率。一般来说，作为政策重要表现形式的政府规章，其寿命不宜过长，应该要适时进行反省检视——修订或废止。例如重庆市政府设置最长有效年限，将到期后的规章和规范性文件交由出台的部门对其进行评估，看是否适用，不再适用就废止，而不是出台后就一成不变。

复习思考题

1. 政策终结有哪些类型?
2. 政策终结的原因有哪些?
3. 政策终结的推动和阻碍因素分别有哪些?
4. 试对巴达克和德利翁的政策终结进行比较分析。
5. 试从现实中选取 1～2 个案例，并用贝恩的终结政策加以分析说明。
6. 阐释吉瓦－梅关于终结策略的主要观点，并评述其价值。

典型案例

收容遣送制度的终结

强制收容制度源于我国对人口流动进行限制的户籍管理制度，后来渐渐兼有治安管理和救济安置的双重功能。原本实施收容遣送政策的目的是对流浪乞讨人员进行帮助、救济和安置。但是受管制性人口政策以及在实施过程中的非规范化的影响，收容遣送制度逐渐异化为一种限制流动人口特别是外来务工人员的治安管理制度。2003 年“孙志刚事件”的发生，对于孙志刚本人及其家庭是个悲剧，却成为废止收容遣送制度的触发机制或政策窗口，最终推动国务院废止了实施 20 多年的《城市流浪乞讨人员收容遣送办法》，出台了《城市生活无着的流浪乞讨人员救助管理办法》。

孙志刚事件之前，对于收容遣送制度的批判已经很多，但是 2003 年到达了一个极高点，转折点就是 4 月 25 日《南方都市报》的“被收容者孙志刚之死”。这篇报道出来后，各家媒体纷纷转载、跟进，影响迅速扩大。媒体接到大量有类似遭遇的读者的电话，网上几万条跟帖足以说明问题。而媒体之所以不断报道，也说明这一事件绝非孤立事件。舆论出现前所未有的呼吁终结收容遣送制度的高潮。媒体披露孙志刚案内幕后，引起了中央和广东省委领导的高度重视。广东省委书记指示：要依法从严惩处凶手，维护法律尊严，维护人民群众合法权益，还孙志刚及其亲属一个公道。公安部展开专题研究并派出工作组到广东帮助指导查办，联合专案组抽调精兵强将，由厅局长挂帅，组织 8 个小组分赴多省开展缉捕工作。事实上，在孙志刚事件发生以前，收容遣送政策已有多次修改，但都未能实现新政策的出台。正是媒体以高度灵敏的嗅觉，通过挖掘孙志刚事件而发现了具有普遍性的公共问题，即收容遣送政策变异引发的侵犯人权的问题，使原本属于个人的悲剧变成了涉及社会公众利益的公共事件，使案件开始走进公众的视野，收容遣送的弊端才最终引起了公众和政府的普遍关注和重视，政策问题得以充分暴露。

2003 年 6 月 18 日，国务院常务会议审议并原则通过了《城市生活无着的流浪乞讨人员救助管理办法（草案）》。该草案经进一步修改后，由国务院公布施行，2003 年 8 月 1 日开始实施，同时废止《城市流浪乞讨人员收容遣送办法》。2003 年 7 月 16 日，《城市生活无着的流浪乞讨人员救助管理办法实施细则》经民政部第三次部务会议通过，自 2003 年 8 月 1 日起施行。各地将原来的收容遣送站改为救助站，对流浪乞讨人员实行自愿受助、无偿救助。《城市生活无着的流浪乞讨人员救助管理办法（草案）》及实施细则的出台，不仅意味着对旧有的

《城市流浪乞讨人员收容遣送办法》的废止，也意味着以新的方式解决过去没有解决且会长期存在的问题。

[思考]

1. 该案例体现了政策终结的哪些推动因素?
2. 该案例体现了何种政策终结的方式?
3. 试论述收容遣送制度的终结使用了什么策略?

延伸阅读

教育政策终结的阻力及其消解

作为与民生息息相关的公共政策，某些教育政策不仅已无法适应现阶段人民的需要，甚至产生了诸多社会问题，便需要进行终结以应对政策迟滞、优化教育系统和推进教育改革。然而，从终结成本、制度的路径依赖、政策支持联盟和教育发展的稳定性等角度来看，教育政策终结在当前阶段较少出现。虽然教育政策的终结必然带来资源的耗散，但它对于已有政策的功能、现有的资源格局和政治系统而言是一种重要的调节措施，终结旧的政策并开启新的政策循环对于政策目标群体和政策系统而言都是十分必要的。

虽然教育政策终结对于教育系统、政治系统和整个社会系统而言具有十分积极的价值，然而在现实中却很少发生，这说明必然有一定的阻力因素在起作用。体育加分自“文革”之后逐渐出现，在2000年后受到权力寻租、价值异化的诟病，经过不断监督和弱化后于2015年退出全国性高考加分政策，是一个适切的渐进型政策终结案例。因此，以下通过对这一案例的分析来呈现教育政策终结的种种阻力。

1. 路径依赖的倾向

政策长期存在的绩效和积累的支持力量导致政治系统面对终结的抉择时十分审慎，通常，教育政策也会因功能权衡和支持联盟而陷入政策维持的路径依赖倾向，由此便不会迅速实现终结。

(1) 教育政策所具有的正向功能抑制了终结的进程。包括体育加分在内的一部分教育政策由于缺乏规范举措和监督机制，产生了一定程度的负向功能，但是在长期运行过程中，获取加分资格的人群里毕竟还有许多人是体育素质较好的考生，实现了政策的部分初衷。

(2) 反对联盟质疑终结的合法性。实际上，教育政策的执行者、教育专家和既得利益者较易成为主张维持当前的政策、反对终结的联盟。虽然反对体育加分的声音十分强劲，却仅获得了政策终结的一个信号而非终结本身，这是因为，为了维持教育系统与政治系统的稳定，执行者与教育专家实际上会首先寻求政策改进的可能性而不是马上启动终结。而既得利益者，无论是凭能力还是权势、交易获得加分资格，都构成了反对终结的主要势力。所以，改进方案和既定的利益格局便通过终结的抵抗势力而维系了现有状态。

2. 终结的代价

每一项政策的终结都必然导致以往政治系统的各种消耗付诸东流，甚至难以得到补偿。政治系统不仅会因为终结而产生物质代价，还会产生难以计量的非物质代价，诸如政策的价值追求、政治系统的稳定与规则替代的代价。教育政策所具有的公共属性决定了终结所面临的非物质代价往往比物质代价影响更大，在此便主要分析教育政策终结的非物质代价。

(1) 价值的代价，即教育政策的多元价值追求导致政策终结的现实需求不能马上满足。教育价值与社会现实之间的冲突常常导致政策终结会遭遇到教育系统的强烈抵制。从教育的视角来看，体育加分是应试影响下谋求学生个性发展的一条途径，是为学生多方面发展保留的制度保障，是鼓励学生提升身体素质及培养体育相关品质的机制。

(2) 政治的代价，即政府部门间的利益互涉牵制了教育政策终结的速度。教育政策的启动或终结都会牵涉到教育系统之外的政治体系，一方面，全国性的政策如何在地方忠实执行或进行地域调整会关系到教育政策的执行效果；另一方面，教育部门与其他部门之间的联系也影响到教育政策的支持状况。

(3) 规则的代价，即替代性政策或补偿性方案的代价抑制了终结的进展。一项教育政策的终结一般需要同时建立新的替代性政策以解决新形势下的问题，另外，教育政策终结前的负向功能如果在终结后仍然存在，就需要设计补偿性的方案以应对政策遗留的问题。

教育政策的适时终结是抑制政策负功能和开启新政策循环的有效途径，针对实现终结产生的众多阻力，可以通过监督政策执行过程、及时获取多元主体的政策意向和加强法治保障等来进行消解，进而实现教育政策终结的科学化、民主化和法制化。

1. 完善教育政策执行的监督机制

完善政策的监督机制能够及时呈现政策的现行效果和反对意见，进而衡量政策终结的必要性。政策监督的目标是评估当前的政策功能和获知执行过程中的价值冲突，以绩效与舆情的监督为基础而实现，进而确保终结的科学化路径。

2. 构建政策终结的社会设计模式

政府基于协商的理念运用社会设计模式，是推动政策终结的民主化路径。高考全国性体育加分政策终结是众多教育政策终结的一个案例，说明某些教育政策在产生严重社会问题并汇集了巨大的反对力量后会得到终结。

3. 推进教育终结的法制化进程

教育政策终结的科学化、民主化路径都需要建立在法制保障基础上。在健全教育实体法的基础上，只有明确教育政策过程中的权利与义务，才能实现决策者、目标群体、专家和普通公众等不同群体推动教育政策终结和教育治理的民主化。

教育治理的现代化进程在政策领域中体现为民主、科学和法治等理念的彰显，这意味着政府要具有改革的勇气去清除某些旧政策和秉持发展的理念审慎设置新政策。近些年来，无论是《政府工作报告》还是《教育部工作要点》都在广泛征求民意的基础上制定实施，乃至地方教育事业的发展也在不断重视多元主体的参与，教育体系的现代化建设也不断强调理性预设，凸显了科学的理念，教育法律的建立与修订则反映了中国教育法律体系的不断完善，教育政策终结与制定的程序正义正不断形成，这些都说明了面对众多待解决的重要问题，教育治理具有不断深化的信心。

（韩月：《教育政策终结的阻力及其消解——以高考全国性体育加分政策终结为例》，载《教育发展研究》2016 年 36 卷第 8 期。有删节）